Ramseger
Was heißt »durch Unterricht erziehen«?

Studien zur Schulpädagogik und Didaktik

Herausgegeben in Verbindung mit der Kommission
Schulpädagogik/Didaktik in der Deutschen Gesellschaft
für Erziehungswissenschaft (DGfE) von Wolfgang Klafki,
Will Lütgert, Gunter Otto, Theodor Schulze, zusammen
mit Fritz Bohnsack, Ariane Garlichs, Doris Knab,
Rudolf Messner, Hilbert Meyer, Klaus Riedel, Horst Rumpf,
Klaus-Jürgen Tillmann.

Band 5

Jörg Ramseger

Was heißt »durch Unterricht erziehen«?

Erziehender Unterricht und Schulreform

Beltz Verlag · Weinheim und Basel 1991

Über den Autor:

Jörg Ramseger, Jahrgang 1950, Dr. phil. habil., ist Privatdozent am
Fachbereich Erziehungswissenschaft der Universität Hamburg.

Die Deutsche Bibliothek – CIP-Einheitsaufnahme

Ramseger, Jörg: Was heißt »durch Unterricht erziehen«? :
Erziehender Unterricht und Schulreform / Jörg Ramseger. –
Weinheim ; Basel : Beltz, 1991
    (Studien zur Schulpädagogik und Didaktik ; Bd. 5) (Reihe Pädagogik)
    ISBN 3-407-34062-1
NE: 1. GT

Lektorat: Peter E. Kalb

© 1991 Beltz Verlag · Weinheim und Basel
Herstellung (DTP): Klaus Kaltenberg
Druck: Druck Partner Rübelmann, 6944 Hemsbach
Umschlaggestaltung: Atelier Warminski, 6470 Büdingen 8
Printed in Germany

ISBN 3-407-34062-1

Inhaltsverzeichnis

Dietrich Benner und Carl-Ludwig Furck gewidmet

»Ob Sie Herbart paraphrasieren oder pornographieren oder sonstwie interpretieren: das Erstaunlichste an dieser Methode bleibt, daß sie so zugrundegerichtet werden konnte.«

Jürgen Henningsen

1. Zur Renaissance des erziehenden Unterrichts

Seit bald 200 Jahren wird in der Pädagogik die Forderung vertreten, daß sich schulischer Unterricht nicht auf die Vermittlung von Fakten und Fachwissen beschränken, sondern den Gedankenkreis erweitern und zugleich den Charakter schulen solle. Bei Pestalozzi und Herbart, in der Volksschule des späten 19. Jahrhunderts, in der Reformpädagogischen Bewegung der Weimarer Zeit, in den Alternativschulen der siebziger und achtziger Jahre bis hin zu neueren und neuesten Richtlinien und Lehrplänen einiger westdeutscher Bundesländer – immer wieder wird gefordert, daß Erziehung und Unterricht in der Schule als Einheit zu verstehen und zu realisieren seien.

Diese Erscheinung kennzeichnet keine kontinuierliche historische Entwicklung. Vielmehr kann die ständige Wiederkehr derselben Forderung über fast zwei Jahrhunderte hinweg als Indiz dafür gewertet werden, daß mit ihr immer wieder ganz unterschiedliche Vorstellungen verbunden wurden, die offenkundig in der Praxis nicht überzeugend eingelöst werden konnten und dann zu neuen Forderungen nach einer Einheit von Erziehung und Unterricht Anlaß gaben. So haben beispielsweise Pestalozzi und Herbart einen »erziehenden« Unterricht von einem anderen Unterricht unterschieden, der keine erzieherische Wirkung beabsichtigt und beinhaltet, wobei dem »erziehenden« Unterricht zugleich eine höhere pädagogische Dignität zuerkannt wurde als dem »bloß unterrichtenden« Unterricht. Herbart hat das mit seinem viel zitierten Ausspruch: »Und ich gestehe gleich hier, keinen Begriff zu haben von Erziehung ohne Unterricht, sowie ich ... keinen Unterricht anerkenne, der nicht erzieht« auf den Begriff gebracht.[1] Andere Autoren halten eher an einem additiven Verhältnis von Erziehung und Unterricht fest oder bezeichnen die Formel vom »erziehenden Unterricht« gar als einen Widerspruch in sich.[2]

Ob nun Erziehung und Unterricht einander ergänzen oder aber in ein und demselben Lernakt zusammenfallen ist keineswegs gleichgültig, sondern beschreibt neben Differenzen in der jeweiligen Definition dieser Begriffe auch Differenzen im Schulverständnis schlechthin – Differenzen, die der Klärung bedürfen, wenn eine Verständigung über Ziele und Formen schulischer Bildung möglich bleiben soll. Eine solche Klärung wird um so dringlicher erforderlich, wenn die Formel vom »erziehenden Unterricht« – wie seit den frühen achtziger Jahren in der Bundesrepublik Deutschland – zum Leitbegriff staatlicher Schulplanung aufsteigt, sogar in die amtlichen Richtlinien und Lehrpläne einzelner Bundesländer Eingang findet und damit normative Bedeutung für den Schulalltag beansprucht. Während die Richtlinien- und Curriculumentwicklung der siebziger Jahre weitgehend von der Spannung zwischen Schülerorientierung einerseits und Wissenschaftsorientierung andererseits geprägt war[3], wird ein Jahrzehnt später und teilweise als bewußte Absage an Erziehungs- und Unterrichtsmuster der 60er und 70er Jahre[4] eine »Rückkehr zur Erziehung« proklamiert, deren Begründung, Bedingungen und Folgen keineswegs geklärt sind. Dabei wird in Baden-Württemberg[5] und Nordrhein-Westfalen[6] explizit, in Bayern[7] und Niedersachsen[8] implizit auf Herbarts Konzeption eines erziehenden Unterrichts zurückgegriffen, ohne daß jedoch die Schlüssigkeit und die Berechtigung eines solchen Rückgriffs im einzelnen überzeugend nachgewiesen wäre.

So stellt, um mit einem Bundesland zu beginnen, das den Terminus »erziehender Unterricht« wörtlich in den aktuellen Grundschulrichtlinien verwendet, der baden-württembergische Ministerialdirektor Seifert anläßlich einer Landesschulrätetagung im November 1986 fest, daß erziehender Unterricht »der Schlüsselbegriff« der baden-württembergischen Lehrplanrevision sei[9]:

»Der Begriff taucht schon bei Herbarth auf – sagen mir die Pädagogen im Hause... Davon gingen die Vorgabepapiere zur Lehrplanrevision aus: Erziehen und Unterrichten sind als Einheit zu verstehen und als Einheit zu praktizieren.«[10]

Der damalige baden-württembergische Kultusminister, Gerhard Mayer-Vorfelder, verband mit dieser »Einheit« von Erziehung und Unterricht weitreichende Hoffnungen. Sie solle der Schule u.a. ermöglichen, einem »ausgeprägten Konsum- und Freizeitverhalten« ebenso zu begegnen wie einem »gesteigerten Anspruchsdenken«, der »Verunsicherung im Blick auf die Beherrschbarkeit moderner Technik und ihrer Auswirkungen auf die Umwelt«, (der) »Flucht in Jugendsekten«, dem gestiegenen Drogen- und Suchtmittelmißbrauch und vielem anderen mehr. »Ausgehend von der Person des Lehrers als Vorbild, das sich durch menschliche und fachliche Autorität auszeichnet«, ziele der erziehende Unterricht über die Wissensvermittlung hinaus unter anderem »...auf die Förderung und Ausbildung von Qualifikationen wie zum Beispiel Ausdauer, Konzentration, geistige Neugier, Genauigkeit, Sachlichkeit, Problemlösungsvermögen sowie Einstellungen und Verhaltensformen wie Geduld, Respekt, Offenheit, Toleranz, Mitmenschlichkeit und Nächstenliebe«.[11]

Ein ganz anderes Verständnis von erziehendem Unterricht demonstriert Dietrich Benner, Mitglied der Richtlinienkommission, die die 1985 neu in Kraft gesetzten Grundschulrichtlinien von Nordrhein-Westfalen erarbeitet hat. Er schreibt, die neuen Grundschulrichtlinien stünden ganz »in der Tradition der auf Herbarts Allgemeine Pädagogik zurückgehenden Programmatik eines ›erziehenden Unterrichts‹, der nicht lediglich Wissen *und auch* Haltungen vermittelt, sondern die Aneignung von Wissen so gestaltet, daß mit ihr die Besinnung auf das Selbstverhältnis des Lernenden zum Gelernten verbunden ist und beides, die Vertiefung der Kenntnisse und die Besinnung auf das Selbstverhältnis des Gelernten, der Förderung der Handlungskompetenz des Lernenden dient.«[12]

Der Erziehungswissenschaftler Helmut Zöpfl kommentiert in der vom bayrischen Kultusministerium herausgegebenen Zeitschrift *Schulreport* die aktuellen Grundschullehrpläne von Bayern wie folgt:

»»Die Grundschule hat die Aufgabe, Unterricht und Schulleben aus ihrem Erziehungsauftrag heraus zu gestalten‹. Dieser Satz ist im Lehrplan sowohl der erste als auch der grundlegende. Mit ihm ist eindeutig zum Ausdruck gebracht, daß die Erziehung nicht ein bloß Hinzukommendes, ein Attribut ist, auf das man sich mehr oder weniger oft zu besinnen habe, sondern sowohl Ausgangspunkt als auch ständige Grundlage des Unterrichtsgeschehens ist. Somit wird einer gerade in den letzten Jahren oft so verhängnisvollen Auseinanderteilung von Erziehung und Unterricht entgegengetreten. Was gelehrt und unterrichtet wird, erhält seine Legitimation aus der Frage, wieweit es dem Erziehungsauftrag der Schule entspricht.

Dieses Denken knüpft an die von Herbart formulierte Erkenntnis vom ›erziehenden Unterricht‹ an, wonach Erziehung und Unterricht ständig als aufeinander verweisend und einander begründend gesehen werden müssen.«[13]

Für das Land Niedersachsen schließlich stellt ein Grundsatzerlaß für »Die Arbeit in der Grundschule« aus dem Jahre 1981 klar:

»Die Wahrung und Sicherung des Zusammenhangs von Erziehung und Unterricht ist grundlegend für die Arbeit in der Grundschule... Von besonderer Bedeutung für die ... Einstellung zur Schule ist das Schulleben. Im Schulleben wird das Erziehungskonzept der Schule deutlich. Der Unterricht als Ort des Lernens im engeren Sinn muß mit den Erziehungszielen der Grundschule, insbesondere der Erziehungspraxis des Schullebens eine Einheit bilden.«[14]

Angesichts dieses vielfachen Rückgriffs auf einen pädagogischen Topos aus dem frühen 19. Jahrhundert drängt sich die Frage auf, inwieweit die einst von Herbart geprägte Formel heutigen Erziehungsanforderungen noch gerecht zu werden vermag. Muß es nicht auf den ersten Blick mehr als fragwürdig oder doch zumindest als ein besonders extremer Rückschlag des Pendels erscheinen, wenn die Bildungspolitik im Ausklang von anderthalb Jahrzehnten der Schulreform Zuflucht zu einem Klassiker der Pädagogik nimmt, der dem in Schulen institutionalisierten Lernen ausgesprochen kritisch gegenüberstand? Kann es angesichts einer weltweit fortschreitenden Verschulung von Kindheit und Jugend überhaupt noch Sinn machen, sich mit einem Pädagogen auseinanderzusetzen, der Schulen als »Fabriken« bezeichnete und allenfalls als »Nothilfen« gelten ließ, die die Erziehung eher erschweren als ermöglichen? Immerhin heißt es bei Herbart in einer Reflexion über »Erziehung unter öffentlicher Mitwirkung«:

»... jedes Individuum bedarf der Erziehung für sich, und darum kann die Erziehung nicht wie in einer Fabrik arbeiten, sie muß jeden einzelnen vornehmen. Oder wenn gleichwohl die Schulen bleiben, so bleiben sie als das, was sie sind, nämlich als Nothilfen, weil es so viele Zöglinge gibt und so wenig Erzieher. Bleibt nun aber auch das Übel, daß nicht einmal diese wenigen Erzieher zugleich Schullehrer sind, daß vielmehr die Schullehrer bloß nach Kenntnissen und nach derjenigen Art von Lehrgeschicklichkeit geschätzt und ausgesucht werden, die das Einzelne mitteilt, ohne sich um sei-

ne pädagogische Zusammenwirkung mit dem Übrigen zu bekümmern, – alsdann freilich sind die Schulen nicht einmal Nothilfen, sondern sie treten in völligen Gegensatz gegen die Erziehung und sinken eben dadurch völlig zur alltäglichen Gemeinheit herab.«[15]

Liest man solche Worte, drängt sich der Verdacht auf, daß sich die Richtlinienkommissionen, die heute so bereitwillig auf den Begriff »erziehender Unterricht« zurückgreifen, vielleicht nicht in jedem Fall der kritischen Einstellung bewußt waren, die Herbart der Institutionalisierung des Lernens in Schulen gegenüber zum Ausdruck gebracht hat.[16] Möglicherweise hat die Formel vom erziehenden Unterricht in den letzten Jahren eher aufgrund einer gewissen Interpretationsoffenheit als infolge exakter Kenntnis ihrer historischen Herkunft Karriere gemacht. Ignoriert man nämlich die bei Herbart mit ihr verbundene Unterrichtstheorie, erlaubt es diese Formel ganz unterschiedlichen Gruppierungen, sich mit solchen Richtlinien zu identifizieren: Reformorientierte Kräfte können sich im Einklang mit der schulkritischen Tradition Herbarts zu einer radikalen Veränderung traditioneller Unterrichtsmuster aufgefordert und in ihren Bemühungen unterstützt sehen, die traditionelle Buch- und Lernschule zugunsten individualisierender, die Selbsttätigkeit und Eigenaktivität der Schüler stärker herausfordernder Lernsituationen zu überwinden. Gleichzeitig könnten jedoch eher konservativ orientierte Kräfte in dem Rekurs auf den erziehenden Unterricht – in Übereinstimmung mit der politischen Entwicklung der achtziger Jahre – auch eine konservative Trendwende in der Pädagogik vermuten, die beispielsweise im Sinne des Forums »Mut zur Erziehung« bewußt darauf abzielt, im Unterricht gesellschaftliche Vorgegebenheiten zu tradieren und nicht nur Wissen und Kenntnisse, sondern gleichzeitig auch überkommene Werte und Weltbilder zu vermitteln.[17]

Es ist nicht das erste Mal, daß Herbarts Lehre vom erziehenden Unterricht so gegensätzlich ausgelegt und verwendet wird. Tatsächlich beginnt mit dem Aufstieg zur Leitformel der aktuellen Grundschulrichtlinien in verschiedenen Bundesländern bereits die dritte Wirkungsperiode des erziehenden Unterrichts. Ihre größte Verbreitung erfuhr die Lehre vom erziehenden Unterricht bekanntlich in der zweiten Hälfte des neunzehnten Jahrhunderts, als Schüler von Herbart, die »Herbartianer«, sie erst zum Zentrum einer didaktischen Berufswissenschaft für den Volksschullehrerstand und später in Verbindung mit einer extrem konservativen Gesinnungsethik auch zur ideologischen Basis der wilhelminischen Staatsschule machten. In dem Maße, in dem dann das preußische Schulwesen nach der 48er-Revolution gezielt in den Dienst einer restaurativen Machtpolitik gestellt wurde, entschwand der liberale, auf die freie Entfaltung des Individuums abzielende Kern der Lehre, der in Herbarts »Allgemeiner Pädagogik« von 1806 noch enthalten war. »Erziehender Unterricht« wurde mehr und mehr zum Synonym eines erstarrten Drill- und Paukunterrichts, der schließlich nichts mehr mit dem gemein hatte, was Herbart selbst einst formuliert hatte. Mit der Abkehr vom Herbartianismus in der reformpädagogischen Bewegung zu Beginn des 20. Jahrhunderts geriet auch die Lehre vom erziehenden Unterricht erst in Verruf und dann allmählich in Vergessenheit.[18]

Eine zweite Wirkungsepoche erfuhr der erziehende Unterricht erst wieder im bzw. kurz nach dem zweiten Weltkrieg, als Walter Asmus den »unbekannten Herbart« entdeckte und Herman Nohl kurz danach den »lebendigen Herbart« in die erziehungswissenschaftliche Diskussion zurückführte.[19] Seitdem hat es in Deutschland eine kontinuierliche Herbart-Forschung gegeben, deren wichtigste Vertreter neben Asmus Dietrich Benner, Josef Blaß, Günther Buck, Erich Geißler, Gerhard Müßener, Bernhard Schwenk und Fritz Seidenfaden sind.[20] Allerdings haben diese Forschungen kaum einen unmittelbaren Einfluß auf die Schulpraxis in der Bundesrepublik gewonnen, sondern allenfalls im Rahmen der erziehungswissenschaftlichen Theoriebildung Bedeutung gehabt.

Die aktuelle, dritte Wirkungsperiode, die mit dem Rückgriff auf Herbarts Formel vom »erziehenden Unterricht« in den derzeit gültigen Grundschulrichtlinien mehrerer Bundesländer begann, ist noch unabgeschlossen. Um so mehr drängt sich – gerade vor dem Hintergrund der anderen Wirkungsepochen – die Frage auf, inwieweit sich gegen Ende des zwanzigsten Jahrhunderts überhaupt noch Lernsituationen denken, geschweige denn gestalten lassen, die wenigstens annäherungsweise jenen Ansprüchen gerecht werden könnten, die Herbart vor fast 200 Jahren formuliert hat. Diese Frage bedarf einer doppelten Klärung: der Klärung ihrer theoretischen Möglichkeit und der Klärung ihrer praktischen Möglichkeit. Beides soll in der vorliegenden Arbeit versucht werden.

Dabei soll hier keineswegs die These aufgestellt oder gar verteidigt werden, daß die gegenwärtigen Probleme des Unterrichts und der Erziehung in unseren Schulen einfach durch den direkten Rekurs auf einen sogenannten »Klassiker« der Pädagogik gelöst werden könnten. Eine solche Vorstellung verhielte sich naiv zur Geschichte. Es gibt in der Pädagogik keine überzeitlichen Wahrheiten. Jede Zeit kann und muß vielmehr ihre eigene Interpretation und Auswertung pädagogischer Konzeptionen vergangener Epochen hervorbringen.[21] Die Argumentation verläuft vielmehr genau umgekehrt: Gerade weil dieser Rückgriff auf einen Terminus aus längst vergangenen Zeiten derzeit in staatlichen Vorgaben für den Schulunterricht faktisch geschieht, bedarf es der Überprüfung, inwieweit ein solcher Rückgriff überhaupt berechtigt und darüberhinaus auch pädagogisch fruchtbar sein könnte. Die bloße Beschwörung einer möglicherweise auch noch vieldeutigen Leitformel für pädagogisches Handeln in der Schule könnte nämlich auch zur Folge haben, daß aktuelle Problemlagen eher verschleiert als praktisch bewältigt werden. Wer Erziehung und Unterricht im erziehenden Unterricht zusammenführen soll, muß daher zunächst einmal erfahren, was sich überhaupt hinter der Formel, »durch Unterricht erziehen«, verbirgt und inwiefern dieser Formel weiterhin praktische Bedeutung zukommen könnte.

Für die Bearbeitung dieser Frage bietet sich eine mehrschrittige Vorgehensweise an. Zur Prüfung der *theoretischen* Möglichkeit eines Rückgriffs auf die Lehre vom erziehenden Unterricht für heutiges pädagogisches Handeln gilt es zunächst, diese Lehre selbst und ihre wichtigsten aktuellen Interpretationen zur Kenntnis zu nehmen. Dies ist der Gegenstand des 2. Kapitels. In ihm werden vor allem drei Ergebnisse der neueren Herbartforschung herausgearbeitet, die für den weiteren Gang der Studie bedeutsam sind:

– Zum einen korrigiert die neuere Herbartforschung die von einigen Herbartianern vorgenommene Gleichsetzung der berühmten Herbartschen »Formalstufen« mit Stufen des Lehr- und Unterrichtsprozesses und betont, daß es sich bei diesen Stufen immer auch um Stufen des *Lernprozesses* des Individuums handelt, Phasen des selbsttätigen Aufbaus von Welterkenntnis und Urteilskompetenz durch das lernende Subjekt. Unter dieser Prämisse werden später (im 4. Kapitel) aktuelle pädagogische Programme und Konzeptionen darauf untersucht, ob und inwiefern diese Programme dem lernenden Subjekt das freie, selbstbestimmte Durchlaufen dieser Erkenntnisstufen ermöglichen, wobei von der seit den Herbartianern gebräuchlichen Gleichsetzung von

Lehrschritten mit Lernschritten Abstand genommen wird. Was ergibt sich, so lautet die erste Frage, wenn man die Formalstufen nicht als didaktische Handlungsanweisung, sondern als Erkenntnistheorie liest? Könnte es sein, daß bestimmte »Ablaufformen des Unterrichts« (Rumpf) die Anbahnung eines »vielseitigen Interesses« beim lernenden Individuum gerade behindern, obwohl sie in scheinbarer Übereinstimmung zu den Formalstufen geplant und realisiert wurden? Könnte es sein, daß gerade nicht hierarchisch gestufte, sondern »offene« Lernsituationen das individuelle Durchlaufen der einzelnen Lernschritte viel leichter und wirkungsvoller und lebensgeschichtlich bedeutsamer ermöglichen? Gibt es dafür aktuelle Beispiele?

– Zum anderen ersetzt eine Richtung der aktuellen Herbartforschung den seit der Mitte des 19. Jahrhunderts einseitig repressiv verstandenen Begriff der »Zucht« durch ein auf Selbsterziehung des Zöglings abzielendes Verständnis von Erziehung. Erziehung (»Zucht«) im Kontext von Schule heißt nicht mehr – wie in der Tradition der Herbartianer –, den Zögling an etwas hindern oder zu etwas zwingen, um ihn für den erziehenden Unterricht gefügig zu machen; Erziehung soll vielmehr den Zögling als haltende, bestimmende, regelnde und unterstützende Kraft an seine eigene Einsicht erinnern und fordert ihn zu selbstbestimmtem Handeln gemäß der eigenen Einsicht auf. Bezogen auf aktuelle pädagogische Reformkonzepte resultiert daraus die zweite für die vorliegende Untersuchung erkenntnisleitende Frage: Gibt es in neueren pädagogischen Reformkonzepten Beispiele für die Möglichkeit einer nicht-affirmativen Erziehung, die die Lernenden zu einem verantwortlichen, und zwar *selbst-verantworteten* Handeln gemäß der eigenen Einsicht ermutigt und anhält? Wie sehen solche Beispiele aus? Unter welchen Umständen kommen sie zustande?

– Schließlich verweist die von Herbart vorgenommene Unterscheidung zwischen den Aufgaben der Erweiterung des Gedankenkreises im Unterricht einerseits und der pädagogischen Einwirkung auf die Heranwachsenden im Übergang zum Handeln andererseits auf eine nicht mehr umkehrbare gesellschaftliche Entwicklung: Danach können in neuzeitlichen Gesellschaften viele für die Sozialisation bedeutsame Lernprozesse nicht mehr im unmittelbaren Zusammenleben der Menschen in der Gesellschaft gemacht werden und werden deshalb in besondere Institutionen, z.B. Schulen, ausgegrenzt. Diese Ausgrenzung wird in pädagogischen Reformkonzeptionen häufig als unversöhnlicher Gegensatz zu der von den Reformern immer wieder geforderten Lebensnähe des Unterrichts gesehen. Dagegen käme es der neueren Herbartforschung zufolge gerade darauf an, die Spannung zwischen dieser Ausgrenzung des Lernens in besondere Institutionen und der Tatsache, daß der Erfolg des Lernens sich erst außerhalb dieser Institutionen zeigen kann, *auszuhalten* und pädagogisch konstruktiv zu bewältigen. Bezogen auf aktuelle schulpädagogische Programme und Konzeptionen stellt sich hier die Frage, ob diese Programme der Illusion einer womöglich aussichtslosen Wiederbelebung der verlorenen Einheit von »Kopf, Herz und Hand« erliegen oder ob sie die Notwendigkeit einer Erweiterung des Umgangs- und Erfahrungslernens *durch Unterricht* konstruktiv aufzugreifen wissen. Wie sehen zeitgemäße pädagogische Reformprogramme aus, die die Tendenz zu einer immer weiter fortschreitenden Verschulung des Lernens mit Herbarts Mahnung in Einklang zu bringen wissen, daß unterrichtliche Erkenntiserweiterung immer im Kontext der lebensweltlichen Erfahrungen der Lernenden erfolgen muß und auf deren aktive Mitwirkung angewiesen bleibt?

Die Frage der theoretischen Möglichkeit eines Rückgriffs auf Herbarts Lehre vom erziehenden Unterricht für aktuelles pädagogisches Handeln soll jedoch nicht nur werkimmanent anhand einer Auseinandersetzung mit Herbarts Schriften geprüft werden. Vielmehr ist es ebenso erforderlich, diese Frage auf die aktuelle schulpädagogische Problemdiskussion und Theoriebildung zu beziehen. Wird also im 2. Kapitel danach geforscht, was *Herbart* aus heutiger Sicht unter erziehendem Unterricht verstanden haben mag, geht es im 3. Kapitel um die umgekehrte Blickrichtung: Aus welchen Gründen ist »erziehender Unterricht« überhaupt wieder ein Thema? Für welche aktuellen Problemlagen läßt die Lehre vom erziehenden Unterricht Lösungen erhoffen? Von welchen unterschiedlichen Positionen aus werden solche Lösungen erwartet? Und welche Hoffnungen sind schon vor jeder praktischen Erprobung aus theoretischen Gründen in Zweifel zu ziehen?

Eine solche Beschäftigung mit über Herbart und dessen Interpreten hinausgehenden aktuellen schultheoretischen Studien ist schon deswegen erforderlich, weil Herbarts »Allgemeine Pädagogik«, in der er die Lehre vom erziehenden Unterricht entfaltet hat, ganz unterschiedliche Argumentationsfiguren und Begründungsstränge enthält und in ihr allgemeinpädagogische Erörterungen mit exemplarisch-illustrierenden Darstellungen durchmischt sind, ohne daß diese jeweils systematisch voneinander abgehoben und damit leicht unterscheidbar wären. Klafki spricht in diesem Zusammenhang sogar von »Kunstlehren«, die innerhalb der systematischen Ausführungen von Herbart »im Blick auf Hilfe und Orientierung für die pädagogische Praxis vorgetragen werden«.[22] Die Auseinandersetzung mit der aktuellen schultheoretischen Literatur, die immer wieder – wenn auch vor jeweils ganz unterschiedlichem Hintergrund – das Problem des Zusammenhangs von Erziehung und Unterricht in der Schule thematisiert, soll also dazu beitragen, die heute noch bedeutsamen systematischen Gedanken in Herbarts »Allgemeiner Pädagogik« von deren nurmehr historisch bedeutsamen illustrativen Ausführungen zu trennen.

Nach diesen vorwiegend theoretischen Überlegungen folgt im 4. Kapitel die Prüfung der *praktischen* Möglichkeit eines Rückgriffs auf Herbarts Lehre vom erziehenden Unterricht für aktuelles pädagogisches Handeln. Diese Prüfung erfolgt jedoch nicht in der Praxis selbst, sondern anhand einer Analyse von praktischen Beispielen aus besonders sorgfältig begründeten und in sich relativ geschlossenen pädagogischen Reformprogrammen: der Freinet-Pädagogik (Abschnitt 4.1), der Pädagogik Martin Wagenscheins (Abschnitt 4.2) sowie der Projekte »praktischen Lernens«, die die Tübinger »Akademie für Bildungsreform« seit den frühen achtziger Jahren mit verschiedenen Arbeitsgruppen fördert, sammelt und auswertet (Abschnitt 4.3).[23] Die zu prüfende Praxis wird also nicht zum Zwecke der Prüfung neu konstruiert; vielmehr wird jeweils eine langjährig erprobte, besonders gut dokumentierte und in der pädagogischen Theoriebildung bereits mehrfach reflektierte pädagogische Praxis einer Sekundäranalyse unterzogen und auf Hinweise für gelingende Prozesse erziehenden Unterrichts untersucht.

Dieser methodischen Vorgehensweise kommen mindestens zwei Vorzüge zu:
– Zum einen sind der Gang der Prüfung und deren Resultate durch Vergleiche mit der zugrundegelegten Literatur besonders leicht für Dritte nachprüfbar, was die Beurteilung ihrer Plausibilität erleichtert;
– zum anderen entgeht diese Methode den situativen Zufällen eines singulären pädagogischen Experimentes, dessen Gelingen

oder Versagen ja allein in der Person des Lehrenden oder in schwer zu kontrollierenden Faktoren der jeweiligen Lerngruppe oder auch nur des Tages oder der Stunde begründet sein könnten. Die langjährige erfolgreiche Praxis der hier herangezogenen Reformprojekte bietet eine sicherere Basis für die beabsichtigten Untersuchungen als ein einmaliges Experiment.

Da hier nicht bewiesen werden soll, daß erziehender Unterricht unter den zur Zeit gegebenen Umständen in der Schule möglich ist oder gar die denkbar beste Form der Lehre darstellt, sondern nur geprüft werden soll, ob und unter welchen Voraussetzungen er heutzutage *überhaupt* möglich, d.h. *als praktische Realität denkbar* ist, genügt es, einzelne Beispiele aus bekannten Reformprojekten genauer zu betrachten und auf fördernde und hemmende Faktoren für erziehenden Unterricht zu untersuchen. Ob solche fördernden Faktoren in der gegenwärtigen Schulpraxis tatsächlich vorhanden sind bzw. hemmende Faktoren beseitigt werden, ist dann weniger ein Problem der pädagogischen als vielmehr eines der bildungspolitischen Praxis.

Zweierlei darf von dieser Vorgehensweise in jedem Fall erhofft werden: eine differenziertere Kenntnis der untersuchten pädagogischen Reformprojekte, die – soweit es der Autor überblickt – erstmalig ausführlich auf Objektivationen eines erziehenden Unterrichts im Herbartschen Sinne befragt werden; und differenziertere Kenntnisse von den Bedingungen der Möglichkeit eines erziehenden Unterrichts heute – Kenntnisse, die einem Rückgriff auf die Lehre vom erziehenden Unterricht in staatlichen Richtlinien und Lehrplänen eigentlich hätten zugrundeliegen müssen, bevor diese Richtlinien für ein ganzes Land verbindlich gemacht wurden. Diese Bedingungen werden im 5. Kapitel noch einmal zusammengefaßt.

2. Erziehender Unterricht bei Herbart – Rekonstruktion und Neuinterpretation

2.1 Varianten der Herbart-Rezeption

Um Anspruch und Tragweite von Herbarts Konzeption eines erziehenden Unterrichts angemessen erfassen und verstehen zu können, muß man zunächst von den historisch entwickelten Formen von Erziehung und Unterricht in der Schule unserer Tage bewußt Abstand nehmen. Herbarts Pädagogik zielt nicht primär auf die Verbesserung des Schulunterrichts oder der in Schulen möglichen oder praktizierten Erziehung; seine Konzeption eines erziehenden Unterrichts ist vielmehr allen Fragen nach einer angemessenen Institutionalisierung von Lernen vorgelagert.

Dieser Vorbehalt ist in der Rezeptionsgeschichte Herbarts nicht durchgängig vertreten worden. Von der ersten Veröffentlichung der »Allgemeinen Pädagogik« (1806) bis heute lassen sich mindestens zwei unterschiedliche Interpretationsmuster seiner Theorie ausmachen:

– Eine Richtung der Interpreten versteht mit den Herbartianern Herbarts Konzeption eines Erziehenden Unterrichts als Handlungsanweisung für einen didaktisch anspruchsvoll durchgeplanten und durchgegliederten Schulunterricht im Rahmen der staatlichen Regelschule.[1] Ausgehend von der Existenz eines staatlichen Pflichtschulsystems, sind diese Interpreten darum bemüht, den Bildungswert des Unterrichts zu stärken und die pädagogische Qualität und Legitimität der Institution Schule zu erhöhen. Die Vertreter dieser Richtung fühlen sich hierzu aufgrund Herbarts eigener Interpretationshilfen zur »Allgemeinen Pädagogik«, die er 1835 mit dem »Umriß pädagogischer Vorlesungen« vorgelegt hatte, berechtigt.[2] In jüngerer Zeit wird dieser Ansatz in modifizierter Form dahingehend weiterverfolgt, daß Herbarts Modell des erziehenden Unterrichts zwar nicht mehr als Handlungs*anweisung*, wohl aber im Sinne einer Handlungs*orientierung* für die Entwicklung einer angemessenen Artikulation des Unterrichts im Kontext didaktischer Theoriebildung weiterhin herangezogen wird.[3]

– Die andere Interpretationsrichtung akzeptiert zwar, daß Herbart in seinen Werken immer wieder auch Beispiele für den Schulalltag aufführt, begreift diese Beispiele jedoch eher als historisch überkommene Illustrationen für eine Theorie, die zunächst keineswegs auf die Notwendigkeit eines in Schulen institutionalisierten Lernens verweist oder eine solche Institutionalisierung legitimieren könnte. Diese Interpreten nehmen den Titel der Abhandlung – »Allgemeine Pädagogik aus dem Zweck der Erziehung abgeleitet« – wörtlich und betonen den allgemeinen Charakter der Theorie als einer systematischen Auseinandersetzung mit dem Verhältnis von Erziehung und Unterricht, die unabhängig von den heute entwickelten Formen der Institutionalisierung von Unterricht in Schulen, ja, sogar gegen diese Geltung beansprucht. Die Vertreter dieser Position stützen sich weniger auf die Überlegungen aus dem »Umriß pädagogischer Vorlesungen« und verweisen stattdessen auf Herbarts schulkritische Studien, beispielsweise auf die Studie »Über Erziehung unter öffentlicher Mitwirkung« (1810) oder auf die »Pädagogischen Briefe« von 1832.

Es mag dahingestellt bleiben, welche der beiden Richtungen den Intentionen des Verfassers eher gerecht wird. Herbart selbst, der als Gutachter, als Prüfer, als Lehrerbildner und Hochschullehrer immer wieder auch zu praktischen Erziehungsproblemen Stellung genommen hat, bleibt da durchaus ambivalent. Zu zahlreich und zu detailliert sind die unmittelbar als Handlungsanweisung formulierten Unterrichtsempfehlungen – insbesondere im »Umriß«, aber auch in der »Allgemeinen Pädagogik« –, als daß man annehmen könnte, Herbart selbst habe die direkte Umsetzung seiner Ausführungen in pädagogisches Handeln an keiner Stelle im Sinn gehabt (obgleich eine solche direkte Umsetzung in vollem Widerspruch stünde zu seiner Lehre vom Pädagogischen Takt).[4]

Historisch gesehen, d.h. im Rückblick auf die Herbartianer, muß der Versuch, Herbarts »Allgemeine Pädagogik« und speziell die Konzeption seines erziehenden Unterrichts als eine Handlungsanweisung für das Lernen in der Regelschule zu interpretieren, als gescheitert angesehen werden. Für die Analyse und Bewertung aktueller pädagogischer Programme und Prozesse sind in erster Linie die systematischen Linien seiner »Allgemeinen Pädagogik« von Interesse. Diese sollen zunächst im Überblick vorgestellt (Kap. 2.2) und später im Detail betrachtet werden (Kap 2.3 bis 2.5). Dabei wird im folgenden explizit und implizit vor allem auf die neueren Herbartinterpretationen Dietrich Benners zurückgegriffen, der nach den umfassenden Arbeiten von Seidenfaden, Blaß und Erich Geißler am nachhaltigsten an der Bedeutung Herbarts für die heutige Pädagogik festhält und noch in jüngster Zeit mit seiner eigenen »Allgemeinen Pädagogik« an Herbart anknüpft.[5]

2.2 Grundzüge der Pädagogik Herbarts

»Unterricht« in Herbarts »Allgemeiner Pädagogik« ist nicht Schulunterricht im heutigen Sinne als organisierte Belehrung größerer Gruppen nach einem vorgegebenen Plan, obschon pädagogisches Handeln auch nach Herbart planvoll vonstatten gehen soll und Belehrungssituationen beinhaltet. »Erziehung« ist bei Herbart nicht Wert- und Moraltransfer, obschon alles pädagogische Handeln bei Herbart einzig die Moralität zum Ziel hat. Gegenstand unterrichtlicher Erfahrungserweiterung sind nicht vorgegebene Stoffe einer vorgegebenen sittlich-kulturellen Ordnung oder vorgegebene wissenschaftliche Erklärungen der Naturerscheinungen oder der Naturbeherrschung, obschon Herbart immer wieder aufzeigt, wie auch solche Inhalte im erziehenden Unterricht behandelt werden.

Will man das Gesamtkonzept der Herbartschen Pädagogik erfassen, so muß man sich auf einige Voraussetzungen einlassen:

1. Das Ziel pädagogischen Handelns – und zwar das einzige Ziel – ist für Herbart der mündige, d. h. der sittlich handelnde Mensch: »Man kann die eine und ganze Aufgabe der Erziehung in den Begriff ›Moralität‹ fassen«. Mündigkeit oder »Moralität« als »ganzer« Zweck der Erziehung bedeutet, daß alle Erziehungsmaßnahmen mit diesem Zweck – und nur mit diesem – begründbar und ihm dienlich sein müssen. »Machen, daß der Zögling sich selbst finde als wählend das Gute, als verwerfend das Böse: dies oder nichts ist Charakterbildung«, heißt es in der »Ästhetischen Darstellung der Welt«.[6] Insoweit nimmt Herbart trotz seiner Kritik an Kant durchaus kantisches Gedankengut auf.

2. Herbarts Lehre vom erziehenden Unterricht zielt, wie seine gesamte »Allgemeine Pädagogik«, auf eine allgemeine Menschenbildung. Sie will den Zögling nicht auf eine bestimmte vorgegebene Gesellschaft oder auf eine optimale ökonomische Verwertung in Staat und Beruf zurichten – auch nicht auf die Idee einer angenommenen zukünftigen Gesellschaft. Der erziehende Unterricht soll vielmehr den Zögling in die Lage versetzen, sich eigene Zwecke zu setzen und eine ihm individuell angemessene Position in Beruf und Gesellschaft selber anzustreben und zu erreichen.[7] Indem die Pädagogik dies ausschließlich versucht, dient sie der Ausbildung von Moralität als dem »ganzen Zweck« des Menschen und der Erziehung.

Die Pädagogik steht mithin bei Herbart nicht im Dienste des Staates, denn »niemals lernt derjenige eine Sache recht kennen, der damit anfängt, sie als Mittel zu etwas anderem zu betrachten«.[8] Die frühe Ausrichtung der »Kinderwelt« auf Beruf und Staat läuft für Herbart »am Ende dem Staate selbst zuwider, während die rechte Erziehung, die sich um den Staat nicht bekümmert, die gar nicht von politischen Interessen begeistert ist, gar nicht einen für die andern, sondern jeden nur für sich selbst bilden will, ebendarum dem Staate aufs beste vorarbeitet, weil sie die ohnehin verschiedenen Individualitäten insoweit gleichförmig bildet, daß sie sich in den Jahren der Reife einander anschließen können.«[9]

3. Richtschnur von Herbarts Pädagogik ist also nicht der Staat, aber auch nicht das Individuum um seiner selbst willen, sondern die Ausbildung der »Vielseitigkeit« aller Individuen als Voraussetzung einer kollektiven Höherbildung der Menschheit. Eine solche Vielseitigkeit kann jedoch nicht durch kollektive Lernprozesse hervorgebracht werden, sondern setzt voraus, daß alle pädagogischen Bemühungen an die Individualität des Zöglings »als Inzidenzpunkt« anknüpfen.[10] Unterricht und Erziehung sind immer der Unterricht und die Erziehung eines Einzelnen – wenn auch jedes Einzelnen. Nur vor dem Hintergrund der einzigartigen Biographie eines einzelnen Individuums lassen sich überhaupt Ziele, Wege, Gegenstände und Hilfsmittel pädagogischen Handelns bestimmen. Und nur insoweit sie den Einzelnen im Sinne einer individuellen Höherbildung voranbringen (die zugleich die Grundlage der kollektiven Höherbildung der Menschheit darstellt), sind sie im engeren Sinn pädagogische Ziele, We-

ge, Gegenstände oder Hilfsmittel. Pädagogik handelt bei Herbart von dem Problem, Individualität und Sittlichkeit zu einander zu bringen, ohne die eine der anderen zu opfern:

»Ja die allerschlimmste Schwierigkeit liegt zwischen den beiden Hauptpartien des pädagogischen Zwecks selbst. Wie wird doch die Vielseitigkeit sich's gefallen lassen, in die engen Schranken der Sittlichkeit einzukriechen, und wie wird die ernste Einfachheit der sittlichen Demut es aushalten, in die bunten Farben eines mannigfaltigen Interesses gekleidet zu werden?«[11]

4. Die Sozialform, in der pädagogisches Handeln stattfindet, ist konsequenterweise eine Zwei-Personen-Interaktion: die wechselseitige Beeinflussung von Erzieher und Zögling. Wo Unterricht und Erziehung – wie in der Schule – in größeren Gruppen stattfinden sollen, wären sie nach diesem Verständnis immer darauf zu überprüfen, inwieweit sie jedem einzelnen Gruppenmitglied, d.h. der individuellen Biographie jedes einzelnen Mitglieds gerecht werden und seine Vielseitigkeit stärken. Hieraus erklärt sich auch Herbarts Kritik an der Institution Schule[12], eine Kritik, die er in seiner eigenen Mitwirkung an der Gestaltung des preußischen Schulwesens nicht durchhalten konnte und 25 Jahre später, als die Institutionalisierung des allgemeinbildenden Schulwesens weiter vorangeschritten war, dadurch relativiert hat, daß er beispielsweise im »Umriß« selbst zahlreiche Hinweise gegeben hat, wie die vielen Schüler »in Ordnung gehalten« werden können.

5. Pädagogisches Handeln ist bei Herbart nicht Behandlung eines Objektes, das der Formgebung durch einen anderen bedarf. Zwar betrachtet Herbart den Erzieher als Künstler in dem Sinne, daß dieser in einem kreativen Prozeß individuelle »Stücke« schafft. Doch die Werke dieses Künstlers sind nicht die Zöglinge und schon gar nicht der mündige Mensch, sondern die pädagogischen Maßnahmen im Umgang mit dem Zögling.

Die »Erhebung zur selbstbewußten Persönlichkeit soll ohne Zweifel im Gemüt des Zöglings selbst vorgehn und durch dessen eigene Tätigkeit vollzogen werden; es wäre Unsinn, wenn der Erzieher das eigentliche Wesen der Kraft dazu erschaffen und in die Seele eines anderen hineinflößen wollte. Aber die schon vorhandene und ihrer Natur notwendig getreue Kraft in eine solche

Lage zu setzen, daß sie jene Erhebung unfehlbar und zuverlässig gewiß vollziehn müsse: das ist es, was sich der Erzieher als möglich denken, was er zu erreichen, zu treffen, zu ergründen, herbeizuführen, fortzuleiten als die große Aufgabe seiner Versuche ansehn muß.«[13]

Insoweit Erziehung und Unterricht bei Herbart immer ihren Ausgang bei den schon vorhandenen Erfahrungen und dem schon vorhandenen Umgang des Zöglings nehmen und ihn anleiten und befähigen sollen, diese selber – selbsttätig – zu erweitern, d.h. pädagogisches Handeln immer dem Primat der Anerkennung der prinzipiellen Bildsamkeit jedes Individuums unterworfen wird, schließt Herbart nicht nur an Fichte an, sondern ist – trotz der späteren Kritik der Reformpädagogen an der Herbart-Schule – auch als ein Vordenker der reformpädagogischen Bewegung des zwanzigsten Jahrhunderts bezeichnet worden.[14]

6. Unterricht, und erst recht der erziehende Unterricht, ist bei Herbart eine sorgfältig geplante und durchkonstruierte Veranstaltung, ein rationaler Prozeß der Einflußnahme auf den Lernenden – wenn auch kein Prozeß der Willenssteuerung! Dieses Faktum allein macht Herbart bei Reformpädagogen verdächtig, die die Bedeutung informellen, spontanen, »freien« Lernens betonen. Unterricht stellt für Herbart »keinen Raum für spielerische Muße« dar.[15]

»Der Erzieher mutet sich den Versuch an – eben wie der Astronom – durch richtiges Fragen der Natur und durch genaue und lange genug fortgeführte Schlußreihen endlich dem Gange der vor ihm liegenden Erscheinungen seine Gesetzmäßigkeit abzuforschen und somit auch zu entdecken, wie sich derselbe nach Absicht und Plan modifizieren lasse.«[16]

Jedoch: Die Tatsache, daß der Vorgang durchdacht und geplant vonstatten gehen soll, sagt über seine konkrete Formbestimmtheit wenig aus. Auch Muße oder Prozesse des spontanen Lernens sind planvoll in Situationen organisierten Lernens einfügbar, wenn dies sinnvoll und notwendig ist, nur sind sie selbst nicht Unterricht. Wenn es eine Stufenfolge der Entwicklung gibt von der Blindheit zur Bildung, von der Dumpfheit zur Empathie, von dem »willenlosen Ungestüm« des Neugeborenen zum mündigen, d.h. sittlich handelnden Erwachsenen, so wird diese Stufenfolge nicht als Zwangsweg, sondern als Fülle von Möglichkeiten beschrieben, die es nach Herbart allerdings zu nutzen gilt.

»Insgesamt wird sich eine ›Mannigfaltigkeit verflochtener Maßregeln‹, werden sich ›Folge und Abhängigkeit‹ der Stufenfolge, aber kein ›strenges Nacheinander‹ erforderlich machen. ›Obwohl die Lehrweisen sehr verschieden geartet sein können‹, schrieb Herbart, ›so ist es doch nicht nötig, daß eine derselben als Gewöhnung vorherrsche und die anderen ausschließe; vielmehr kann man fragen, ob nicht jede derselben zur vielseitigen Bildung einen Beitrag leiste.«[17]

Der Formalismus, den man Herbart zum Vorwurf gemacht hat, kann auch in einer formalistischen Verwendung seines Systems liegen. Die Stereotypie seiner späteren Verwendung kann, selbst wenn sie im System angelegt wäre, nicht als Maßstab zur Beurteilung der Stimmigkeit des Systems dienen.

7. Erziehender Unterricht unterscheidet sich von einem Unterricht ohne Erziehung und einer Erziehung ohne Unterricht durch seine auf Moralität als ganzem Zweck gerichtete Intention und Wirkung. Erziehender Unterricht ist in diesem Sinne von einem »bloß unterrichtenden« Unterricht im Sinne einer simplen Instruktion abzuheben.

Das bedeutet, daß Herbart die Möglichkeit eines Unterrichts ohne Erziehung durchaus zugesteht; er billigt einem solchen Unterricht allerdings keinerlei pädagogische Qualität zu, sondern betrachtet ihn eher abfällig als »Geschicklichkeit«, die ein junger Mensch »um des bloßen Vorteils willen von irgendeinem Lehrmeister lernen möge«, die dem Erzieher aber so gleichgültig sein können, wie die Farbe, die der Zögling »zum Kleide wähle«[18]. Eine Erziehung ohne Unterricht hält Herbart dagegen für verwerflich, denn die Pädagogen, die bei der Erziehung auf eine unterrichtlich vermittelte Erfahrungserweiterung des Zöglings verzichten, müssen sich notgedrungen der Empfindungen des Zöglings bemächtigen; »an diesem Bande halten sie ihn und erschüttern unaufhörlich das jugendliche Gemüt dergestalt, daß es seiner selbst nicht inne wird.«[19]

Wie aber bestimmt sich die Moralität? Moralität ist bei Herbart zunächst im Sinne des Kantschen kategorischen Imperativs bestimmt als sittliches Handeln eines Individuums unter dem Gesetz der Anerkennung aller anderen Individuen: »Der gute Wille, der stete Entschluß, sich als Individuum unter dem Gesetz zu denken, das allgemein verpflichtet: dies ist der gewöhnliche und mit Recht der nächste Gedanke, an den uns das Wort Sittlichkeit erinnert.«[20]

Aber Herbart begreift Moralität nicht – wie Kant – als einen transzendentalen Begriff: Er stellt und beantwortet vielmehr die Frage, wie Moralität durch praktische Pädagogik hervorgebracht werden kann. Unter dem Gebot des kategorischen Imperativs kann es der Erziehung dabei nicht darum gehen, den »richtigen« Willen vorzuschreiben, denn dies wäre ja eine Nicht-Achtung der Mündigkeit des Zöglings durch den Erzieher. Vielmehr muß und kann sich die Erziehung darauf beschränken, in Anerkennung der Bildsamkeit des Zöglings dem beim Zögling schon vorhandenen Willen zum Durchbruch zu helfen:

»Dem Erzieher ist die Sittlichkeit ein Ereignis, eine Naturbegebenheit, die in der Seele des Zöglings sich zwar, wie man annehmen kann, schon in einzelnen Augenblicken einem kleinen Teil nach zufällig hat blicken lassen, die sich aber in ihrem ganzen Umfange zutragen und dauern und die übrigen Ereignisse, Gedanken, Phantasien, Neigungen, Begierden in sich nehmen, in Teile von sich selbst umwandeln soll... Machen, daß der Zögling sich selbst finde als wählend das Gute, als verwerfend das Böse: dies oder nichts ist Charakterbildung.«[21]

Erich Weniger hat Herbarts Pädagogik treffend als einen »auf zwei Personen aufgeteilten Selbstbildungsprozeß« charakterisiert.[22] Es geht um Selbstbildung, aber gleichwohl ist das Ziel dieser Selbstbildung eindeutig vorgegeben: »wählend das Gute« und »verwerfend das Böse«. Die Wahl des »Bösen« wäre kein Kennzeichen von Mündigkeit.

Was aber ist »das Gute«? Herbart bestimmt es in der »Allgemeinen Praktischen Philosophie« als ein Handeln unter Anerkennung folgender Prinzipien: der Idee der Inneren Freiheit, der Idee der Vollkommenheit, der Idee des Wohlwollens, der Idee des Rechts und der Idee der Billigkeit.

»Die Maxime, sowohl die eigene Person als auch die eines jeden andern als Zweck anzuerkennen und nicht als bloßes Mittel zu gebrauchen, besagt für das Verhältnis des Individuums zu sich selbst, daß es seine Beweggründe nach dieser Maxime beurteilen lernt, sich unter die ›Idee der inneren Freiheit‹ stellen soll und

sich nicht ausschließlich für eine Sphäre der Gesellschaft brauchbar machen darf, sondern für alle Bereiche der zwischenmenschlichen Praxis bilden muß (›Idee der Vollkommenheit‹); für das Verhältnis eines Einzelindividuums zu einem anderen Einzelindividuum besagt diese Maxime, daß jeder dem anderen mit einem grenzenlosen ›Wohlwollen‹ begegnen soll und dort, wo es zum Streit kommt, unter der ›Idee des Rechts‹ nach Regelungen für die gegenseitige Anerkennung der Individuen sucht, ›die dem Streit vorbeugen‹, ferner, daß dort, wo solche Regelungen verletzt werden, unter der ›Idee der Billigkeit‹ eine Wiedergutmachung des durch die Mißachtung des anderen als Person entstandenen Schadens zu versuchen ist. Diesen fünf auf die individuelle Praxis bezogenen Ideen ordnet Herbart fünf weitere, auf die gesellschaftliche Praxis gerichtete Ideen zu, wobei er ... die ›Idee der inneren Freiheit‹ an die ›Idee der beseelten Gesellschaft‹ zurückbindet, welche die politische Praxis vor die Aufgabe der Herbeiführung einer humanen Weltgesellschaft ohne Ausbeutung und Unterwerfung der Völker stellt.«[23]

Damit nun Moralität als Ergebnis von Erziehung real möglich wird, müssen nach Herbart zwei Bedingungen erfüllt sein: Der Heranwachsende muß das Gute selber wollen, und zwar aus eigener Einsicht, nicht bloß um irgend eines Vorteils willen. Und er muß auch gemäß dieser Einsicht handeln, d.h. er darf nicht beim guten Willen verharren, sondern muß auch Konsequenz zeigen. Daraus folgt: »Moralisch« darf nur ein Wille genannt werden, »der seiner Einsicht tätig folgt. Einsicht und Gehorsam der (eigenen – J.R.) Einsicht gegenüber sind demzufolge die beiden ›Bedingungen der realen Möglichkeit‹ von Sittlichkeit, derweil Sittlichkeit selbst erst deren praktische Synthesis im konkreten Handeln ist. Dieser Auffassung zufolge kann es gar keine moralischen Urteile, sondern allein ein moralisches Handeln geben, besteht Moralität nicht in Einsicht und Gesinnung, sondern in der einsichtigen Tat.«[24]

Damit ist das »Hauptgeschäft der Erziehung« definiert. Als Voraussetzung für sittliches Handeln des mündigen Individuums als ganzem Zweck der Erziehung muß diese zwei Aufgaben erfüllen:
– die Ausbildung der »Einsicht«, die in der »Allgemeinen Pädagogik« näher bestimmt ist als »Vielseitigkeit des Interesses«, welche im erziehenden Unterricht erzeugt wird;

– und die Aufforderung zum Handeln gemäß der eigenen Einsicht, das Herbart unter dem Begriff »Charakterstärke der Sittlichkeit« faßt. Die pädagogischen Maßnahmen, mit deren Hilfe diese Aufforderung erfolgt, hat Herbart unter der Überschrift »Zucht« behandelt.[25]
Vielseitige Bildung und Ermutigung zum sittlichen Handeln gemäß der eigenen Einsicht sind mithin die beiden Aufgaben der Erziehung, erziehender Unterricht und Zucht die Dimensionen, in denen sie erfolgt. Zu diesen beiden Dimensionen der »eigentlichen Erziehung« tritt in der »Allgemeinen Pädagogik« jedoch noch eine dritte hinzu, die vor und außerhalb der eigentlichen Erziehung stattfindet und die Kontrolle und Disziplinierung des noch uneinsichtigen Zöglings umfaßt. Herbart hat sie unter dem Begriff der »Regierung« der Kinder beschrieben. Mit der »Regierung« soll die detailliertere Beschreibung der drei Dimensionen der Erziehung nach Herbart eröffnet werden.

2.3 Erziehung als stellvertretendes Gewaltverhältnis: »Regierung«

Herbart selbst beginnt die Erläuterung jener Dimension pädagogischen Handelns, die er die »Regierung der Kinder« genannt hat, mit dem Zweifel, ob sie überhaupt der Pädagogik zurechnen solle: »Man könnte darüber streiten, ob dieses Kapitel überhaupt in die Pädagogik gehöre... Denn wesentlich verschieden ist gewiß die Sorge für Geistesbildung (als dem eigentlichen Geschäft der Erziehung – J.R.) von derjenigen, welche bloß Ordnung gehalten wissen will.«[26] Doch geht es in der Erziehung nicht ohne eine gewisse Ordnung: »Eine Regierung, die sich Genüge leisten will, ohne zu erziehen, erdrückt das Gemüt, und eine Erziehung, die sich um die Unordnung der Kinder nicht bekümmert, würde die Kinder selbst nicht kennen«[27], denn: »Willenlos kommt das Kind zur Welt, unfähig demnach jedes sittlichen Verhältnisses... Zunächst entwickelt sich in dem Kinde statt eines echten Willens, der sich zu entschließen fähig wäre, nur ... ein wilder Ungestüm, der hierhin und dorthin treibt, der ein Prinzip der Unordnung ist, die Einrichtungen der Erwachsenen verletzt und die künftige Person des Kindes selbst in mannigfaltige Gefahr setzt.«[28]
Damit nun der Zögling lernen kann, sich selbst Zwecke zu set-

zen und seiner eigenen Einsicht gemäß zu Handeln, muß diesem »Ungestüm« vorgebeugt werden. Wir haben es hier mit dem klassischen Stellvertreter-Prinzip zu tun: Der Erzieher handelt mit den Mitteln der Drohung und der Aufsicht, der Autorität und der Liebe stellvertretend für das noch nicht mündige Kind, teils um Schaden für andere und für das Kind abzuwenden, teils um den Streit »als Mißverhältnis an sich« zu vermeiden, teils um das Kind vor den Reaktionen der Gesellschaft auf dieses blinde Ungestüm zu schützen.[29] Der Unterschied zwischen einem solchen »stellvertretenden Gewaltverhältnis«[30] und einem repressiven Gewaltverhältnis liegt darin, daß die Maßnahmen der Regierung nur solange angewendet werden dürfen, bis sich Spuren eines »echten Willens« beim Kinde zeigen. »Alles kommt darin zusammen, daß diese Regierung keinen Zweck im Gemüt des Kindes zu erreichen hat, sondern daß sie nur Ordnung schaffen will.«[31]

Damit ist einerseits die Forderung nach einem nicht-repressiven und nicht-manipulativen Umgang mit dem noch nicht der Einsicht fähigen Zögling gestellt.[32] Andererseits wird dem Erzieher die schwere Aufgabe überantwortet, stets sorgfältig zu unterscheiden, ob er mit seinem Handeln nur vom Kind noch nicht übersehbaren Schaden abwendet, oder aber – möglicherweise unbewußt, in jedem Fall aber manipulativ und unzulässig – doch einen Zweck im Gemüt des Kindes verfolgt und es damit daran hindert, einen eigenen Willen zu entfalten.

2.3.1 Voraussetzungen der Regierung

Herbarts Entwurf eines »Regierung« genannten pädagogischen Handelns unterliegt der prinzipiellen Antinomie, daß Freiheit nicht ohne Erziehung erreichbar ist, Erziehung jedoch immer einen Eingriff in die freie Entwicklung des Zöglings bedeutet. Mit der Regierung geht daher ein doppeltes Problem einher: ein praktisches, und ein logisches Problem.

– Praktisch stellt sich dem Erzieher die Frage: Wie erkenne ich, ob ein Kind schon einen »echten Willen« hat oder nur als »willenloser Ungestüm« agiert? Oder, auf das Handeln des Erziehers bezogen: Wann und wie soll der Übergang erfolgen zwischen dem »stellvertretenden Gewaltverhältnis« und der »Aufforderung zur Selbstfindung«?

– Logisch stellt sich das Problem, daß das Handeln unter der Maxime der »Regierung« selbst dann, wenn es keinen besonderen Zweck im Gemüt des Kindes erreichen will, gleichwohl – im Sinne latenten Lernens – unausweichlich immer eine Wirkung auslöst, die nicht ohne Einfluß auf das Gemüt des Zöglings bleiben kann. Die Ausübung der »Regierung« genannten Gewalt bedeutet immer eine Unterwerfung unter die herrschende Ordnung bzw. die »sittlichen Verhältnisse«, deren Mißachtung ja erst den Streit auslöst, welchem Herbart durch Maßnahmen der Regierung vorbeugen will. Oder, das logische Problem wiederum praktisch gewendet: Wie soll das Kind als Ergebnis von erziehendem Unterricht und Zucht in eigener freier Entscheidung, in »innerer Freiheit«, das Gute wählen und das Böse verwerfen, wenn es aufgrund von Maßnahmen der Regierung vorgängig schon immer erfahren hat, was andere, die Eltern, die Erzieher, die das Kind umgebende Gesellschaft als »gut« und »böse« bewerten?

Beide Fragen hat schon Natorp in seiner umfassenden Herbart-Kritik gestellt und dahingehend beantwortet, daß das Konzept der »Regierung« schlechterdings unhaltbar sei, denn der Erzieher könne sich nicht teilen »in eine rechtliche und eine sittliche Person dem Zögling gegenüber; er muß ihm vielmehr ganz und ausschließlich als sittliche Person gegenüber stehen«. Ordnung dürfe er »nicht anders als durch sittliche Mittel zu erzielen suchen«, und »willenlosen Gehorsam zu fordern ist sittlich unzulässig, folglich überhaupt unzulässig, vor allem in der Erziehung«. Und schließlich: »Jede pädagogische Maßregel ist zugleich positiv und negativ, und jede wirkt zunächst auf den Moment, dadurch aber unvermeidlich auch auf die dauernde Gestaltung des Gemüts, bildend oder verbildend.«[33]

Herbart gibt auf diese Einwände nur indirekt Antwort, ja er scheint ihnen ausweichen zu wollen, indem er die Regierung nur unter Vorbehalt überhaupt der Pädagogik zurechnet, sie sogar als »kontradiktorischen Gegensatz« zur Erziehung bezeichnet[34], und überwiegend den Eltern überantworten will. Demgegenüber soll die »eigentliche Erziehung, (das ist) hauptsächlich (die) Bildung des Gedankenkreises«, dem berufsmäßigen Pädagogen anvertraut werden[35], der seinerseits möglichst wenig regierend tätig werden soll – eine Trennung, die Natorp gerade verwirft.

Herbart kann beide eingangs genannten Probleme nur über eine paradoxe Konstruktion lösen: Er fordert einerseits, daß die Regierung »durch Erziehung gehoben« werde[36], d.h. daß die äußere Disziplinierung stets der Korrektur durch eine Erweiterung des Gedankenkreises ausgesetzt werden muß. »Regierung« erzeugt nur dann keinen Willen im Gemüt des Kindes, wenn sie einhergeht mit einer Erweiterung von Erfahrung und Umgang durch den erziehenden Unterricht und mit der durch die Maßnahmen der Zucht bewirkten Anbahnung von autonomem, selbstbestimmten Handeln.[37] Das heißt: Regierung ist nur dann zulässig, wenn sie sich selber überflüssig macht.

Weil Herbart aber weiß, daß bei kleinen Kindern »Regierung«, die noch nicht »durch Erziehung gehoben« wurde, manchmal unumgänglich ist, fordert er zum anderen eine nachträgliche Rechtfertigung des Erziehers vor dem Zögling, wenn ersterer, statt zu erziehendem Unterricht, zu Maßnahmen der Regierung gegriffen hat:

»... es gibt allenthalben Fälle, wo nur einer entscheiden kann und wo die übrigen ihm ohne Widerrede folgen müssen, so doch, daß sie bei der ersten Muße Rechenschaft erhalten, warum so und nicht anders entschieden sei, daß demnach der Befehl ihrer eignen künftigen Kritik entgegengeht. Überzeugung von der Notwendigkeit der Subordination muß also einräumen, was man sich selbst nicht herausnehmen würde. So auch in der Erziehung.«[38]

Je härter mithin die vorgängige Regierung erfolgte, desto umfassender muß deren anschließende Kompensation durch erziehenden Unterricht betrieben werden, damit die zuvor verletzte Freiheit dann, wenn sich Spuren eines eigenen Willens zeigen, wiederhergestellt werden kann. Die Paradoxie liegt dabei darin, daß der Erzieher gehalten ist, »den Unmündigen als mündig zur Mitwirkung an seinem Lernprozeß anzuerkennen und Gewalt über ihn im Hinblick auf mannigfaltige Zwecke auszuüben, ohne dabei auch nur einen Zweck im Hinblick auf seinen Lernprozeß zu verfolgen.«[39] Geißler spricht hier von einem »Zwang passiver Art.«[40]

Die Forderung, keinen Zweck im Gemüt zu bewirken, beschränkt dabei regierendes Handeln auf Akte des Hinderns und Abhaltens: »... Vermeidung des Schadens für andere und für das Kind selbst... Vermeidung des Streits als Mißverhältnis an sich... Vermeidung der Kollision, in welcher die Gesellschaft zum Streit ... sich genötigt finden würde« lauten die einzig zulässigen Zwecke der Regierung bei Herbart.[41] Verbreitete Erziehungsmittel wie Lob und

Tadel oder gar Strafe wären danach überhaupt keine pädagogischen Mittel, denn sie nehmen über die Bindung an die positiven Vorstellungen des Erziehers Einfluß auf das Gemüt.[42] Das bedeutet, daß regierende Maßnahmen zwar unvermeidlich sein mögen, wo überhaupt Erziehung stattfinden soll, daß Erziehung jedoch nur in dem Maße Erfolg verspricht, indem »Regierung« überflüssig ist, weil sich der Heranwachsende schon selbst regieren kann. Die Frage, wie der Erzieher den »wilden Ungestüm« von den ersten Spuren eines eigenen Willens unterscheiden soll, beantwortet Herbart also damit, daß er Regierung, erziehenden Unterricht und Zucht als stets miteinander verschränkte, nur begrifflich unterscheidbare Dimensionen pädagogischen Handelns darstellt, zugleich jedoch das noch nicht mündige Kind immer als zur Mündigkeit fähig betrachtet:

»Man frage ... nicht nach einer positiven Definition, welche den Zweck der Regierung der Kinder feststelle! Bildung und Nicht-Bildung, das ist der kontradiktorische Gegensatz, welcher die eigentliche Erziehung von der Regierung scheidet. Und zwar ist dies eine Scheidung nicht der Maßregeln des Erziehers, sondern seiner Begriffe, durch die er sich soll Rechenschaft geben vor seinem Tun. Die Maßregeln laufen vielfältig ineinander wie in allem menschlichen Handeln, wo mehrere Motive zugleich wirken.«[43]

Das logische Problem, daß die Regierung immer auch den Willen des Zöglings prägt, löst Herbart über das Verfahren: indem er einerseits dem Erzieher abverlangt, durch Reflexion auf das eigene Handeln im Handeln zwischen Regierung und erziehendem Unterricht unterscheiden zu lernen; und indem der Erzieher andererseits durch die Bildung eines vielseitigen Interesses dem Zögling helfen muß, die durch die Regierung erfahrenen Beschränkungen und Beschränktheiten zu überwinden. Der Übergang von der stellvertretenden in die repressive Gewaltausübung ist nur durch gelingenden erziehenden Unterricht vermeidbar.

2.3.2 Abweichende Interpretationen

Im Gegensatz zu der hier in Anlehnung an Benner vorgenommenen Interpretation wird Herbarts Begriff der Regierung von anderen Autoren – insbesondere auch unter Rekurs auf den »Umriß pädagogischer Vorlesungen« – weiter gefaßt und als ein Vorgang systematischer Disziplinierung des Kindes unter dem Vorsatz der gezielten Gewöhnung an Ordnungen um der Anerkennung der Ordnung selbst willen begriffen.[44]

Tatsächlich hat Herbart an derselben Stelle, an der er den kontradiktorischen Gegensatz von Bildung und Nicht-Bildung postuliert, von der gerade dargestellten paradoxen Konstruktion eines sich selbst negierenden Gewaltverhältnisses auch schon wieder Abschied genommen und damit einen der genialsten Gedanken in seinem Werk aufgegeben. In einer Replik auf eine Rezension seiner »Allgemeinen Pädagogik« schwächt er nämlich selbst die Regierung zur bloßen Disziplinierung der Kinder ab:

»Die Knaben in der Schule müssen stillsitzen, ehe sie dem Lehrer zuhören. Die Kinder müssen nicht über des Nachbarn Zaun klettern; denn der Nachbar will seine Blumen und sein Obst behalten... Alle diese Dinge nun fasse ich zusammen unter dem Namen ›Regierung‹ der Kinder.«[45]

Konsequenterweise wurde die Regierung schon früh, d.h. von Waitz und von einigen Herbartianern mit der Zucht zusammengefaßt und zu einer Führungslehre des Unterrichts ausgebaut. Herbart's Pädagogik als Handlungsanweisung gebrauchend, wird dabei die Regierung zur positiven Voraussetzung späterer Beschulung der Kinder erhoben, beispielsweise bei Ufer, der, Herbarts zuletzt zitierte Äußerung aufgreifend, erklärt, das Kind müsse »erst einmal pünktlich zur Schule kommen, sich beim Unterricht ruhig verhalten, die Wände nicht beschmutzen usw.«[46] Wollte man die »Regierung« in diesem Sinn heute noch auf pädagogische Prozesse anwenden, so hieße das, Kindern und Jugendlichen Ende des zwanzigsten Jahrhunderts mit den pädagogischen Mitteln zu begegnen, die im Preußen des neunzehnten Jahrhunderts üblich waren.

Demgegenüber geht Erich Geißler als Vertreter heutiger systematischer Interpretationen von einem Doppelcharakter der Regierung aus, der anthropologisch begründet wird:

»Die Ambivalenz geht auf die gesellschaftliche Verfassung des individuellen Menschen zurück, der Sozialkontakt braucht, um selber selbständig handlungs- und entscheidungsfähig zu werden, während dieses individual-pädagogisch unentbehrlichen Prozesses aber Assimilationsprozeduren erleiden muß, die eben jene Selbständigkeit wieder in Frage stellen, auf die vormundschaftliche Lenkung angelegt ist.«[47]

»Disziplinierung«, formuliert Geißler, sei mithin »keineswegs nur als eine assimilierende Funktion der Gesellschaft zu begreifen, mit deren Hilfe sie sich gegen störende Unordnungen der Kinder schützen will, sondern erste, fundierende Phase des gesamten Bildungsprozesses und damit auch von einer emanzipatorischen Bedeutung«[48]. Geißler mündet – die Regierung mit primärer Sozialisation gleichsetzend – in die Feststellung, daß Herbart selbst die Anpassungsprozeduren der Sozialisation »zu unkritisch emanzipatorisch verstanden« habe, während gegenwärtig (d.h. 1970 – J.R.) »fast nur noch der assimilatorisch-affirmative, so gut wie überhaupt nicht mehr der emanzipatorische Zug von Lenkung und Gegenwirkung« bei der Regierung gesehen werde.[49]

Unter der Fragestellung nach der aktuellen Relevanz von Herbarts Konzeption, könnte man hier eine Aufforderung an die Erzieher herauslesen, »regierend« im Sinne von »disziplinierend« zu handeln, dabei den ursprünglich emanzipatorisch gemeinten Anspruch der Regierung wieder stärker hervorzukehren, sich jedoch der prinzipiellen Gefahr des Abgleitens in eine unmittelbar affirmative Erziehung bewußt zu bleiben. Bei einem solchen Appell bliebe allerdings offen, wie die Unterscheidung zwischen einem stellvertretenden Handeln für den noch unmündigen Zögling und einem repressiven Handeln des Pädagogen zum eigenen Vorteil oder zum Nutzen der Gesellschaft systematisch bestimmt werden könnte.

Eine dritte Position beziehen Lingelbach und Diederich, die wie Waitz »Regierung« als »institutionelle Herstellung von Lernbereitschaft« interpretieren[50] und zugleich als ein der Unterrichtspraxis »in dreifacher Hinsicht ›vorgelagertes‹ Handlungsproblem« beschreiben:

»1. Als politisches Problem, bei dem es um die Durchsetzung der historisch vorgegebenen ›Ordnung‹ bei der nachfolgenden Generation und damit um die Tradierung von Zivilisation geht, ist die ›Kinderregierung‹ den Bemühungen um die ›Bildung‹ des einzelnen Zöglings stets vorgegeben...
2. Als Problem der Primärsozialisation ist die ›Kinderregierung‹ den Problemen der ›eigentlichen Erziehung‹, insbesondere denjenigen des Unterrichts auch zeitlich vorausgesetzt...
3. Als Herstellung eines geregelten Sozialverhaltens von Schülern (verkürzt interpretiert als ›Disziplin‹) ist ›Kinderregierung‹ eine Voraussetzung für das Gelingen von Unterricht.«[51]

Auch hier wird die Regierung gezielt zur Propädeutik für den (erziehenden) Unterricht und gleichzeitig zum eigenständigen Handlungsfeld politischer Primärsozialisation erklärt. Auf aktuelle pädagogische Programme angewandt, würde sich danach vorrangig die Frage stellen, wie diese Programme sicherstellen, »daß die ›Kultur der kindlichen Seele‹ durch sie keinen Schaden erleide und daß die Fremdbestimmung des Aufwachsenden schrittweise in ›Selbstregierung‹ übergeleitet und damit überflüssig werde«[52]. Herbarts Begriff der »Regierung« wird dabei gleichgesetzt mit Hegels Begriff von »Zucht«.[53]

Wie die zuvor genannten Positionen steht jedoch auch diese Interpretation im Widerspruch zu Herbarts eigener Forderung, daß mit der Regierung »kein Zweck im Gemüt des Kindes« verfolgt werden darf, denn die Anerkennung von Ordnungen um der Anerkennung der Ordnung selbst willen, wäre schon ein solcher Zweck. Bei keiner dieser Interpretationen handelt der Erzieher ausschließlich stellvertretend für das noch nicht mündige Kind, sondern immer finalistisch, zum Nutzen des späteren (mehr oder weniger lehrerzentriert gedachten) Unterrichts oder in gesellschaftlichem Auftrag.

Damit verletzen diese Interpretationen aber Herbarts andere Forderung, daß sich die Pädagogik auf ihre eigenen Begriffe zu besinnen habe und beispielsweise nicht von politischen Interessen leiten lassen dürfe. Denn im Gegensatz zu Aristoteles, von dem Herbart den Begriff der »Regierung« übernommen hat, zielt Herbart's »Allgemeine Pädagogik« gerade nicht auf die Gewöhnung an vorgegebene Ordnungen, sondern – wie Rousseau – auf die Selbstbildung des Individuums, die nur stattfinden kann, wenn schon das unmündige Kind als prinzipiell zur Mündigkeit fähig betrachtet und ihm solche Mündigkeit auch, wo immer möglich, praktisch zugemutet wird: »...es kommt dabei hauptsächlich auf den Akzent der Regierung an. Durch diesen muß der Knabe empfinden, daß er hier nicht als Zögling, sondern als Mensch in der Gesellschaft gehandelt hat und behandelt wird.«[54] Jede zweckgerichtete pädagogische Handlung zur »Durchsetzung einer historisch vorgegebenen Ordnung« im Sinne von Lingelbach und Diederich würde die Selbstbildung eher verhindern, als daß sie ihr einen fruchtbaren Boden bereiten könnte, denn sie entzieht dem Heranwachsenden das Vertrauen in seine Selbstbildungsfähigkeit. Die Regierung hat daher bei Herbart – wie schon Natorp festgehalten hatte – »ihren Zweck nur in der

Gegenwart, nicht in der Zukunft!«[55], und das bedeutet, daß die Regierung der »eigentlichen Erziehung« nur dienen kann, wenn sie die eigentliche Erziehung nicht vorwegnimmt.

2.3.3 Folgerungen für die Analyse aktueller pädagogischer Konzeptionen und Programme

Nimmt man die beiden genannten Einwände auf, daß die Regierung nach Herbart keine Intentionen im Gemüt des Kindes verfolgen soll und daher ihren Zweck nur in der Gegenwart und nicht in der Zukunft des Zöglings hat, kommt man kaum umhin, sich auf den oben als paradox herausgearbeiteten Charakter der »Regierung« einzulassen, d. h. die Regierung ausschließlich passivisch im Sinne von »Schadensverhütung« zu verstehen. Eine solche Position steht allerdings vor der Schwierigkeit, die aus stellvertretendem Handeln entstehenden Spannungen aushalten zu müssen.

Von einer solchen Position aus wird man bei der Analyse aktueller pädagogischer Programme und Konzeptionen das Augenmerk weniger auf Beispiele erfolgreicher Disziplinierung als vielmehr auf *die Übergänge* von der Regierung zum erziehenden Unterricht und zur Zucht richten. Denn die Legitimität der Ausübung von Gewalt durch Maßnahmen der »Regierung« steht unter dem Vorbehalt jeglicher Pädagogik, sich selbst überflüssig machen zu müssen. Diesem Anspruch kann die Regierung jedoch nur genügen, wenn die Gewalt, »nachdem sie ausgeübt worden ist, auch sogleich wieder verschwindet und die pädagogische Interaktion in die beiden anderen Dimensionen pädagogischen Handelns (also des erziehenden Unterrichts und der Zucht – J.R.) und, vermittelt über diese, in Formen menschlichen Handelns übergeht, welche nicht mehr pädagogische Praxis sind, sondern zwischenmenschliches Handeln im Horizont einer gemeinsamen Sitte.«[56] Ob es überhaupt Beispiele für eine so verstandene »Regierung« gibt, die nicht Repression und nicht gezielte Sozialisierung ist, obschon sie in die Freizügigkeit des Kindes eingreift und sozialisatorische Wirkungen hat, kann mithin nur im Kontext mit Fallstudien zum erziehenden Unterricht, nicht aber ohne oder gar vor diesen entschieden werden. Die reale Möglichkeit eines »Regierung« genannten pädagogischen Handelns bleibt an die reale Möglichkeit von erziehendem Unterricht und Zucht gebunden.

2.4 Erziehung als Erweiterung von Erfahrung und Umgang: »erziehender Unterricht«

Einzige Aufgabe des erziehenden Unterrichts ist bei Herbart die Ausbildung der »Vielseitigkeit des Interesses« als Voraussetzung für ein einsichtiges Handeln. Der einseitig Gebildete kann nicht moralisch handeln, da er nicht alle Aspekte und Beweggründe seines eigenen Handelns überblickt. Bildung selbst fällt bei Herbart mit dem Begriff des vielseitigen Interesses zusammen. Erziehender Unterricht ist somit bildender Unterricht und wird durch eine nähere Bestimmung dessen, was unter »Vielseitigkeit des Interesses« zu verstehen ist, von einem »bloß unterrichtenden«, d.h. nicht-bildenden Unterricht unterscheidbar. Alle Versuche, mehr in das Wort vom »erziehenden Unterricht« hineinzulegen, insbesondere Bemühungen um eine konservative Wert- und Moralerziehung im Sinne einer Unterwerfung des Individuums unter vorgegebene Normen bürgerlichen Anstands, entbehren zumindest in Herbarts »Allgemeiner Pädagogik« jeder Grundlage.

Herbart gibt im ersten und zweiten Buch seiner »Allgemeinen Pädagogik« Antwort auf drei Fragen:
- Wie ist die »Vielseitigkeit des Interesses« bestimmt?
- Wie entsteht das vielseitige Interesse im Individuum?
- Wie muß Unterricht konzipiert sein, der ein vielseitiges Interesse ausbilden will?

2.4.1 Zum Begriff »Vielseitigkeit des Interesses«

Herbarts Lehre vom erziehenden Unterricht entstand in der Übergangszeit zwischen den absoluten Monarchien des 18. und den bürgerlichen Monarchien und frühen Republiken des 19. Jahrhunderts. Dieses Zeitalter ist zugleich durch den Wechsel von der feudalen Agrarwirtschaft zur merkantilen und industriellen Warenproduktion gekennzeichnet. In dem Maße, in dem ständische Orientierungen fragwürdig werden, müssen die Menschen befähigt werden, sich selbst in die neuen Formen von Arbeit, Politik und neuzeitlicher Wissenschaft einzubringen. Sie müssen lernen, sich selbst Ziele zu setzen und aufgrund eigener Einsicht und eigener Leistung einen Platz in der Gesellschaft zu finden. Und sie müssen gemäß dem Kantschen kategorischen Imperativ lernen, diesen Platz in Anerkennung der Würde aller Anderen auszufüllen, d.h. brüderlich an der Weiterentwicklung der Gesellschaft mitzuwirken.[57] Dem erziehenden Unterricht kommt dabei die Aufgabe zu, den einzelnen vor aller Zurichtung für eine spezielle berufliche Tätigkeit und gesellschaftliche Allokation zu befähigen, die Vielfalt der Möglichkeiten wahrzunehmen, damit er in dieser Vielfalt handlungsfähig wird:

»Der Erzieher vertritt den künftigen Mann beim Knaben. Folglich, welche Zwecke der Zögling künftig als Erwachsener sich selbst setzen wird, diese muß der Erzieher seinen Bemühungen jetzt setzen; ihnen muß er die innere Leichtigkeit im voraus bereiten. Er darf die Tätigkeit des künftigen Mannes nicht verkümmern, folglich sich nicht jetzt an einzelnen Punkten festheften und ebensowenig sie durch Zerstreuung schwächen... Weil menschliches Streben vielfach ist, so müssen die Sorgen der Erziehung vielfach sein.«[58]

Fritz Seidenfaden hat in seiner Arbeit über die Pädagogik des jungen Herbart herausgestellt, daß Herbart den Begriff des vielseitigen Interesses in Auseinandersetzung mit dem Begriff der »harmonischen Ausbildung aller Kräfte« gewonnen hat.[59] Danach war sich Herbart dessen wohl bewußt, daß es dem einzelnen nicht möglich ist, harmonische Allseitigkeit zu verwirklichen. Herbart sei aber davon ausgegangen, daß die Gesellschaft als einem sozialen Ganzen immer bemüht sein müsse, diesem Ideal nahezukommen: »Verwirklicht aber die Gesellschaft das Ideal, dann so, daß die einzelnen in ihrer (einseitigen) Vortrefflichkeit miteinander in Wechselwirkung treten... Indem nun die Pädagogik dieser Gesellschaft die einzelnen zuführt, hat sie darauf zu sehen, daß vielseitige Berührungspunkte sich ergeben, Interessen geweckt werden und die gegenseitige Empfänglichkeit wächst«[60], die eine praktische Voraussetzung für die Anerkennung jedes Menschen als Selbstzweck im Sinne des kategorischen Imperativs darstellt. So sind Erziehung und Gesellschaft wechselseitig aufeinander verwiesen und von einander abhängig.

Vielseitigkeit des Interesses ist bei Herbart nicht eine möglichst umfassende Sammlung zahlreicher Einzelinteressen, sondern eher eine Sache der Haltung: »Vielseitigkeit« ist Synonym für prinzipielle Lernbereitschaft, für Empfänglichkeit, Aufgeschlossenheit, Offenheit des Geistes allem Neuen gegenüber. »Interesse ist eine Haltung, ein Sein und eine Praxis«, heißt es bei Buck[61], eine Bereitschaft zum Handeln, nicht jedoch das Handeln selbst:

»Also schwebt uns hier nicht eine gewisse Anzahl einzelner Zwecke (die wir überhaupt nicht vorher wissen können), sondern die Aktivität des heranwachsenden Menschen überhaupt vor, das Quantum seiner innern unmittelbaren Belebung und Regsamkeit. Je größer dies Quantum, je voller, ausgedehnter und in sich zusammenstimmender, desto vollkommner und desto mehr Sicherheit unserm Wohlwollen... Da nun die geistige Empfänglichkeit auf Geistesverwandtschaft und diese auf ähnlichen Geistesübungen beruht, so versteht sich, daß im höhern Reiche der eigentlichen Menschheit die Arbeiten nicht bis zur gegenseitigen Unkunde vereinzelt werden dürfen. Alle müssen Liebhaber für alles, jeder muß Virtuose in einem Fache sein. Aber die einzelne Virtuosität ist Sache der Willkür, hingegen die mannigfaltige Empfänglichkeit, welche nur aus mannigfaltigen Anfängen des eigenen Strebens entstehen kann, ist Sache der Erziehung. Daher nennen wir den ersten Teil des pädagogischen Zwecks ›Vielseitigkeit des Interesses‹, welche von ihrer Übertreibung, der Vielgeschäftigkeit, unterschieden werden muß. Und weil die Gegenstände des Wollens, die einzelnen Richtungen selbst, uns keine mehr als die andre interessieren, so setzen wir, damit nicht Schwäche neben der Stärke mißfalle, noch das Prädikat hinzu: ›Gleichschwebende Vielseitigkeit‹.«[62]

Erneut wird der nicht-affirmative Charakter Herbarts »Allgemeiner Pädagogik« deutlich. Das Interesse wird zunächst nur formal, nicht aber inhaltlich näher bestimmt:

»Der Vielseitige hat kein Geschlecht, keinen Stand, kein Zeitalter. Mit schwebendem Sinn, mit allgegenwärtiger Empfindung paßt er zu Männern, Mädchen, Kindern, Frauen. Er ist, wie Ihr wollt, Höfling und Bürger; er ist zu Hause in Athen und in London, in Paris und in Sparta... Die Intoleranz allein ist ihm Verbrechen.«[63]

»Und da nach den Umständen selbst der sittliche Lebensplan sich richtet, so gibt vielseitige Bildung eine unschätzbare Leichtigkeit und Lust, überzugehen zu jeder neuen Art von Beschäftigung und Lebensweise, welche jedesmal die beste sein möchte.«[64]

Mit der Forderung, die »Vielseitigkeit des Interesses« zu pflegen, gibt Herbart die Antwort auf die Frage, wie sich der Erzieher die »bloß möglichen künftigen Zwecke des Zöglings im voraus zueignen« könne, d.h. die subjektiven Interessen des mündigen Individuums im vorhinein erkennen und bildungswirksam werden lassen kann. Doch der Zögling wächst in eine vorgegebene Gesellschaft hinein, in der er kommunikationsfähig werden und seine Zwecke im Verein mit seinen Mitmenschen verfolgen können muß. So stellt sich zugleich das Problem, wie der Erzieher die von den bloß möglichen Zwecken »abgetrennte Provinz der notwendigen Zwecke«, d.h. die objektiven Bedürfnisse des künftigen mündigen Bürgers, »welche außer acht gelassen zu haben« der Erzieher »sich nie verzeihen könnte«[65], kennen und im Erziehungsprozeß zur Geltung bringen kann. Vielseitigkeit des Interesses ist ja nicht Selbstzweck im Sinne einer Beliebigkeit der Interessen und auch kein individualistisches Prinzip, sondern Voraussetzung für den Zweck der Erziehung, den Herbart mit moralischem Handeln definiert. Moralität aber ist unteilbar, ist Verpflichtung für jeden Bürger. Es existieren also »notwendige Zwecke« dergestalt, daß die Vielseitigkeit immer an einen »sittlichen Lebensplan«[66] gebunden ist. Herbart ergänzt daher das Programm der Ausbildung des vielseitigen Interesses um die Aufgabe der Förderung der »Charakterstärke der Sittlichkeit«:

»*Also, daß die Ideen des Rechten und Guten in aller Schärfe und Reinheit die eigentlichen Gegenstände des Willens werden, daß ihnen gemäß sich der innerste Gehalt des Charakters, der tiefe Kern der Persönlichkeit bestimme mit Hintansetzung aller andern Willkür, das und nichts minderes ist das Ziel der sittlichen Bildung.*«[67]

Herbart faßt dieses Programm zusammen:

»*Das Interesse geht aus von interessanten Gegenständen und Beschäftigungen. Durch den Reichtum derselben entsteht das vielseitige Interesse. Ihn herbeizuschaffen und gehörig darzubringen, ist die Sache des U n t e r r i c h t s, welcher die Vorarbeit, die von Erfahrung und Umgang herrührt, fortsetzt und ergänzt.*

Damit der Charakter die sittliche Richtung nehme, muß die Individualität wie in einem flüssigen Elemente, das nach den Umständen ihr widersteht oder sie begünstigt, meistens aber ihr nur kaum fühlbar ist, eingetaucht erhalten werden. Dies Element ist die Z u c h t, welche hauptsächlich der Willkür, zum Teil auch der Einsicht sich wirksam beweist.«[68]

2.4.2 Genese des vielseitigen Interesses

Wenn es hieß, daß es die Aufgabe des erziehenden Unterrichts sei, die Vielseitigkeit des Interesses zu fördern, so ist damit nicht gesagt, daß das lernende Subjekt zur Ausbildung eines vielseitigen Interesses auf Unterricht angewiesen ist. Tatsächlich hat Herbart in der »Allgemeinen Pädagogik« eine Epistemologie des vielseitigen Interesses entwickelt, in der Unterricht zunächst gar nicht vorkommt. Erziehung kann nur erweitern, was ohnedies im Individuum schon angelegt ist:

> »Nur denke man sich diese Erweiterung nicht so, wie wenn dem vorhandenen Teile andre Teile allmählich angesetzt würden. Dem Erzieher schwebt immer die ganze Vielseitigkeit vor, aber verkleinert und vergrößert. Seine Arbeit ist, das Quantum zu vermehren, ohne den Umriß, die Proportion, die Gestalt zu ändern.«[69]

Wenn hier von »Epistemologie« die Rede ist, so wird damit zum Ausdruck gebracht, daß Herbarts Pädagogik und insbesondere die Lehre vom erziehenden Unterricht letztlich auf einer Vorstellungspsychologie aufbauen, der für das Gesamtsystem erhebliche Bedeutung zukommt. Nur wenn oder nur soweit diese kognitionstheoretische Grundlage Bestand hat, lohnt es sich, sich heute noch mit Herbarts System in praktischer Absicht auseinanderzusetzen.

Entgegen der Reihenfolge im Original soll zunächst die Genese des Interesses erläutert werden. Herbart unterscheidet das Interesse von der bloßen Wahrnehmung einerseits und der Tat auf der anderen Seite:

> »Das Interesse, welches mit der Begehrung, dem Wollen und dem Geschmacksurteil gemeinschaftlich der Gleichgültigkeit entgegensteht, unterscheidet sich dadurch von jenen dreien, daß es nicht über seinen Gegenstand disponiert, sondern an ihm hängt. Wir sind zwar innerlich aktiv, indem wir uns interessieren, aber äußerlich so lange müßig, bis das Interesse in Begierde oder Wille übergeht. Dasselbe steht in der Mitte zwischen dem bloßen Zuschauen und dem Zugreifen ... die Begierde, indem sie zugreifen möchte, strebt nach etwas Künftigen, das sie nicht schon besitzt; hingegen das Interesse entwickelt sich im Zuschauen und haftet noch an dem Gegenwärtigen. Nur dadurch erhebt sich das Interesse über die bloße Wahrnehmung, daß bei ihm das Wahrgenommene den Geist vorzugsweise einnimmt und sich unter den übrigen Vorstellungen durch eine gewisse Kausalität geltend macht.«[70]

Erziehender Unterricht unterscheidet sich also von einem »bloß unterrichtenden« Unterricht unter anderem dadurch, daß er den Schüler über das Stadium bloßer Wahrnehmung hinausführt, ohne den

Unterricht selbst mit der Tat zu verwechseln, die erst in der Zucht intendiert wird.

Die erste »Kausalität«, die den Gegenstand einer Betrachtung über ein bloßes Objekt der Wahrnehmung heraushebt und zum Gegenstand des Interesses werden läßt, nennt Herbart »Merken«. Damit sich Interesse entwickelt, müssen jedoch noch drei weitere »Kausalitäten« hinzutreten, die Herbart »Erwarten«, »Fordern« und »Handeln« nennt. Interesse entsteht mithin, wenn ein wahrnehmendes Subjekt (»Merken«) eine Beziehung zum schon vorhandenen Erfahrungsschatz herstellt (»Erinnern«), dabei jedoch zugleich den »Gemütszustand« dergestalt verändert, daß eine »Forderung« in bezug auf den Gegenstand entsteht, die sich, »wenn ihm Organe dienstbar sind«, im »Handeln« äußert.[71] Mit anderen Worten: Das wahrnehmende Subjekt eignet sich einen Gegenstand innerlich an und verändert dabei in Abhängigkeit von seiner aktuellen Intentionalität sich selbst wie auch den Gegenstand.[72] In der aktuellen Kognitionspsychologie nennt man das das Wechselspiel von Akkomodation und Assimilation.

Herbart geht es allerdings nicht um jedes beliebige Interesse, er fordert – wie oben begründet – das »vielseitige« Interesse. Auch die Vielseitigkeit entsteht nach Herbart in einem zeitlich gestuften Prozeß. Auch hier geht es um ein Wechselspiel zwischen zwei »Gemütszuständen«, die Herbart »Vertiefung« und »Besinnung« nennt:

»Wer jemals sich irgendeinem Gegenstand menschlicher Kunst mit Liebe hingab, der weiß, was Vertiefung heißt. Denn welches Geschäft und welche Art des Wissens ist so schlecht, welcher Gewinn auf dem Wege der Bildung läßt sich so ganz ohne Verweilung erhaschen, daß man nicht nötig hätte, von allem andern die Gedanken abzuziehen, um sich hier einzusenken... Es fragt sich, wie dabei die Persönlichkeit gerettet werden könne. Persönlichkeit beruht auf der Einheit des Bewußtseins, auf der Sammlung, auf der Besinnung. Die Vertiefungen schließen einander – sie schließen ebendadurch die Besinnung aus, in welcher sie vereinigt sein müßten. Gleichzeitig kann das, was wir fordern, nicht sein; es muß also aufeinanderfolgen. Erst eine Vertiefung, dann eine andre, dann ihr Zusammentreffen in der Besinnung. Wieviele zahllose Übergänge dieser Art wird das Gemüt machen müssen, ehe die Person im Besitz einer reichen Besinnung und der höchsten Leichtigkeit der Rückkehr in jede Vertiefung sich vielseitig nennen darf!«[73]

»Das Gemüt ist stets in Bewegung« kommentiert Herbart an derselben Stelle den aktiven Prozeß der Erkenntnisbildung und untergli-
dert die beiden einander abwechselnden und sich zugleich wechselseitig bedingenden Stufen des Lernens in je zwei Unterstufen. Er
ordnet der Vertiefung die »Klarheit« und die »Assoziation« und der
Besinnung »System« und »Methode« zu. Prozessual betrachtet ergibt sich folgender Algorithmus: Bei der Aneignung von Wirklichkeit »vertieft« sich das lernende Subjekt in einen Ausschnitt derselben, erfaßt dabei einzelne Aspekte (Vorstellungen) »klar«, und ver-
knüpft (»assoziiert«) diese miteinander sowie mit bereits früher
erworbenen Vorstellungen. Es »besinnt sich«, indem es seine Gedanken »systematisch« ordnet und dadurch eine »Methode« der Er-
kenntnisverarbeitung entwickelt.

Damit ist das Wechselspiel von Vertiefung und Besinnung auch
in bezug auf das Objekt der Erkenntnis beschrieben: »Vertiefung«
heißt Wahrnehmung und Aneignung eines zu erlernenden Aus-
schnitts der Wirklichkeit, bezieht sich also auf den Lerngegenstand,
»Besinnung« ist die Reflexion des Lernenden auf sich selbst und
die eigene Lernarbeit, bezieht sich also auf den Lernenden. Vertiefung und Besinnung sind, wie Hilbert Meyer es ausdrückt, zwei unterschiedliche Lernhaltungen: »Vertiefung kann als beispielhafte
Veranschaulichung, als Konkretion, als aktives Handeln, als medi-
tierendes Versenken und gründliches Studieren des Details verstanden werden. Die Besinnung lädt ein zur Reflexion, zur abstrahierenden Anstrengung des Begriffs, zum Vergleich und zum Rückge-
winnen der inneren Ruhe.«[74]

Die hier dargebotene Interpretation der Herbartschen Epistemologie des Interesses ist für den weiteren Gang dieser Arbeit wie für
die Herbartforschung überhaupt von weitreichender Konsequenz:
− Sie stellt zum einen Herbarts System der Bildung des vielseitigen Interesses in eine Reihe mit modernen Theorien der kognitiven Entwicklung − was auch Folgen für die jeweils mit diesen
  Theorien einhergehende Pädagogik haben muß.
− Sie verdeutlicht zum anderen das grundlegende Mißverständnis
  der Herbartianer, das letztlich über die Erstarrung des herbartianischen Unterrichts auch zum Verruf der zugrundeliegenden
  Theorie geführt hat.
Beide Punkte sollen im folgenden kurz ausgeführt werden.

Auf die Korrespondenzen zwischen Herbarts Theorie der Entwicklung des vielseitigen Interesses und der jüngeren Kognitions-

psychologie etwa eines Jean Piaget hat zuerst Aebli aufmerksam gemacht.[75] So ähneln – ohne daß er sich dessen vermutlich bewußt war – wesentliche Aussagen Piagets zu den wechselseitig aufeinander bezogenen Prozessen der Akkomodation und Assimilation dem gerade dargestellten Wechselspiel von »Vertiefung« und »Besinnung« in verblüffender Weise – nur daß Herbart sie nicht biologisch begründet hätte.[76]

Wie Herbart kennt auch Piaget kein Lernen ohne vorgängige Erfahrung. Lernen bedeutet nach Piaget handelnd auf die Umwelt einwirken und dabei die eigene Erfahrung reorganisieren. In der Phase der Assimilation erfolgt zunächst eine Anpassung der vorhandenen Schemata an die Wirklichkeit. Assimilation ist »Strukturierung durch Einverleibung der äußeren Wirklichkeit in die aus eigenem Tun herausgewachsenen Formen«[77] (analog zur »Vertiefung«). Sie kann jedoch nie »in ausschließlicher Weise geschehen, denn indem beispielsweise die Intelligenz die neuen Elemente den vorhandenen Schemata einverleibt, modifiziert sie fortwährend diese Schemata, um sie den neuen Gegebenheiten anzupassen«[78] (analog zur »Besinnung«).

»Die Assimilation ist konservativ und möchte die Umwelt dem Organismus so unterordnen, wie sie ist, während die Akkomodation Quelle von Veränderungen ist und den Organismus den sukzessiven Zwängen der Umwelt beugt. Aber wenn diese beiden Funktionen in ihren Prinzipien antagonistisch sind, dann besteht gerade die Rolle des geistigen Lebens im allgemeinen und der Intelligenz im besonderen in der Koordination der beiden miteinander...«

Wenn dabei eine Vorstellung nicht einfach assimiliert werden kann, sondern Akkomodation erfordert, d.h. *»wenn das Schema sich differenziert, dann ist der Anfang für neue Assimilationen gemacht. Jede Eroberung der Akkomodation wird also zum Material für Assimilationen, die sich jedoch unaufhörlich wieder neuen Akkomodationen widersetzen... Von nun an treten die Assimilation und die Akkomodation in gegenseitige Abhängigkeit. Einerseits wird ihre Differenzierung und damit ihre Akkomodation durch die reziproke Assimilation der Schemata und durch die daraus entspringenden vielfältigen Kombinationen begünstigt. Andererseits setzt sich die Akkomodation an das Neue früher oder später in Assimilationen fort (Das Interesse am Neuen ist ja gleichzeitig Funktion der Ähnlichkeiten und der Differenzen im Verhältnis zum Bekannten).«*[79]

Ganz ähnlich hatte schon John Dewey – wenn auch eher durch Kant und Herder als durch Herbart beeinflußt[80] – bereits 1916 Lernen als wechselseitige Veränderung von vorhandener Erfahrung und neu anzueignenden Erfahrungstatbeständen in einem Prozeß aktiven Handelns beschrieben:

»*Erfahrung als Probieren (›Vertiefung‹ – J.R.) umfaßt zugleich Veränderung – Veränderung aber ist bedeutungsloser Übergang, wenn sie nicht bewußt in Beziehung gebracht wird mit der Welle von Rückwirkungen, die von ihr ausgehen (›Besinnung‹ – J.R.). Wenn eine Betätigung hineinverfolgt wird in ihre Folgen, wenn die durch unser Handeln hervorgebrachte Veränderung zurückwirkt auf uns selbst und in uns eine Veränderung bewirkt, dann gewinnt die bloße Abänderung Sinn und Bedeutung; dann lernen wir etwas... Durch Erfahrung lernen heißt das, was wir den Dingen tun, und das, was wir von ihnen erleiden, nach rückwärts und vorwärts miteinander in Verbindung bringen. Bei dieser Sachlage aber wird das Erfahren zu einem Versuchen, zu einem Experiment mit der Welt zum Zwecke ihrer Erkennung.*«[81]

Mit diesem Erfahrungs- und Lernbegriff hängt nun aber auch das Mißverständnis der Herbartschen Pädagogik durch die Herbartianer zusammen. Wenn Herbart nämlich verschiedene Stufen im Erkenntnisprozeß unterscheidet, so ist damit zunächst nicht – wie die Herbartianer (allen voran Ziller) unterstellten – zugleich eine Stufenfolge für irgendwelche schulischen Lehrprozesse nahegelegt. Aufgrund der Selbsttätigkeit des Lernenden beim Aufbau seines eigenen Bewußtseins und der Aneignung von Welterkenntnis ist Methode (bei Herbart genauso wie bei Dewey oder Piaget) in erster Linie »nicht Unterrichts- und Lehrmethode, sondern Methode des Lernenden selbst, nämlich dessen eigener ›methodos‹, dessen eigener Gang der Untersuchung und Aneignung.«[82]

»*Lernendes Subjekt und zu-erkennender Gegenstand (Objekt) stehen sich in den Stufen der Vertiefung des Subjektes in eine zu lernende Sache und der Besinnung des Subjektes als Selbstreflexion im Hinblick auf Gelerntes niemals an sich oder unvermittelt gegenüber. Weder existiert im Lernprozeß die Sache vor und außerhalb ihrer Aneignung durch ein Subjekt noch das Subjekt vor oder außerhalb der Aneignung ihm zunächst neuer Sachverhalte. Vielmehr bilden der Aufbau des Bewußtseins und die Strukturierung von Welt eine Einheit, die zwar analytisch in Selbstreflexion (Besinnung) und Weltaneignung (Vertiefung) zerlegt, nicht aber synthetisch aus diesen erzeugt oder zusammengesetzt werden kann... Dieser methodischen Struktur zufolge ist Lernen stets sowohl ein spontaner als auch ein rezeptiver Prozeß, der darum von außen nicht einfach (wie die Herbartianer annahmen – J.R.) ›methodisch‹ gesteuert werden kann, sondern dessen Steuerung über vertiefende und besinnende Akte des lernenden Subjektes erfolgt.*«[83]

Unterrichtspraktisch ergibt eine solche Interpretation keine Rechtfertigung für das starre Unterrichtsschema der Zillerschen Belehrungsschule, sondern verweist vielmehr auf die Notwendigkeit einer Mitwirkung des Lernenden an seinem eigenen Lernprozeß:

»Die aufgegebene und mögliche Vielseitigkeit eines Bewußtseins zeichnet sich gemäß den vier Stufen: Klarheit, Assoziation, System, Methode gegenüber der Einseitigkeit und Beschränktheit eines Bewußtseins dadurch aus, daß der Lernende nicht nur über vereinzelte klare Vorstellungen von etwas verfügt und ›im Neuen immer nur das Alte‹ erblickt, sondern in der Lage ist, seinen Gesichtskreis aufgrund neuer Erfahrungen zu erweitern, über die Stufen der Klarheit und Assoziation hinaus zur systematischen Ordnung seiner Vorstellungen fortzuschreiten und dabei die methodische Freiheit zur Korrektur auch schon systematisierter Strukturen seines Selbst- und Weltbewußtseins zu erlangen. Ob der Lernende zur Einseitigkeit verkümmert oder sich der ihm möglichen Vielseitigkeit annähert, hängt entscheidend davon ab, wie er Subjekt seiner eigenen Lernprozesse im Wechsel von Vertiefung und Besinnung ist.«[84]

Ganz in diesem Sinne hat Haase den Irrtum Zillers, die Formalstufen zum verpflichtenden Gliederungsschema für jede Unterrichtsstunde zu erheben, zurückgewiesen und statt dessen didaktisch geradezu entgegengesetzt argumentiert: »Je lebensvoller und fesselnder, je vielseitiger und anregender, je bildender und interessanter ein Unterricht ist, desto herbartischer ist er.«[85]

Es kann allerdings nicht bezweifelt werden, daß Herbart selbst zu der Zillerschen Mißdeutung Anlaß geboten hat. An mehreren Stellen in Herbarts Werk finden sich Ausführungen, die der Bennerschen Deutung einer Epistemologie des vielseitigen Interesses, welche sich als universales Prinzip auf alle Altersstufen beziehen muß, zwar nicht widersprechen, aber doch im Wege stehen. Im »Umriß« beispielsweise ist vom »methodos des Lernenden« kaum mehr die Rede. Dort fordert vielmehr Herbart selbst eine »anfängliche Zerlegung und allmähliche Verbindung des Lehrstoffs« durch den Lehrer, und zwar »in der angegebenen Ordnung«, und ordnet den einzelnen Stufen – Klarheit, Assoziation, System und Methode – noch engschrittig einzelne Formen angemessenen Lehrerhandelns zu.[86] Darüberhinaus hat er verschiedentlich, so auch in der »Allgemeinen Pädagogik«, die Auffassung vertreten, die einzelnen Entwicklungsstufen ließen sich unterschiedlichen Lebensabschnitten zuteilen, dergestalt, daß der Unterricht in jungen Jahren nur Vertiefungen anregen und anreichern könne, während Besinnung erst in der reiferen Jugend und Adoleszenz zu erwarten sei.[87]

Mit diesen beiden Bestimmungen hat Herbart nicht nur die Tragfähigkeit seiner pädagogischen Konzeption selber begrenzt, sondern auch die Stimmigkeit seiner Argumentation in bezug auf die Entwicklung des vielseitigen Interesses in gewisser Weise selber eingeschränkt. Herbarts Lehre vom erziehenden Unterricht kann uns heute – wenn überhaupt – nur noch in der Interpretation der Genese des vielseitigen Interesses als universalem Prinzip menschlichen Lernens etwas bedeuten; als Vorschrift für praktisches Lehrerhandeln hat sie sich historisch überlebt. Tatsächlich werden die Ansprüche an eine pädagogische Praxis, die einen erziehenden Unterricht anstrebt, noch höher, wenn man – wie zu Beginn des zweiten Buches der »Allgemeinen Pädagogik« eindeutig nahegelegt – das Wechselspiel von Vertiefung und Besinnung als Grundlage der Erfahrungserweiterung auf jeder Altersstufe – einschließlich der frühesten Kindheit – begreift.

2.4.3 Gegenstände des vielseitigen Interesses

Die bislang erläuterte formale Bestimmung der Vielseitigkeit des Interesses unterliegt allerdings noch dem Vorwurf der Beliebigkeit der Inhalte. Das dargebotene Schema paßt auf jeden Gegenstand. Um nun nicht in Widerspruch zu der zitierten Unterscheidung zwischen »Vielseitigkeit« und »Vielgeschäftigkeit« zu geraten, bestimmt Herbart auch die materiale Seite, also die Gegenstände des vielseitigen Interesses.

Die Gegenstände des Interesses (und damit die Gegenstände des erziehenden Unterrichts) bestehen bei Herbart nicht aus einem Katalog von Unterrichtsstoffen, die sich das lernende Individuum anzueignen hätte. Herbart mokiert sich heftig über diejenigen, die solchen Katalogen nachlaufen und »die da nicht glauben vielseitige

Bildung zu erreichen, wenn sie nicht vielen Apparat aufhäufen und soviele Arbeiten übernehmen, als der Tag Stunden hat... Sie laufen allen Gelegenheiten nach und erreichen nichts als Ermüdung.«[88] Ihnen hält Herbart entgegen, daß sie die Individualität des Zöglings als »Inzidenzpunkt« aller pädagogischen Reflexion mißachteten. Er fordert statt dessen: »Man vergesse nicht über dem Interessanten das Interesse, man klassifiziere nicht Gegenstände, sondern Gemützustände.«[89]

Damit zieht Herbart die Konsequenz aus dem eben ausgeführten Lernbegriff, wonach das Interessante und damit das Bildende eines Gegenstandes nicht eine Eigenschaft oder Kraft ist, die dieser Gegenstand an sich besitzt oder »die irgendwie als ein Gehalt in ihm fertig beschlossen liegt«. Das Interessante ist vielmehr immer nur »ein Merkmal des Gegenstandes im Hinblick auf einen Interessierten. Das Interessante wie das Bildende überhaupt sind Begriffe, die in sich Gegenstand und Subjekt binden, weil sie ein Merkmal des Objektes im Hinblick auf das Subjekt meinen.«[90] Seidenfaden ergänzt, die damit einhergehende Blickwendung der Didaktik zum Subjekt sei eine »echt pädagogische«, denn: »Es ist die Wendung vom äußeren Ordnungsschema der Gegenstandswelt zu dem Menschen, der dem Objektbereich überhaupt erst Bildungswirklichkeit verleiht, durch den die Objekte erst die Dimension bildender Gehalte gewinnen.«[91]

Herbart unterscheidet zwei Hauptklassen der Gemützustände, Erkenntnis und Teilnahme, die er wiederum in je drei Unterklassen aufteilt.

»Erkenntnis« betrifft das Interesse an Sachverhältnissen: »Die Erkenntnis ahmt, was vorliegt, nach im Bilde«.[92] Es geht hierbei nach Herbart um die »Erkenntnis
— des Mannigfaltigen,
— seiner Gesetzmäßigkeit und
— seiner ästhetischen Verhältnisse«[93],
in heutigem Sprachgebrauch also um ein empirisches, wissenschaftlich-forschendes und urteilendes Interesse.[94]

»Teilnahme« bezeichnet dagegen das sympathetische Interesse: »Die Teilnahme versetzt sich in andrer Empfindung.«[95] Hier geht es also um das Interesse
— an der Menschheit im allgemeinen,
— an der Gesellschaft
— und an dem Verhältnis beider zum höchsten Wesen.[96]

Man würde hier in heutigem Sprachgebrauch ein ethisches, ein politisches und ein religiöses Interesse unterscheiden.

In einem »bloß unterrichtenden« Unterricht werden alle diese Interessen nach Belieben aufgegriffen und zusammenhangslos nebeneinanderher behandelt. Die Folge ist eine Sammlung von Einseitigkeiten:

»*Das empirische Interesse wird ... einseitig, wenn es eine gewisse Art von Erfahrungsgegenständen mit Vernachlässigung der übrigen ergreift. So, wenn einer bloß Botaniker oder Mineraloge oder Zoologe sein will, wenn er bloß Sprachen liebt, vielleicht nur alte oder nur neuere oder von allen nur eine... Das spekulative Interesse wird ... einseitig, wenn es nur logisch oder nur mathematisch – vielleicht nur mathematisch nach Art der alten Geometer – oder nur metaphysisch ..., vielleicht nur mit Verfolgung einer Hypothese ... sein will. Das ästhetische Interesse wirft sich bald ausschließlich auf Malerei, Bildhauerei, bald ausschließlich auf Poesie ... bald auf Musik – vielleicht nur auf eine bestimmte Gattung derselben – usw. Das sympathetische Interesse wird einseitig, wenn der Mensch nur mit seinen Standesgenossen oder nur mit seinen Landsleuten oder nur mit seinen Familienmitgliedern leben mag, für alle anderen Mitmenschen aber kein Mitgefühl hat. Das gesellschaftliche Interesse wird einseitig, wenn einer nur seiner politischen Partei hingegeben ist und alles Wohl und Wehe nur nach deren Vorteilen abmißt. Das religiöse Interesse wird einseitig nach Verschiedenheit der Dogmen und Sekten, denen es huldigt, mit Geringschätzung der Andersdenkenden.*«[97]

Erziehender Unterricht unterscheidet sich also von einem nicht-bildenden, »bloß unterrichtenden« Unterricht nicht primär durch die Inhalte, die er zum Gegenstand hat, sondern dadurch, daß er Aneignungsformen bereitstellt, die solche Einseitigkeiten überwinden. Diese Aneignungsformen sind aber nicht allein methodisch bestimmt, sondern – im Sinne eines Implikationszusammenhanges – auch thematisch: Erziehender Unterricht zielt darauf ab, Lernprozesse auf den Gebieten von Wissenschaft und Kunst (»Erkenntnis«) mit solchen Lernprozessen zu verbinden, die die Solidarität mit dem Mitmenschen jenseits von Standesgrenzen, die Parteinahme für das Gemeinwohl jenseits von eigennütziger Parteilichkeit und den Umgang mit Fragen nach Herkunft und Zweck der Schöpfung jenseits aller Konfessionsgrenzen anleiten (»Teilnahme«).

Ein solcher, die bloße Erfahrung und den immer schon geübten Umgang transzendierender Unterricht ist einer Gleichzeitigkeit von kognitivem, sozialem und politischem Lernen verpflichtet, die sich gleichwohl der Differenz dieser Lernfelder und der Differenz zwischen Lernen und Leben bewußt bleibt und nicht versucht, diese Differenzen im Sinne romantischer Vorstellungen von »ganzheitlichem Lernen« zu verklären. Seidenfaden spricht hier von einer Einheit von »Sachwelt und Mitmenschlichkeit«[98], die zu einer vielseitigen Urteils- und Handlungskompetenz führen soll. Aber diese Einheit ist nicht im Sinne jener aktuellen schulpädagogischen Konzepte zu verstehen, die, ein gegebenes Muster lehrerzentrierten Lernens unangetastet lassend, diesen lehrerzentrierten Unterricht um ein (vorgeblich erziehlicheres) Schulleben additiv bereichern wollen und die Kombination dann »erziehenden Unterricht« nennen. Erkenntnis und Teilnahme sind bei Herbart nicht Aspekte der Unterrichtsorganisation, sondern zwei Aspekte eines einzigen Lernprozesses eines einzigen Individuums! Es handelt sich nur um »Unterschiede des Gleichzeitigen, nicht aber um eine deutliche Stufenfolge«.[99] Ein Individuum erfährt eine Erkenntnis von Sachverhalten nur vor dem Hintergrund seiner Teilnahme an seiner sozialen Umwelt; und seine soziale Kompetenz ist nicht losgelöst von seiner vorhandenen Sachkompetenz ansprechbar, geschweige denn förderungsfähig.

Eine weitere Unterscheidung, die die Gegenstände des vielseitigen Interesses betrifft, soll nur kurz ausgeführt werden. Nach Herbart gibt es im Lernprozeß »einen Weg von den einzelnen Merkmalen (Formen) zu den Sachen, worin sie beieinander sind; und es gibt auch einen Rückweg von den Sachen zu den Merkmalen, in welche sie sich zerlegen lassen. Hierauf beruht der Unterschied des synthetischen und analytischen Unterrichts...«[100] Während Vertiefung und Besinnung sozusagen die subjektbezogene Seite des Aneignungsprozesses beschreiben, kennzeichnen Analyse und Synthese einen objektbezogenen Aspekt des Aneignungsprozesses.

Eine solche Unterscheidung mag eine gewisse analytische Bedeutung für die Beschreibung von Lernprozessen, beispielsweise bei der Untersuchung von Lernschwierigkeiten haben, die in einem denkbaren Einzelfall darauf zurückzuführen sein könnten, daß die Vielzahl der zu bedenkenden Elemente eines Unterrichtsgegenstandes vom Lernenden nicht erfaßt oder umgekehrt in der Summe der bereits angeeigneten Einzelelemente vom Lernenden kein zusammenhängendes Ganzes gesehen werden kann. Schwierig wird es, wenn die beiden Modi des *Lernens* als einander ausschließende Modi des *Lehrens* betrachtet werden. Der heftig ausgefochtene Streit um den richtigen Weg im Erstleseunterricht – analytische versus synthetische Methode – ist ein Beispiel dafür. Er gehört der Vergangenheit an, weil die pädagogische Zunft erkannt hat, daß immer beide Modi zum Lernprozeß gehören, weswegen heute im Erstleseunterricht methodenintegrierende Verfahren unumstritten sind.[101]

Leider hat Herbart selbst solche unfruchtbaren Festlegungen vertreten und einzelne Lerngegenstände in ausschließender Form entweder einem rein analytischen oder einem rein synthetischen Unterricht zugewiesen.[102] Geißler kommentiert solche Versuche:

»Auch hier gilt, daß, so einleuchtend die Konstruktion Herbarts an sich sein mag, die genauere Ausführung dann doch unbefriedigend bleibt. Was Herbart über Synthese im Bereich des ›Umgangs‹ und der ›Teilnahme‹ zu sagen hat, auch wie er die einzelnen Stufen des Unterrichts darstellt, ist so zeitverhaftet, daß wir daran nur noch historisches Interesse haben können... Er hat aus seiner pädagogischen Erfahrung heraus eine ohne Zweifel heute noch überaus lebendige Gesamttheorie des Unterrichts abgeleitet. Diese dann aber auch in unmittelbar praktikable Methodenformen umzusetzen, ist ihm nicht gelungen.«[103]

So muß man wohl mit Rousseau gegen Herbart vorbringen:

»Man streitet darüber, ob man Analyse und Synthese zum Studium der Naturwissenschaften wählen soll – es ist nicht nötig, stets das eine oder das andere zu wählen. Manchmal kann man bei den gleichen Forschungen zergliedern und verknüpfen und das Kind durch die lehrende Unterrichtsweise lenken, obgleich es glaubt zu analysieren. Wendet man also gleichzeitig beide Methoden an, würden sie sich gegenseitig als Beweis dienen. Geht das Kind gleichzeitig von diesen beiden einander entgegengesetzten Punkten aus, ohne sich dessen bewußt zu sein, daß der Weg der gleiche ist, wird es überrascht sein, sich selbst zu begegnen, und diese Überraschung kann nur äußerst erfreulich sein.«[104]

Was von Herbarts Unterscheidung bleibt, ist der Auftrag an den Lehrer, daß er »die Massen, die sich in den Köpfen der Kinder anhäufen und die durch den bloß darstellenden Unterricht noch vermehrt werden, zerlegen und die Aufmerksamkeit in das Kleinere und Kleinste sukzessiv vertiefen müsse, um Klarheit und Lauterkeit in alle Vorstellungen zu bringen«[105], wie der Unterricht umgekehrt »die Elemente geben und ihre Verbindung veranstalten muß.«[106] Jedoch müssen alle weiteren Empfehlungen auf dieser allgemeinen Ebene verbleiben, denn die Analyse und die Synthese konkret vollziehen kann erneut nur das lernende Subjekt selbst. Man mag diesen Prozeß im Einzelfall dem Lernenden mit didaktischem Geschick erleichtern; abnehmen kann man ihn dem Lernenden durch eine darauf abzielende Unterrichtsgestaltung nicht.

2.4.4 Der Unterrichtsprozeß

»Von Natur kommt der Mensch zur Erkenntnis durch Erfahrung und zur Teilnahme durch Umgang.«[107] Wenn sich aber eine Gesellschaft aus den Grenzen einer ständischen Organisation des Zusammenlebens erhebt und jeder Einzelne eigene Orientierungen finden und eigene Leistungen erbringen muß, um seinen Platz in der Gesellschaft zu bestimmen, werden die unterrichtlich angeleitete Erweiterung seiner Erfahrung und die unterrichtlich angeleitete Erweiterung seines Umgangs notwendig. »Wie sieht es im Kopfe eines ununterrichteten Menschen« aus, fragt Herbart und antwortet selbst:

»Da ist kein bestimmtes Oben noch Unten, nicht einmal Reihe; alles schwimmt durcheinander... Weil kein herrschender Hauptgedanke Ordnung hält, weil es an Subordination der Begriffe fehlt, so wirft sich immer das Gemüt unruhig umher, auf Neugier folgt Zerstreuung und lose Spielerei.« Und: »Ebensowenig wird man mit den Resultaten des bloßen Umgangs zufrieden sein können. Es fehlt zu viel, daß Teilnahme immer der Geist des Umgangs wäre... Es muß zu den Gefälligkeiten etwas hinzukommen, was die Ansicht derselben bestimmt; das Gefühl muß sich darstellen, so daß es das eigne Gefühl des Kindes einstimmend aufregt. Dies Darstellen fällt in die Sphäre des Unterrichts...

Also: der eigentliche Kern unseres geistigen Daseins kann durch Erfahrung und Umgang nicht mit sicherm Erfolge gebildet werden. Tiefer in die Werkstätte der Gesinnungen dringt gewiß der Unterricht... Der Unterricht endlich allein kann Anspruch darauf machen, umfassende Vielseitigkeit gleichschwebend zu bilden.«[108]

In Übereinstimmung mit neueren Theorien der kognitiven Entwicklung vertritt Herbart dabei ein hierarchisches Konzept des Bildungsvorgangs. Die angestrebte Ordnung des »Gesichtskreises« entsteht dadurch, daß jede Gruppe von »Vertiefungen« mit anderen Gruppen zusammen das Material für eine die einzelnen Vertiefungen zusammenfassende und auf höherer Systemebene integrierende Besinnung abgibt:

»Wenn nun der Unterricht auf diese Weise jede kleine Gruppe von Gegenständen behandelt, so entstehen der Gruppen viele im Gemüt, und jede derselben ist so lange in einer relativen Vertiefung gefaßt worden, bis sie alle in eine höhere Besinnung sich vereinigen... Hierauf beruht die Artikulation des Unterrichts. Die größeren Glieder setzen sich aus kleinern zusammen, wie die kleinern aus den kleinsten. In jedem kleinsten Gliede sind vier Stufen des Unterrichts zu unterscheiden; denn er hat für Klarheit, Assoziation, Anordnung und Durchlaufen dieser Ordnung zu sorgen. Was nun hier schnell nacheinander geschieht, das folgt einander langsamer da, wo aus den kleinsten Gliedern sich die nächst größeren zusammensetzen und mit immer größeren Entfernungen in der Zeit je höhere Besinnungsstufen erstiegen werden sollen.«[109]

Unter Berücksichtigung der Genese des vielseitigen Interesses einerseits und der im vorigen Abschnitt ausgeführten materiellen Bestimmung desselben andererseits sind nun Bedingungen definierbar, die einen »bildenden«, also erziehenden Unterricht auch prozessual von einem nicht-bildenden, »bloß unterrichtenden« Unterricht unterscheidbar machen. In der Zusammenfassung ergibt sich folgendes Bild:

Erziehendem Unterricht liegt ein Lernbegriff zugrunde, der Lernen als Wechselspiel zwischen Vertiefung und Besinnung, also zwischen Weltaneignung und Selbsterfahrung begreift. Erziehender Unterricht zeichnet sich nicht dadurch aus, daß er alle unterrichtlichen Bemühungen nach dem Schema Klarheit-Assoziation-System-Methode gliedert, sondern daß er dem Schüler ermöglicht, sich die Welt nach diesem Schema im Wechselspiel von Vertiefung und Besinnung selbständig anzueignen. Der Unterricht muß Vertiefung sicherstellen, wo nur oberflächliches Wahrnehmen – oder nicht einmal dieses – stattfindet; und er muß Besinnung anregen, wo das Wahrgenommene nicht systematisch verarbeitet wird und nicht methodisch zu höherer Kompetenz führt. Er soll Erkenntnis und Teilnahme zugleich entwickeln, also die Aneignung von wissenschaftlicher Kompetenz und ästhetischer Urteilskraft stets eingebunden in eine Erweiterung sozialer und politischer Kompetenz sowie religiöser Reflexion bewirken, d.h. das Wissen in seinem historisch-gesellschaftlichen Kontext darstellen und erweitern. Er soll schließlich Vielseitigkeit sicherstellen und jede einseitige Begabungsförderung zugunsten einer möglichst »gleichschwebenden« Ausbildung aller Kräfte und Fähigkeiten unterlassen.

Fragt man nach den einzelnen unterrichtspraktischen Bestimmungsstücken dieses Konzeptes, so lassen sich im Überblick die folgenden aufzählen:

1. Erziehender Unterricht ist bildender Unterricht dadurch, daß er Vertiefung und Besinnung sicherstellt. Dabei sind die einzelnen Aneignungsprozesse nicht direkt steuerbar, sondern setzen Mitwirkungsleistungen des Lernenden voraus. Schule wäre dann ein Ort selbsttätiger Weltaneignung und nicht eine Veranstaltung zur »Vermittlung« vorgegebener Wahrheiten. Radikaler noch: »Schule« im Herbartschen Sinn entsteht überhaupt erst durch die Mitwirkung des Lernenden an seinem Lernprozeß: »Alle Vertiefungen sollen sich sammeln in Besinnung und das immer neue Leben immer von neuem die *Schule erzeugen*.«[110]

2. Erziehender Unterricht ist bildender Unterricht, indem er immer Erkenntnis und Teilnahme zugleich entwickelt. Die Aneignung der empirischen Welt ist stets einzubinden in eine Reflexion und Veränderung auch des sympathetischen Interesses; ethische, politische oder religiöse Reflexion und Erkenntnis sind stets auch auf ihre wissenschaftlichen und ästhetischen Voraussetzungen und Folgen zu befragen.

3. Aus der Verbindung von 1 und 2 ergibt sich: Erziehender Unterricht ist prinzipiell nicht nur fächerübergreifender, sondern die Fächergrenzen transzendierender Unterricht. Zwar gilt auch für Herbart: »Die Materie des Unterrichts liegt in den Wissenschaften.«[111] Doch was von diesen im einzelnen und in welchem Kontext zum Gegenstand unterrichtlicher Erfahrungserweiterung erhoben wird, kann nie in Absehung vom jeweiligen Schüler entschieden werden. Damit entfallen die einzelnen Wissenschaftsdisziplinen als Gliederungselemente des Unterrichts. Sie mögen Gegenstand einzelner Vertiefungen sein, geben jedoch keinen Maßstab für die zeitliche oder inhaltliche Abfolge einzelner Lehr- oder Lernschritte ab:

»Man denke sich einen Entwurf des Unterrichts zunächst bloß nach den Gliedern der Erkenntnis und Teilnahme eingeteilt, mit völliger Nichtachtung aller Klassifikation der Materialien unserer Wissenschaften; denn diese kommen, da sie nicht Seiten der Persönlichkeit unterscheiden, für gleichschwebende Vielseitigkeit gar nicht in Betracht.«[112]

4. Ausgangspunkt unterrichtlicher Bemühungen sind im erziehenden Unterricht nicht vorgegebene Stoffe und Erkenntnisse, wie sie beispielsweise in landesweit gültigen Lehrplänen festgeschrieben sind; im erziehenden Unterricht ist der Ausgangspunkt allen unterrichtlichen Handelns stets die konkrete Erfahrung und der konkrete Umgang eines einzelnen Individuums, denn Herbart entwickelt seine didaktischen Bestimmungen nicht aus Sachgesetzlichkeiten der Objektwelt, sondern »aus den Gesetzlichkeiten der Spiegelung dieser Welt im Subjekt«[113]. Auch darin besteht eine Differenz von Herbarts Pädagogik zu normativen Bildungstheorien und -konzeptionen.

»Es ist die Individualität und der durch die Gelegenheit bestimmte Horizont des Individuums, der die ersten Vertiefungen schafft und dadurch, wo nicht Mittelpunkte, doch Anfangspunkte der fortschreitenden Bildung festsetzt...«[114]

Der Unterricht muß mithin nicht nur methodisch, sondern auch thematisch und – als Folge von beidem – von seinen institutionellen Rahmenbedingungen her an den individuellen Erfahrungsbestand des einzelnen Schülers anknüpfen.[115] Das bedeutet beispielsweise, daß landesweit verbindliche Curricula allenfalls als Orientierungshilfe für die unverzichtbare Aufgabe der Entwicklung eines individuellen Curriculums für jedes einzelne Kind dienen können. Die konkreten Gegenstände der unterrichtlich angeleiteten Erfahrungserweiterung können weder unabhängig von dem jeweiligen Zögling noch stellvertretend für diesen ausgewählt, sondern nur im vertrauensvollen Dialog zwischen dem Erzieher und seinem Zögling gefunden werden.

5. Die praktische Aufgabe der Erweiterung des individuellen Erfahrungshorizontes verbindet nicht nur den Lehrenden und den Lernenden mit der Gesellschaft, sondern beide auch miteinander. Wenn Unterricht als ein Ort organisierten Lernens begriffen wird, stellt erziehender Unterricht immer einen zweifach interak-

tiven Prozeß dar. Er umfaßt einerseits (die Vertiefung betreffend) die Interaktion über einen Gegenstand und andererseits (die Besinnung betreffend) gleichzeitig die Interaktion über den Lernprozeß.

Was die Interaktion über den Gegenstand anbetrifft, so hat Herbart die Forderung aufgestellt, der Unterricht solle »zeigen, verknüpfen, lehren, philosophieren. In Sachen der Teilnahme sei er anschaulich, kontinuierlich, erhebend, in die Wirklichkeit eingreifend.«[116] Diese Merkmale beziehen sich nicht allein auf das Lehrerhandeln, sondern auf das gesamte Unterrichtsarrangement, also auch auf das Schülerhandeln. Unterricht ist so zu gestalten, daß er dem Schüler ermöglicht, Verknüpfungen zu seinem vorhandenen Erfahrungsbestand herzustellen, daß er ihm ermöglicht, handlungsentlastet über die Dinge nachzudenken (»philosophieren«), und daß er zugleich in die Wirklichkeit eingreift, also praktisches Handeln anbahnt.

Was die Interaktion über den Lernprozeß anbetrifft, so hat der Erzieher die Aufgabe, dem Schüler dabei behilflich zu sein, in Interaktion mit dem anzueignenden Gegenstand zu treten, und dazu muß der Schüler dem Helfer in irgendeiner Form seinen schon vorhandenen Erfahrungsschatz offenbaren. Pädagogisches Handeln kann nur dann eine Erweiterung von Erfahrung und Umgang bewirken, wenn das lernende Individuum die Angebote für neue Vertiefungen und die Gelegenheit für weitere Besinnung auch annimmt und selber realisiert. Der Lehrer kann die Erfahrungserweiterung nicht stellvertretend für den Schüler, sondern nur mit ihm gemeinsam bewirken.

2.4.5 Zur Kritik an Herbarts Konzeption des erziehenden Unterrichts

Die Lehre vom erziehenden Unterricht, die durch Herbarts selbstsichere Darstellung ebenso besticht, wie Skepsis hervorruft, ist aus mancherlei Richtung in Zweifel gezogen worden, am vehementesten wohl durch Natorp.[117] Dabei soll auf die Form der Darstellung, die in der Tat den Zugang zu den Inhalten nicht gerade erleichtert, hier nicht weiter eingegangen werden[118], und auch das ungeklärte Verhältnis von Herbarts Pädagogik zu seiner Psychologie und zu seiner Philosophie muß im Rahmen dieser Arbeit – weil sie einen anderen thematischen Schwerpunkt setzt – weiterhin ungeklärt bleiben.[119]

Ein Teilaspekt dieses ungeklärten Verhältnisses kann jedoch vielleicht ein Stück weit geklärt werden: der Vorwurf des »Intellektualismus« bzw. »Kognitivismus«. Herbarts Konzeption eines erziehenden Unterrichts wird nämlich regelmäßig eine elementarisierende Vorstellungsmechanik unterstellt, die irrtümlich davon ausgehe, daß – mit einem Wort Müßener's – »aus dem Wissen das Wollen«[120] folge, weswegen die Bildung der sittlichen Persönlichkeit ja auch gerade über den erziehenden Unterricht versucht werde. Herbart übersehe dabei u.a. die Bedeutung affektiver Momente im Lernprozeß und bestimme das Verhältnis von Motiven und Erkenntnis falsch.[121] Eine solche Auffassung vom Aufbau der Persönlichkeit würde sowohl modernen Lerntheorien widersprechen, insbesondere solchen, die das Handeln als konstitutiv für den Prozeß der Erkenntnisbildung betrachten, als auch inkompatibel sein zu aktuellen Theorien der moralischen Entwicklung, nach denen aus dem Wissen keineswegs automatisch auch ein Wollen folgt.[122]

So berechtigt dieser Einwand auf den ersten Blick erscheint, so leicht läßt er sich entkräften, wenn man Herbarts Konzeption des erziehenden Unterrichts in ihren ideengeschichtlichen Kontext stellt. Herbarts Lehre vom erziehenden Unterricht ist zunächst eine Unterrichtstheorie, keine Schultheorie und auch keine allgemeine Entwicklungstheorie. Diese Theorie ist jedoch bei Herbart – wie bereits mehrfach erwähnt – eingebunden in weitere Formen pädagogischen Handelns, die eine Gesamtkomposition pädagogischen Handelns abgeben und daher nur im Gesamtzusammenhang richtig beurteilt werden können. Innerhalb dieses Gesamtzusammenhanges konzentriert sich der erziehende Unterricht ausschließlich auf die Aufgabe der Erweiterung des Gedankenkreises. Dies ist nach Herbart die eigentliche Funktion von Unterricht in neuzeitlichen Gesellschaften. Insofern befaßt sich Herbarts Konzeption des erziehenden Unterrichts in voller Absicht vorrangig mit dem Aufbau und der Erweiterung kognitiver Strukturen.[123]

Daß für die Konstitution des »Gedankenkreises« jedoch nicht nur kognitive Anregungen, sondern gleichermaßen auch affektive und pragmatische Einflüsse von Bedeutung sind und daß der Gedankenkreis schon vor aller pädagogischen Einwirkung von Erbe, Umwelt und Erfahrung geprägt ist, hat Herbart nicht bestritten. Zahlreiche Beispiele erzieherischer Einwirkung, die er in der »Allgemeinen Pädagogik« aufzählt, insbesondere aber der Begriff der »Vielseitigkeit«, die er für das Interesse fordert, sind dafür Zeugnis. Im übrigen geht es Herbart ja immer um »Erkenntnis« *und* »Teilnahme«, und das sind weder handlungsentlastete noch ausschließlich kognitiv bestimmte Größen.[124]

Herbart mißt also durchaus auch dem Handeln konstitutive Bedeutung für die Persönlichkeitsbildung zu; er begreift jedoch Handeln, auch das Handeln des kleinen Kindes, stets als ein Handeln in außerschulischen Ernstsituationen, und das bedeutet für ihn: als einen Prozeß jenseits des Unterrichts. Zu solchem Handeln kann und soll – wie schon betont – der Zögling durch pädagogische Einflußnahme sehr wohl aufgefordert werden, weswegen Herbart neben dem erziehenden Unterricht im dritten Buch der »Allgemeinen Pädagogik« unter dem Terminus »Zucht« eine weitere Dimension pädagogischen Handelns eingeführt hat. Der Unterricht selbst ist jedoch geschichtlich gerade dadurch definiert, daß er *handlungsentlastet* ist und eher dazu dient, späteres Handeln vorzubereiten.[125] Wo Schüler im konkreten Handeln lernen, handelt es sich zwar auch um eine Lernsituation, nicht aber um Unterricht im Herbartschen Sinn. Für Herbart gilt, daß der Gedankenkreis den Primat vor dem Handeln hat. In Pranges Worten:

»Viele, die meinen, sie seien weit von dem angeblich klappernden Mechanismus der Ziller-Herbartianischen Formalstufentheorie entfernt, teilen sein Motiv: erst erkennen, dann urteilen; erst etwas wissen, dann wählen und entscheiden. Der Weg geht von den Vorstellungen zu den Handlungen, nicht von den Interessen und dem Tun zum Erkennen und einem geläuterten Handeln. Nicht ›learning by doing‹, sondern ›doing after learning‹.«[126]

Neben dieser logisch-systematischen Klarstellung muß man aber auch sehen, daß die konkrete Formbestimmtheit des Unterrichts bei Herbart, insbesondere dort, wo er praktische Beispiele gibt, zeitbedingt und zeitverhaftet ausfällt. Zweifellos hatte Herbart, als er die »Allgemeine Pädagogik« schrieb, nicht nur aufgrund seiner Vorstellungspsychologie in erster Linie Unterrichtssituationen vor Augen, die überwiegend dozierenden und beratenden Charakter aufwiesen und vor allem Gemüt und Intellekt ansprachen. Solche Unterrichtssituationen entsprachen einfach seiner Erfahrung aus seiner früheren Tätigkeit als Hauslehrer, der den ohnedies belehrend wirkenden täglichen Umgang in der adligen oder großbürgerlichen Familie nur ergänzen mußte[127]; und sie entsprachen auch seiner damaligen Praxis als Hochschullehrer.[128] Projektunterricht oder Formen handlungsorientierten Lernens, die das »learning by doing« pflegen, wurden erst später entwickelt. Sie mußten auch erst entwickelt werden, als Unterricht für breite Massen üblich wurde und sich der ausschließlich darstellende Unterricht als unzureichend erwies, all jene Erfahrungen zu vermitteln, die in früheren Gesellschaften noch im Lebenskontext der Familie und der für Kinder noch zugänglichen Erwerbsarbeit gemacht wurden.

Für die Analyse aktueller pädagogischer Programme und Konzeptionen kann daraus der Schluß gezogen werden, daß die Anforderungen, die die Lehre vom erziehenden Unterricht an pädagogisches Handeln stellt, auf diese neueren Lernformen übertragen und Anwendungsbeispiele solcher Lernformen auf die Möglichkeit der Übereinstimmung mit jenen Prozeßkriterien überprüft werden müssen, die im letzten Abschnitt (Kap. 2.4.4) bereits herausgearbeitet wurden. Damit ergibt sich die für die Schulpädagogik im allgemeinen und die Herbartforschung im besonderen neue Fragestellung, inwieweit möglicherweise gerade solche problembezogenen und handlungsorientierten Lernformen dem Ideal der Ausbildung eines vielseitigen Interesses im Herbartschen Sinne dienlich sein könnten und ob der Gegensatz von Herbart und Pestalozzi, den Natorp so kraß herausgestellt und vielleicht etwas voreilig zugunsten von Pestalozzi entschieden hat, in der Praxis weiterhin Bestand hat.[129]

Eine zweite Angriffslinie der Kritik wendet sich gegen Herbarts isolierte Betrachtung des individuellen Bildungsprozesses in der Zweierbeziehung von Zögling und Erzieher, die Frischeisen-Köhler einmal als einen geradezu »aristokratischen Individualismus« bezeichnet hat[130] und die im Grunde eine »apolitisch verstandene Individualpädagogik«[131] darstelle. Dieser Konzentration auf eine Zwei-Personen-Interaktion kann man zurecht entgegenhalten, daß sie schon damals eine Ausnahmesituation beschrieb, die höchstens für eine feudale oder großbürgerliche Hauslehrerpädagogik eine gewisse Bedeutung beanspruchen konnte, aber angesichts ganz anderer Verhältnisse in allen uns heute bekannten Formen institutionalisierter Bildung ohne Belang sein müßte. »Man kommt um die Feststellung nicht herum«, schreibt Schwenk, daß »die gesellschaftlichen Bezüge, in denen Erziehung geschieht, von Herbart nicht hinreichend reflektiert sind.«[132]

So richtig mit dieser Kritik das Mißverhältnis zwischen dem

pädagogischen Anspruch Herbarts und den realen Bedingungen institutionalisierten Lernens damals wie heute getroffen ist, so vorschnell erscheint es doch, hierfür einseitig die Konzeption des erziehenden Unterrichts verantwortlich zu machen. Denn wenn die von Herbart herausgearbeiteten Aufgaben und Dimensionen pädagogischen Handelns in sich stichhaltig sind und in Übereinstimmung mit dem übergeordneten Ziel der Bildung der sittlichen Persönlichkeit stehen und wenn zudem Konsens über dieses Ziel als dem »ganzen Zweck« der Erziehung besteht, müßte sich die Kritik nicht vorrangig gegen die Theorie, sondern könnte sich auch gegen die konkreten Bedingungen institutionalisierten Lernens richten. Herbart erinnert nämlich – bewußt institutionskritisch – daran, daß Bildung immer nur als die Bildung eines Individuums verstanden werden kann – auch wenn sie sich in der Großgruppe einer Schulklasse ereignen soll. Diesen Gedanken in seiner Konzeption wach- und durchgehalten zu haben, könnte man daher eher als Verdienst, denn als Schwachstelle seiner Pädagogik werten.

Dem Vorwurf, Herbart habe eine individualistische Pädagogik entworfen, muß man mithin entgegenhalten, daß Herbart überhaupt nicht beansprucht hat, unmittelbar verwertbare Handlungsanweisungen für das Handeln in Institutionen darzubieten, die nur zum Teil oder vielleicht überhaupt nicht unter der Prämisse eingerichtet und gestaltet wurden, der Moralität als dem »ganzem Zweck« der Erziehung zu dienen.[133] Seine Konzeption öffnet vielmehr den Blick für verschüttete Ansprüche, die an pädagogische Institutionen zu richten wären, und gibt konkrete Kriterien zur Beurteilung vermeintlich pädagogischer Situationen ab. Solche Kriterien wurden im vorangegangenen Abschnitt benannt und sollen im Fortgang der Arbeit auch zur Beurteilung aktueller pädagogischer Programme und Konzeptionen herangezogen werden. Sie bedürfen jedoch – wie die angedeuteten Einwände gegen die Lehre vom erziehenden Unterricht zeigen –, bevor sie stimmig sind, der Ergänzung um die dritte Dimension pädagogischen Handelns, die sich der Aufgabe zuwendet, das Individuum zum konkreten Handeln aufzufordern.

Letztlich lassen sich beide Einwände, der Vorwurf des Intellektualismus wie der des Individualismus, auf die nicht-normative Grundstruktur von Herbarts Pädagogik zurückführen und mit ihr auch relativieren. Herbart geht nämlich durchgängig davon aus, daß »das Erziehungsziel der künftigen sittlichen Tätigkeit des erwachsenen Zöglings nicht vorgreifen darf, nicht vorgreifen kann.«[134]

»Der tiefe Respekt vor der Individualität, die nicht deduziert, sondern nur vorgefunden wird, die möglichst durch die Erziehung unversehrt zu erhalten sei, verbindet sich bei ihm mit dem Bewußtsein der unendlichen Mannigfaltigkeit von individuellen Formen, in denen die pragmatische Konstruktion der sittlichen Lebensordnung sich vollzieht. Die Entschiedenheit, mit der Herbart das sittliche Handeln betont, steht nicht in einem Widerspruch mit der Ausschließlichkeit, mit der er innerhalb seiner Pädagogik nur die Gedankenbildung berücksichtigt. Denn es ist seine Grundüberzeugung, daß die aus der ästhetischen Auffassung der Welt fließende Tat als ein durchaus Individuelles und Persönliches nicht vorher allgemein bestimmt werden kann; ... So ist die Erziehung darauf beschränkt, in dem Zögling eine spezifische Einsicht und die Möglichkeit eines angemessenen Wollens hervorzubringen. Methodisch zu erzeugen ist nur, daß durch sie und sie allein der Zusammenhang der sinnlichen und der übersinnlichen, der natürlichen und der idealen Welt gesichert wird.«[135]

2.4.6 Öffnung für Erfahrung und Umgang des Zöglings

Ein solches Erziehungsverständnis setzt sich entschieden von normativen Handlungskonzepten in der Pädagogik ab, besteht doch sein eigentlicher Zweck gerade darin, mit der Vielseitigkeit die Entschlußfähigkeit des Zöglings zu stärken, ohne dessen Entschlüssen die Richtung vorzuschreiben. Ein »vielseitiges Interesse« bildet sich aber nur vermittelt über die Selbsttätigkeit des Individuums und immer auch nur auf dem Hintergrund der individuell schon gegebenen Erfahrung. Erziehung muß sich mithin für diese Erfahrungswelt des Zöglings öffnen und zugleich den Zögling für neue, weiterführende Erfahrung aufschließen. Verzichtet sie auf das erste, so ist sie gezwungen, dem Zögling neue Lerngegenstände aufzunötigen, was aber ein fruchtloses Bemühen bleibt, weil sich Besinnung und Vertiefung nicht herbeizwingen lassen; verzichtet sie auf das zweite, so verfehlt sie das Ziel der Vielseitigkeit.

Eine solche Öffnung für die Erfahrung, den Umgang und die Selbstbildungsfähigkeit des Zöglings, die auch in aktuellen pädagogischen Programmen und Konzeptionen verwirklicht sein muß, wenn diese unter der Frage nach der realen Möglichkeit des erziehenden Unterrichts untersucht werden sollen, hat eine methodische, eine thematische und eine institutionelle Komponente:[136]

— Im Sinne einer *methodischen Öffnung* zielt erziehender Unterricht auf Mitwirkungsmöglichkeiten und -leistungen des Lernenden an seinem eigenen Lernprozeß, die sicherstellen, daß der Lernende die Lerngegenstände nicht einfach »blind« übernimmt, sondern in einer selbsttätigen Aneignung von Welt zugleich gezielt in ein Selbstverhältnis zu seinem eigenen Lernprozeß treten kann. (Die methodische Öffnung bezieht sich mithin auf die genetische Struktur des Lernens im Wechsel von Vertiefung und Besinnung.)

— Die *thematische Öffnung* eines solchen Unterrichts zielt auf die angestrebte Vielseitigkeit der Welt- und Selbsterfahrung des Lernenden. Unter der Maxime einer thematischen Öffnung versucht erziehender Unterricht sicherzustellen, daß die Inhalte unterrichtlicher Erfahrungserweiterung nicht in den Grenzen tradierter Wissenschaftsdisziplinen oder tradierter Moralvorstellungen befangen bleiben. Vielmehr sollen die Inhalte im Kontext der je vorhandenen Welterfahrung und der daraus resultierenden Fragen des Lernenden bestimmt und in der Vielfalt und Komplexität möglicher außerunterrichtlicher Handlungsbezüge für den Lernenden dargestellt und angeeignet werden. (Die thematische Öffnung bezieht sich also auf die Aufgabe der gleichzeitigen Förderung von Erkenntnis und Teilnahme.)

— Die *institutionelle Öffnung* eines solchen Unterrichts besteht darin, Strukturen für die Organisation solcher Lernprozesse zu schaffen, die es erlauben, die Lernenden schon im Lernprozeß als entscheidungs-, handlungs- und (selbst-)bildungsfähige Individuen zu sehen und zu behandeln. Dies ist nur möglich, wenn der Unterricht nicht nur an die Erfahrungen der Lernenden anknüpft, um diese zu erweitern, sondern zugleich Übergänge in außerunterrichtliche Handlungssituationen anbietet wie auch umgekehrt außerunterrichtliche Erfahrungssituationen in unterrichtlich angeleitete Erfahrungserweiterung überführt. (Die institutionelle Öffnung spiegelt mithin die Differenz von »Leben und Lernen«, d.h. von innerunterrichtlicher Erfahrungserweiterung und außerunterrichtlicher Anwendung des Gelernten wider.)

Die Aufforderung zum Handeln selbst fällt jedoch nach Herbart nicht mehr in die Sphäre des Unterrichts, sondern umschreibt ein eigenes Aufgabenfeld erzieherischen Wirkens, das im folgenden näher untersucht wird.

2.5 Erziehung im Übergang zum Handeln: »Zucht«

Bezogen sich die bisherigen Ausführungen auf die Aufgabe der Ausbildung des vielseitigen Interesses, so soll nun die zweite Voraussetzung für Mündigkeit – die Ausbildung der »Charakterstärke der Sittlichkeit«, also der Entschlossenheit zum sittlichem Handeln – näher betrachtet werden. Wie schon gesagt, rechnet Herbart diese Aufgabe nicht mehr der Sphäre des Unterrichts zu, sondern konstruiert hierzu einen eigenes Feld pädagogischen Handelns, das er »Zucht« nennt.

Zu dieser Entscheidung mag ihn einerseits die frühe Einsicht in die beschränkten pädagogischen Möglichkeiten der Institution Schule bewogen haben. Denn die Schule als Institution unterliegt ja der prinzipiellen Antinomie, daß sie zwar den Kindern den notwendigen Schonraum bietet, um in Ruhe und ohne unmittelbare Furcht vor den Folgen mißlingender Versuche jene Kenntnisse und Fähigkeiten erwerben zu können, die für Erfolg und Überleben außerhalb der Schule notwendig sind, daß sie aber gerade aufgrund dieses Schonraumcharakters ihre Schüler eben von jenen (außerschulischen) Bewährungsfeldern fernhält, in denen gesellschaftlich relevantes Handeln in der Regel stattfindet. Oder andersherum: Eben weil die Bildung des »Gedankenkreises« und die Bildung der »Sittlichkeit« durch unmittelbare Erfahrung und unmittelbaren Umgang im Mitleben von Kindern und Erwachsenen nicht mehr ausreichend gefördert werden konnten, mußten für beide Aufgaben notwendigerweise besondere pädagogische Handlungsfelder entstehen. Herbart hat an der Gleichrangigkeit beider Aufgaben noch festgehalten, obgleich er – wie seine Schriften belegen – schon seinerzeit ahnte, daß die Schule nicht beiden Aufgaben zugleich gerecht würde.

Der systematische Grund für die Konstitution eines eigenen pädagogischen Aufgabenfeldes zur Ausbildung der Charakterstärke der Sittlichkeit liegt jedoch nicht in Herbarts Schulkritik, sondern in der oben erwähnten Bestimmung der Moralität bei Herbart, die sich nicht in Einsicht oder Gesinnung, sondern erst im Handeln manifestiert. Der vielseitig Interessierte genügt den Ansprüchen von Moralität nicht, so lange er nicht auch seiner Einsicht gemäß handelt. Umgekehrt strebt der vielseitig Interessierte immer zum Handeln:

»...ein wohlbegründetes vielseitiges Interesse ... wird sich der Einengung widersetzen. Es wird selbst zu dem Lebensplan seine Stim-

me geben, selbst Mittel und Wege wählen und verwerfen, Aussich-
ten eröffnen, Freunde gewinnen, Neider beschämen. Es wird han-
delnd auftreten...«[137]

So gehört zur Einsicht immer auch der Wille, weswegen sich nicht
nur notwendigerweise das vielseitige Interesse und die Charakterstärke der Sittlichkeit ergänzen, sondern, analog dazu, auch die
darauf spezialisierten pädagogischen Prozesse, eben der erziehende
Unterricht und die Zucht. Die durch den erziehenden Unterricht
hervorgebrachte Bildung »ordnet das Verhältnis von Begehren,
Wollen und Einsicht. Mündigkeit gegenüber dem ›niederen Begeh-
rungsvermögen‹ ist dann erreicht, wenn Kontrolle und Steuerung
des Willens durch Motivationen der Einsicht erfolgen können.«[138]
Dabei unterscheiden sich der erziehende Unterricht und die Zucht
dadurch voneinander, daß der erziehende Unterricht immer nur mit-
telbar erzieht, nämlich vermittelt über die Lerngegenstände, während die Zucht eine unmittelbare Einflußnahme auf den Heranwachsenden beschreibt.[139]

Die Zucht ist ebenso wie die »Regierung« häufig als ein Auf-
sichts- und Disziplinierungsverhältnis interpretiert oder auch mit
der Regierung gleichgesetzt worden, sicherlich mitbedingt durch
entsprechende Aussagen im »Umriß«[140], auf die sich insbesondere
die Herbartianer gestützt haben. Tatsächlich verwendet Herbart beide Begriffe durchaus uneinheitlich.[141] Bellerate hat darauf hingewiesen, daß die »Zucht« bei Herbart »einen langen Reifungspro-
zeß« durchgemacht habe, und Geißler urteilt noch härter, daß Herbart in seinen Ausführungen über die Zucht »nicht die letzte
Präzision der Begrifflichkeit gefunden« habe, durch die »eine ge-
fährliche Mehrdeutigkeit vermieden worden wäre«.[142]

Von daher ist es nachvollziehbar, daß auch noch in jüngerer Zeit,
so z.B. bei Seidenfaden, aber auch bei Lingelbach und Diederich,
die Zucht als Disziplinierungsmittel zur Vorbereitung der Schüler
auf den Unterricht begriffen wird.[143] Dabei werden von diesen Autoren in erster Linie die repressiven Elemente betont, die das Programm der Zucht bei Herbart zweifellos aufweist. Die Zucht müßte
dann allerdings dem erziehenden Unterricht in jedem Fall vorausgehen und würde – ähnlich wie bei Hegel – vorrangig dazu dienen,
den eigenen Willen des Zöglings zu brechen, um ihn dem Willen
des Erziehers zu unterwerfen.[144] Das hieße, daß das Maß der Will-
fährigkeit zugleich die Grenzen der Unterrichtbarkeit des Zöglings

definiert, während Herbart jedoch genau umgekehrt argumentiert, daß die Grenzen des Gedankenkreises, also der Unterricht, die »Grenzen für den Charakter«[145] darstellen.

Aus diesem Grund wird in der vorliegenden Arbeit auf eine gänzlich andere Interpretation der Zucht zurückgegriffen. Dabei sollen vornehmlich die aufklärerischen Momente der Zucht herausgearbeitet werden.[146] Denn im Gegensatz zum »Umriß« definiert Herbart die Zucht in der »Allgemeinen Pädagogik«, auf die hier überwiegend Bezug genommen wird, als ein *vertrauensvolles Beratungsverhältnis*, dessen Eigenart er mit der Frage charakterisiert, wie sie »haltend, bestimmend, regelnd, unterstützend mitwirken, wie sie besonders für jede der sittlichen Ideen durch Erhaltung des kindlichen Sinnes, durch Beifall und Tadel, durch Erinnerung und Warnung, durch zutrauliches Emporheben der sittlichen Selbstmacht einen eignen Beitrag zu dem Ganzen der Bildung geben« könne.[147] Diese »progressive« Seite von Herbarts Pädagogik, wonach die Zucht nicht – wie bei Hegel – der Durchsetzung des Erzieherwillens, sondern – wie bei Schleiermacher – der Verwirklichung des eigenen Willens des Zöglings dient, erscheint mir aus heutiger Sicht wichtiger und tragfähiger als die Konzentration auf die nicht zuletzt zeitbedingt repressiven Elemente dieses Programms.[148]

2.5.1 Begriff und Genese der »Charakterstärke der Sittlichkeit«

»Was Kindern fehlt, ... was überhaupt am Menschen als vernünftigem Wesen charakterfähig ist, das ist der Wille, und zwar der Wille im strengen Sinn, welcher von den Anwandlungen der Laune und des Verlangens weit verschieden ist; denn diese sind nicht entschlossen, der Wille aber ist es. Die Art der Entschlossenheit ist der Charakter.«[149] Handeln ist sein Prinzip.

»Die Art der Entschlossenheit des Willens bestimmt einen solchen oder einen andern Charakter. Wie der Charakter werde, wird also beantwortet sein, wenn wir angeben, wie der Wille zur Entschlossenheit komme... Wer da spricht: ›Ich will!‹, der hat sich des Künftigen in Gedanken schon bemächtigt; er sieht sich schon vollbringend, besitzend, genießend... Die Tat also erzeugt den Willen aus der Begierde. Aber zur Tat gehört Fähigkeit und Gelegenheit. Von

hieraus läßt sich übersehen, was zusammenkomme, um den Charakter zu bilden.«[150]

Fähigkeit und Begierde werden durch den Gedankenkreis beeinflußt, den der Zögling erworben hat, und sind insofern abhängig von den Wirkungen des erziehenden Unterrichts.[151] Für die Gelegenheit sorgt der Zögling selbst, und wo es ihm dazu an Kraft fehlt, ist pädagogisches Handeln (in Form von Zucht) gefordert.

Die Tat also, d.h. die schon vollzogenen Handlungen prägen den Charakter, genauer: eine Seite des Charakters, die Herbart den »objektiven Charakter« nennt. Im objektiven Teil des Charakters findet die Biographie eines Menschen ihren Niederschlag. Insofern alle bisherigen Handlungen des Individuums mitbestimmt sind von Anlage, Umwelt und der bisherigen Erziehung, ist das Individuum zu jedem Zeitpunkt seines Lebens eine unverwechselbare Persönlichkeit, ohne daß dadurch jedoch die zukünftigen Handlungsoptionen schon vollständig determiniert wären. So, wie der erziehende Unterricht an die Erfahrung und den Umgang des Zöglings anknüpfen und diese erweitern muß, so muß die Zucht an die früheren Handlungen des Zöglings anknüpfen und findet im erneuten Handeln desselben ihre Bestimmung.

»Nun kann das Objektive der Persönlichkeit nimmermehr ganz und völlig in die Grundsätze eingefaßt werden. Jede Individualität ist und bleibt ein Chamäleon, und die Folge davon ist, daß jeder Charakter manchmal in innerlichem Kampfe begriffen sein wird.«[152]

Der Kampf findet statt zwischen dem objektiven und dem subjektiven Teil des Charakters. Charakter ist nämlich beides: objektiv das Resultat früherer Handlungen – Herbart spricht auch vom »Gedächtnis des Willen« – und zugleich Prädisposition für zukünftiges Handeln, d.h. als Resultat früherer Handlungen dennoch dem Subjekt verfügbar. Der subjektive Teil des Charakters ist jener Teil, wo Motive den Willen formen und Wahl und Entscheidung stattfinden.

Subjektiver und objektiver Teil unterliegen bei der Genese des Charakters dem gleichen Wechselwirkungsverhältnis, das wir schon bei der Genese des vielseitigen Interesses im Wechselspiel von Vertiefung und Besinnung kennengelernt haben:

»Der subjektive Charakter besitzt keinerlei Willkürfreiheit im Verhältnis zum objektiven Charakter, verfügt jedoch über die Freiheit, Grundsätze für künftiges Handeln zu entwerfen und die Richtung,

in welche sich der Charakter weiterentwickelt, zu beeinflussen.
Stimmen die Grundsätze des subjektiven Charakters mit den Prä-
dispositionen für künftiges Handeln im objektiven Charakter über-
ein, so wird sich der Charakter insgesamt kontinuierlich entwik-
keln; stimmen sie jedoch nicht überein, so kommt es zum Kampf, in
dem der Handelnde angesichts verschiedener, womöglich einander
widerstreitender Motive sich für eine bestimmte Handlung tatsäch-
lich entscheidet und diese dann auch vollzieht. Solche Handlungen
gehen hernach in den objektiven Charakter, dessen Gedächtnis des
Willen und dessen Prädispositionen der Wahl zwischen Handlungs-
alternativen ein, so daß nicht nur der objektive Charakter den sub-
jektiven, sondern auch der subjektive den objektiven Charakter be-
einflußt.«[153]

Im Gegensatz zu normativen Systemen, die den Menschen unmittelbar nach einem vorgegebenen Bild formen wollen und sich daher
»an das Subjektive der Persönlichkeit« wenden, »damit sich diese
alsdann bei der objektiven Grundlage versuche und zusehe, wieviel
sie ausrichten könne«, fordert Herbart – erneut nicht-normativ ar-
gumentierend – für die Erziehung genau den umgekehrten Weg:
»Der Erziehung hingegen ziemt ein solcher Gang keineswegs.« Sie
muß »dem objektiven Teile des Charakters ihre vorzügliche Aufmerksamkeit widmen, der sich ja unter ihren Augen, unter ihrem
Einfluß langsam genug erhebt und formt.«[154]
   Erich Geißler hat diese Konzeption der Charakterbildung mit
Ansätzen der Reformpädagogik verglichen und Herbart insofern als
einen Vordenker dieser Pädagogik bezeichnet, als auch in der Reformpädagogik (in Absetzung von der Praxis der Herbartianer) der
Verzicht auf die direkte Willenssteuerung gefordert und stattdessen
auf die erzieherische Kraft pädagogischer Situationen vertraut wird.
Nach Geißler korrespondieren einzelne Momente von Kerschensteiners Arbeitspädagogik ebenso wie die reformpädagogische Hoffnung auf die selbsterzieherische Wirkung der Gruppe in der Jena-
planklasse mit Herbarts Feststellung, die Tat erzeuge den Willen
aus der Begierde. Denn: »Handlung erst lockt die richtigen ›Begeh-
rungen‹. Aus ihnen formt die ›Tat‹ über den Umweg ›innerer Erfahrungen‹ die ›Festigkeit‹ des Willens.«[155]
   In gleicher Weise könnte man Korrespondenzen zu Deweys Verwendung des Begriffs der »pädagogischen Situation« konstatieren:
Für Dewey richtet sich das unmittelbare Interesse des Erziehers wie

für Herbart auf die Situationen, in denen eine Wechselwirkung stattfindet. »Das Individuum ist der eine Faktor dieser Wechselwirkung, der andere Faktor sind die objektiven Umweltbedingungen, welche bis zu einem gewissen Grade durch den Erzieher gesteuert werden können.«[156] Herbarts Forderung, sich dem objektiven Charakter zuzuwenden, und seine Betonung der Bedeutung eines erziehenden Unterrichts entspräche dann Dewey's Formulierung, daß die einzige Aufgabe des Erziehers darin bestehe, »eine pädagogische Umwelt anzubieten, die mit den vorhandenen Fähigkeiten und Bedürfnissen der Zöglinge so in Wechselwirkung kommt, daß wertvolle Erfahrungen ermöglicht werden.«[157]

Nun setzt Charakterbildung offenkundig Wechselwirkungsverhältnisse zwischen Individuum und Umwelt voraus, die den Kampf zwischen objektivem und subjektivem Charakter überhaupt erst auslösen. Und solche Wechselwirkungsverhältnisse bilden immer Erfahrung und Charakter zugleich. Gleichwohl scheint es mir angemessener, Herbarts Pädagogik einerseits und das reformpädagogische Vertrauen auf die Entfaltung der schöpferischen Kräfte des Individuums durch dessen eigenes Tun andererseits auf *gemeinsame Prinzipien* zurückzuführen, als den Versuch unternehmen zu wollen, Herbart durch reformpädagogische Unterrichts- und Erziehungsgrundsätze zu erhellen. Denn Herbart geht es weniger um die schöpferischen als um die sittlichen Kräfte. Ein solches gemeinsames Prinzip besteht aber in dem auf die Fichteschüler Sauer und Johannsen zurückreichenden Grundsatz der »Aufforderung zur Selbsttätigkeit«, den beide, der Fichteschüler Herbart und die Reformpädagogen des frühen zwanzigsten Jahrhunderts, aufgegriffen und kultiviert haben.[158]

Was Herbart jedoch von Reformpädagogen wie Kerschensteiner oder Petersen unterscheidet – ihn allerdings mit Dewey verbindet – ist, daß Herbart Charakterbildung nie unabhängig von der spezifischen Ausbildung des Gedankenkreises gedacht hat. Seine Pädagogik – auch seine Charakterbildung – ist, wie im Abschnitt 2.4 bereits ausgeführt, immer über den Intellekt vermittelt, denn: »Der Gedankenkreis enthält den Vorrat dessen, was durch die Stufen des Interesses zur Begehrung und dann durchs Handeln zum Wollen aufsteigen kann.«[159] Deswegen bezeichnet Herbart auch die Bildung des Gedankenkreises als den wesentlichsten Teil der Erziehung, und zwar auch der sittlichen Erziehung. Ihn trennt generell von der Reformpädagogik, daß er analytisch zwischen Bildung und

Handeln (Erkenntnis und Teilnahme) unterscheidet, während die Reformpädagogik im Rückgriff auf eine historisch längst verlorene »Ganzheitlichkeit« von Lernen und Leben nicht nur in der Praxis, sondern auch in der pädagogischen Reflexion beides in eins setzt und damit hinter den von Kant und Herbart erreichten Erkenntnisstand zurückfällt.

Herbarts Unterscheidung zwischen subjektivem und objektivem Charakter resultiert aus seinem Begriff der Sittlichkeit. Sittlich ist – wie schon angedeutet – nach Herbart nicht ein Charakter, der sich reibungslos (oder gar blind) vorgegebenen Normen unterwirft, sondern nur ein solcher, der nach dem inneren Kampf erstens seiner Einsicht tätig folgt und dabei zweitens in Übereinstimmung mit dem Prinzip der Anerkennung des Nächsten um dessen selbst willen (kategorischer Imperativ) und mit den Ideen der Rechtlichkeit, der Güte und der inneren Freiheit steht, die Herbart in der »Allgemeinen praktischen Philosophie« näher bestimmt hat.[160] Ein sittlicher Charakter trifft in innerer Freiheit sein Urteil und entscheidet sich dabei selbst erneut für die Sittlichkeit.

Sittlichkeit setzt sich somit aus zwei Komponenten zusammen:
– Gehorsam gegenüber der eigenen Einsicht, also Konsequenz und Authentizität,
– und Anerkennung der gleichen Rechte aller Mitmenschen sowie der Mitmenschen um ihrer selbst willen, also Solidarität und Empathie.

Von daher wird auch verständlich, warum Herbart für den erziehenden Unterricht forderte, daß dieser stets Erfahrung *und* Umgang, Erkenntnis *und* Teilnahme pflegen und fördern müsse.

Die so bestimmte Sittlichkeit läßt sich allerdings nicht erringen, indem man versucht, den Kampf des subjektiven Charakters mit dem objektiven Charakter stellvertretend für das Kind zu entscheiden, sondern nur, indem man den Zögling stets als schon zur eigenen richtigen Entscheidung fähig anerkennt und ihm eine solche auch zumutet. »Der Mensch kann nicht sittlich werden, wenn er nicht sich schon als sittlich vorfindet, das heißt wenn das Sittliche nicht schon im Objektiven des Charakters angelegt ist,« schreibt Seidenfaden.[161] »Machen, daß der Zögling sich selbst finde als wählend das Gute, als verwerfend das Böse: dies oder nichts ist Charakterbildung!« hatten wir bereits aus Herbarts »Ästhetischen Darstellung der Welt« zitiert. »Gehorsam ist das erste Prädikat des guten Willens«, fährt er an derselben Stelle fort, aber »nicht jeder

Gehorsam gegen den ersten besten Willen ist sittlich. Der Gehorchende muß den Befehl geprüft, gewählt, gewürdigt, das heißt: er selbst muß ihn für sich zum Befehl erhoben haben. Der Sittliche gebietet sich selbst.«[162]

»Charakterstärke der Sittlichkeit« wird so zum Synonym für das Ideal der selbstbestimmt, weil in »innerer Freiheit« entscheidenden, und verantwortlich gegenüber der Mitwelt handelnden Persönlichkeit. Die »Zucht« genannte pädagogische Tätigkeit beschränkt sich konsequenterweise, wie man auch an ihren Maßnahmen sehen kann, auf eine Handreichung zur Selbsterziehung.

2.5.2 Erzieherische Maßnahmen zur Förderung der Charakterstärke der Sittlichkeit

Herbart unterscheidet vier »Maßregeln der Zucht«: die haltende, die bestimmende, die regelnde und die unterstützende Zucht. Ihnen gemein ist, daß sie den Zögling zu sich selbst führen, ihn im selbsttätigen Entscheiden bestärken wollen. Die Zucht »muß auf teilnehmendes, freundliches, zutrauensvolles Zusehen sich beschränken, ja alles Ratgeben muß nur zu eigner Überlegung veranlassen wollen.«[163] Sie soll ausschließlich zum »Handeln nach eignem Sinn« ermuntern, d.h. den Zögling zur Selbstüberprüfung seines eigenen Urteils veranlassen.

»Haltende Zucht« ist jede Einflußnahme, die den Zögling zur Verfolgung der eigenen Motive und zugleich zur Berücksichtigung der schon erkannten Grundsätze anhält. »Haltende Zucht« hält von voreiligem Handeln ab und zu besonnenem Handeln an.

»Bestimmende Zucht« kommt zum Tragen, wenn der Zögling sich nicht zu entscheiden vermag, wobei jedoch nur die Beschlußfassung, nicht der Beschluß selbst durch den Fremdeinfluß des Erziehers bestimmt werden darf.[164] Die bestimmende Zucht besteht vornehmlich darin, dem Zögling die Folgen jeder von ihm zu fällenden Entscheidung vor Augen zu führen, um ihm so die Entscheidung zu erleichtern.

Hat sich der Zögling im Prinzip schon entschieden, so nennt Herbart dieselben Bemühungen des Erziehers »regelnde Zucht«. Die regelnde Zucht macht auf Inkonsequenzen aufmerksam, erinnert den Zögling an frühere Vorsätze und fordert so zu einem letzten Überprüfen des Urteils vor dem eigentlichen Handeln auf.

Die »unterstützende Zucht« schließlich macht dem Zögling Mut, sich zu seiner Entscheidung zu bekennen und gemäß den gewählten Motiven zu handeln.

Die vier Maßregeln der Zucht lassen sich nur analytisch unterscheiden; im konkreten pädagogischen Handeln werden sie häufig in einer einzigen Geste, einem Wort, einer Handlung des Erziehers zusammenfallen. Zucht heißt, durch Rat und Beratung dem Zögling zu ermöglichen, Stellung zu beziehen. Dieser Rat kann – je nach den Umständen – im Einzelfall ganz sparsam ausfallen, für Außenstehende gänzlich unbemerkt bleiben, und im anderen Fall lang anhaltende Auseinandersetzung, ja, offenen, entschiedenen Widerspruch bedeuten. Damit die Zucht nicht Fremdbestimmung, pure Machtausübung wird, hat ihr Herbart die Regierung gegenübergestellt; damit die Zucht nicht moralisierend werde, gründet Herbart sie im und bindet sie an den erziehenden Unterricht.

2.5.3 Voraussetzungen der Zucht

Die hier vorgelegte Interpretation der »Zucht« betont gezielt die aufklärerischen Momente in Herbarts »Allgemeiner Pädagogik«. Wie bereits angedeutet, argumentiert Herbart selbst nicht so eindeutig, wie hier zunächst unterstellt wird. In der Tradition seiner Zeit stehend, schlagen – in den Ausführungen zur Zucht mehr als in denen zum erziehenden Unterricht – immer wieder Aussagen und Denkfiguren durch, die ein eindeutig hierarchisches Verhältnis zwischen Erzieher und Zögling zu Grunde legen. So soll das »Handeln nach eignem Sinn« durch die Zucht keineswegs nur ermuntert, sondern auch beschränkt werden.[165] Zwar sagt Herbart: »Was die Zucht gegen die Individualität vermag, das beruht weniger auf Beschränkungen (die nicht fortdauern können) als darauf, daß den bessern Regungen des Individuums zur frühzeitigen Entwicklung verholfen wird, wodurch sie das Übergewicht erlangen.«[166] Aber der Zögling ist bei Herbart an der Definition der Kriterien dafür, was die »besseren Regungen« sein sollen, nicht beteiligt.

Herbarts eigene pädagogische Erfahrungsbasis, die Hauslehrerpädagogik, billigt dem Zögling keine formale Gleichberechtigung im Verhältnis zu seinem Erzieher und insofern – konträr zur Herbartschen Ethik – eigentlich auch keine selbständige Bestimmung dessen zu, was als »sittlich« anzuerkennen wäre, – und die öffentliche oder private Schule jener Zeit tut das erst recht nicht. Wird aber ein gleichberechtigter Dialog zwischen dem Erzieher und seinem Zögling bei Herbart selbst gar nicht intendiert, dann schwindet auch die Möglichkeit, zwischen Regierung, Zucht und Manipulation überhaupt unterscheiden zu können. Damit schwindet aber zugleich die aufklärerische Substanz des gesammten Programms.

Herbart konnte – wie weiter unten ausgeführt wird – dieser Gefahr aus systematischen Gründen nicht entgehen. Tatsächlich beinhalten seine Ausführungen zur Zucht durchaus Momente, die man aus heutiger Sicht auch als ein psychologisch wohldurchdachtes Repertoire zur Herrschaftsausübung bezeichnen könnte und die das Vertrauen in die Wirksamkeit des erziehenden Unterrichts eher in Frage stellen.[167] Da wird mit Lob und Tadel[168], mit Lohn und Strafe[169], mit strategisch eingesetztem Entzug von Zuneigung und Anerkennung[170] operiert, d.h. die auf Selbsterziehung abzielenden und diese dem Grunde nach zunächst ermöglichenden Maßregeln der Zucht werden bei Herbart selbst in einer Form eingesetzt, die in vollständigem Widerspruch zu der intendierten Selbsterziehung steht. Herbart versagt dabei in seinen Ratschlägen zur Zucht seinem Zögling zwar nicht den eigenen Willen, aber doch eben jenes Recht, dessen Vorhandensein er in der praktischen Philosophie selber zur ersten Voraussetzung sittlichen Handelns erhebt: das eigene, freie Urteil über den Willen.[171]

Herbart ist dieser Gefahr, die er den übrigen Tugendlehren heftig vorwirft[172], selber erlegen, weil er die Geltung und allgemeine Anerkennung jener Regulative zur Beurteilung der Sittlichkeit einfach unterstellt, die er in Form seiner Ideenlehre in der »Allgemeinen praktischen Philosophie« entfaltet hat.[173] Denn für Herbart ist nicht jedes Verhalten, das einer Einsicht folgt, deswegen schon sittlich; es muß vielmehr zuvor vom Zögling selbst an den Ideen der Güte, der Rechtlichkeit und der inneren Freiheit überprüft worden sein.[174]

Dabei fordert die Idee der Rechtlichkeit, den eigenen Willen (vor dem Handeln) darauf zu überprüfen, ob er auch jedem anderen das gleiche Recht auf einen eigenen Willen zubilligt und von daher Streit und Kampf vermieden werden. Sie fordert zum anderen, die eigenen Motive und das eigene Handeln darauf zu überprüfen, daß schon verletztes Recht wieder versöhnt werden kann.

Die Idee der Güte erinnert an das Wohlwollen. Der Sittliche zeichnet sich dadurch aus, daß er Wohlwollen »als Naturgefühl«

aufweist und zugleich für die Idee des Wohlwollens eintritt.[175] Der Wohlwollende überprüft sein Urteilen und Handeln darauf, daß es dem jeweils anderen auch ermöglicht, einen eigenen Willen zu bekunden und zu behaupten.

Doch der lediglich Wohlwollende ist schwach und beugsam. Zur Sittlichkeit muß daher die »innere Freiheit« hinzukommen, die »Fähigkeit zum echten, entschlossenen Wollen«, das zugleich ein »Wollen aus Einsicht« ist. Die Einsicht überwindet das Wohlwollen als bloßem Naturgefühl, ohne die Idee des Wohlwollens preiszugeben. Hier schließt sich der Kreis von der Zucht zum erziehenden Unterricht, und es wird verstehbar, wie Herbart zu dem Schluß kommt, daß der Unterricht »noch fortgehen« muß, wenn die Zucht schon »beinahe verschwand«, ihr Ziel mithin schon erreicht hat.[176]

Herbarts Ideenlehre fußt auf dem Bemühen, die Erziehung aus den Vorgaben ständischer Ordnungen zu befreien und sie an Prinzipien der praktischen Vernunft zu orientieren. Dieses in sich geschlossene Konzept sittlicher Bildung kann jedoch heute nicht mehr überzeugen, weil seine doppelte Voraussetzung, die praktische Möglichkeit und die allgemeine Anerkennung der im Herbartschen Ideenkatalog implizit enthaltenen allgemeinen Sitte, nach dem Ende der Ständegesellschaft nicht mehr gegeben ist, ja, vielleicht schon in der Ständegesellschaft nie gegeben war. Pädagogik findet ja nicht in machtfreien Räumen statt, d.h. Pädagogik kann frei von höchst konkreten und höchst detaillierten gesellschaftlich-politischen Ansprüchen an das einzelne Individuum gar nicht mehr gedacht werden, und diese Ansprüche beschränken sich in der realen Gesellschaft nicht auf die Ausbildung einer »gleichschwebenden Vielseitigkeit«, sondern zielen in der Regel auf eine eher partikularistische Indienstnahme der Jugend für die aktuellen Interessen der jeweiligen Machteliten ab. Insofern sind in der Regel weder der Zögling noch sein Erzieher im konkreten Handeln tatsächlich frei, ihr Urteil anhand von Herbarts praktischen Ideen zu überprüfen. Insbesondere der Fall, daß gesellschaftliche Umstände es dem Individuum unmöglich machen, sittlich zu handeln, obwohl es seinen Entschluß an Herbarts praktischen Ideen orientiert hat, ist von Herbart nicht genügend bedacht worden. Denn für Herbart ist das Sittengesetz absolut. »Der große Denker denkt es für alle vor«, kommentiert Heinrich Roth etwas abschätzig diese Position.[177] Und Geißler ergänzt:

»Die auf die ursprünglich moralischen Ideen ausgerichtete Erziehung braucht das vis-à-vis einer wenigstens in Ansätzen entsprechenden Gesellschaft... Was sich bei Kant im Begriff des ›guten Willens‹ und des ›kategorischen Imperativs‹ schon abzeichnete, tritt bei Herbart noch weit deutlicher hervor: In der moralischen Handlung soll Koinzidenz zwischen dem individuellen Wollen und der gesellschaftlichen Notwendigkeit erreicht sein. Auf diese Identität des Besonderen mit dem Allgemeinen stützt Herbart die Möglichkeit individueller Mündigkeit im Verhältnis zur Gesellschaft. Deshalb bleibt auch in der Gesellschaftsphilosophie des realistischen Herbart zu guter Letzt ein Stück Utopie übrig.«[178]

Denn:

»...die Anerkennung der einfachen Ideen im individuellen Handeln verlangt gesellschaftliche Freiräume, die nur durch eine politische Praxis gesichert werden können, die das bestehende Rechts-, Justiz-, Verwaltungs- und Produktionssystem im Sinne der gesellschaftlichen Ideen verändert und weiterentwickelt. Eine solche politische Praxis schließlich setzt ihrerseits eine Öffentlichkeit voraus, in der die Individuen orientiert an den ethischen Ideen miteinander kommunizieren.«[179]

Herbart bettet mithin die Zucht und damit auch die Möglichkeit eines erziehenden Unterrichts in ein »nicht-hierarchisches, nicht-teleologisches Verhältnis von pädagogischer, ethischer und politischer Praxis.«[180] Damit stellt sich aber die Frage nach der angemessenen Institutionalisierung von Erziehung im gesamtgesellschaftlichen Kontext. Und erneut führt Herbarts Konstruktion in ein Dilemma:

»Offenbar aber gewinnt die Charakterbildung soviel an Sicherheit des Erfolgs, wie sie beschleunigt und in die Erziehungsperiode hineingezogen wird. Und dies ist nach dem Vorigen nur dadurch möglich, daß man den Jüngling, ja schon den Knaben früh in Handlung setze. Diejenigen, welche bloß passiv als gehorsame Kinder heranwuchsen, haben noch gar keinen Charakter, wenn sie aus der Aufsicht entlassen werden... Ich bin aber überzeugt, daß man das eigentlich härtende Prinzip für den Menschen ... nicht eher finden wird, als bis man eine Lebensart für die Jugend einzurichten lernt, wobei sie nach eignem, und zwar nach eignem richtigen Sinn eine in ihren Augen ernste Wirksamkeit betreiben kann. Sehr viel würde dazu eine gewisse Öffentlichkeit des Lebens beitragen.«[181]

Herbart meint mit dieser »gewissen Öffentlichkeit« eine Form des Zusammenlebens, in der alle Individuen gemäß den genannten praktischen Ideen aus seiner Ideenlehre miteinander verkehren, und nennt diesen Zustand »beseelte Gesellschaft«:

»... wo die Bemühungen, dem Recht, der Billigkeit, dem Wohlwollen und der Vollkommenheit zur angemessenen Darstellung zu verhelfen, gemeinschaftliche Angelegenheit geworden sind, da ist gemeinschaftliche Folgsamkeit gegen gemeinschaftliche Einsicht; da ist innere Freiheit mehrerer, die nur ein einziges Gemüt zu haben scheinen. Die Spaltung zwischen Einem und einem Andern, deren jeder bloß seinem Urteil folgt und seinem Gewissen überlassen sein will – dieser leere und tote Gegensatz ist verschwunden: die Vereinigten machen eine beseelte Gesellschaft.«[182]

Doch er weiß um den – nicht nur in unserer, sondern schon in seiner Zeit – utopischen, ja, romantischen Charakter dieses Gedankens, denn er fährt selber einschränkend fort:

»Aber diejenigen öffentlichen Akte, welche bisher gewöhnlich sind, dürften die Kritik schlecht bestehen. Denn es fehlt ihnen meist das erste Erfordernis eines charakterbildenden Handelns: sie geschehen nicht aus eignem Sinn; sie sind nicht die Tat, durch welche das innere Begehren sich als Wille entscheidet.«[183]

Die gesellschaftliche Wirklichkeit, in der keineswegs alles Handeln den Ansprüchen einer »beseelten Gesellschaft« folgt, stellt – damals wie heute – offenkundig keine für die Charakterbildung förderliche Öffentlichkeit dar. Und so kommt Herbart zu dem eher resignativen Schluß:

»Fragt man mich, was denn für bessere Übungen statt jener zu empfehlen wären, so gestehe ich, die Antwort schuldig zu bleiben. Ich glaube nicht, daß in unsrer jetzigen Welt bedeutende allgemeine Einrichtungen, um die Jugend zweckmäßig in Handlung zu setzen, getroffen werden können; aber ich glaube, daß desto mehr die Einzelnen alle Bequemlichkeiten ihrer Lage durchsuchen sollten, um dem Bedürfnis der Ihrigen zu entsprechen. Ich glaube, daß eben in dieser Rücksicht Väter, die ihre Söhne zeitig an Familienangelegenheiten teilnehmen lassen, sich um deren Charakter verdient machen.«[184]

2.5.4 Folgerungen für die Analyse aktueller pädagogischer Programme und Konzeptionen

Der in dem letzten Zitat angedeutete Rückgriff auf das allenfalls im großbürgerlichen Milieu privat Machbare kann uns heute noch weniger befriedigen als seinerzeit Herbart selbst, weil die Schule im Gang der weiteren Entwicklung mehr und mehr Funktionen der Familie übernehmen mußte und unter den Bedingungen heutiger Gesellschaftsformation immer mehr Familien eher der Beratung durch professionelle Pädagogen und Therapeuten bedürfen, als ihrerseits einen angemessenen Raum der Erfahrungserweiterung für Heranwachsende darzustellen. Schon die von Herbart angestrebten »mittleren Verhältnisse«, bei denen Erzieher im Sinne freiberuflicher Berater zwischen den Familien und staatlichen Bildungsangeboten vermitteln sollten[185], laufen im Grunde auf die Anerkennung nichtbildender Erziehungsstätten hinaus, die nur durch einen erziehenden Unterricht ergänzt werden, ohne durch ihn ersetzt zu werden. Sie scheitern an der simplen Tatsache, daß es »so viele Zöglinge gibt und so wenig Erzieher.«[186]

Der eigentliche Kern der Herbartschen Pädagogik zielt jedoch auf eine Gleichrangigkeit und Gleichwertigkeit beider Dimensionen pädagogischen Handelns ab, des sich in der Auseinandersetzung mit Inhalten darstellenden erziehenden Unterrichts und der unmittelbaren Form erzieherischer Einflußnahme in Form der »Zucht«. Sittliche Bildung wird erst Wirklichkeit »im rechten Zusammenspiel der bildenden Wirkungen der Lebensunmittelbarkeit, des planmäßigen Unterrichtes und der bewußten Bemühungen um sittliche Charakterbildung.«[187]

Wollen wir daher an den aufklärerischen Momenten der »Zucht« festhalten, ohne die der erziehende Unterricht nicht gedacht werden kann, so müssen wir in voller Kenntnis ihres theoretischen Charakters an der realen Möglichkeit eines sittlichen Handelns festhalten. Das bedeutet, die »beseelte Gesellschaft« für den Bereich des pädagogischen Handelns als gegeben vorauszusetzen, obwohl sie im Bereich des praktischen Handelns (zumindest auf absehbare Zeit) gar nicht existiert. Eine solche Konstruktion unterstellt, daß die Ideale der Aufklärung ihre Berechtigung nicht dadurch verlieren, daß die Wirklichkeit ihnen noch nicht gerecht wird.

Für die Analyse aktueller pädagogischer Programme und Konzeptionen ergeben sich aus dieser Konstruktion mindestens vier

Konsequenzen, die zugleich den Geltungsbereich der Zucht begrenzen:

– Wir müssen solche Programme erstens darauf überprüfen, ob sie Erziehungsverhältnisse bereitstellen, deren Hauptmotiv dem Anspruch des erziehenden Unterrichts genügt, die Vielseitigkeit des Interesses auszubilden, und die zugleich die »Charakterstärke der Sittlichkeit« fördern, indem sie die Heranwachsenden in einer nicht-repressiven und nicht-normativen Form zum Handeln gemäß der eigenen Einsicht ausdrücklich ermuntern. Das sind Erziehungsverhältnisse, die – im Sinne der schon erwähnten *methodischen Öffnung*[188] – auf eine wirkliche Mit-Wirkung des Lernenden in einer freien Selbstentscheidung abzielen und eine solche Mitwirkung auf allen Ebenen des pädagogischen Handelns zu realisieren suchen. Es sind Erziehungsverhältnisse, die – im Sinne einer Dialektik von Führen und Wachsenlassen – auf eine »Superiorität über Kinder« verzichten und dennoch »eine bildende Kraft fühlbar machen«.

– Wir müssen zweitens prüfen, ob diese Programme trotz des unvermeidlichen Schonraumcharakters institutionalisierten Lernens die Heranwachsenden wenigstens dem Anspruch nach und so weit es eben geht »zweckmäßig in Handlung setzen«, ihnen also Handlungen ermöglichen, die »nach eignem richtigen Sinn eine in ihren Augen ernste Wirksamkeit« aufweisen können. Das ist nur von solchen Lernsituationen zu erwarten, die für den einzelnen Heranwachsenden bedeutsame Lernanlässe und -gegenstände aufgreifen, diese im Sinne der schon erwähnten *thematischen Öffnung* differenzieren und erweitern und schließlich in konkretes Handeln überführen.

– Wir müssen drittens im vollem Bewußtsein ihres idealen Charakters am Ideal der »beseelten Gesellschaft« festhalten, das ja das Ideal einer friedfertigen, humanen Gesellschaft beschreibt, auf welches Erziehung nicht verzichten kann, wenn sie nicht ihrer zukunftsweisenden Intentionalität verlustig gehen will. Unter dieser Prämisse müssen wir prüfen, ob die zu untersuchenden pädagogischen Programme im Sinne der oben angedeuteten *institutionellen Öffnung* den Schonraumcharakter innerschulisch lokalisierter Lernprozesse wenigstens partiell überwinden und Kindern und Heranwachsenden Einblick und Handlungskompetenz in außerpädagogischen Handlungsfeldern eröffnen, wie auch umgekehrt sich jene außerpädagogischen Handlungsfelder für pädagogische Ansprüche und Notwendigkeiten öffnen müssen.

— Da es unter der Einwirkung der Zucht immer noch um pädagogische Prozesse und nicht schon um das Handeln jenseits pädagogischer Einwirkungen geht, wird schließlich zu prüfen sein, ob diese pädagogischen Programme Lernsituationen nahelegen, in denen der erziehende Unterricht »noch fortgehen« kann, also *Situationen im Übergang vom Lernen zum Handeln,* die die Rückkehr in den erziehenden Unterricht noch offenhalten.

Damit erfährt auch das Programm des erziehenden Unterrichts seine Begrenzung. Die Lehre vom erziehenden Unterricht kann angesichts der für ihre Realisierung fehlenden gesellschaftlichen Voraussetzungen keine Anleitung für konkretes pädagogisches Handeln in heutigen Institutionen bereitstellen, sondern allenfalls handlungsorientierende Funktionen übernehmen. Herbarts Pädagogik gibt ein Gegenbild ab gegen die Indienstnahme von Bildung für Zwecke unmittelbarer Verwertung von Menschen und Ideen sowie gegen den Mißbrauch von Erziehung zur Abrichtung und Unterwerfung der Heranwachsenden unter vorgegebene Normen und Werte. Aber es handelt sich um eine theoretische Pädagogik: Sie hält, ohne die gesellschaftlichen Voraussetzungen für sittliches Handeln bereitstellen zu können, das Ideal der Möglichkeit einer sittlich handelnden Individualität hoch, obwohl sich eine solche Pädagogik ohne eine ihr entsprechende Ethik und Politik gar nicht denken läßt. Auf dieses Ideal zu verzichten, nur weil ihm die gesellschaftliche Realität noch nicht entspricht, hieße jedoch, daß Erziehung letztlich überflüssig wäre oder aber in einer rein technischen Verhaltenssteuerung befangen bliebe.

Eine solche Einschränkung ändert nichts an den Ansprüchen von Herbarts Pädagogik, wohl aber bestimmt sie den Stellenwert ihrer Verwendung für die Analyse aktueller pädagogischer Programme und Konzeptionen: Wir werden bei solchen Analysen nur den Grad der Annäherung an die Idee, nicht aber ihre Verwirklichung untersuchen können. Denn die Verwirklichung des erziehenden Unterrichts setzt die Arbeit an einer »beseelten Gesellschaft« voraus, die mit pädagogischen Mitteln allein nicht geschaffen werden kann, ja, die zu schaffen gar keine primär pädagogische Aufgabe ist.

2.6 Zusammenfassung

In der Auseinandersetzung mit Herbarts Hauptwerk wurde auf divergente Interpretationsmuster seiner Pädagogik hingewiesen. In Anlehnung an jüngere Ansätze der Herbartforschung wurde dabei eine dreifache Aufgabenstellung für das erzieherische Handeln ausformuliert:

- Erziehung soll in stellvertretendem Handeln für den Zögling Schaden vom noch uneinsichtigen Kind fernhalten, ohne dabei zukünftige Willensentscheidungen des jungen Menschen zu normieren;
- Erziehung soll den Gedankenkreis des Kindes und Heranwachsenden durch planvollen Unterricht zu einer allgemeinen Vielseitigkeit erweitern und dadurch den jungen Menschen aus den Beschränkungen von Herkunft und Umwelt dergestalt hinausführen, daß er fähig wird, seinen Lebensplan selbst zu bestimmen;
- Erziehung soll schließlich den jungen Menschen zum Handeln gemäß der eigenen Überzeugung auffordern, d.h. einen mündigen Bürger hervorbringen, der seinerseits das Recht aller Mitmenschen auf deren eigene Selbstbestimmung achtet und fähig ist, an der gemeinsamen Gestaltung öffentlicher Aufgaben mitzuwirken.

Die von Herbart vorgenommene Trennung der verschiedenen pädagogischen Handlungssphären, die zunächst eine analytische ist, verweist dabei auf die historisch unumkehrbare Situation, daß in allen neuzeitlichen Gesellschaften die Vorbereitung auf die Mitwirkung in der Gesellschaft und das gesellschaftliche Handeln selbst auf verschiedene Lebensalter und voneinander getrennte Institutionen aufgeteilt sind. Unterrichtliche Erfahrungserweiterung ist damit notwendig eine planvolle Entfremdung von der Alltagserfahrung im Sinne eines gezielten Fragwürdigmachens der Alltagserfahrung der Kinder durch den Pädagogen. Diese (gutartig zu verstehende) »Entfremdung« muß durch eine dreifache Öffnung des Unterrichts – methodisch in bezug auf die Mitwirkung des Zöglings bei der Gegenstandskonstitution, thematisch in bezug auf das Gegenstandsspektrum und institutionell in bezug auf die Außenbeziehungen des Erziehungssystems – unterstützt werden, wenn man den Maßstäben gerecht werden will, die sich von Herbarts Pädagogik her an erzieherisches Handeln stellen.

Die Frage nach den Bedingungen der Möglichkeit eines erziehenden Unterrichts heute stellt sich vor diesem Hintergrund als die Frage nach der Möglichkeit individueller Bildungsprozesse im Kontext institutionell organisierter Lehr-Lernveranstaltungen dar. Herbarts historisches Konzept des erziehenden Unterrichts und der pädagogischen Anleitung der Heranwachsenden beim Übergang zum Handeln stellt Maßstäbe bereit, von denen her aktuelle pädagogische Programme und Konzeptionen neu bewertet werden können.

Im Hinblick auf die Prozeßkriterien eines erziehenden Unterrichts[189] gilt es, neuere pädagogische Konzepte und Programme darauf zu befragen, ob, wodurch und inwieweit sie folgenden Kriterien genügen:

● Sie knüpfen an die konkrete Erfahrung und den konkreten Umgang des Lernenden an und zielen darauf ab, diese zu erweitern.

● Sie ermöglichen die selbsttätige Aneignung von Wirklichkeit durch das lernende Subjekt im Wechselspiel von Vertiefung und Besinnung.

● Sie fördern die gleichzeitige Entwicklung von Erkenntis und Teilnahme, d.h. die Aneignung empirischer Sachverhalte wird eingebunden in eine Reflexion und Veränderung auch des sympathetischen Interesses und umgekehrt.

● Sie streben eine »gleichschwebende« Vielseitigkeit an und vermeiden die Ausbildung einseitiger Neigungen und Begabungen.

Im Hinblick auf die *nicht* über einen Lerngegenstand vermittelten, unmittelbaren erzieherischen Einwirkungen auf den Heranwachsenden[190] gilt es, neuere pädagogische Konzepte darauf zu befragen, ob, wodurch und inwieweit sie folgenden Kriterien genügen:

● Sie ermutigen die zu-Erziehenden zum Handeln gemäß der eigenen Überzeugung, d.h. sie bemühen sich wenigstens ansatzweise, die Lernenden »zweckmäßig in Handlung (zu) setzen« und ihnen Handlungen zu ermöglichen, die »nach eignem richtigen Sinn eine in ihren Augen ernste Wirksamkeit« aufweisen.

● Dabei verzichten sie auf jede »Superiorität über Kinder« und versuchen dennoch, »eine bildende Kraft fühlbar zu machen«.

● Sie bieten Situationen im Übergang vom Lernen zum Handeln, die aber die Rückkehr in den erziehenden Unterricht noch offenhalten.

In bezug auf die *methodische Konstitution* der Lernprozesse zielen die zu untersuchenden pädagogischen Konzepte und Programme im Idealfall auf Mitwirkungsmöglichkeiten und -leistungen des Lernenden an seinem eigenen Lernprozeß, die sicherstellen, daß der

Lernende Lerngegenstände nicht einfach »blind« übernimmt, sondern in einer selbsttätigen Aneignung der Welt zugleich gezielt in ein Selbstverhältnis zu seinem eigenen Lernprozeß treten kann. Das bedeutet, daß die Lernwege und Lerngegenstände nicht einfach vom Lehrer vorgegeben werden können, sondern im Fragehorizont der Lernenden von diesen selbst entwickelt werden müssen.

In bezug auf die *thematische Konstitution*[191] der Lernprozesse bestimmen solche Konzepte und Programme die konkreten Lerngegenstände im Idealfall im Kontext der je vorhandenen Welterfahrung des Lernenden, zielen aber auf eine möglichst große Vielseitigkeit der Welt- und Selbsterfahrung ab und versuchen daher, die Lerngegenstände in der Vielfalt und Komplexität möglicher außerunterrichtlicher Handlungsbezüge für den Lernenden darzustellen und zugänglich zu machen. Sie berücksichtigen dabei das Wissen (»Erkenntnis«), dessen historisch-gesellschaftlichen Kontext (»Teilnahme«) und den Zusammenhang sowie die Differenz von Wissen und Handeln (»erziehendem Unterricht« und »Zucht«).

In bezug auf die *institutionelle Konstitution* des Lernens bemühen sich diese Konzepte und Programme im Idealfall, das Ghetto innerschulisch lokalisierter Lernprozesse aufzubrechen und den Lernenden Übergänge in außerunterrichtliche Handlungssituationen zu eröffnen wie auch umgekehrt außerunterrichtliche Erfahrungssituationen in unterrichtlich angeleitete Reflexion zu überführen. Tendenziell zielen solche Lernvorhaben nicht nur auf eine Erweiterung von Einsicht und Handlungskompetenz der Lernenden, sondern – als Resultat der Erziehung – auf eine Beteiligung der Lernenden an Prozessen der Veränderung von Wirklichkeit und damit auf eine Neubestimmung des Verhältnisses zwischen der institutionalisierten Erziehung und den außerpädagogischen Handlungsfeldern und Institutionen der Gesellschaft.

3. Herbarts Konzeption des erziehenden Unterrichts im Kontext der aktuellen schulpädagogischen Literatur

Aus der Fülle aktueller schulpädagogischer Studien sollen im folgenden einige Arbeiten exemplarisch herangezogen und genauer betrachtet werden, die auf ganz verschiedene Weise auf Herbarts Lehre vom erziehenden Unterricht Bezug nehmen. Diese Betrachtung erfolgt unter einer doppelten Perspektive: einerseits, um einen Eindruck davon zu gewinnen, welche Aspekte seiner Pädagogik besonders zur Klärung aktueller schulpädagogischer Problemlagen beitragen können; andererseits, um zu prüfen, inwieweit möglicherweise auch die heutige schulpädagogische Forschung von einem umfassenderen Rückgriff auf die Pädagogik Herbarts noch zusätzliche Bereicherung erfahren könnte. Diesen Weg gehen heute übrigens auch schon einzelne Fachdidaktiken und entdecken dabei, daß sie die engen Grenzen der Fachdidaktik sofort verlassen und zu allgemeinpädagogischen Fragestellungen vordringen, bzw. zurückkehren müssen.[1]

Die Arbeiten, die im folgenden näher untersucht werden, lassen sich zwei miteinander im Widerstreit stehenden Richtungen zuordnen, die hier nur um der besseren Unterscheidung voneinander willen mit »eher subjektorientiert« einerseits und »eher instruktionsorientiert« auf der anderen Seite betitelt werden. Beide haben dabei – wenn auch mit jeweils ganz unterschiedlichen Fragestellungen und ganz unterschiedlichen Ergebnissen – durchgängig *das Verhältnis von Subjekt und Unterricht* zum Thema.[2] Insofern meinen die Rubriken »eher subjektorientiert« und »eher instruktionsorientiert« im folgenden nur einen jeweils anderen Zugriff auf das Thema und sind weder als Etikettierung noch gar als hinreichende Beschreibung der unterschiedlichen Ansätze zu verstehen.

3.1 Subjektorientierte Ansätze

Unterrichtsforschung wurde lange Zeit als Allgemeine Didaktik, als Lehr- und Unterrichtstheorie betrieben, die vornehmlich das Handlungsrepertoire des Lehrers zusammentrug und Unterricht überwiegend aus der Perspektive des Schulsystems und seiner Repräsentanten interpretierte. Ihre erkenntnisleitende Fragestellung war: Wie müssen Lehrer handeln, um vorgegebene Bildungsziele zu erreichen? Hierbei gibt der Schüler gemäß der Logik dieses Systems, selbst wenn es um seine Subjektwerdung bemüht ist, primär ein irgendwie zu behandelndes Objekt ab. Tendenziell behandelt eine solche Didaktik die Frage des Lernens unter dem Blickwinkel eines »interventionistischen Ziel- und Handlungsbegriffs«[3].

Demgegenüber läßt sich seit einigen Jahren in der schulpädagogischen Literatur wieder eine stärkere Hinwendung zum Lernenden selbst konstatieren, eine Konzentration auf die Handlungen, Aktivitäten und Erkenntnisleistungen des Schülers im Lernprozeß. Diese Wendung impliziert eine Neubestimmung des Verhältnisses zwischen Schüler und Lerngegenstand einerseits und zwischen Schüler und Unterrichtssystem andererseits. Der Lernende wird nun betont wieder als Subjekt gesucht und gesehen. Paradigmatisch für diese eher mathetisch denn didaktisch orientierte Richtung in der Schulpädagogik stehen die Veröffentlichungen von Horst Rumpf und die neueren Arbeiten von Heipcke, Messner und Rauschenberger, die den Unterricht als eine »Zivilisationsform« beschreiben.[4] Die erkenntnisleitende Frage lautet hier: Was tun Lernende in bildenden Prozessen? Der Lehrer steht dabei nicht mehr primär vor der Aufgabe reibungsloser (Lehr-)Planerfüllung, sondern wird mit der weit schwereren Aufgabe konfrontiert, »eigenständiges Lernen« (Messner) zu ermöglichen und in Gang zu setzen. Das bestehende Unterrichtssystem und sein gesellschaftlicher Auftrag werden dabei eher kritisch als Lernhemmnis, denn als Lernchance oder gar -anreiz begriffen.

Die hier genannten Arbeiten und Untersuchungen stimmen in zweierlei Hinsicht überein: *Forschungsmethodologisch* handelt es sich überwiegend um Interpretationen von Fallberichten, die bei der Beschreibung und Analyse individueller Lernprozesse detailliert, ja mit fast detektivischer Akribie »Lernspuren« aufsuchen, Objektivationen von Veränderungsprozessen eines lernenden Subjekts (oder einer Gruppe von Subjekten) in der diese Veränderungen auslösenden und begünstigenden Umgebung. Dabei wird gerade dieser Umgebung, der Frage nach dem Lernanlaß, nach den Umständen, unter denen hier Lernen vonstatten geht, und den individuellen Wirkungen auf ein (im Einzelfall sogar namentlich benanntes) Subjekt besondere Aufmerksamkeit gewidmet. Die direkte Beobachtung ausgewählter Lernprozesse, zuweilen auch die Befragung der an ihnen beteiligten Personen sowie die Re-Interpretation einzelner schriftlich dokumentierter Lernsituationen stellen die empirischen Quellen dieser Form der Unterrichtsforschung dar.

Inhaltlich verbindet diese Studien der Rekurs auf ein Lernen, das über ein bloßes Aneignen von Fakten hinausgeht, das die ganze Person berührt und eher einer Herbartschen Vielseitigkeit als einem Spezialistentum verpflichtet ist, – der Rekurs also auf Ideale, die auch dem erziehenden Unterricht bei Herbart zugrundeliegen. Die hier betrachteten Studien konzentrieren sich auf Lernsituationen, die gezielt von bloßer subjektneutraler »Instruktion« unterschieden werden und Prozesse der »Einwurzelung«[5] beinhalten, d.h. das Subjekt nicht nur in seinem Verhalten, sondern auch in seinem Bewußtsein nachhaltig bestimmen und verändern. Dabei wird in diesen Arbeiten selbstbestimmtes und vor allem selbsttätiges Lernen als eine Form besonders kultivierten Lebens vorgeführt, dem in einer krisenerschütterten Zeit eine das Subjekt stabilisierende Kraft zugemessen wird, welche als eine notwendige individuelle Voraussetzung zur gesellschaftlichen Überwindung solcher Krisen verstanden wird.[6]

Dieses Ideal vor Augen, wird von der hier zitierten Richtung der Schulpädagogik die Wirklichkeit eines Bildungssystems herausgestellt, in welchem die Bildungsinhalte über die Anbindung der Lernarbeit an das Berechtigungssystem zur bloßen Ware verfallen, deren Form und Bedeutung beliebig wird, weil letztlich nur das Abschlußzeugnis von Belang ist.[7] Unterricht wird in diesem System nach dem Leitbild »eines Hürdenlaufs oder einer Schnellstraße oder einer Stufenleiter konzipiert«, das den Lernenden nur noch als einen »unpersönlichen, biographieneutralen, affektneutralen Träger von zu verbessernden allgemeinen Kompetenzen« und den Lehrer nur noch als einen »Aufgabensteller, einen Lerndefektbeseitiger, einen Motivator und einen Kontrolleur« versteht.[8] Im langjährigen Durchgang durch dieses System erleben die Schüler schließlich den ganzen Unterricht und die gesamte Schulzeit als ein »gespenstisches Als-Ob, in dem alles aufeinander abgestimmt ist, aber ohne

Grund bleibt.«[9] Es entsteht eine umfassende »als-Ob-Kultur«: »Inhalt ohne den Gedanken an die Form, Ziel ohne Besinnung auf Herkunft und Weg, Organisation ohne Bemessung an ihrem Zweck.«[10]

Zusammenfassend kann man mit Rumpf zwei Haupttendenzen ausmachen, die dem bestehenden Bildungssystem jegliche bildende Qualität rauben und es in Widerspruch setzen zu den Ansprüchen eines erziehenden Unterrichts:

- den Mangel an Wirklichkeitssinn und Sinnerfülltheit, der auch einen Mangel an Sinnlichkeit und sinnlicher Erfahrbarkeit, einen Mangel an »ästhetischer Darstellung« im Schillerschen wie im Herbartschen Gebrauch des Wortes widerspiegelt und die Notwendigkeit persönlicher Betroffenheit für das Gelingen von Lernprozessen ignoriert;

- und eine Tendenz zur Beschleunigung: Die Schule neigt – wie unser gesamtes kulturelles Leben – dazu, die Kinder mit »Stoffen« zu überschütten, ohne ihnen Zeit zu lassen, eine persönliche Beziehung zu den Gegenständen aufzubauen. Das heißt, die Schule überspringt die Vorerfahrungen der Schüler; sie hindert die Schüler am Wahrnehmen, am Staunen und Grübeln und treibt sie stattdessen ständig voreilig zu Lösungen an, die aber in den Augen der Schüler gar keine Lösungen sein können, weil sie gar nicht aus Fragen der Schüler hervorgehen. So verhindert die Schule eine vertiefte Auseinandersetzung mit den Unterrichtsinhalten.

Unter explizitem Bezug auf Herbarts Konzeption des erziehenden Unterrichts[11] stellt Rumpf diesen Tendenzen einer (wortwörtlich) »besinnungslosen« Zergliederung der Wirklichkeit durch Unterricht ein Lernen gegenüber, das »den Gegenstrom realisiert«, das ein »Abstreifen der Gewöhnungsblindheit« intendiert und bewußt an Unbekanntem, an Widersprüchen und »Widerständigkeiten« festhält, um »Weltvergegenwärtigungen« und »Weltannäherungen« zu provozieren.[12] Er strebt eine Form von Lernprozessen an, die die schleunige Zielführung des Denkens überwindet und bewußt unzensierte Wahrnehmungen kultiviert. Erst das Insgesamt aller anthropologisch bekannten Wahrnehmungs- und Verarbeitungsformen, einschließlich sinnlich-körperlicher Zugriffsweisen sowie solcher Verarbeitungsformen, die aus den Bereichen von Kunst, Kultus und Religionsausübung bekannt sind, – Tanz, Musik, Ritus, naive, d.h. nicht-professionelle Philosophie und jede Form schöpferischen Gestaltens – erst eine solche Vielfalt der Zugriffsweisen gewährt nach Rumpf überhaupt Chancen, einen persönlichen Zugang zu einem Problem zu finden, der nicht bloß an der Oberfläche der Phänomene verharrt, sondern Prozesse von Vertiefung und Besinnung in Gang setzt.[13]

Doch wie sehen entsprechende Unterrichtsarrangements aus? Rumpf redet keineswegs einem vorwiegend emotionalen oder gar spirituellen Zugriff auf den jeweiligen Gegenstand unterrichtlicher Erfahrungserweiterung das Wort. Seine Kritik der vorherrschenden Lernkultur ist weder antirational noch anti-intellektuell. Im Gegenteil: Wo er positive Gegenbilder zum subjektneutralen Unterricht anbietet, greift er – ebenso wie die anderen hier genannten Autoren dieser Forschungsrichtung – mit Vorliebe auf Wagenschein und die von Wagenschein, Banholzer und Thiel veröffentlichten Unterrichtsszenen von Kindern »auf dem Wege zur Physik« zurück[14], auf Szenen also, die als geradezu beispielhaft für einen gesitteten Schulunterricht in einem eher traditionellen äußeren Rahmen angesehen werden können und in erster Linie die intellektuelle Problemlösung im Medium verbaler Kommunikation kultivieren.[15] Dabei taucht das Problem auf, daß die Pädagogik Wagenscheins zwar ihren Ausgang von den subjektiven Weltinterpretationen der Kinder nimmt, zugleich aber beansprucht, zu den Erklärungsmustern neuzeitlicher Wissenschaft vorzudringen, deren Aufgabenteilung und Satzsysteme eben jene Fächergliederung und Inhalte neuzeitlichen Schulunterrichts bestimmen, gegen dessen übliche Praxis Rumpf so vehement anficht. Ob ihr dieser Sprung gelingt (und sie dabei alle Kinder mitnimmt), oder ob diese Pädagogik auf dem Weg vom »ursprünglichen Verstehen« zum »exakten Denken« eher in einem mißglückten Spagat endet – mit einem Bein bei der Subjektivität stehend und mit dem anderen zur neuzeitlichen Wissenschaft strebend – soll später in einem eigenen Kapitel geklärt werden.[16]

Zeitgemäße Lernsituationen zu arrangieren, setzt in jedem Fall – so Rumpf – einen Erziehungskünstler im Herbartschen Sinne voraus, dessen Kunst die »Kenntnis der menschlichen Natur in ihrer ursprünglichen unendlichen Bildsamkeit« ist und dessen Professionalität auf der »Durchforschung aller Verhältnisse des mannigfaltigen Wissens zu den verschiedenen Interessen des Menschen« beruht.[17] In diesem Feld »zwischen der imaginären unendlichen Bildsamkeit und dem mannigfaltigen Wissen«[18] liegen die eigentlichen

Aufgaben des Lehrers, der imstande sein muß, seine »Geläufigkeit des Blicks« und seine »einordnende Kennerschaft fast ganz abzustreifen«, weil er nur so »in den Sog der neugierigen und überraschten Hinsichten kommen kann, die aus der ›unendlichen Bildsamkeit‹ herrühren; weil er nur so auf die Spur der ›Verhältnisse des mannigfaltigen Wissens zu den Interessen des Menschen kommt‹.«[19]

Rumpf gesteht selber ein, daß wir heute »mangels jeder Anschauung« kaum mehr verstehen, was damit gemeint sein könnte.[20] Und so folgert er zunächst nur negativ, daß jene »hochsensible und Konventionen brechende Lehrkunst« in den industrialisierten Unterrichtsfabriken unserer Tage nicht gedeihen kann: »In einem so organisierten Spielfeld ist die ›Freiheit des Künstlerlebens‹ unvorstellbar.«[21] Rumpf fährt, weiter Herbart zitierend, fort:

»Ohne die Zuflüsse und Vorgaben von erzieherisch undomestizierten Größen wie Erfahrung und Umgang bleibt Unterricht dürftig – ohne jene formlosen Massen, die zu zerlegen, zu durchdringen, in Zusammenhänge zu bringen seine Aufgabe ist: ›In der Tat, wer möchte Erfahrung und Umgang bei der Erziehung entbehren? Es ist, als ob man des Tages entbehren und sich mit Kerzenlicht begnügen sollte! – Fülle, Stärke, individuelle Bestimmtheit für alle unsere Vorstellungen, – Übung im Anwenden des Allgemeinen, Anschließen ans Wirkliche, an das Land, an die Zeit, Geduld mit den Menschen, wie sie sind: – dies alles muß aus jenen Urquellen des geistigen Lebens geschöpft werden.‹«[22]

Doch damit ist das Problem erst benannt und nicht schon gelöst. Denn Herbart schreibt an derselben Stelle weiter:

»Nur schade, die Erziehung hat Erfahrung und Umgang nicht in der Gewalt! ... am Ende, wenn wir uns wieder an unsern Zweck, an Vielseitigkeit des Interesses erinnern, so fällt es leicht auf, wie beschränkt die Gelegenheiten sind, die an der Scholle kleben, wie weit der wahrhaft ausgebildete Geist darüber hinausgeht.«[23]

Forscht man aber nach Lernsituationen, die in diesem Sinne über die »Scholle« der ohnedies gegebenen Erfahrung hinausreichen und den traditionellen Umgang, in den ja auch die Schule selbst eingebunden ist, transzendieren, d.h. ihn nicht nur »unterspülen«[24], sondern auch sicher erweitern, gerät man in ein Dilemma. Die Pädagogik Wagenscheins ausgenommen, der später ein eigenes Kapitel gewidmet wird, sprengen beispielsweise alle Muster, die Rudolf Messner als »erfolgreich verlaufene Beispiele schulischen und persönlichen Lernens unter der Leitvorstellung der ›Eigenständigkeit‹« analysiert[25], den Kontext dessen, was gemeinhin (und nicht zuletzt von Herbart her) als »Unterricht« bezeichnet wird. Dies ist um so bemerkenswerter, als Messner »Eigenständigkeit« synonym für »Autonomie« setzt und damit ein Teilziel Herbartscher Pädagogik, nämlich das Handeln gemäß der eigenen Überzeugung, anspricht.

Das erste dieser Beispiele ist die Pädagogik der Glockseeschule in Hannover, die noch in der anti-autoritären Bewegung der späten sechziger Jahre wurzelt und deren zentrale Kategorie die »Selbstregulation« der Kinder ist.[26] Aufallendstes Merkmal dieser Schule ist, daß den Kindern die Teilnahme am Unterricht völlig freigestellt wird, was in Einzelfällen dazu führt, daß sie auch nur sehr unregelmäßig an den Unterrichtsangeboten der Lehrer teilnehmen. Messner bescheinigt dieser Schule, sie vermöge zu zeigen, »wie sehr die Frage der Eigenständigkeit des Lernens in die Trieb- und Sozialbasis menschlichen Verhaltens hineinreicht und wie sehr die Sozialstruktur der von der Gesellschaft geschaffenen Lerninstitutionen Raum für deren Ausagieren und Abarbeiten schaffen muß, wenn Heranwachsende selbständig und konfliktfähig werden sollen (was wiederum eine wichtige Basis für kognitives Lernen darstellt).«[27] Doch eine Basis macht noch kein ganzes Haus. Die besondere »Friedfertigkeit« der Glockseekinder, die »Zärtlichkeit«, mit der sie einander und den Erwachsenen begegnen können, oder ihr ideenreiches Umgehen mit der manchmal »langwierigen Aggressivität, Beleidigtsein, Konflikte, Traurigkeit, Ängste, Ablehnung«, all die erstaunlich konstruktiven Eigenkräfte der Kinder[28] – sie enthüllen verschüttete Ebenen pädagogischer Auseinandersetzung, die in der staatlichen Regelschule häufig zu kurz kommen. Aber ein Curriculum geben sie nicht ab. Messner kommt selbst zu dem Schluß, daß der weitgehende Verzicht auf verbindliche inhaltliche Anforderungen unter dem leitenden Prinzip der Selbstregulation auch dazu führen könnte, »daß die Kinder ... allzu sehr auf ihre eigenen, begrenzten, oft situativen Antriebe zurückgeworfen bleiben« – und damit gleichzeitig unter- und überfordert werden:

»Über die Schule hinausführende Weltbezüge – und die für sie notwendige Überwindung von Augenblicksregungen – bleiben, sofern nicht von den Kindern selbst gesucht, vielfach ungenutzt und unge-

übt[29]: *Die Glocksee-Selbständigkeit könnte dadurch in mancher Hinsicht eine werden, die in erster Linie für die selbstgeschaffene Welt der eigenen Schule und ihren Umkreis tüchtig macht.«*[30]

Schulisches Lernen unter einem Primat der Subjektivität ist anscheinend nicht nur von Diffusität, sondern auch von Einseitigkeit bedroht. So erweitert die Auseinandersetzung mit einer pädagogischen Praxis, die die Subjektivität der Lernenden radikal anerkennt, den Blick für Leistungsdimensionen der Kinder, die in der Regelschule häufig zu kurz kommen oder den Schülern überhaupt nicht abverlangt werden; die Effekte einer solchen Pädagogik hinsichtlich der Auseinandersetzung mit den Inhalten schulischen Lernens, ja sogar hinsichtlich der sozialen Kompetenz der Kinder bleiben aber ambivalent. Von Herbart her wäre diese Praxis mit Rücksicht auf die angestrebte Vielseitigkeit wohl eher kritisch zu betrachten und vermutlich korrekturbedürftig. Vielleicht erweitert die Glockseepädagogik eher die Erfahrung und den Umgang der Pädagogen als die der Kinder?

Auch das dritte Beispiel subjektorientierter Forschung, das Rudolf Messner neben der Pädagogik Wagenscheins und der Praxis der Glockseeschule auf seinen Beitrag zur Ermöglichung »eigenständigen Lernens« untersucht, erfährt vor dem Hintergrund der bei Herbart entfalteten schulpädagogischen Aufgabenstellung eine etwas andere Interpretation als im Original. Es handelt sich um die Schilderung des eindrucksvollen Lebensweges eines Kärntner Dorforganisten und Gemeindeschreibers namens »Lexer«, der neben seiner beruflichen Arbeit selbst komponiert und auch noch Hunderte von Musikanten ausgebildet hat.

»Das Bemerkenswerte ist jedoch, daß er neben diesen, allein schon ein Menschenleben ausfüllenden Tätigkeiten als ›Hobby‹, wie seine Umwelt sagte, als eigentlichen Lebensinhalt, wie bald klar wurde, Geigen baute. Besonders erstaunlich ist, daß er diese schwierige Kunst, von den kleinsten Anfängen, als er mit 20 Jahren ein etwas unförmiges Cello zusammenfügte, bis hin zum Bau vollendeter Violinen, in allen Einzelheiten über Jahre hinweg selbst, aufgrund eigener Erfindungskraft erlernte. Das Geigenbauen zog immer mehr von seiner Lebenszeit auf sich – an vielen Tagen bis zu sieben Stunden. Im Dachgeschoß seines Hauses entstand dafür ein gesonderter Lebens- und Arbeitsbereich, dessen Zentrum eine täglich genutzte Werkstatt war...

Die größte Schwierigkeit bestand für ihn darin, auf sich allein gestellt, durch ständiges Ausprobieren die notwendigen Erfahrungen zur Steigerung der Qualität der Instrumente zu gewinnen... Johann Lexer hat neben notwendigen Kleinmaschinen fast alle für seine Arbeit benötigten Schneide-, Schnitz-, Meß- und Konstruktionsgeräte in fast genialer Einfachheit selbst (nach)erfunden. – Die Ausübung des Geigenbaus geschah in einer von ihm intensiv gesuchten Kontaktaufnahme mit allen verfügbaren Informationen. Er verfügte über detaillierte Kenntnisse zur Geschichte des Geigenbaus, stand gleichsam mit den berühmten Geigenbauern des 15. bis 18. Jahrhunderts in Brescia und Cremona in geistiger Verbindung und hat sich minutiös aus Geigenbauwerken informiert. Er berichtet, einzelne Passagen bis zu 15 mal gelesen zu haben, bis sich oft nach Jahren eigener Produktionserfahrung der mögliche Sinn von Textstellen erschloß.«[31]

Messner wertet die Lebensgeschichte dieses Mannes aus, indem er die vielseitigen Kompetenzen und Erfahrungen, die Johann Lexer auf dem Wege autodidaktischen Lernens erworben hat, auf ihre Voraussetzungen befragt. Als Bedingungen für ein solches »erfolgreiches Lernen« und die Entfaltung von »Eigenständigkeit« (Autonomie) nennt Messner u.a. die Bedeutung von »vorgegebenen Lebens- und Tätigkeitsmustern« im Umgang des Lernenden als Grundlage für die Entwicklung von Wünschen nach eigener Selbstverwirklichung. Er nennt die Unmittelbarkeit eines produktiven Tuns, das »eine vom Mechanischen über das problemlösende Denken bis zum Gestalterisch-Ästhetischen reichende Sinnlichkeit und Vielseitigkeit« beinhaltet.[32] Und er erwähnt den »bestätigende(n) Charakter, der im ›in sich selbst ruhenden‹ Tun als solchem – und seinen impliziten Erfolgskriterien – liegen kann.«[33]

Dieses beachtliche Exempel »eigenständigen Lernens« mag wohl Hinweise auf notwendige Dimensionen eines solche Prozesse fördernden Unterrichts geben – doch ein Beispiel für erziehenden Unterricht stellt es nicht dar.[34] Von Herbart her liest sich dieses Beispiel ganz anders. Stellt man nämlich die von Herbart vorgenommene Unterscheidung zwischen einem vorneuzeitlichen Lernen *in* der Erfahrung und *im* Umgang einerseits und dem neuzeitlichen Lernen als *Erweiterung* dieser Erfahrung und dieses Umgangs *durch Unterricht* andererseits in Rechnung[35], so erweisen sich die von Messner angeführten Qualitäten des Lexerschen Lernprozesses als typische Merkmale und Kategorien einer vorneuzeitlichen Lebensweise, über die die Geschichte inzwischen hinweggegangen ist. Das Wesen des Lexerschen Aneignungsprozesses ist vorwissenschaftlich: entdeckendes Lernen durch Versuch und Irrtum; sein Resultat ist die Selbstverwirklichung. Das Wesen der modernen Wissenschaft aber ist vorgängige gedankliche Hypothese und deren experimentelle Überprüfung an der Erfahrung; ihr Hauptzweck ist nicht Selbstverwirklichung, sondern Erkenntnisgewinn und Verfahrensoptimierung. Herbart aber will die Heranwachsenden zu »Empirie und Spekulation«, also zu *wissenschaftlicher* Erfahrung im neuzeitlichen Sinne *und* zur Reflexion über die Grenzen wissenschaftlicher Erfahrung führen. Er will den Umgang der Heranwachsenden gerade nicht rückwärtsgewandt zur ständischen Ordnung der mittelalterlichen Handwerkszünfte, sondern vorwärtsgewandt zur Mitwirkung an den öffentlichen Institutionen des bürgerlichen Staates erweitern.

Anders gesagt: Die von Lexer noch gelebte Einheit von Leben und Lernen existiert in der bürgerlich-arbeitsteiligen Gesellschaft nur noch in vereinzelten Reservaten, weswegen uns Lexer (bei aller Bewunderung, die man einem solchen Lebenswerk entgegenbringen mag) ja auch als Exot erscheint. Wegen des Verlustes dieser Einheit trennt Herbart zwischen den Aufgaben der Erweiterung des Gedankenkreises einerseits und des Aufforderns zum gesellschaftlichen Handeln andererseits. Und diese Trennung kann nicht durch den Rekurs auf irgendwelche Subjektivitäten aufgehoben oder überspielt werden, denn sie erfolgt nicht als willkürliche Setzung Herbarts, sondern ist notwendige Folge einer historischen Entwicklung.

Mit der von ihm formulierten Aufgabenstellung und Aufgabendifferenzierung der öffentlichen Erziehung avanciert Herbart zum modernen Kritiker einer auf die Subjektivität der Individuen und die Ganzheitlichkeit vorwissenschaftlicher Lebenssituationen hoffenden Pädagogik. Insoweit subjektorientierte Ansätze in der Pädagogik allein auf die bildende Wirkung solch verlorener Ganzheitlichkeit setzen, was weder für Rumpf noch für Messner, wohl aber für verschiedene reformpädagogische Ansätze gilt[36], erweisen sich diese eher als Rückfall hinter den bei Herbart erreichten Erkenntnisstand, denn als wegweisend für zukünftige Entwicklungen in der Pädagogik.

Das schmälert nicht die Verdienste der hier betrachteten Richtung der Schulforschung. Ihr Anliegen, bestimmte Ansprüche an die Qualität menschlichen Lernens in pädagogischen Prozessen wachzuhalten oder wiederzubeleben, ist aus verschiedenen Gründen sicher geboten. Angesichts einer erdrückenden Dominanz »subjektneutraler« Vorgaben in der staatlichen Unterrichtsanstalt gibt es allen Anlaß, dafür Sorge zu tragen, daß die notwendige Identifikation der Lernenden mit ihren Lernprozessen wenigstens rudimentär berücksichtigt wird und der Herbartschen Forderung nach einer Lernorganisation, die Vertiefung und Besinnung nicht nur zufällig, sondern gezielt und geplant bewirkt, zum Durchbruch verholfen wird. Doch eine *hinreichende* Bestimmung zeitgemäßen schulischen Lernens, das Erfahrung und Umgang nicht einfach nur aufgreifen und vervielfachen, sondern im Sinne einer Kompetenzerweiterung zur neuzeitlichen Wissenschaft führen will, liegt damit noch nicht vor.

So hat Rumpf sicher recht mit seiner Feststellung, daß pädagogische Arrangements, die Spurenelemente dessen enthalten sollen, »was Herbart als ›erziehenden Unterricht‹ imaginierte«, sich nicht auf eine Kombination aus »Instruktionsanstalt plus geschrumpfter Erziehung«[37] beschränken dürfen. Erziehender Unterricht ist offenkundig darauf angewiesen, daß er »durch die Zuflüsse aus Erfahrung und Umgang ›ans Wirkliche angeschlossen‹ wird.«[38] Nur bleibt vorerst weiterhin offen, ob und wie der emphatisch-engagierte Erzieher-Künstler dies bewerkstelligen soll angesichts der Tatsache, daß nach Herbart die Erziehung doch Umgang und Erfahrung gar nicht in der Gewalt hat – und sie ja auch gar nicht in die Gewalt bekommen darf, weil die Erziehung sonst einer vollständigen Gedanken- und Gesinnungskontrolle über die einzelnen Subjekte nahekäme.

3.2 Instruktionsorientierte Ansätze

Aus der Not, daß der Erzieher Erfahrung und Umgang »nicht in der Hand« hat, machen die Vertreter instruktionsorientierter Ansätze eine Tugend. Sie negieren keineswegs die Berechtigung der Kritik an der gemeinhin üblichen Ausprägung von Schule, plädieren aber gleichwohl dafür, sich mit dem zu bescheiden, was ernsthaft arbeitende Lehrer mit einigem Erfolg überhaupt nur bewirken könnten: eine handwerklich gediegene Belehrung und Unterweisung. Gegen die Kritik derer, »die von Schulen mehr erwarten als nur Unterricht« – zum Beispiel »erziehenden Unterricht« in der von Rumpf geforderten Qualität – richtet Jürgen Diederich als ein prononcierter Vertreter dieser Richtung die skeptische und von ihm zugleich für realistischer befundene Rückfrage, ob die begrenzte pädagogische Wirkung der Durchschnittsschule nicht beabsichtigt sein könnte und letztlich auch zu bevorzugen sei.[39] Diederich spricht sich für eine »differentielle Unterrichtsforschung« aus, die nicht gleichmacherisch die Mängel der Institution Schule aufzählen, sondern einmal die Leistungen des Systems in seiner ganzen Vielfalt erkunden solle, es »als ein Gefüge zu analysieren« hätte, »in dem nicht das Gemeinsame, sondern das Unterscheidende und die Relationierung des Differenten« herausgestellt wird.[40] Diese Unterrichtsforschung wendet den Blick nicht vorrangig auf die Unvernunft eines Systems, das höheren pädagogischen Ansprüchen angeblich gar nicht genügen kann (weil sie beispielsweise Herbarts »beseelte Gesellschaft« zur Voraussetzung hätten), sondern sucht nach der Vernunft in dem, was dieses System erfolgreich zustandebringt, um seine Leistungen zu perfektionieren. Dabei beansprucht Diederich, Schüler, Eltern, Lehrer, Schulverwaltungsbeamte und Schulpolitiker eher als Ratsuchende annehmen und verstehen zu können und die Lehrer bei all ihrer letztlich doch menschlichen Unzulänglichkeit eher zu ermutigen als die subjektorientierten Kritiker des Systems, die die Lehrer ständig zu überfordern drohten.[41]

Während also die Vertreter subjektorientierter Ansätze in der Pädagogik mit Herbart an der besonderen Qualität eines von einem »bloß unterrichtenden« zu unterscheidenden »erziehenden« Unterrichts festhalten und diesen auch der Schule zumuten und abverlangen, auf daß sie das mündige Subjekt hervorbringe (Rumpf: »Wer soll es denn sonst in die Wege leiten?«[42]), teilen Vertreter eines instruktionsorientierten Ansatzes Herbarts frühe Einsicht, daß die Institution Schule hierzu gar nicht in der Lage sei:

»Von Bildung und Erziehung sprechen nur die Pädagogen – und überladen die Schule mit dem Anspruch dieser Begriffe... Doch ... für Erziehung ist die Schule kein geeigneter Ort... Würden die Subjekte nicht dem Staat in noch viel höherem Maße ausgeliefert, wenn es der Schule gelänge, nun auch noch ihre Bildung und Erziehung ›in den Griff‹ zu bekommen? Müssen wir nicht ... geradezu froh sein, wenn das der Schule nicht und Lehrern nur ausnahmsweise gelingt?«[43]

Daß die Schule zur Erziehung und damit auch zum »erziehenden Unterricht« nicht taugt, liegt nach Auffassung instruktionsorientierter Pädagogen nicht vorrangig an der aktuellen Organisationsform schulischen Lernens, sondern an einer von ihnen unterstellten systematischen Differenz zwischen kognitiv-funktionalen und ethisch-sozialen Lernzielen.[44] Klaus Prange ordnet als didaktische Handlungsformen den auf kognitive Erkenntnis abzielenden pädagogischen Bemühungen die Instruktion und den auf Einstellungen und Haltungen abzielenden Bemühungen die Motivation zu. Dabei geht er davon aus, »daß es keinen stetigen Übergang von der Instruktion zur Motivation gibt, daß also Motivation nicht gelehrt und ›durchgenommen‹ werden kann, sondern daß es gilt, die Stellen vorzubereiten, an denen sie ausgelöst wird, und zwar so, daß der Lernende selber den Einsprung in eine Lebensform und Haltung vollzieht, die in den Gehalten der kognitiv vermittelten Kultur präfiguriert ist.«[45] Wenn aber konkrete Motive durch pädagogisches Handeln nicht sicher vermittelt werden können, liegt es nahe, daß die Schule sich auf die Aufgabe der Instruktion beschränkt, immer hoffend, damit wenigstens »die Stellen vorzubereiten«, an denen sich Motive ausbilden mögen – welche auch immer das im einzelnen sein mögen.

Vor dem Hintergrund eines solchermaßen bewußt reduzierten Anspruchs an die Schule überrascht es nicht, wenn Herbarts Konzeption des erziehenden Unterrichts in instruktionsorientierten Studien vorrangig als eine didaktische Theorie ausgewertet wird. Als solche erfährt der erziehende Unterricht in diesen Studien nach der reformpädagogischen Kritik am Herbartianismus sogar eine ausdrückliche Wiedergutmachung. Dies ist insofern erstaunlich, als Diederich im Anschluß an eine Analyse der Begriffe »Erziehung« und »Unterricht« durch Prange zu der Aussage kommt, daß der Terminus »erziehender Unterricht« eigentlich einen Widerspruch in sich enthalte. Prange schreibt:

»Daß Unterricht und Erziehung etwas Verschiedenes sind und insofern in der Formel vom ›erziehenden Unterricht‹ Unterschiedliches zusammengebracht wird, läßt sich leicht sehen. Schon die alltägliche Redeweise gibt einen Hinweis, daß Unterricht und Erziehung nicht von vornherein dasselbe sind. Wir sagen: Ich erziehe meine Kinder zur Pünktlichkeit; aber: Ich unterrichte sie in Algebra und Französisch. In dem einen Fall geht es um aktuelles und künftiges

Verhalten, in dem anderen darum, Begriffe und Sachverhalte ken-
nenzulernen. Und weiter: Unterricht ist ablösbar, er hat einen An-
fang und ein Ende; Erziehung ist verspannt in den gemeinschaftli-
chen Umgang. Ich unterrichte die Kinder von 5 bis 6 Uhr in Alge-
bra und danach bis zum Abendessen in Französisch. Es ist aber
seltsam zu sagen: Ich erziehe sie eine Viertelstunde zur Pünktlich-
keit, danach spielen wir Schach, und dann erziehe ich wieder ein
bißchen.«[46]

Hieraus folgert Diederich:

»Die Formel ›Erziehender Unterricht‹ enthält also, wie man es
auch betrachtet, eine Contradictio in adjecto. Unterricht ist in drei-
facher Weise anders bestimmt als Erziehung: er geht um Sachen, ist
sequenzierbar und ist auch möglich, ohne daß der Lehrer die Schü-
ler kennt; Erziehung hingegen richtet sich auf den Zögling, ist
nicht sequenzierbar und setzt die Kenntnis des Zöglings beim Er-
zieher voraus.«[47]

Diese Contradictio entsteht aber nur vor dem Hintergrund der eingangs unterstellten »didaktischen Differenz«, die ihrerseits nur eine
Folge der Tatsache ist, daß Prange und Diederich die Begriffe »Erziehung« und »Unterricht« umgangssprachlich, d.h. im Sinne der
heute allgemein üblich gewordenen Verwendung benutzen. Sie benutzen diese Begriffe und deren Kombination im Terminus »erziehender Unterricht« damit aber ganz anders und grenzen sie auch
anders voneinander ab als Rumpf – und auch anders, als es im
zweiten Kapitel dieser Arbeit geschieht.

Diese unterschiedliche Verwendung der Begriffe wird noch deutlicher, wenn genauer untersucht wird, in welcher Form Prange und
Diederich die Bedeutung von Herbarts Pädagogik für die Didaktik
erschließen. Prange erinnert zunächst daran, daß jegliches Unterrichten immer drei Kompetenzen voraussetzt: eine mäeutische, eine
doktrinale und eine ethische Kompetenz.[48] Für das Hervorbringen
schon vorhandenen Könnens des Schülers (Mäeutik) und das Zeigen neuer Sachverhalte, die der Schüler ohne den Unterricht nicht
erkennen würde (doktrinale Funktion des Lehrers), stellt die Didaktik das notwendige Handwerkswissen bereit. Da sich nun neu anzueignende Sachverhalte nicht »an sich« und auch nicht »mit einem
Schlag«, sondern immer nur im Durchgang durch die Zeit und vermittelt über ein Drittes – die Sprache, ein Medium der Anschauung

oder eine vom Lehrer bewußt hervorgerufene Vorstellung – erschließen, bedarf es der zeitlichen Gliederung des Erkenntnisaktes, d.h. der Artikulation des Unterrichts. Herbarts Lehre vom erziehenden Unterricht interessiert hier vor allem als Prototyp einer durchdachten und gelungenen Unterrichtsartikulation. Mit dem Rückgriff auf Herbarts (und Zillers) Formalstufen versucht Prange, »den Gang des Unterrichts aus dem Maß des Lernens zu entwickeln, nicht die Theorie auf Technik, sondern die Technik auf Theorie zu stellen.«[49]

Es entspricht den o.g. Intentionen instruktionsorientierter Unterrichtslehren, wenn Prange – trotz kritischer Würdigung der Herbartianer – aus der Genese des vielseitigen Interesses im Wechselspiel von Vertiefung und Besinnung bei Herbart *Unterrichtsschritte* ableitet, die dem Lehrerhandeln zugrundeliegen sollen:

»Mit der Stufe der Klarheit ist zunächst nur die analytische Seite gemeint, daß der Lehrer sich über das orientiert, was der Schüler schon weiß und vorstellt; die Vorstellungen werden in ihrer gegebenen Lage erkannt, dann werden (gemeint ist wieder: vom Lehrer – J.R.) neue Vorstellungen eingeführt und mit den bestehenden assoziiert, danach wird diese Assoziation mit den zuvor geklärten Vorstellungen vereinigt und auf eine Regel, ein Ergebnis gebracht; zuletzt wird dieses Ergebnis auf neue Fälle und Aufgaben angewendet. Methode steht wie Interesse am Ende, nicht am Anfang des Lerngangs.«[50]

Unterricht wird in Pranges Darstellung bei Herbart dadurch zum »erziehenden Unterricht«, daß er »Motive auslöst und uns insgesamt bewegt, nicht nur unsere Gedanken«, d.h. daß er die von Prange unterstellte didaktische Differenz überwindet:

»Fehlt die Besinnung, gibt es nur äußere Belehrung, hier ein bißchen, da ein bißchen, doch ohne Bezug auf uns selbst; versucht man es mit der Besinnung allein, ergeht sich das Subjekt im leeren Spiel seiner bisherigen Gedanken... Im erziehenden Unterricht geht es hingegen darum, Instruktion und Motivation zu verbinden; das ist der Sinn des Artikulationsschemas als einer Verfahrensanweisung nach Maßgabe der Lernbewegung.«[51]

Während im 2. Kapitel im Anschluß an die neuere Herbartforschung die Genese des vielseitigen Lernens im Austausch von Vertiefung und Besinnung als universales Prinzip menschlichen Lernens herausgearbeitet worden war, das zunächst nur eine Mitwirkung des Lernenden an diesem Prozeß voraussetzt und zur Folge haben muß, aber offen läßt, wie der Lehrer diese Mitwirkung sicherstellt und zustandebringt, wird bei Prange – wie einst bei Ziller und Rein – eine unmittelbare Korrespondenz zwischen dem Lehr- und dem Lernprozeß, das heißt eine zweckrationale Verbindung zwischen Lehr- und Lernakt gesehen und angestrebt.

Prange wirft allerdings die Frage auf (und beantwortet sie auch), »ob sich die Stufigkeit des Unterrichts auch unabhängig von einer bestimmten Lerntheorie angeben läßt, aber doch so, daß unterschiedliche Intentionen und Horizonte des Lernens in ein solches Stufenschema einzubringen sind. So wollen wir ... eine weniger verpflichtende Ausdrucksweise für die vier Stufen« einführen, »und zwar in der Absicht, das Stufenschema von der Herbartschen Vorstellungspsychologie abzukoppeln. Denn es ist klar, daß dieses Lehrstück rationaler Psychologie keinen Anspruch auf allgemeine Geltung mehr erheben kann.«[52]

Herbarts Stufung der Genese des vielseitigen Interesses im lernenden Subjekt verallgemeinernd und auf jeglichen Unterrichtsablauf beziehend, formuliert Prange ein neues Stufenschema: Aus Herbarts Begriff der »Klarheit« wird bei Prange unterrichtsmethodisch die »Ausgangsstufe«. Auf der zweiten Stufe geht es darum, »etwas Neues einzuführen, was auch immer es sei... Diese Stufe nennen wir die Stufe der Erweiterung« (analog zu Herbarts »Assoziation«). Drittens geht es dann »um die Integration des Aufgenommenen in das, was bisher gekonnt, gewußt und gewollt war... die Ergebnisstufe« (analog zu Herbarts »System«). Und schließlich geht der Unterricht über sich hinaus: »er bleibt nicht bei dem stehen, was gelernt ist, sondern es wird erprobt und weitergeführt. Der Unterricht kann neuen Unterricht aufschließen und sogar ... bleibende Motive erzeugen.« Diese Stufe nennt Prange »Anschlußstufe« (analog zu Herbarts Begriff der »Methode«).[53]

Was auf diese Weise zustandekommt, bezeichnet Prange als einen »Halbformalismus, herausgelesen und gleichsam abgefiltert aus dem Viertakt des Lernens bei Herbart«, wobei er davon ausgeht, daß hierbei »die Verschränkung mit einer bestimmten Lerntheorie zunächst einmal suspendiert ist.«[54] Das allerdings ist eine überraschende Aussage. Denn wenn Prange im folgenden den Nachweis erbringt, daß sich dieser »Viertakt« in ganz unterschiedlichen Unterrichtsmodellen, vom »kognitiv-humanistischen« Modell Herbarts und der Herbartianer über das »pragmatische Modell« Deweys und Kerschensteiners bis hin zum Erlebnisunterricht nach Waltraut Neubert wiederfinden läßt, wird eigentlich nicht einsichtig, inwiefern jenes »Lehrstück rationaler Psychologie«, von dem das alles doch seinen Ausgang nahm, »keinen Anspruch auf allgemeine Geltung mehr erheben kann«. Prange demonstriert selber das Gegenteil, wenn er am Beispiel des Pragmatismus ausführt, daß die reformpädagogische Wendung gegen Herbart »noch in der Gegenwende dem Leitmotiv des erziehenden Unterrichts und der Denkform Herbarts verbunden« ist, ein Herbartianismus ohne Herbart«[55]:

»Bei Dewey ist das Können die anthropologische Basis, dem ein Wissen zugeordnet wird; bei Herbart ist es das Wissen, das erweitert und zum Können und Wollen gesteigert wird; und zwar jeweils als Halb- oder Noch-Nicht-Können bzw. als Halb- oder Noch-Nicht-Wissen. Deshalb steht bei Herbart das Interesse als Methode am Ende, bei Dewey am Anfang; deshalb hat das Interesse hier eine das Lernen leitende Funktion, während in dem herbartianischen Schema gerade das spontane Interesse ausgeblendet wird... Aufs erste läßt sich ... schon sehen, daß es hier zwei Lernverfahren gibt, die sich daraus ergeben, ob das Wissen oder das Können im Zentrum steht, die Aneignung schon fertiger Resultate oder die ermittelnde Verifikation von Resultaten.«[56]

Ob nun mit Herbart »vom Wissen zum Wollen« oder mit Dewey »von der Hand zum Kopf« – immer noch geht es bislang darum, mit einer streng durchdachten und durchzuhaltenden Artikulation »ein Maß für die Figuren« vorzugeben, »deren sich der Lehrer zu bedienen hat, um dieses Lernen im jeweiligen Schema zu ermöglichen.«[57] Und dieses Schema folgt auch unter den neuen Bezeichnungen noch immer dem »Viertakt« von (ruhender und bewegender) Vertiefung und (ruhender und bewegender) Besinnung.

Bliebe es dabei, wäre »erziehender Unterricht« vor allem dadurch definiert, daß in ihm versucht wird, den Lernfortschritt des Schülers durch ein Lehrerhandeln zweckrational herbeizuführen, das nach eben dieser Stufenfolge aufgebaut ist. Der geplante Erkenntnisgang des Schülers findet dann im Lehr-Gang seine unmittelbare Repräsentation. Solcher Unterricht aber setzt sich in höchster Weise dem Rumpfschen Vorwurf aus, dem Leitbild »eines Hürdenlaufs oder einer Schnellstraße oder einer Stufenleiter« zu folgen. Darüberhinaus hat Prange selber die Herbartsche Erkenntnistheorie als »intellektualistische Sackgasse« bezeichnet[58], und Diederich hat zurecht daran erinnert, daß diese Theorie »*nicht* auf eine lineare Abfolge von Unterrichtsphasen oder -stufen« abzielt und die Verwendung der Kategorien aus Herbarts Analyse individueller Denkprozesse *nicht* als Orientierung für das Lehren herhalten kann.[59] Endet aber der Rückgriff auf Herbarts Beschreibung der Genese des vielseitigen Interesses bei Prange nicht notwendig in einem orthodoxen Neoherbartianismus?

Diederich und Prange entziehen sich diesem Vorwurf, indem sie eine variable Verwendung der einzelnen Artikulationsstufen nahelegen, ein Baukastensystem also, aus dem sich der Lehrer je nach Bedarf und Kontext die passenden Bausteine heraussucht und diese dann planvoll neu aneinanderfügt. Denn: »Man kann sich schnell klarmachen, daß es nicht die gegebene Situation der Lernenden ist und auch nicht die unmittelbare Wirkabsicht des Lehrers, aus der der Gang des Unterrichts bestimmt wird, sondern das Thema selbst.«[60] Auf die Vielzahl und Vielgesichtigkeit der Themen aber kann man nicht mit einem Schema, sondern nur mit einem bunten Repertoire von »Unterrichtsfiguren« (Prange) antworten.

Mit den »*Mustern der Artikulation steht dem Lehrer ein Repertoire von Gattungen für den Unterricht zur Verfügung. Von Fall zu Fall hat er zu entscheiden, welches Genus er anwenden will.*« Es ist sodann zu untersuchen, »*wie die zunächst nur linear angelegten Schemata untereinander verbunden und gegeneinander abgegrenzt werden, damit einerseit Vielfalt, aber andererseits keine beliebige, chaotische Mannigfaltigkeit entsteht, die den struktiven Sinn der Unterrichtsschema dementiert.*«[61]

Prange argumentiert also systematisch für eine klare Stufung und Gliederung des Unterrichts, aber pragmatisch gegen herbartianische Starrheit und Dogmatismus:

»*Es ist nicht die Meinung, daß für die Probleme des schulischen Alltags immer nur nach einem Modell oder mal nach dem einen und dann nach dem anderen verfahren werden sollte. Ein wichtiger Punkt wird sein, aus den operativen Möglichkeiten der Artikulationsformen zu Optionen zu gelangen und mit Verständnis von dem einen in ein anderes zu wechseln, so wie ein Schachspieler, der mit einer bestimmten Eröffnung beginnt, zwar im großen seine Strategie dadurch festlegt, dann aber immer noch die Möglichkeit hat, in eine andere Variante überzuwechseln.*«[62]

Mit anderen Worten: Von Herbarts Konzeption des erziehenden Unterrichts wird nur noch die Forderung einer rational durchgeplanten Gliederung des Unterrichtsgeschehens übernommen, nicht aber die Gliederung selbst. Damit werden allerdings der Entstehungs- und der Begründungszusammenhang der einzelnen Gliederungskörper des Unterrichts vollständig aufgelöst zugunsten einer breiten Sammlung von erfahrungserprobten Unterrichtselementen, aus denen der Lehrer zwar mit großer Freiheit nach eigener Interpretation wählen kann, ohne aber mehr die herbartianische (Schein-)Sicherheit in Anspruch nehmen zu können, mit den einzelnen Bausteinen auch genau das auszulösen, was er auszulösen vorhat. Die Stimmigkeit der Gliederung wird nicht mehr erkenntnistheoretisch in der Einheit von Lehr-Gang und Erkenntnisprozeß gesucht, sondern thematisch in einer Analyse von »Figur und Kontext« (Diederich). In Pranges Worten:

»... so stellt der wirkliche Unterricht, gerade wenn er im ganzen einem Schema folgt, doch dieses Schema nicht rein, sondern vor dem mitgehenden Hintergrund dessen dar, was nicht direkt maßgebend und sichtbar ist. Das hat seinen sachlichen Grund darin, daß in jede Seite des didaktischen Dreiecks immer auch die nicht-artikulierten Momente des Lernens eingehen. Sonst wäre der Unterricht eine Maschine, die nach ewig gleichem Muster abläuft und Unterricht in Serie herstellt.«[63]

Und Diederich ergänzt:

»Zwar wäre es falsch, sich Unterricht ›konstruktivistisch‹ als Maschine mit mechanischer Technik zu denken, aber dazu gibt es ja Alternativen... Insoweit ist der Unterricht doch nach einem Plan zu machen, freilich nach einem Plan zur ›Herstellung‹ von etwas Lebendigen.«[64]

3.3 Erziehender Unterricht: »Fiktion und Faktum«? Zum Gegensatz von subjekt- und instruktionsorientierten Ansätzen in der Pädagogik

Diederich hat die unterschiedliche Blickrichtung zwischen eher subjekt- und eher instruktionsorientierten Ansätzen in der Pädagogik mit dem Verweis auf eine bekannte Karikatur der Zeichnerin Marie Marcks auf den Punkt gebracht:[65]

Während sich die meisten Schüler mit dem lebendigen Schmetterling »dem Leben« zuwenden wollen und einer sich sogar erdreistet, zum Fenster zu springen und nach »dem Leben« zu haschen, zwingt der Lehrer die Kinder unerbittlich zur Auseinandersetzung mit »toten Sachen«, die bereits für Unterrichtszwecke vorpräpariert und für gesteuerten Erkenntnisgewinn zubereitet sind. Die Vertreter einer subjektorientierten Pädagogik würden hier dafür plädieren, die Zuwendung der Kinder zum »Leben« zuzulassen, um es in seiner ganzen »Widerständigkeit« (Rumpf) zu erfahren, um »Weltannäherungen« und »Weltvergegenwärtigungen« zu provozieren und die »Einwurzelung« neuer Erfahrung in die je eigene Lebensgeschichte der lernenden Subjekte sicherzustellen. Demgegenüber verweist Diederich mit einem Zitat von Konrad Lorenz darauf, daß der Unterricht eine ganz andere Aufgabe habe:

»Das Zoologie-Lehrbuch kann es nicht umgehen, einen völlig unversehrten, idealen Schmetterling als Vertreter seiner Art zu beschreiben, einen Schmetterling, den es in genau dieser Form nie und nimmer gibt, weil alle Exemplare, die wir in den Sammlungen vorfinden, jedes in etwas anderer Weise mißgebildet und beschädigt sind.«[66]

Diederich fährt fort:

»Demnach wäre also nicht einmal der Schmetterling, auf den der Lehrer zeigt, der ideale, sondern nur der im Buch? Ja! – Aber nicht, weil er immer greifbar ist, nicht weil er stillhält, wenn man

ihn betrachtet, sondern aus dem Grund, den Lorenz nennt. Er sagt, im Buch werde ein ›idealer Schmetterling‹ beschrieben, ein idealisierter, eine Abstraktion. Und er werde beschrieben ›als Vertreter seiner Art‹, also unter einem systematischen Gesichtspunkt.

In der Schule werden alle ›Gegenstände‹ als etwas betrachtet, als Beispiel für, als Vertreter von, als Modelle. Denn die Schule kann unmöglich alles Wissen lehren, aber sie kann zeigen, wie Wissen entsteht: wenn man nämlich etwas unter einer Fragestellung ALS etwas betrachtet, eben ›exemplarisch‹. Das nennt Prange die doktrinale Funktion der Schule, das Lehren als Zeigen.

Und wir wissen, daß jeder, der ›bewußtloses‹ Lernen (wenigstens teilweise) durch bewußtes oder reflektiertes ersetzen will, um dieses ›Zeigen‹ nicht herumkommt. Zeige er nun lieber gleich den Schmetterling im Buch oder lieber erst einen in der Natur, zum Schluß wird es auch in der Natur um DEN Schmetterling gehen, um den (lebendigen) Schmetterling in seinem ›Lebensraum‹, ökologisch betrachtet.«[67]

Damit sind die gegensätzlichen Standpunkte klar entfaltet: Auf der einen Seite wird der Unterricht ganz bewußt als »Elfenbeinturm auf Zeit« betrachtet, als »Exil und Nicht-Mitmachen«, als »exterritorial«, als gewollter Gegensatz zum direkten Engagement, und wird die vollständig rationale Verplanung dieser Situation mit Nachdruck gefordert.[68] Die Vertreter einer solchen Unterrichtslehre können sich insoweit durchaus auf Herbart berufen. Die von Rauschenberger beklagte »als-ob-Kultur« wäre dann eine notwendige Folge des »als-ob-Charakters« der Schule. Auf der anderen Seite wird aber – mit gleicher Berechtigung auf Herbart verweisend – die »Anschließung ans Wirkliche« gefordert, »an das Land, an die Zeit, Geduld mit den Menschen, wie sie sind«, an »erzieherisch undomestizierte Größen wie Erfahrung und Umgang«, wird die »bürokratiekonforme Modellierung von Lehrinhalten« durch eine Monokultur der rationalen Instruktion gerade verworfen, wird letzterer eine Tendenz zur »Subjektneutralität« und »Wahrheitsgleichgültigkeit« nachgesagt[69], die dem hohen Erziehungsziel der »Eigenständigkeit« (bei Messner und Rumpf) bzw. »Moralität« (bei Herbart) eindeutig im Wege steht. Das aber hieße, daß sich die Schule trotz und wegen ihres exterritorialen Charakters gerade nicht damit abfinden darf, nur »als-ob-Erfahrungen« anzubieten. Könnte es vielleicht sein, daß beide Ansätze in der Kritik der jeweils anderen Position recht haben, daß aber dennoch beide in ihrem Rückgriff auf Herbart ergänzungsbedürftig bleiben?

Dieser Gedanke drängt sich zumindest auf, wenn man an die Konzeption des »erziehenden Unterrichts« bei Herbart zurückdenkt, wie sie im 2. Kapitel entwickelt wurde, und dabei insbesondere die Differenz der drei bei Herbart voneinander unterschiedenen Dimensionen von Erziehung – Regierung, erziehender Unterricht und Zucht – und deren Verhältnis zueinander beachtet. Wie bereits ausgeführt, trennen Diederich und Prange in Anlehnung an die Umgangssprache den Unterricht als eine Vermittlung von Wissen und Können von der Erziehung als einer Vermittlung von Werten und Gesinnung ab und nennen ersteren »Instruktion« und letztere »Motivation«. »Erziehender Unterricht« ist dann entweder (bei Prange) ein Additum, nämlich eine Instruktion, die aufgrund ihrer jeweiligen Formbestimmtheit zugleich auch Motive auslöst, oder (bei Diederich) eine Contradictio in adjecto, die gänzlich Unvereinbares zusammenbringen will und damit zumindest die Schule als öffentliche Einrichtung überfordert. Die Schule kann (und sollte) nach Auffassung instruktionsorientierter Pädagogen unter dem Etikett »Erziehung« allenfalls für den Unterricht relevante Verhaltensstandards einfordern und durchsetzen. Folgerichtig handelt Prange die Erziehung in der Schule auch vorrangig als ein Problem der angemessenen Zensierung von Schülerleistungen und der gerechten Strafe für unbotmäßiges Verhalten der Schüler ab.[70] »Erziehung« wird dabei in den Formen der »Regierung« und der »Zucht« dem Unterricht »vorgelagert«, wobei beide, die Regierung und die Zucht, zu »Maßnahmen der Disziplin« werden.[71] Kurz gesagt: »Erziehung« ist einerseits Motivation durch überlegte Unterrichtsgestaltung und andererseits Disziplinierung der Schüler zur Durchsetzung von Unterrichtsplänen.

Gegen eine solche Interpretation wurde schon im zweiten Kapitel vorgebracht, daß sie möglicherweise zu einseitig die repressiven Elemente der Zucht bei Herbart aufgreift und den allgemeinpädagogischen Gehalt seiner »Allgemeiner Pädagogik« zu wenig berücksichtigt. Herbart trennt »Erziehung« und »Unterricht« keineswegs in der Weise, wie dies Prange im Anschluß an die heutige Umgangssprache tut, und Herbart versteht den erziehenden Unterricht auch nicht als ein Additum zweier weiterhin trennbarer Größen, sondern als eine erzieherische Form eigener Qualität, die gerade in ihrem Verhältnis zu den anderen beiden Dimensionen der Erziehung, der Regierung und der Zucht, von der bloßen Instruktion unterschieden werden muß. Erziehender Unterricht und Zucht sind dabei einander nicht vor- oder nachgeordnet, sondern *zugeordnet* und wechselseitig aufeinander verwiesen. Diese Dimensionierung der *Gesamtaufgabe* der Erziehung geht bei der instruktionsorientierten Interpretation von Herbarts Konzeption des erziehenden Unterrichts weitgehend verloren.

Greift man, um die These von der wechselseitigen Ergänzungsbedürftigkeit der beiden widerstreitenden Richtungen der Schulpädagogik zu belegen, noch einmal auf Herbarts Frühwerk zurück, so besteht kein Zweifel, daß Herbart mit dem »erziehenden Unterricht« zwar – im Sinne der instruktionsorientierten Interpretationen – eine klar durchdachte und systematisch artikulierte Lernsituation gemeint hat, daß diese aber zugleich – im Sinne eher subjektorientierter Ansätze – immer über eine bloße Instruktion hinaus auf Charakterbildung abzielte:

»Durch bloßes Wissen und Können, als solches, wächst die Persönlichkeit des Menschen um nichts... Wir haben Vielseitigkeit des Interesses zu bilden, und zwar dergestalt, daß die Vielseitigkeit sich in Einheit des Charakters wandeln müsse. Nur der Mensch selbst, nur er, sofern er sich mannigfaltig interessiert, und sich einfach und beharrlich entschließt, ist das Ziel, wohin jede Bemühung des Unterrichts, von dem wir reden, sicher und kräftig treffen muß. Merken Sie genau auf diesen Unterschied. Der Unterricht, von dem wir nicht reden wollen, ist solcher, aus dem bloß Kenntnis entsteht, bei dem es so ist, als ob der Mensch nur eine zufällige Nachricht erhalten hätte, die ihm, ohne eine Veränderung seines Gemüts, auch hätte unbekannt bleiben können. D e r Unterricht, von dem wir reden, soll hingegen mit dem Menschen selbst, mit seiner Person, sich so vereinigen, daß es nicht mehr dieser Mensch sein würde, wenn man ihm diese Kenntnis wegnähme.«[72]

Die Korrespondenzen zwischen dem hier von Herbart dargelegten Unterrichtsverständnis und der Forderung nach der »Einwurzelung« aller neu zu erwerbenden Erkenntnis in die Persönlichkeitsstruktur des Schülers bei den Vertretern subjektorientierter Ansätze der neueren Schulpädagogik sind eindeutig. Zumindest der junge Herbart hat die »didaktische Differenz« der instruktionsorientierten Pädagogik nicht akzeptiert. Umgekehrt kann man mit Diederich gegen eine eher subjektorientierte Bestimmung schulischen Lernens vorbringen, daß erziehender Unterricht in der heutigen Schule gerade aufgrund der Forderung nach »Einwurzelung« allen Lernens in die Biographie jedes lernenden Subjektes möglicherweise eine »Fiktion« bleiben muß. Der erziehende Unterricht stellt allerdings für Diederich *als Fiktion* zugleich ein »notwendiges Faktum«[73] dar, weil jegliches erzieherische Handeln auf Orientierungen angewiesen ist – und sei es auf die Orientierung an einer Fiktion.

Fiktion ist die Annahme, der Unterricht könne *in jedem Fall* an Erfahrung und Umgang anknüpfen, weil die Schule, wie Diederich richtig bemerkt, nicht »alles Wissen lehren« kann, sondern nur zeigen kann, »wie Wissen entsteht«[74]; weil es, wie Prange sagt, stets die Aufgabe des Unterrichts ist, »das im besonderen Fall gemeinte Allgemeine« zu zeigen[75]; und weil es, um nochmals mit Prange eine Karikatur zu zeichnen, »evident unsinnig« wäre, etwa von dem her, »was die Lernenden empfinden und wie sie sich fühlen, zur Einsicht in die theoretische Struktur des Quantenmodells der Mikrophysik zu führen.«[76] Herbart unterschied den erziehenden Unterricht von der Zucht, weil er um diese Unmöglichkeit wußte und sich darüber klar war, daß die Subjektivität durch den Unterricht notwendig gebrochen werden muß; aber er ergänzte den Unterricht um die Aufgabe der Stärkung des Charakters durch Aufforderung zu selbstverantwortetem Handeln, damit die Brechung der Subjektivität nicht auch eine Brechung der Subjekte zur Folge habe.

Aus dem Widerspruch zwischen subjektorientierten und instruktionsorientierten Interpretationen von Schule und Unterricht könnte es allerdings mit Herbart einen Ausweg geben, der auf eine in der Pädagogik unumstrittene Einsicht zurückgreift, die auf den ersten Blick banal erscheint. Diese Einsicht lautet, daß jeglicher Unterricht zugleich interaktiv und gegenstandsbezogen bestimmt ist.[77] Unterricht ist allgemein als eine Vermittlungssituation definiert, ist also ein Austausch zwischen zwei oder mehr Individuen. Und Unterricht handelt immer über »etwas«, eben den jeweiligen Lerngegenstand.

Eine einseitig *subjektorientierte* Betrachtung dieses Sachverhaltes steht nun in der Gefahr, die Notwendigkeit zu ignorieren, daß die subjektiven Interpretationen des Gegenstandes im Unterricht nicht nur mit anderen ebenso subjektiven Interpretationen ausgetauscht, sondern durch diesen Austausch auch verändert, und zwar gegenstandsadäquat verändert, d.h. »objektiviert« werden sollen.[78] Objektiviert wird ein Sachverhalt dadurch, daß irreführende Interpretationen durch bessere Argumente überwunden und einseitige Darstellungen durch den Austausch zusätzlicher Argumente bereichert und diversifiziert werden.[79] Eine einseitig *instruktionsorientierte* Betrachtung dieser Situation läuft Gefahr, immer schon im voraus wissen zu wollen, worin die Objektivität eines Gegenstandes besteht und welches die jeweils gegenstandsangemessene Veränderung der Subjekte sein müßte.[80] Die eine Position droht, der Beliebigkeit anheimzufallen, die andere droht, permanent doktrinär zu sein.

Will man diese Extreme vermeiden, muß man möglicherweise einen dritten Weg beschreiten, der mit der im 2. Kapitel genannten methodischen, thematischen und institutionellen Öffnung des Unterrichts angestrebt wird.[81] Indem dort mit Herbart dem Unterricht aufgegeben wird, das individuelle Subjekt »als Inzidenzpunkt« aller didaktischen Überlegungen zu begreifen, wird die unterrichtliche Interaktion nicht mehr vorrangig von der vermeintlich objektiven Sachstruktur des Gegenstandes bestimmt, sondern von den Fragen der Lernenden an den Gegenstand. Und indem, ebenfalls mit Herbart, auf eine unterrichtliche *Erweiterung* von Erfahrung und Umgang gedrungen wird, deutet sich an, daß jeder Gegenstand von anderen Subjekten anders interpretiert werden kann. »Vielseitigkeit« als Ziel des erziehenden Unterrichts bedeutet dann, sich einen Gegenstand dadurch anzueignen, daß man Fragen an ihn richtet und ihn in seiner objektiven Vielgesichtigkeit erkennen lernt.

Die mäeutische Funktion des Lehrers besteht hierbei – wie in der instruktionsorientierten Pädagogik – darin, die bei den Lernenden schon vorhandenen Fragen herauszuarbeiten, um sie einer – nun wieder im Messnerschen Sinne – »eigenständigen« Beantwortung zuzuführen. Die doktrinale Funktion des Lehrers besteht jedoch – im Unterschied zu instruktionsorientierten Ansätzen – nicht vorrangig darin, Lösungswege aufzuzeigen und Antworten einzufordern, sondern ebenfalls darin, Fragen an den Gegenstand zu provozieren, nun aber solche, die die Lernenden von sich aus, d.h. vor ihrem gegebenen Hintergrund von Erfahrung und Umgang gar nicht stellen würden.

Damit wird die Schule als Instrument der rationalen Einübung in Kultur und Zivilisation ausdrücklich anerkannt; ihr Stil und ihre Arbeitsformen würden allerdings auf eine andere Qualität der unterrichtlichen Interaktion abheben, als sie das »bürokratische Modell« schulischen Lernens in der heutigen Regelschule pflegt:

– Die unterrichtliche Interaktion bestünde vorrangig in der Provokation der Schüler zum Fragen und zur eigenständigen Lösungssuche für ihre Fragen. Im 2. Kapitel wurde dies »*methodische Öffnung*« des Unterrichts genannt.

– Die konkreten Gegenstände des Unterrichts könnten auch nicht mehr – wie in der Regelschule üblich – schon vor aller Kenntnis der einzelnen Subjekte feststehen, sondern würden sich erst in der Auseinandersetzung der Lernenden mit der jeweiligen Sache entwickeln. Darin bestünde die »*thematische Öffnung*« des Unterrichts.

– Eine solche Konstitution des Unterrichts im Fragehorizont der Lernenden setzt allerdings voraus, daß die Trennung zwischen unterrichtlicher Erfahrungserweiterung und außerunterrichtlichem Leben und Handeln und damit zwischen erziehendem Unterricht und Zucht, weder verdrängt noch ignoriert wird. Weder darf ein erziehender Unterricht die Lernenden weiterhin der Frustration einer permanent lebensfernen Unterrichtswirklichkeit aussetzen, noch darf er die Illusion wecken, der Unterricht selber sei schon die Wirklichkeit, auf die die Schule vorbereiten soll. Vielmehr fordert die genannte thematische und methodische Öffnung gerade dazu auf, den Schülern die unvermeidliche Trennung zwischen den Sphären des Unterrichts und des Handelns in realen Lebenssituationen in Projekten der Öffnung des Unterrichts zur außerunterrichtlichen Wirklichkeit *bewußt zu machen.* Dies wurde im zweiten Kapitel »*institutionelle Öffnung*« der Schule und des Unterrichts genannt.

So ergibt sich in der Auseinandersetzung mit eher subjekt- und eher instruktionsorientierten Ansätzen in der aktuellen schulpädagogischen Literatur ein neuer »Viertakt« des erzieherischen Handelns in der Schule:

– Der Unterricht muß (mit Rumpf und anderen) als erziehender Unterricht »an das Wirkliche anschließen«; und er muß, um wirksam zu werden, Erfahrungserweiterung als »Einwurzelung« neuer Erkenntnis in die Erfahrung durch das lernende Subjekt selbst betreiben.

– Der Unterricht muß als erziehender Unterricht zugleich (mit Diederich und Prange) über den besonderen Fall hinaus zum jeweils »allgemein Gemeinten« vordringen, also auf Objektivierung subjektiver Interpretationen der Realität dringen.

– Aber die Schule muß auch – gegen instruktionsorientierte Beschränkungen – »Zucht« ausüben, d.h. die Lernenden an geeigneten Punkten und in geeigneten Projekten zum Handeln in realen Lebenssituationen auffordern.

– Und sie muß – gegen reformpädagogische Illusionen einer Einheit von Leben und Lernen – gleichzeitig die begrenzten Möglichkeiten zu einer solchen Vorgehensweise im Auge behalten, um sich nicht mit unerfüllbaren Hoffnungen auf eine unmittelbare Lebensbedeutsamkeit ihrer Bemühungen selbst zu überfordern.

Das ist eine komplexe Figur für unterrichtliches Handeln im Kontext institutionalisierter Erziehung. Aber vielleicht ist diese Figur gerade aufgrund ihrer Komplexität realistisch. Denn das hier im Anschluß an Herbarts Konzeption des erziehenden Unterrichts entfaltete Erziehungs- und Unterrichtsverständnis versucht Spannungsverhältnisse, die für jegliche institutionalisierte Erziehung in neuzeitlichen Gesellschaften konstitutiv sind, nicht zu verdrängen, sondern aufrechtzuhalten und auszuhalten. Ob es überhaupt praktische Beispiele für ein solches Verständnis von Erziehung durch Unterricht gibt und wie in ihnen die Aufgabe der methodischen, thematischen und institutionellen Öffnung bewältigt wird, bedarf nun allerdings erst noch der Prüfung. Dies ist der Gegenstand des folgenden Kapitels.

4. Erziehender Unterricht in der Praxis: Sekundäranalysen pädagogischer Reformprogramme

Auf der Suche nach neueren pädagogischen Programmen und Konzeptionen, die den im zweiten und dritten Kapitel entwickelten Ansprüchen an einen »erziehenden Unterricht« gerecht werden könnten oder an denen zumindest die Probleme der Realisation dieser Ansprüche genauer beobachtet und analysiert werden könnten, wird man schnell gewahr, wie gering die Auswahl an solchen Programmen ist. Allzu häufig zielen pädagogische Programme eher auf die Ausbildung spezieller Fertigkeiten und Tugenden als auf eine gleichschwebende Vielseitigkeit und allgemeine Sittlichkeit im Herbartschen Sinne. Allzu häufig auch neigen pädagogische Programme dazu, die im letzten Abschnitt entfalteten Spannungsverhältnisse von vornherein aufzulösen, statt sie auszuhalten. Allzu selten schließlich existieren zu pädagogischen Programmen und Konzeptionen auch detaillierte Beschreibungen der durch sie ausgelösten Lernprozesse, die eine Bewertung von Ursachen, Wirkungen und Bedingungen pädagogischen Handelns im Rahmen solcher Konzeptionen überhaupt erst möglich machen.

Vor diesem Hintergrund sollen im folgenden drei ganz unterschiedliche Konzeptionen näher untersucht werden, die von ihrer Anlage und ihren pädagogischen Grundintentionen her zumindest hoffen lassen, Anschauungsmaterial für Bedingungen der Realisation erziehenden Unterrichts bereitzustellen, weil sie – wenn auch mit jeweils ganz unterschiedlichen Schwerpunkten – zumindest Teilbereiche des im zweiten und dritten Kapitel entfalteten Problemkomplexes zu lösen versprechen:

– *Die Pädagogik der Freinet-Lehrer* ist dafür bekannt, daß in ihr mit großer Sorgfalt und Konsequenz die Frage der Mitwirkung der Lernenden an der Konstitution der Unterrichtsgegenstände reflektiert und praktisch sicherzustellen versucht wird – und dies schon mit Kindern im Grundschulalter. Eine nähere Betrachtung der Freinet-Pädagogik verspricht somit, Aufschluß zu geben, wie das Spannungsverhältnis bewältigt werden könnte, daß sich nach Herbart Bildung nur in Form einer Selbstbildung durch das lernende Subjekt vollziehen kann, daß die Heranwachsenden aber »von außen«, nämlich durch pädagogisches Handeln zu einer solchen Selbstbildung aufgefordert werden sollen.

– *Die Pädagogik Martin Wagenscheins* widmet sich mit gleicher Konsequenz dem Problem der Vermittlung von kindlicher Weltsicht und wissenschaftlichen Interpretationen der Wirklichkeit. Sie verspricht, Aufschluß zu geben, wie das Spannungsverhältnis bewältigt werden kann, daß die Gegenstände unterrichtlicher Erfahrungserweiterung nur im realen Erfahrungskontext der Lernenden bestimmt werden können, daß es aber gerade die Aufgabe der Schule ist, von der gegebenen Erfahrung (und dem gegebenen Umgang) der Lernenden zu abstrahieren und individuelle Erfahrung zu wissenschaftlichen Zugriffsweisen auf die Realität zu erweitern.

– *Die Projekte zum »praktischen Lernen«* schließlich, die eine Tübinger Arbeitsgruppe um Andreas Flitner und eine Dortmunder Arbeitsstelle gesammelt und gefördert haben, bemühen sich, die Differenz zwischen innerschulisch lokalisierter Erfahrungserweiterung und außerschulischen Anwendungsbezügen des schulischen Lernens zu bearbeiten und pädagogisch fruchtbar zu machen. Mit einer Analyse solcher Projekte verbindet sich daher die Hoffnung, den institutionellen Kontext für Versuche zum »erziehenden Unterricht« genauer bestimmen zu können.

4.1 Die Pädagogik der Freinet-Lehrer

Wenn im folgenden der Terminus »Freinet-Pädagogik« ganz allgemein für die Pädagogik von »Freinet-Lehrern« und nicht ausschließlich oder gar synonym für die Praxis des Pädagogen Célestin Freinet verwendet wird, wird dabei der besonderen Rezeption der Pädagogik Célestin Freinets in der Schulpraxis Rechnung getragen. Denn im Gegensatz zu anderen Reformpädagogen, insbesondere Maria Montessori und Rudolf Steiner, hat Freinet, obwohl er mehrere pädagogische Vereine gegründet hat und die Freinet-Pädagogen sich selbst als eine Bewegung, die Bewegung der »Ecole Moderne«, betrachten, keine Vereinigung von Jüngern hinterlassen, die in seinem Namen eine einmal ausformulierte Tradition pädagogischen Handelns und Denkens systematisch zu wahren suchen. Die Pädagogik Célestin Freinets war von Anfang an eine dynamische Pädagogik aus der Praxis für die Praxis und ist in steter Weiterentwicklung begriffen. Ihr Gebäude besteht weniger aus Lehrsätzen und Begründungen für bestimmte Handlungsformen als aus *Techniken* und *Umgangsformen*, die sich ihrerseits mit immer neuen Menschen in immer neuen Situationen bewähren müssen.

Die Freinet-Pädagogik hat vor allem deswegen so große Verbreitung gefunden, weil sich ihre Anhänger in den Freinet-Gruppen in der Beherrschung dieser Techniken selbst kompetent machen und bei der eigenen Anfertigung der von ihnen jeweils bevorzugten Lernmittel gezwungen sind, sich über die eigenen Zielsetzungen und damit über die Strukturen ihres Unterrichts Gedanken zu machen. Indem sie dabei in Freinet-Klassen bewährte Materialien, Techniken und Gewohnheiten der Raumnutzung untereinander austauschen, tauschen sie auch die diesen Materialien, Techniken und Raumplänen inhärenten Motive, Zielsetzungen und Routinen untereinander aus und verbreiten sie weiter.[1]

Trotz dieser systematischen Variabilität der Erscheinungsformen läßt sich aber – zumindest idealtypisch – doch eine pädagogische Praxis von »Freinet-Lehrern« beschreiben, in welcher die Pädagogik Célestin Freinets, wenn auch gebrochen und verändert durch die Weiterentwicklung von Schule und Gesellschaft, spürbar und beschreibbar nachwirkt.[2] Denn was in den Freinet-Gruppen geschieht und welchen Einfluß sie auf die konkrete Praxis ihrer Mitglieder haben ist nicht zufällig und nicht völlig losgelöst von dem Wirken des französischen Reformpädagogen zu interpretieren. Im folgenden wird daher zunächst versucht, auch unter Rekurs auf ihren Begründer eine idealtypische Praxis der »Freinet-Pädagogik« näher zu bestimmen, um anschließend einzelne Beispiele aus der Praxis von Freinet-Lehrern in eine Beziehung zu Herbarts Lehre vom erziehenden Unterricht zu setzen.

4.1.1 Merkmale und Prinzipien der Freinet-Pädagogik

4.1.1.1 Der äußere Rahmen: Die Schulklasse als Werkstatt

Wie bei der Waldorf-Pädagogik verbindet sich mit dem Begriff »Freinet-Pädagogik« zunächst ein ganz bestimmter optischer Eindruck. Wenn man »Freinet-Klassen« besucht oder die einschlägigen

Dokumentationen sichtet[3], fällt einem stets der Materialreichtum im Klassenzimmer ins Auge. Überall steht etwas herum, überall sind Produkte der Kinder, insbesondere Schrifterzeugnisse ausgebreitet, ausgestellt, aufgehängt. Arbeitskarteien (»Fichiers de travail«) und Materialien lagern thematisch gegliedert in bestimmten Raumzonen (»Ateliers«) und fordern die Schüler zur Erkundung und Bearbeitung auf. Viel Holz, viel Papier, einfache Geräte und Gebrauchsgegenstände. Dinge zum in-die-Hand-Nehmen. Es wirkt immer alles etwas überladen. Dabei fehlen der Lack und der Hochglanz moderner Unterrichtsmedien und Büroeinrichtungen. Trotzdem sind klare Ordnungsprinzipien erkennbar. Jedes Ding hat seinen Platz: Gebrauchsanweisungen und Regeln des gemeinsamen Umgangs hängen, auf großen Tafeln sorgsam niedergeschrieben, an der Wand; für jeden Arbeitskittel gibt es einen Haken. Da liegt nichts zufällig herum. Es herrscht der ebenso liebenswerte wie strenge Charakter einer altmodischen Werkstatt.

Tatsächlich ist dies ein Fundament der Freinet-Pädagogik: ihr Werkstatt-Charakter. Lernen ist für Freinet aktives Experimentieren – »Tâtonnement expérimental« – tastendes Versuchen in der konkreten Auseinandersetzung mit einem Problem, einer Aufgabe, einem Werkstück. Und wie in einer richtigen Werkstatt gelten dabei ganz bestimmte soziale Regeln und Verfahren: Im Klassenrat (»Conseil de classe« – ein Begriff der durchaus einen Beiklang von »Conseil d'Etat« hat –) werden die Arbeitsvorhaben besprochen, die Produkte gewürdigt, die Konflikte geregelt. Freinet versteht die Klasse als eine »Coopérative«, eine Produktionsgemeinschaft. Der Dorfschullehrer aus der Provence hat den Begriff direkt von den bäuerlichen Landkooperativen übernommen, an deren Gründung er als Gewerkschafter aktiv beteiligt war.

Konrad Wünsche bezeichnet das als den Kern der Freinet-Pädagogik: Sie vermittelt den Kindern »Werkstatt-Techniken« und »institutionelle Techniken«, mit denen sie selbstorganisiert arbeiten und dabei Freiheiten und Herausforderungen erfahren können.

»Die Werkstatt-Techniken: Schüler schreiben frei eigene Texte und veröffentlichen sie in der Klasse; Gruppen von Schülern drucken ihre Texte, die in allen Bereichen angesiedelt sein können, mit denen die Schüler lernend sich beschäftigen; Kinder und Lehrer korrespondieren von Schule zu Schule miteinander; Texte werden als Klassenzeitung herausgegeben und vertrieben; Schüler stellen Mu-

sikinstrumente her und auch einzelne Geräte für Labor und Werkstatt; sie forschen in ihrer Umgebung für sich und ihre Korrespondenzpartner; die Lehrer forschen und stellen Arbeitsmittel für sich und ihre Korrespondenzpartner her.

Die institutionellen Techniken: eine Klassenordnung wird geschaffen, nach deren Regel Klassenversammlungen stattfinden, Arbeitsgruppen gebildet werden, ein Klassenrat tagt; diese Körperschaften planen die Lern- und Produktionsarbeit der Klasse und regulieren deren soziales Leben, sie sind die Instrumente der Selbstorganisation, wie sie innerhalb des je gegebenen Rahmens, der staatlichen Aufsicht möglich sind.«[4]

Wünsche ergänzt diese Darstellung durch eine wichtige Anmerkung:

»Eine solche Aufzählung der einzelnen Techniken gibt diese freilich noch nicht vollständig und richtig wieder, gehört es doch gerade zum Prozeß der Erziehung durch Techniken, daß diese in einem komplexen Arbeitsvorgang erfahren werden. Also eben nicht das ›Schuldrucker-Kind‹, sondern das Kind, das seinen Text veröffentlicht, wozu es schon mehrere Werkstatt- und institutionelle Techniken braucht, Ausdenken, Schreiben, Diskutieren, Drucken, um dieses eine, die Veröffentlichung seines Freien Textes, zu erreichen.«[5]

Die institutionellen Techniken stellen sicher, daß die Schüler in einem Raum, in dem sie sich frei bewegen dürfen und frei entfalten sollen, als soziale Gemeinschaft miteinander arbeiten und sich wechselseitig anregen und unterstützen. Dabei wird ihnen ein erhebliches Maß an Selbständigkeit und Entscheidungsfähigkeit zugemutet. Umgekehrt geben die verschiedenen Gremien – der Klassenrat, die Klassenversammlung, aber auch die einzelne Produktionsgruppe, die an einem Vorhaben oder einer Untersuchung tätig ist – zugleich Lerngelegenheiten für die gewünschte Entwicklung zu Kooperation und Selbständigkeit ab. Mit Hilfe dieser Techniken setzt die Freinet-Pädagogik den Schüler von der permanenten Beaufsichtigung durch den Lehrer frei und nimmt ihn zugleich nicht nur für seinen eigenen Lernprozeß, sondern auch für das Gelingen der Lernprozesse aller anderen Schüler im Klassenzimmer in die Verantwortung.

Die Werkstatt-Techniken haben eine ethische und eine pragmatische Komponente. Die ethische Komponente bezieht sich auf die besondere Wertschätzung der Arbeit als einem menschlichen Grundbedürfnis und Medium der Selbstverwirklichung. Die pragmatische Komponente bezieht sich auf die Art der Materialnutzung. Wie in der Montessori-Pädagogik sind bei den Freinet-Pädagogen wesentliche Funktionen des Lehrers in das Arbeitsmaterial und dessen räumliche Anordnung verlagert. Die Druckerpresse beispielsweise ist nicht bloß ein Werkzeug zur Herstellung von Vervielfältigungen, sondern – wie noch weiter ausgeführt wird – ein pädagogisch sehr gezielt eingesetztes Medium zur selbsttätigen Aneignung von Welt. Die Arbeitsblätter und -karteien beinhalten über die in ihnen enthaltenen Anregungen und Aufgabenstellungen nicht nur einen ganz bestimmten Bildungskanon, sondern fordern aufgrund ihrer Aufmachung, beispielsweise als selbstinstruierende und selbstkorrigierende Medien, zu ganz bestimmten, keineswegs zufälligen Verhaltensweisen im Klassenzimmer auf. Das bedeutet: Im Materialangebot einer typischen Freinetklasse sind – wie im Materialangebot jeder anderen Schulklasse auch – bestimmte Handlungsmöglichkeiten und Lerngelegenheiten vorgegeben und andere ausgeschlossen.

In der Gestaltung des Klassenzimmers als »Werkstatt« spiegeln sich zentrale Motive der Freinet-Pädagogik wider. Zu diesen Motiven gehören u.a. die Wertschätzung der Natur und der Arbeit sowie das Vertrauen auf die als »natürlich« unterstellte Lernfreude eines jeden Kindes, das Vertrauen in die Entdeckerkraft, Gestaltungsfreude und das Verantwortungsbewußtsein der Schüler. Dies alles fußt auf einer Lerntheorie, die Lernen als »tastendes Versuchen«, d.h. als einen Vorgang aktiver Erschließung der Wirklichkeit durch das lernende Subjekt interpretiert.

4.1.1.2 Die Lerntheorie: »Tastendes Versuchen«

Freinet hat seine Vorstellungen vom Lernen in zahlreichen Aufsätzen bruchstückhaft ausgebreitet und erst spät – 1940 – in seinem einzigen systematischen Werk, dem »Essai de psychologie sensible«, umfassend ausgeführt. Wie alle seine Schriften greift auch dieses Werk immer wieder auf Bilder und Analogien aus der ländlich-bäuerlichen Welt zurück, in der Freinet aufgewachsen und immer verwurzelt geblieben ist.

Freinet unterstellt jedem gesunden Lebewesen, speziell aber dem Menschen, eine universelle Lebenskraft (»potential de vie«), die in einem fortwährenden Bemühen des Individuums, seine Bedürfnisse zu befriedigen und sich dabei die Umwelt zu eigen zu machen, ihren Ausdruck findet. Dieses Bemühen äußert sich in einem »tastenden Versuchen«, einem suchenden Forschen, das den Dingen auf den Grund gehen will und Lösungen für die Bewältigung aller Schwierigkeiten anstrebt, wenn es darum geht, selbst gesetzte Ziele zu erreichen.

In seinem frühen Stadium, etwa beim Neugeborenen, ähnelt das »tastende Versuchen« durchaus dem Lernen durch Versuch und Irrtum bei Thorndike: Viele Wege zur Bedürfnisbefriedigung werden wahllos ausprobiert und die schneller zum Erfolg führenden allmählich von den erfolglosen Handlungen unterschieden. Diese Unterscheidung wird nun ihrerseits generalisiert und erhält den Rang einer festen Lebensregel (»loi de la vie«).[6]

Dieses Grundmuster der Umwelterschließung findet auf jeder Altersstufe von neuem statt, wenn ein neuer Bildungsprozeß beginnt, wird jedoch – und damit setzt sich Freinet bewußt von den Behaviouristen ab – nach dem Überwinden des Neugeborenenstatus durch zwei wichtige Prinzipien ergänzt: durch sein Empfindungsvermögen (»sensibilité«), das es ihm erlaubt, sich seiner Sinne gezielt zu bedienen, und durch die Zugänglichkeit für Erfahrung (»perméabilité à l'expérience«). Erfahrung ist nichts anderes als eine Systematisierung des erfolgreichen Tastens, ist »System« im Herbartschen Sinne:

»Unser Verhalten ist ebenso durch die allmähliche Systematisierung erfolgreicher Versuche organisiert, die dann so etwas wie ein Teil unserer natürlichen Veranlagung, unseres Wesens sind... Diese Fähigkeit bestimmter Lebewesen, sich den Lehren der Erfahrung offen zu halten, folglich ihre tastenden Versuche zu lenken, die dadurch aufhören, rein mechanischer Natur zu sein, nennen wir Intelligenz... An der Schnelligkeit und Sicherheit, mit der das Individuum intuitiv von den Lehren seiner tastenden Versuche profitiert, messen wir den Grad der Intelligenz.«[7]

Die Zugänglichkeit für die Erfahrung schließt auch eine Zugänglichkeit für Erfahrungen anderer Menschen, also für stellvertretende Erfahrung ein, wenn sich diese fremde Erfahrung in den eigenen funktionalen Prozeß der Umwelterschließung einfügen läßt. Der Mensch lernt dann durch Nachahmung und am Beispiel. Dabei gilt: »Die Nachahmung von Handlungen, deren Zeugen wir sind, hat alle Charakteristika unserer eigenen erfolgreichen tastenden Versuche.«[8] Jedoch:

»...man ahmt nicht ohne Unterschied alle Handlungen nach, deren Zeuge man ist. Durch die Nachahmung reihen sich sozusagen von außen kommende Kettenglieder in die Kette unseres Verhaltens ein, auf gleiche Weise wie die von unserem tastenden Versuchen geschmiedeten Kettenglieder. Daraus ergibt sich:

a) Wenn das Beispiel sich nicht in die Reihe der eigenen Versuche einfügt, ist es nur Anhängsel. Es kann imitiert werden, aber die Handlungen, die es hervorbringt, sind nicht in die Verhaltenskette eingegliedert. Sie verlieren daher die Eigenschaften, die aus dieser Eingliederung resultieren.

b) Ein Beispiel, das nicht richtig eingegliedert ist, ein unzureichend am vorhergehenden Kettenglied befestigtes Glied, das auch nur schlecht zum Anhängen der folgenden Glieder geeignet ist, kann der Stabilität und Harmonie der Kette erheblich schaden.«[9]

Über diese Grundform der Umwelterschließung durch tastendes Versuchen legt Freinet nun eine Phasenabfolge, die der fortschreitenden Entfaltung der Intelligenz Rechnung trägt: Nach einer ersten Periode des »tastenden Ausschauhaltens« (»prospection-tâtonnée«) im Babyalter folgt etwa ab dem zweiten Lebensjahr die Periode des »Sich-Einrichtens« (»aménagement«). Das Kind beginnt, sein Leben aktiv zu ordnen. Seine tastenden Versuche »konzentrieren und richten sich unbewußt auf den Bereich der wichtigsten physiologischen Bedürfnisse und der verwirrenden Geheimnisse des Lebens. Das Kind ist aber noch ganz mit sich selbst beschäftigt und geht noch nicht aus sich heraus.«[10] Diese »egozentrische« Phase dauert etwa bis zum Ende des vierten Lebensjahres. Es schließt sich dann als letzte und damit höchste Stufe der Entwicklung bereits im vierten/fünften Lebensjahr die »Periode der Arbeit« an, jener Tätigkeit, durch welche das Individuum »seine wichtigsten physiologischen und psychologischen Bedürfnisse befriedigt, die ihm zur vollen Entfaltung des Ichs unentbehrlich sind.«[11]

Freinet meint dabei nicht etwa die Erwerbsarbeit von Kindern, sondern er erklärt – »Arbeit« nicht von »Tätigkeit« unterscheidend – jede zielgerichtete Aktivität des Kindes von diesem Alter an als einen mit der Arbeit des Erwachsenen strukturell identischen Prozeß, der seine besondere Bedeutung aus dem Moment der Sinnstiftung und der Befriedigung gewinnt, die mit sinnvollem Tun einhergeht. Die Hauptbeschäftigung der Kinder, das Spiel, ist in seinen Augen nichts anderes als eine Form von Arbeit, wobei er allenfalls zwischen »Arbeit mit Spielcharakter« (»travail-jeu«) und »Spiel mit Arbeitscharakter« (»jeu-travail«) zu unterscheiden bereit ist:

»In dieser Phase arbeitet das Kind, wenn es ihm die Umweltbedingungen und die Anordnungen der Erwachsenen erlauben. Ist ihm diese Möglichkeit nicht gegeben, befaßt es sich mit Spielen, die Arbeitscharakter tragen und mehr oder weniger ein symbolisches Substitut der Arbeit mit Spielcharakter darstellen, die zu bewältigen das Kind als eine Notwendigkeit erachtet.«[12]

4.1.1.3 Die pädagogische Grundform: »Erziehung durch Arbeit«

»Arbeit« ist für Freinet eine existenzielle Kategorie, die zunächst jeglicher pädagogischer Betrachtung vorgeordnet ist. Nur in der Arbeit findet sich der Mensch nach Freinet selbst, sie verbindet die Menschen stärker noch als die Sexualität, sie ist »moteur essentiel, élément de progrès et de dignité, symbole de paix et de fraternité, dans tout ce qu'il y a aujourd'hui de complexe et de socialement organisé.«[13] Piaton vergleicht Freinets Arbeitsbegriff mit Freuds Modell der »Libido«:

»...c'est une pulsion essentielle, dynamogène qui, à l'instar de la libido du modèle freudien qu'elle minimise ou prétend remplacer, constitue le ›moteur‹ de toute activité humaine, le principe vital qui l'explique.«[14]

Diese angeborene Kraft, Leidenschaften zu entwickeln, Träumen und Ideen nachzugehen und sich zur Verwirklichung solcher Ideen gezielt des Werkzeugs zu bedienen, hebt den Menschen erst aus einem bloß vegetativen Status heraus. Deshalb muß für Freinet die Arbeit auch die Basis aller erzieherischen Bemühungen sein:

»Par l'outil, l'être humain s'élève au-dessus de sa vie végétative pour réaliser toujours plus avant le mirage dont le spectacle le fascine. Par lui, il accélère la construction de son échafaudage; il franchit à une allure plus rapide les diverses étages de sa formation; et puis il crée lui-même; il construit; il s'élève, tel un dieu qui ne voit aucune limite à son ascension. Nous avons là, dans l'outil, dans le travail, l'élément essentiel de l'éducation.«[15]

Der Schulreformer Freinet setzt also nicht etwa die Arbeit als Mittel für pädagogische Zwecke ein. Ihm geht es weder um ein benediktinisches »ora et labora«, noch um eine kleinbürgerliche Werteerziehung zu Tugenden wie Fleiß und Sauberkeit – auch wenn die Tätigkeit in einer »Werkstatt« solche Tugenden vielleicht in besonderem Maße herausfordert.[16] Vielmehr paßt Freinet umgekehrt die Schule dem gegebenen Arbeitssinn der Kinder an. Nicht Erziehung *zur* Arbeit, sondern Erziehung *durch* Arbeit ist die Maxime der Freinet-Pädagogik, und zwar deshalb, weil »Arbeit« nach Freinet eine natürliche Ausdrucksform des Kindes ist.

Arbeit ist dabei für Freinet immer schöpferische Arbeit und immer konkret, ist im wörtlichen und in einem übertragenen Sinn immer handwerklich-praktisches Tun, das für ihn auch die Basis aller theoretischen Erkenntnis ausmacht. In dieser Auffassung zeigt sich Freinet ebenso vom historischen Materialismus beeinflußt wie von der europäischen Arbeitsschulbewegung, mit deren übrigen Vertretern er in einem ständigen Austausch stand. Praktische Arbeit und geistige Arbeit greifen im tastenden Versuchen auf denselben Handlungsmechanismus zurück. Der Bildhauer und der Forscher und das Kind in der Freinet-Klasse gehen dann ein und derselben Tätigkeit nach: Sie meißeln aus einer groben Form (einer Frage, einem Problem, einer Aufgabe) eine klare Figur, sie schaffen durch eigenes Tun neuen Sinn und neue Bedeutung – für sich und für andere.

Wenn Arbeit ein natürliches Bedürfnis des Kindes ist und schon das kleine Kind ernsthafte Arbeit leisten will und leisten kann, kann Erziehung nur gelingen, wenn sie diesem Bedürfnis Rechnung trägt und den Gesetzen ernsthafter Arbeit genügt.

»Dies bedeutet weder, daß man die manuelle Tätigkeit zur Illustration der geistigen Arbeit in der Schule benutzen soll, noch daß man eine verfrühte produktive Arbeit fordert oder daß die vorberufliche Ausbildung die geistige und künstlerische Betätigung in der Schule ersetzen soll.«[17]

Die Schule muß vielmehr »... das mit dem Bildungsproblem aufs engste verknüpfte Problem der Aneignung des Bildungsgutes auf vollkommen neuer Basis erörtern und Organisationsformen finden, die durch konstruktive Aktivität die Kinder bei ihrer Selbstverwirklichung unterstützen.«[18]

Diese neuen Organisationsformen bestehen für Freinet hauptsächlich in der Umwandlung des Klassenzimmers zur Werkstatt, in der die Kinder suchend und forschend ihren eigenen Fragen nachgehen können. So finden Freinets Lerntheorie und seine pädagogische Grundform einer »Erziehung durch Arbeit« ihre räumliche Repräsentation in den verschiedenen »Ateliers«, die nach einem bestimmten Entwicklungsschema aufgeteilt sind: »von der elementaren, manuellen Arbeit zum Erwerb von Kenntnissen mit Hilfe von Dokumenten, dann zum Experimentieren, dann zum Ausdruck und zu den graphischen Kommunikationsformen, schließlich zum künstlerischen Ausdruck und zur künstlerischen Kommunikation.«[19] Mehr noch: In der Institution des »Ateliers« vereinen sich für Freinet seine Lerntheorie, seine pädagogische Grundform und der gesellschaftliche Auftrag der Schule in vollständiger Harmonie: Das Atelier »entspricht zugleich den Experimentierbedürfnissen der Kinder, ihren Nachahmungswünschen und den gesellschaftlichen Anforderungen unseres Jahrhunderts der Naturwissenschaften.«[20]

4.1.1.4 Das pädagogische Leitmotiv: der »freie Ausdruck«

Die bisher genannten Merkmale der Freinet-Pädagogik gäben für sich genommen noch keine tragfähige Basis für eine allgemeinbildende schulische Erziehung ab, die gezielt auf eine selbsttätige Aneignung der Wirklichkeit durch die Kinder abhebt. Denn eine Lerntheorie, die als zentrale Aneignungsform nur das »tastende Versuchen« kennt, stünde stets in der Gefahr, die Korrektur der Lernbemühungen durch den professionellen Pädagogen und die Bedeutung rezeptiven Lernens zu unterschätzen; und das Bild einer »Erziehung durch Arbeit« droht leicht, jenen Varianten der Arbeitsschule zu verfallen, die den Unterricht nur als Instrument für eine Erziehung zur Arbeit begreifen und die Bedeutung spontanen Lernens für die Persönlichkeitsbildung geringschätzen. Das zweite Problem hat Freinet selber gesehen, das erste hingegen weniger reflektiert, aber in der Unterrichtspraxis dennoch zu bewältigen versucht. Beiden genannten Fehlentwicklungen baut Freinet nämlich vor, wenn er als kritisches Korrektiv für das Lehrerhandeln ein Leitmotiv der Freinet-Pädagogik postuliert: den »freien Ausdruck«.

Das Motiv des »freien Ausdrucks« (»expression libre«) durchzieht die Freinet-Pädagogik in allen Bereichen und gewinnt in einer typischen Freinet-Klasse in verschiedenen Formen Gestalt: Musik, Malerei, Dichtung, Theater, Tanz, bildnerisches Gestalten, Textproduktion und der Austausch mit Korrespondenzpartnern stehen bei Freinet ebenso unter diesem Leitmotiv wie die Erkundung von Natur, Technik und Gesellschaft. Jedesmal geht es darum, daß die Schüler ihre eigene Sicht der Dinge in den Unterricht einbringen, auf den jeweiligen Gegenstand der Auseinandersetzung beziehen und zu einer neuen, und zwar wiederum eigenen neuen Interpretation vorstoßen sollen. So wird die Aneignung von Wirklichkeit in einer Dialektik von Rezeptivität und Spontaneität immer rückgebunden an eine eigene produktive Bearbeitung der Wirklichkeit.

Wie das in der Praxis aussieht und wie eine solche Vorgehensweise Prozesse von Vertiefung und Besinnung in Gang setzt, läßt sich am Beispiel einer Auseinandersetzung von Grundschülern mit dem Werk des Malers Miro nachvollziehen, die in einem Film der Brüder Martin und Jochen Zülch aus dem Jahre 1975 dokumentiert ist.[21] Dabei handelt es sich um Aufnahmen aus einem ersten und zweiten Schuljahr in einer elsässischen Freinet-Klasse, die von der Lehrerin, Anne-Marie Mislin, selber kommentiert werden.

In dem Filmbeispiel sieht man einige Kinder bei der Herstellung von Drucken, die eine Friedenstaube darstellen. Die Schüler haben eine Maske in Vogelform ausgeschnitten und färben mit einer großen Gummiwalze Papiere in unterschiedlichen Farben ein, auf denen nach Entfernung der Maske ein großer bunter Vogel zurückbleibt. Das Produkt hat hohe ästhetische Qualität.[22]

Die Lehrerin kommentiert die Arbeit:

»Eine Woche vorher haben wir von Miro gesprochen. Ich habe ihnen Reproduktionen gezeigt. Es war eine davon an der Wand, und da haben sie diese besondere Welt von Miro entdeckt. Und eine Kleine, Cecile, sagte: ›Ich möchte gerne wie Miro malen, ich möchte gerne Miro sein‹.

Und ein Text wurde aufgebaut. Ein Kleiner sagte: ›Wenn ich träume, ist es fast, wie wenn Miro malt‹. Und dann sagte er: ›Ja, Miro ist wie ein Traum‹. Ein Wort fängt das andere auf, und dann hatten Marc und Gotty ihre Wörter nebeneinandergestellt und sagten: ›Ja, das gäbe einen Text:

M I R O **le miroir** **d'un rêve** **GOTTY et MARC**

Und dann habe ich ihn gleich an die Tafel geschrieben und da sagten die anderen: ›Ja, jetzt sollen sie's drucken‹. Und da hat der kleine Marc einen Vogel gemalt und gesagt: ›Ja, das geht am besten: Der Vogel kann zu Miro gehen‹.«[23]

Das Prinzip des »freien Ausdrucks« ist in der Freinet-Pädagogik nicht primär ein Moment der Unterrichtsmethode, sondern ein kritisches Regulativ auf sämtlichen Ebenen der Konstitution des Unterrichts. In Kombination mit dem Buchdruck als Medium kindlicher Ausdrucksbemühungen soll es schon dem Grundschulkind die Chance eröffnen, an der Definition der im Klassenzimmer verhandelten Themen und Gegenstände mitzuwirken und dabei mit der Definitionsmacht und dem Erfahrungsvorsprung des Lehrers mitzuhalten. Freinet verbindet mit einer solchen Vorgehensweise weitreichende Hoffnungen:

»Jeder, der in seiner Klasse den Schuldruck einführt, jeder, der die Schüler in der von uns gezeigten Weise sprechen, schreiben, drukken und korrespondieren läßt, ändert damit selbst den Geist seiner Klasse und die Bedeutung seines Unterrichts. D i e S c h u l e w i r d n u n m e h r d i e w e s e n t l i c h e n E l e m e n t e i h r e s W i r k e n s a u s d e m L e b e n d e r K i n d e r s e l b s t u n d s o g a r n o c h a u s d e r e n U n t e r b e w u ß t s e i n s c h ö p f e n. Alle jene Ereignisse, welche die herkömmliche Schule bis heute schamhaft vor den Toren ließ, haben die Welt der Schule erobert. Unser Unterricht ist dadurch unfehlbar, in nahezu idealer Weise mit dem Leben der Kinder, mit ihrer Welt verbunden...

Wie man sieht, ist der Buchdruck für uns keine gewöhnliche, mehr oder weniger anziehende Art handwerklicher Arbeit, sondern ein wertvolles und, wie wir glauben, unentbehrliches Instrument im Leben der Klasse. Diese Methode steht am Anfang der Erneuerung, die wir zugunsten einer neuzeitlichen Schule für die sozial benachteiligten Schichten begonnen haben.«[24]

Die Bedingungen der Realisation einer solchen Pädagogik für die sozial benachteiligten Schichten – und nicht nur für diese – sind radikal:

»Der freie Text muß wirklich frei sein... Ein freier Text muß wirklich frei sein, d.h. man schreibt ihn, wenn man das Bedürfnis hat, durch Schreiben oder Malen das auszudrücken, was in einem vorgeht. Das Kind schreibt seinen Text ganz spontan auf einer Tisch-

decke am Abend, auf den Knien, während es seiner Großmutter zu-
hört, die für es die wunderbaren Geschichten aus der Vergangen-
heit wiederentdeckt; auf der Büchertasche, vor dem Schulbeginn
und natürlich auch während der freien Arbeitsstunden, für die wir
in unserem Stundenplan einen Platz gelassen haben. So haben wir
die Sicherheit, daß die erhaltenen Texte wirklich lebensnah sind,
daß es die Texte sind, die die Kinder am meisten berührt haben, die
sie am weitestgehenden interessiert haben, die also für uns den
größten pädagogischen Wert besitzen... Der freie Text darf nicht
Anhängsel an Ihre schulische Arbeit sein. Er soll vielmehr Aus-
gangspunkt und Zentrum sein.«[25]

Man würde den Reformpädagogen Freinet gründlich mißverstehen,
würde man solche Aussagen dahingehend interpretieren, daß es ihm
eher auf die Freizügigkeit, die die Kinder in der Schule genießen,
und die Originalität als auf die Qualität der Texte ankäme. Freinet
propagiert keine Pädagogik der Selbstregulation. Im Gegenteil: Jeder freie Text wird im Unterricht einer weiteren Bearbeitung unterzogen. Er wird im Klassenrat daraufhin überprüft, ob er es wert ist,
veröffentlicht zu werden, er wird sprachlich, grammatikalisch und
orthographisch überarbeitet, bis er eine qualitativ akzeptable Form
gefunden hat. Der Sozialist Freinet will ja gerade den Kindern der
Sprachlosen, der Bauern, Handwerker und ungelernten Arbeiter,
dazu verhelfen, sich mit Hilfe des freien Ausdrucks ihrer selbst bewußt zu werden und zu lernen, den eigenen Interessen und Bedürfnissen Geltung zu verschaffen. Und Freinet weiß, daß gerade diese
Kinder dazu des Unterrichts bedürfen, daß sie *durch Unterricht* aus
der Sprachlosigkeit ihrer Herkunft befreit werden müssen.[26] Er ist
sich aber auch dessen bewußt, daß pädagogisches Handeln unter
dem Leitmotiv des »freien Ausdrucks« ein erhebliches Maß an pädagogischem Takt erfordert, weil es stets davon bedroht ist, die Gedanken der Kinder den heimlichen Wünschen und Vorstellungen
des Erziehers zu unterwerfen:

»So bearbeiten wir gemeinsam den ausgewählten Text, um ihn zu
einem Werk zu machen, das vom Gedanken des Kindes alles Einma-
lige, Originelle und zutiefst Menschliche beibehält und das den-
noch eine Form und Ausdruckskraft hat, die dem Kind in seiner
Kenntnis und Handhabung der Sprache weiterhelfen. Durch unsere
Techniken haben wir den Erziehern nahegelegt, die Texte von Kin-
dern in einem neuen Licht, mit Demut und Verständnisbereitschaft

zu sehen, zu fühlen und einzuschätzen; und nur unter der sorgfälti-
gen Überwachung und in der Verantwortlichkeit des Kindes selbst
werden wir einen Text bearbeiten und dabei aufpassen, ihn nicht zu
verfälschen. Bei dieser Aufgabe haben wir eine Garantie: das
Recht, das wir den Kindern zugestanden haben, sich auszudrücken,
ihre eigene Meinung zu vertreten, selbst dem Lehrer gegenüber,
und festzustellen, wenn sie ihr geschriebenes Werk mißhandelt se-
hen: ›Nein, das habe ich nicht sagen wollen‹. Und natürlich müs-
sen Sie den ausschlaggebenden Willen des Kindes respektieren.«[27]

4.1.2 Freinet-Pädagogik und Erziehender Unterricht

Vergegenwärtigt man sich die Merkmale und Prinzipien der Freinet-Pädagogik, so stellt sich im Kontext unserer Studie die Frage,
ob und inwieweit eine »Erziehung durch Arbeit« zugleich ein Beispiel für »erziehenden Unterricht« darstellt. Unter welchen Umständen und mit welchen Folgen ist Arbeit Unterricht? Die Beantwortung dieser Fragen steht und fällt mit der Interpretation und
praktischen Verwendung nicht nur des Begriffs der »Arbeit« bei
Freinet, sondern auch des Begriffs vom »freien Ausdruck«.

Was das Leitmotiv des »*freien Ausdrucks*« anbetrifft, gilt es, den
programmatischen Ausspruch »Der freie Text muß wirklich frei
sein«, der die kindliche Erfahrungsproduktion vor Fremdbeeinflus-
sung schützen und die Vielseitigkeit sichern soll, in seinen unterrichtspraktischen Konsequenzen zu bedenken. Denn einerseits kann
diese Vielseitigkeit offenbar nur in einem pädagogisch gestalteten
Arrangement gesichert werden; andererseits muß sie aber immer
auch gegen den vereinheitlichenden, d.h. die Vielseitigkeit gerade
gefährdenden Charakter institutionell organisierten Lernens verteidigt werden. Was bedeutet es konkret, wenn Freinet bei der Bearbeitung kindlicher Erfahrungsprodukte vom Erzieher »Demut und
Verständnisbereitschaft« fordert und dem Kind sogar ein förmliches
Widerstandsrecht gegen die Beeinflussungsversuche durch den
Pädagogen einräumt, um jede Unterwerfung dessen, was das Kind
ausdrücken möchte, unter die Normen und Erwartungen des Erziehers auszuschließen?

Was *Freinets Arbeitsbegriff* anbetrifft, wäre es notwendig, zwischen verschiedenen Bestimmungen von »Arbeit«, zum Beispiel
zwischen einer mehr oder weniger archaischen Bearbeitung der Na-

tur zur Sicherung der unmittelbaren vegetativen Bedürfnisse einerseits, industrialisierter Erwerbsarbeit in arbeitsteiligen Produktionsverhältnissen zum anderen und kreativ-schöpferischer Tätigkeit (darunter auch reine Denkarbeit) zum dritten zu unterscheiden. (Weitere Differenzierungen würden dem Verständnis der Sache nur dienen.) Freinets Darstellungen seiner Pädagogik leiden darunter, daß in ihnen eine solche Differenzierung nicht ausreichend deutlich vorgenommen oder zumindest formal nicht konsequent durchgehalten wird.[28] Als engagiertem Sozialisten ist ihm die unterschiedliche Wirkung der jeweiligen Arbeitsverhältnisse durchaus bewußt, doch wenn er der Arbeit pauschal eine sinnstiftende Funktion zuweist, die für menschliche Existenz konstitutiv und für ein würdevolles Leben unverzichtbar sei[29], greift er damit nur einen bestimmten Abschnitt aus dem großen Spektrum aller denkmöglichen Arbeitsverhältnisse heraus. Für Freinet gilt:

»Wir haben die notwendige Beschäftigung (travail besogne) abseits gestellt... Wir beschränken den schönen Namen ›Arbeit‹ auf jede Tätigkeit, die die Befriedigung der individuellen funktionellen Bedürfnisse zum Ziel hat und die deshalb vom Kinde in natürlicher Weise erstrebt wird.«[30]

Das bedeutet: Arbeitsverhältnisse, die nicht eine Befriedigung »individueller funktioneller Bedürfnisse« mit sich bringen, sondern eine Befriedigung solcher Bedürfnisse nur vermittelt über eine spätere Entlohnung im Kaufakt oder Warentausch ermöglichen, sind aus der weiteren Betrachtung auszunehmen; Freinet unterstellt ihnen gar keine bildende Kraft. Aber auch der wiederholte Rückgriff auf die Lebensbedingungen der ländlich-bäuerlichen Welt, in der Freinet aufwuchs, führt nicht weiter. Bei Freinet verbinden sich die schöpferische Tätigkeit des Kleinbauern oder Kleingärtners, der seine Produktion selbstverantwortlich planen und anlegen muß (und darin vielleicht eine persönliche Befriedigung funktioneller Bedürfnisse im angedeuteten Sinn finden mag), mit der körperlich-manuellen Arbeit beim Bestellen seines Feldes oder Gartens zu einem Bild vorbürgerlicher und insbesondere vorindustrieller Idylle.[31] Die Umwandlung des Klassenzimmers zur Werkstatt weist ebenfalls solche idyllischen Züge auf und steht auf den ersten Blick in der Gefahr, historisch längst überholte Produktionsformen als Lernumwelten zu konservieren.

So nutzt Freinet beispielsweise die Technik des Buchdrucks mit beweglichen Lettern, um die Kinder in die Kultur der schriftsprachlichen Kommunikation einzuführen. In seiner »Schreibwerkstatt« sind die Schüler Autor, Setzer, Drucker, Buchbinder und Distributor in einer Person, während die Einheit von geistiger und materieller Produktion eines Buches in der außerschulischen Realität gerade mit der Erfindung der beweglichen Lettern endgültig verloren gegangen ist. Würde die Freinet-Pädagogik die Schüler tatsächlich in dieser Unmittelbarkeit auf eine vorindustrielle Handwerkskunst (und damit auch auf vorbürgerliche Umgangsformen) festlegen, stünde sie in vollem Widerspruch zu der von Herbart geforderten *Erweiterung* von Erfahrung und Umgang zu einer »gleichschwebenden« Vielseitigkeit des Interesses.[32]

Beiden Problemkomplexen, dem Begriff vom »freien Ausdruck« und dem Arbeitsbegriff, soll daher im folgenden in einer Analyse konkreter Beispiele aus der Praxis von Freinet-Pädagogen weiter nachgegangen werden, wobei diese Analyse der am Ende des zweiten Kapitels vorgenommenen Differenzierung nach drei unterschiedlichen Dimensionen des pädagogischen Handelns folgt.[33]

4.1.2.1 Die methodische Dimension: Mitwirkung der Schüler an der Gegenstandskonstitution

In einem anderen Ausschnitt des bereits zitierten Filmes aus der elsässischen Freinetklasse wird eine Kleingruppe von zwei bis sechs Kindern gezeigt, die weitgehend selbständig mit allerlei Flaschen, Trichtern und Flüssigkeiten hantieren. Man kann sie dabei beobachten, wie sie die Flüssigkeiten von Flasche zu Flasche umgießen. Daneben haben sie ein Blatt Papier liegen, auf welchem sie offenkundig Aufzeichnungen machen. Hin und wieder schwenkt die Kamera durch den Klassenraum und gibt den Blick auf andere Schülergruppen frei, die anscheinend an anderen Aufgaben arbeiten. Die Lehrerin gesellt sich ab und zu zu den Kindern mit den Flaschen und stellt ihnen eine Frage oder gibt ihnen einen Hinweis.

Die Lehrerin kommentiert die Arbeit der Kinder:

»Einmal hat ein Kleiner gesagt: ›Jetzt kauft meine Mutter nur noch große Flaschen. Es ist billiger als kleine.‹ Dann hat ein anderer gesagt: ›Das ist nicht möglich! Wenn mehr Wasser oder Wein in der großen Flasche als in der kleinen ist, ist es teurer.‹ ›Nein, nein, nein!‹ Dann hat ein anderer gesagt: ›Aber es ist nicht mehr als drei

kleine Flaschen in einer großen.‹ Und dann habe ich gesagt: ›Wollen wir's probieren?‹

Da haben sie leider nicht nur zwei kleine Flaschen und eine große gebracht, sondern eine Menge Flaschen und wollten eine Menge Sachen probieren. Dann habe ich sie zuerst frei (probieren) lassen, um nachzudenken, was wir herausbringen könnten.

Da haben sie schon gewisse Sachen entdeckt: Sie haben ein bestimmtes Quantum jedesmal in alle Flaschen geschüttet. Und da sagte einer: ›Es ist nicht gleichviel in jeder Flasche.‹ Da sagte ein anderer: ›Doch, es ist dasselbe Quantum.‹ ›Nein, nein, du siehst ja!‹

Da war ein Gespräch zu dieser Flasche. Da haben sie gesagt: ›(Die Flasche ist) größer in der Breite.‹ Und sie haben viele Ausdrücke gesucht, um es zu erklären. Es fehlten ihnen mathematische Begriffe wie der ›Durchmesser‹. Das Wort kannten sie nicht. Sie kannten nicht die ›Höhe‹, sie kannten nicht ›Umfang‹.

Und dann haben sie frei probiert, und ihre Kommentare habe ich jedesmal notiert. Und abends habe ich nachgelesen und nachgelesen und habe einen Satz herausgesucht, den wir gemeinsam erforscht haben, z.B.: ›Wie kann es sein, daß eine Menge verschieden aussieht in dieser Flasche und in jener Flasche?‹.

Sie haben die Flaschen numeriert. Sie haben z.B. gesagt: ›Die (Flasche Nummer) 1 kann doppelt soviel (Flüssigkeit) enthalten wie die (Flasche Nummer) 3.‹ ›Ja, was steht auf der (Flasche) 1?‹, habe ich gesagt. ›Auf der (Flasche) 1 steht ein halbes Liter, auf der (Flasche Nummer) 3 steht 1 Liter!‹ ›Ja, was will das heißen?‹ So sind wir immer weiter gesprungen. Da haben wir fast zwei, drei Wochen gearbeitet.

Sie hatten es manchmal satt, oder ich wußte nicht mehr weiter. Aber dann ist wieder eine Erleuchtung gekommen, und da haben sie viel gerechnet, viel mehr als sonst. Ich dachte am Anfang, es wäre nur Spielerei. Sie spielen gerne mit Wasser. Den ersten Tag sind wir auf den Hof gegangen, dann hat jeder seine Flasche in eine andere Flasche gefüllt. Sie haben sogar das Wasser getrunken. Aber es ist viel weiter gegangen.«[34]

An dieser kurzen Beschreibung eines zwei- bis dreiwöchigen Unterrichtsvorhabens lassen sich wichtige Prinzipien der Freinet-Pädagogik und auch Korrespondenzen zu Herbarts Konzeption des erziehenden Unterrichts verdeutlichen. Beachtenswert ist zunächst schon die Art des Zustandekommens des Vorhabens: Es nimmt seinen Ausgang nicht von vorgängigen planerischen Überlegungen der Lehrerin, die mit Hilfe einer »Motivierung« von außen an die Kinder herangetragen werden müßten, sondern von einem Streitgespräch unter den Kindern, genauer: von Differenzen in der Wirklichkeitsinterpretation zweier Kinder. Der Unterricht schließt, mit Herbart gesprochen, »ans Wirkliche an«.

Mit dem kleinen Satz »Wollen wir's probieren?« hebt die Lehrerin diese Meinungsverschiedenheit von der Ebene des Alltagsgesprächs auf die Ebene wissenschaftlicher Arbeit; sie versetzt die Kinder in die Rolle von Forschern und fordert sie damit auf, ihre vorhandenen Erfahrungen systematisch zu erweitern. Dabei handelt es sich um eine »Aufforderung zur Selbsttätigkeit«. Die Kinder beschaffen sich sogleich das notwendige Arbeitsmaterial und beginnen mit dem »tastenden Versuchen«. Sie unternehmen allerlei Experimente mit verschiedenen Flaschen, wobei sie zahlreicher Gesetzmäßigkeiten gewahr werden, die ihr Bild der Wirklichkeit ergänzen oder auch zunächst verwirren mögen, in jedem Fall aber differenzieren. Manche Gesetzmäßigkeiten können sie zunächst begrifflich nicht fassen, oder aber sie entwickeln eine eigene Begrifflichkeit, die sich als durchaus sachadäquat erweist (beispielsweise wenn sie anstelle des ihnen nicht bekannten Begriffs des »Durchmessers« von der »Größe in der Breite« sprechen). Es besteht kein Zweifel, daß sie sich mit großer Intensität in ihr Sachproblem »vertiefen« und im »tastenden Versuchen« zugleich ständig ihrer schon vorhandenen Kenntnisse und ihrer neuen Einsichten »besinnen« müssen.

Die Lehrerin greift in das freie Experimentieren der Kinder nur selten, dann aber an entscheidenden Punkten ein: Sie ergänzt das begriffliche Repertoire der Kinder, indem sie sie in Form von mathematischen Begriffen (»Höhe«, »Umfang«) mit kulturellen Vereinbarungen konfrontiert, die die Kinder auf dem Wege des entdeckenden Lernens allein nicht entdecken können. Dabei ist im Kontext der Freinetschen Lerntheorie davon auszugehen, daß eine solche Konfrontation auf dem Hintergrund der eigenen Interpretationsversuche der Kinder eine ganz andere Bedeutung hat, als wenn die Kinder ohne solche eigenen Bemühungen mit diesen Begriffen konfrontiert würden. Nur auf der Basis ihres eigenen tastenden Versuchens machen diese von außen kommenden »Glieder in der Kette der Erfahrungen« für die Kinder wirklich Sinn. »Es ist die Individualität und der durch die Gelegenheit bestimmte Horizont des Individuums, der die ersten Vertiefungen schafft und dadurch, wo nicht Mittelpunkte, doch Anfangspunkte der fortschreitenden Bildung festsetzt«, wurde im 2. Kapitel gleichsinnig Herbart zitiert.[35] Darüber hinaus lenkt die Lehrerin (beispielsweise mit dem Hinweis auf die auf den Flaschen aufgedruckten Volumenangaben) die Aufmerksamkeit der Kinder an zentralen Punkten auf Sachverhalte, die den kleinen Forschern zunächst entgangen waren, die aber, wie die Lehrerin aufgrund ihres Erfahrungsvorsprunges weiß, lösungsrelevant sind. Dabei schließt die Lehrerin jedoch stets an eigene Feststellungen der Kinder an und hilft ihnen immer nur gerade eine Stufe weiter. Mit solchen Hinweisen und Hilfestellungen können die Kinder dann wieder alleine weiterforschen und auch eigenständig tragfähige Lösungen finden. So findet hier, ausgehend von der konkreten Erfahrung und dem konkreten Umgang der Kinder (beispielsweise beim Einkauf im Supermarkt) eine systematische Erweiterung eben dieser Erfahrung in einer selbsttätigen Aneignung neuer Einsichten durch die lernenden Subjekte selbst statt. Eine solche Vorgehensweise basiert jedoch nicht auf einem glücklichen Zufall, sondern ist in dem hier zutage tretenden Arbeitsverständnis der Freinet-Pädagogik und in dem Leitmotiv des Freien Ausdrucks systematisch angelegt.

Welcher Form von Arbeit aber sind die Kinder nachgegangen? Sicher waren sie spontan, kreativ und produktiv »tätig«. Aber die genannte Erweiterung ihrer Erfahrung fand nur dadurch statt, daß sie ihrem Problem gerade *nicht* im Kontext von Erwerbsarbeit, sondern im Rahmen von Unterricht, also handlungsentlastet nachgehen konnten. Der Arbeiter an der Flaschenabfüllanlage einer Getränkefabrik könnte ähnlichen Experimenten (im Gegesatz zu dem eher kreativ tätigen Marketing-Manager) an seinem Arbeitsplatz kaum nachgehen. Seine Arbeit ist gekennzeichnet von einem Produktionsdruck, der Denken eher behindert als fördert. Seine Arbeit »entfremdet« ihn von der Verfolgung eigener Bedürfnisse in einer ganz anderen Weise, wie der Unterricht die Kinder von ihrer ersten, ungeprüften Meinung entfremdet hat: Während die Kinder durch eigene *schöpferische* »Denkarbeit« von ihren früheren Überzeugungen abrücken und im »tastenden Versuchen« zu einer differenzierteren Weltinterpretation vordringen können, bleibt seine Arbeit von ihrer ganzen Anlage her überwiegend »Besinnungs-los« und wirkt deswegen weder bildend noch erziehend.

Mit anderen Worten: Die Arbeit schlechthin bildet und erzieht genauso wenig, wie die Kunst oder der Unterricht pauschal bildend bzw. erziehend wirksam sind. Eine »Erziehung durch Arbeit« wird nur dann zu einem Beispiel »erziehenden Unterrichts«, wenn diese Arbeit aufgrund der äußeren Umstände ihrer Ausübung und aufgrund ihrer konkreten Gestalt autonome Prozesse der Besinnung in Gang setzt, d.h. wenn sie auch spontane »Denkarbeit« freisetzt. So gesehen gehen der Bildhauer, der Forscher und das Kind in der Freinet-Klasse tatsächlich strukturell ähnlichen Tätigkeiten nach: Sie unterliegen alle in ihrem Tun einer ständigen Dialektik von Spontaneität und Rezeptivität. Aber sie gehen gerade hierin strukturell völlig anderen Tätigkeiten nach als etwa der Handwerker in der Großmanufaktur, der angestellte Gärtner im landwirtschaftlichen Großbetrieb und der Fließbandarbeiter in der Industrie – Menschen, die vorwiegend mechanisch produzieren und bei ihrer Arbeit kaum spontan tätig sind.

Eine solche Spontaneität ist jedoch für das Wechselspiel von Vertiefung und Besinnung unabdingbar. Denn nur aufgrund dieser Spontaneität in ihrem tastenden Versuchen erfahren sich die Schüler als Subjekte ihrer eigenen erkenntnisbildenden Prozesse. In Herbarts Worten: »Nur dadurch erhebt sich das Interesse über die bloße Wahrnehmung, daß bei ihm das Wahrgenommene den Geist vorzugsweise einnimmt und sich unter den übrigen Vorstellungen durch eine gewisse Kausalität geltend macht.«[36] Betrachtet man das zitierte Beispiel also unter dem Aspekt der Genese eines vielseitigen Interesses, so stellt sich der Vorgang mit Herbart wie folgt dar: Die Schüler »merken« eine Differenz in ihrer Wirklichkeitsinterpretation, »erinnern« ihnen vertraute Erklärungsmuster, »fordern« sich selbst mit ihrem Meinungsstreit zur Klärung des Problems auf und »handeln« im tastenden Versuchen, wobei sie ihre eigenen Erklärungsmuster differenzieren und diversifizieren. Sie vertiefen sich in die Sache, indem sie ihre eigenen Erfahrungen einbringen (»Assoziation«) und die Bedingungen sortieren (»Klarheit«), um das Problem aufzulösen. Sie besinnen sich, indem sie eigene Begriffe bilden (»System«) und damit eine »Methode« entwickeln, die sowohl für jeden einzelnen Schüler weitere Fragestellungen eröffnet als auch in der Lerngruppe zu einer intersubjektiven Verständigung über den Sachverhalt führt, ihn mithin »objektiviert«.

Damit die Schüler diese Prozesse aber auch wirklich selbständig durchlaufen können, bedarf es des Regulativs durch das Motiv des »freien Ausdrucks«. Als Prinzip des Umgangs miteinander und als Arbeitsmaxime in dieser Klasse fest institutionalisiert, bestärkt dieses Motiv zunächst die Schüler, ihren Meinungsstreit als relevanten Gegenstand in die Schulklasse einzubringen. Es schützt die Schüler sodann vor vorschnellen Eingriffen und Erklärungen seitens der Lehrerin (»Ich habe sie zuerst frei probieren lassen, um nachzudenken, was wir herausbringen könnten«). Und es stellt sicher, daß die Schülerfragen nicht durch die notwendigen Impulse seitens der Lehrerin verfälscht werden (»Dann haben sie frei probiert, und ihre Kommentare habe ich jedesmal notiert. Und abends habe ich nachgelesen und nachgelesen und habe einen Satz herausgesucht, den wir gemeinsam erforscht haben«.)

Das Besondere hierbei ist: Die Lehrerin notiert nicht ihre eigenen Hypothesen, sondern die Kommentare der Kinder; sie gibt keine Lernziele vor, die die Schüler erreichen sollen, sondern formuliert Arbeitsvorschläge auf der Basis der Kommentare der Schüler. Sie denkt nicht für die Kinder vor, sondern mit den Kindern nach! Dabei bringt sie – als Reaktion auf entsprechende Fragen der Kinder – Methoden wissenschaftlichen Arbeitens und gesellschaftlich bereits erarbeitete Interpretationsmuster für das zu untersuchende Problem, d.h. »Kulturgut« im weitesten Sinne, in den gemeinsamen Denkprozeß mit ein. Die Lerngegenstände und die Lernwege entwickeln sich zwar unter der Mitwirkung der Lehrerin, aber ausschließlich und vollständig »im Fragehorizont der Lernenden«. So öffnet Anne-Marie Mislin unter dem Leitmotiv des »freien Ausdrucks« den Unterricht methodisch konsequent für eine Mitwirkung der Schüler bei der Bestimmung jedes einzelnen Unterrichtsschrittes, ohne daß die Schüler der durchdachten Methodik des Vorgehens ihrer Lehrerin überhaupt gewahr werden.

4.1.2.2 Die thematische Dimension: Vielseitigkeit der Welt- und Selbsterfahrung

Am Beispiel der mit den Flaschen hantierenden Schüler läßt sich auch erkennen, wie auf dem Wege des tastenden Versuchens in einer Freinet-Klasse Erfahrung und Umgang der Kinder gleichzeitig erweitert werden. Die in den Versuchen der Schüler erworbenen neuen Erkenntnisse beschränken sich nicht auf die Einsicht in innerphysikalische Gesetze der Mengenkonstanz von Flüssigkeiten in unterschiedlichen Gefäßen, sondern sind – vermittelt über den Lernanlaß und die von den Kindern selbst formulierte Problemstellung – für konkretes Handeln im täglichen Umgang der Kinder relevant. Das physikalische Wissen wird in seinem gesellschaftlichen Kontext erweitert; und das gesellschaftliche Handeln der Kinder erhält durch neues, vertieftes Sachwissen eine neue Grundlage. Die von Herbart gesuchte Vielseitigkeit in der Weltdeutung und Handlungsorientierung der Lernenden werden – wie in der Konzeption des erziehenden Unterrichts gefordert – in einem identischen Lernakt gemeinsam ausgebildet.

Eine solche Vermittlung empirischen Wissens in seinem jeweiligen historisch-gesellschaftlichen Kontext kennzeichnet auch die Schuldruckerei, die das Drucken von einzelnen Texten, von Büchern und Zeitungen sowie die Einrichtung von teilweise sogar Ländergrenzen überschreitenden Klassenkorrespondenzen umfaßt, mit denen sich die Schüler regelmäßig anderen Kommunikationspartnern mitteilen. Wiederum gilt es, hinter der bloßen »Technik« die bildenden Mechanismen zu erkennen, die einen erziehenden Unterricht ermöglichen.

Freinets Schüler aus Bar-sur-Loup beschreiben ihrer Korrespondenzklasse in Guiffes-Naviner heimische Eßgewohnheiten:

»Wenn es regnet, treten die Schnecken ans Tageslicht. Wir gehen weg mit einem Korb oder einem kleinen Eimer, um sie aufzulesen. Wir lassen sie einige Zeit in einem zugedeckten Kessel fasten. Unsere Mutti wäscht sie mit gesalzenem und mit Essig versehenen Wasser. Dann kocht sie sie mit einer Sauce aus Knoblauch und Petersilie oder wir essen sie mit Aioli. Wir essen sie auch gern, wenn sie in der Glut gebraten werden.«

Wenig später antwortet die Korrespondenzklasse:

»Ihr sagt, daß Ihr Schnecken eßt. Nur drei oder vier Schüler (von uns – J.R.) haben sie schon probiert. Wir schneiden Grimassen, wenn wir Eure Lektüre lesen: ›Pfui Teufel!‹, sagen wir mit angeekelten Minen. Wir haben die Schnecken nicht gern, sie sind dreckig und schleimig. Wenn jemand uns daran gewöhnt hätte, Schnecken zu essen, dann würden wir sie vielleicht gern mögen. Was ist Aioli?«[37]

Pädagogisch gesehen ist das eine fruchtbare Provokation. Da beschreiben die einen mit stolzer Akribie die heimische Lebenswelt und erhalten von der Partnerklasse aus einer fernen Region eine Antwort, die eine Mischung aus Verachtung und Bewunderung darstellt – unzensierter »freier Ausdruck« kindlicher Gefühle. Man kann sich denken, welche Emotionen und welche Fragen eine solche Korrespondenz bei den Kindern auslöst. Man ahnt aber auch, daß die pure Emotionalität durch die in den Freinet-Klassen übliche Praxis des forschenden Lernens bereits um Dimensionen von Reflexion und sachlicher Rückfrage erweitert wurde: Die Schüler aus Guiffes-Naviner bekennen selbstkritisch, daß ihr Ekel auch schlicht in fehlender Gewohnheit begründet sein könnte, ihre Überheblichkeit gegenüber den Kindern aus Bar-sur-Loup also auf Unkenntnis und Vorurteil beruht. Sie erkennen ihre eigene Einseitigkeit.

Das Prinzip wird deutlich: In der Freinet-Pädagogik wird der Umgang, da man die »Teilnahme« innerhalb des Klassenzimmers nicht wesentlich erweitern kann, mit Hilfe von mehr oder weniger künstlich arrangierten Kommunikationssituationen und -medien erweitert, die jedoch – im Gegensatz zum traditionellen Aufsatzunterricht – insoweit »echte« Kommunikationssituationen darstellen, als sie sich an real existierende Kommunikationspartner wenden und methodisch jenen inhaltlichen Austausch sicherstellen, der allein die Vielseitigkeit der Welt- und Selbsterfahrung bewirken kann. Die vom Lehrer angeregte Klassenkonferenz ist ein künstlich geschaffener Lernanlaß; doch die inhaltliche Ausgestaltung dieses Lernanlasses liegt allein bei den Kindern und ermöglicht ihnen bei Geltung des Prinzips des freien Ausdrucks, die Lebenswirklichkeit im Sinne einer »*thematischen Öffnung*« in ihrer ganzen Komplexität unzensiert ins Klassenzimmer einzubringen. Es handelt sich, genauer betrachtet, weniger um eine »Erziehung durch Arbeit« als um eine »Pädagogik der Frage«.

Eine solche Vorgehensweise steht keineswegs im Gegensatz zu dem traditionellen Auftrag der Grundschule, die Schüler in die sogenannten »Kulturtechniken« einzuführen. Und doch besteht ein fundamentaler Unterschied hinsichtlich der pädagogischen Grundsituation zwischen einer Freinet-Klasse und traditionellen Unterrichtsarrangements. Freinet beschreibt ihn wie folgt:

»*Der freie Ausdruck ermöglicht es, die Entfaltung der Persönlichkeit zu verbinden mit der Ausbildung verschiedener Fähigkeiten wie Sprache, Grammatik, Vokabular, Naturwissenschaften, Geschichte, Geographie, Ethik. Er setzt dabei logisch an dem Interesse der Kinder an, das sich somit gegenüber den im Lehrplan vorgesehenen Fächern selbständig gemacht hat.*«[38]

Mit anderen Worten: Im herkömmlichen Unterricht müssen die Schüler die in den einzelnen Fächern angesprochenen Lerngegenstände additiv zu einem ganzheitlichen Weltbild zusammenfügen, ohne daß diese Lerngegenstände darauf überprüft werden, ob sie im einzelnen überhaupt mit dem aktuell gegebenen Interesse der Schüler vermittelbar sind und in der Addition auch noch ein »Ganzes« abgeben. Dagegen bringen die Schüler einer Freinet-Klasse in ihren Textproduktionen ihr Interesse so ganzheitlich ein, wie sie es selber wahrnehmen, um dieses Interesse anschließend im Unterricht, d.h. im Austausch mit ihren Kommunikationspartnern zu differenzieren. Die Geschlossenheit eines »ganzheitlichen« Weltbildes wird dabei zugunsten der angestrebten Vielseitigkeit überwunden. Indem sich die Schüler in realen Kommunikationssituationen ihrer eigenen Fragen und Gedanken besinnen und diese in den »freien Texten« artikulieren müssen, erfahren sie diese Fragen und Gedanken als Instrumente der Weltbeherrschung; die Sprache wird hier für die Schüler zu einem Werkzeug zur Durchsetzung des eigenen Willens.

Über diese ständige Provokation der Schüler zum Fragen werden nun das Erkenntnisinteresse und das sympathetische Interesse immer zugleich angesprochen, da die außerschulische Lebenspraxis der Kinder noch nicht – wie die berufliche Praxis der Erwachsenen – in Einzeldisziplinen differenziert ist. Hierin liegt jedoch, wie in der Auseinandersetzung mit neueren schultheoretischen Studien aufgezeigt wurde, auch ein Problem, ist es doch gerade die Aufgabe der Schule, die Kinder auf eine in Einzeldisziplinen differenzierte Lebenspraxis vorzubereiten und ihnen erste Einblicke in diese Einzeldisziplinen zu vermitteln. Inwieweit kann die Freinet-Pädagogik dieser Vermittlungsaufgabe gerecht werden? Wie entgeht sie der Gefahr, daß sich die Schüler bei der weitgehend selbsttätigen Aneignung der Wirklichkeit mit vorschnellen und oberflächlichen Erläuterungen begnügen und letztlich – in Herbarts Worten – »im Neuen immer nur das Alte« sehen?[39] Wo und in welcher Form ereignet sich in der Freinet-Pädagogik *der Übergang* von einem freien und selbstgesteuerten, d.h. aber auch: dem Zufall ausgelieferten Erkunden der Lebenswirklichkeit zur systematischen, von der Lebenswirklichkeit auch *abstrahierenden* Aneignung kultureller Vorgaben und Sachverhalte, deren Kenntnis nicht dem Zufall überlassen bleiben kann, wenn man mit Herbart die angestrebte Vielseitigkeit von einer bloßen Vielfalt und Vielgeschäftigkeit unterscheiden will? Könnte nicht dieser Übergang und damit die Realisation einer »gleichschwebenden« Vielseitigkeit gerade dadurch, daß die methodische Öffnung des Unterrichts in der Freinet-Pädagogik so konsequent realisiert wird, auch erschwert werden?

Wie dies zu verstehen ist, soll an einem weiteren Beispiel aus der Dokumentation der Brüder Zülch entwickelt werden, das dem Unterricht eines vierten Schuljahres unter der Leitung von Maurice Mess entstammt.[40]

»Die Untersuchungen über den Marmor begannen, als ein Kind ein Stück Marmor in die Schule brachte. Dann haben wir es gewogen, haben es verglichen mit anderen Steinen, und da fiel ihnen ein, daß in dem Dorf ein Arbeiter ist, der den Marmor bearbeitet... Und am Samstagmorgen gingen wir dann zu ihm, um ihm einige Fragen zu stellen... Die Untersuchung wurde in der Klasse schon vorbereitet und einige kamen mit Fragen, die sie auf ein Stück Papier geschrieben hatten...

Zuerst wurde das Werkzeug gezeigt, mit welchem er den Marmor bearbeitet, z.B. die Scheibe, mit welcher er den Marmor in zwei Teile schneidet, und dann der Apparat, mit welchem er den Marmor in Stücke spaltet...

Ich erinnere mich an einen Moment, da steht der Arbeiter und die Kinder fragen. Und da wurde eine Frage gestellt, die sehr interessant war in bezug auf das soziale Leben. Sie fragten ihn, ob er genügend Arbeit hat und ob er seine Arbeit immer arbeiten kann, ob er acht Stunden arbeitet oder ob ihm die (Arbeits-)Zeit gekürzt wurde.

Es war ein Kind, dessen Vater die Arbeitsstunden für zwei Wochen gekürzt worden waren. Da konnte er nur noch eine Woche arbeiten, sein Vater. Da gab es Schwierigkeiten bei diesem Kind... Sein Vater arbeitete in einer Textilfabrik. Es war ein Drang, diese Frage zu stellen, ... ein psychologischer Drang. Es mußte heraus, weil sein Vater nun in Schwierigkeiten ist...

Das ist auch ein Grund, warum man die Untersuchungen macht: Jedes Kind ist an etwas anderem interessiert. Dieser Junge ging dort hin mit der Absicht, diese Frage zu stellen...

Und dann kam das Kind hier (in der Schule) noch einmal darauf: ›Dieser (Mann) kann arbeiten während der ganzen Zeit, mein Vater kann nicht‹. Zwei oder drei Tage später hat ein anderes Kind einen Artikel aus der Zeitung mitgebracht, in dem von dieser Fabrik die Rede war. Und da saßen wir dann alle miteinander um den großen Tisch, haben das gelesen und es diskutiert (und) darüber gesprochen, was nun kommen kann. Da haben sie gesagt z.B.: ›Mein Vater arbeitet nur noch die halbe Zeit, er hat nicht mehr so viel Geld, er kann nicht mehr so viel kaufen. Dann haben andere Leute auch weniger Geld – wie mein Vater – (und) können nicht mehr so viel kaufen, d.h. andere Werkstätten, die auch nicht mehr verkaufen können, weil man nicht mehr kaufen kann. In diesem Sinn haben wir es weitergebracht...

Da fingen sie an, sich zu interessieren. Als sie sahen, daß noch ein anderer in der Situation von dem Franco war, daß es schon zwei waren, da hatten wir eine Diskussion. Jeder sagte, was er zu sagen hatte...«[41]

Wieder beeindrucken zunächst das hohe Engagement und die ernste Betroffenheit der Schüler, die sich in ihren Fragen niederschlagen, wenn sich der Unterricht methodisch für ihre Mitwirkung und thematisch für die sie umgebende Lebenswirklichkeit öffnet. Die in diesem Beispiel zusätzlich angedeutete institutionelle Öffnung der Schule zu außerschulischen Erfahrungsfeldern trägt entscheidend dazu bei: Die Konfrontation mit der Wirklichkeit zwingt die Schüler zur Stellungnahme, und das bedeutet: zur Revision und Reorganisation des jeweils gegebenen Gedankenkreises.

Doch auch die Grenzen einer solchen Vorgehensweise werden offenbar. Denn die Gründe für die Kurzarbeit des Textilarbeiters lassen sich der puren Anschauung anläßlich eines Besuchs der Textilfabrik genauso wenig entnehmen, wie man wirklich fundierte Kenntnisse über den Marmor erhält, wenn man *nur* eine Marmorwerkstatt besucht und dann dort auch noch vorwiegend auf die Kurzarbeit der Textilarbeiter zu sprechen kommt. Um Vielseitigkeit anstelle bloßer Vielgeschäftigkeit zu fördern, bedarf es neben dem Rekurs auf methodische Prinzipien wie das »entdeckende Lernen« und kritische Regulative wie das Prinzip des »freien Ausdrucks« zusätzlicher pädagogischer Orientierung – z.B. der thematischen Orientierung an den Aussagen und Systemem der verschiedenen Bezugswissenschaften. »*Institutionelle Öffnung*«, hieß es im dritten

Kapitel, würde bedeuten, den Kindern gerade *den Unterschied* zwischen einem weitgehend spontanen Lernen durch Anschauung und einer »wissenschaftlichen«, d.h. hypothesengeleiteten Interpretation und Überprüfung der Lebenswirklichkeit zu verdeutlichen.[42]

Nun betreiben die Schüler zweifellos als Fragende selbst »Wissenschaft« auf ihrer allerersten Stufe. Das Beispiel des Besuchs in der Marmorwerkstatt belegt aber auch, wie weit die Fragestellungen »ausschweifen« können, wenn die Kinder in einem methodisch und thematisch offenen Unterricht ihren eigenen Fragen und Hypothesen nachgehen können, und dieses Problem stellt sich natürlich verschärft, wenn man nicht, wie Herbart, nur einen Zögling, sondern, wie ein Lehrer im öffentlichen Schulwesen, ganze Schulklassen unterrichten muß. In dem Beispiel bleibt offen, was letztlich überhaupt der Unterrichtsgegenstand war: der Marmor und seine Bearbeitung oder die Kurzarbeit der Fabrikarbeiter und ihre gesellschaftlichen Folgen oder beides zugleich? Kann diese Frage aber nicht eindeutig beantwortet werden, so ist auch nicht entscheidbar, welche *allgemeine* Erkenntnis die Schüler an dem besonderen Fall eigentlich gelernt haben, d.h. worin letztlich der Effekt der unterrichtlichen Bemühungen besteht.

Beurteilt man das Beispiel hinsichtlich seines Beitrags zur Förderung der Vielseitigkeit, so offenbart sich ein weiteres Spannungsverhältnis im Bereich des didaktischen Handelns: Der Unterricht kann die angestrebte Vielseitigkeit nur erreichen, wenn er im Sinne einer methodischen Öffnung an die vielfältig differenzierten Interessen der verschiedenen Schüler anschließt, wenn er »mannigfaltige Empfänglichkeit« anstelle der »einzelnen Virtuosität« fördert[43], d.h. die Komplexität dessen, was alles Gegenstand der unterrichtlichen Erfahrungserweiterung werden kann, bewußt *erhöht*. Aber um der »gleichschwebenden« Vielseitigkeit willen muß der Unterricht zugleich die Vielfalt der Fragestellungen immer auch reduzieren, d.h. die thematische Offenheit *beschränken*, denn der Zögling wird nur von seinen individuellen Interessen geleitet, der Erzieher aber »strebt ins Allgemeine« und muß ins Allgemeine streben.[44]

Wiederum gilt die Vermutung, daß ein pädagogisches Handeln, welches dieses Spannungsverhältnis auflöst, sei es zugunsten maximaler thematischer Vielfalt, sei es zugunsten einer entschlossenen Lenkung der Schüler, den Ansprüchen eines erziehenden Unterrichts nicht gerecht zu werden vermag. Die Freinet-Pädagogik scheint hier gefährdet, wie sich überhaupt die reformpädagogische

Bewegung zwischen Jahrhundertwende und zweitem Weltkrieg, so Oelkers in seiner Kritik an der Reformpädagogik, in bezug auf dieses Problem eher paradox verhielt: »Sie verfolgte allgemeine, politische Zielsetzungen, die der Individualität des Kindes widersprachen, während auf der anderen Seite eine Praxis realisiert wurde, bei der der Effekt für das Allgemeine immer unabsehbarer wurde.«[45]

Gleichwohl kann man – Oelkers' Verdikt zum Trotz – gerade einem Beispiel aus einer Freinet-Klasse entnehmen, wie unterrichtliches Handeln strukturiert sein könnte, das die Spannung zwischen den individuellen Interpretationsversuchen der Schüler einerseits und den kulturell verfügbaren und durch Unterricht anzueignenden Interpretationsmustern der Gesellschaft andererseits *aushält* und mit »pädagogischem Takt« bewältigt: dem Beispiel der mit den Flaschen hantierenden Schüler von Anne-Marie Mislin nämlich. Der pädagogische Takt äußerte sich dort in der Fähigkeit der Lehrerin, die notwendige Beeinflussung der Schüler zum Zwecke der »Entfremdung« von ihren vorhandenen Meinungen, Einstellungen und Sichtweisen nicht in eine Überwältigung der Schüler umschlagen zu lassen, sondern im Sinne einer bewußten »Selbst-Entfremdung« der Schüler *mit den Schülern gemeinsam* zu vollziehen. Dabei griff die Lehrerin jedoch nicht nur auf die methodischen Grundformen der Freinet-Pädagogik wie etwa das Prinzip des entdeckenden Lernens oder das Regulativ des »freien Ausdrucks« zurück. Sie verfügte offenkundig über zusätzliche *thematische Regulative*, die in der Freinet-Pädagogik selbst nicht ausgeführt sind, das heißt über »eine Vorstellung von Bildung«.[46]

Eine solche »Vorstellung von Bildung«, wie sie Herbart mit seinem Theorem der gleichschwebenden Vielseitigkeit und der Klassifikation der Gegenstände eines vielseitigen Interesses vorgelegt hatte[47], ist in der Freinet-Pädagogik nur implizit enthalten, von Freinet selber aber nicht systematisch entwickelt worden. Sie findet ihre äußere Repräsentation in der Nutzung des Klassenzimmers als *universeller* »Werkstatt«: Die Freinet-Pädagogik kommt den Ansprüchen eines erziehenden Unterrichts insofern entgegen, als ihre Klassenzimmer eben nicht nur »Handwerker-Werkstatt«, sondern auch »Kunstwerkstatt«, »Schreibwerkstatt«, »Kommunikationswerkstatt«, »Denkwerkstatt« und allgemeines Forschungslabor sind. Nur aufgrund dieser Vielfalt, die in der traditionellen Schule in der Vielfalt der Einzelfächer aufgelöst ist, kann die Freinet-Pädagogik immer wieder jene »gleichschwebende« Vielseitigkeit hervorbringen, die nach Herbart das einzige Ziel eines erziehenden Unterrichts darstellt. Das Defizit der Pädagogik Célestin Freinets besteht darin, diesen Zusammenhang nur lernpsychologisch und nicht auch bildungstheoretisch begründet zu haben. Die Chance der Freinet-Pädagogik besteht darin, trotz dieses Mangels Vielseitigkeit praktizieren zu können – wenn auch bisweilen eher zufällig denn als Ergebnis einer systematischen Konstruktion des Unterrichts. Allerdings kann ihr dieses nur gelingen, solange sie dabei auch die Differenz zwischen der unterrichtlich angeleiteten Erweiterung von Erfahrung und Umgang der Kinder und dem Lernen in realen Lebenssituationen *aufrecht erhält* und nicht dem reformpädagogischen Mißverständnis erliegt, daß es darauf ankäme, die ganzheitliche Weltsicht der Kinder in einem ebenso »ganzheitlichen« Lernarrangement zu konservieren.

4.1.2.3 Die institutionelle Dimension: Zur Differenz von Lebenswirklichkeit und schulisch organisierter Lernsituation

Freinet selbst behauptet mit einer etwas unkritischen Emphase und im Gegensatz zu der schon im 19. Jahrhundert entfalteten Einsicht in die gesellschaftliche Stellung und Funktion der Institution Schule[48], daß die Ecole Moderne mit Hilfe ihrer Techniken die Einheit von Leben und Lernen wiederherzustellen vermag und darin jeder anderen Form von Schule überlegen sei.[49] Es wurde hier bereits Freinets Überzeugung zitiert, daß jeder, der den Buchdruck in seiner Klasse einführt, damit »den Geist seiner Klasse und die Bedeutung seines Unterrichts« ändere. »Die Schule wird nunmehr die wesentlichen Elemente ihres Wirkens aus dem Leben der Kinder selbst und sogar noch aus deren Unterbewußtsein schöpfen«, hieß es dort.[50] Die *lebensnahe* Schule ist Freinets wichtigstes Ziel, das er überraschend widerspruchsfrei realisieren zu können glaubt. Die Form – vor allem lebensnah! – nimmt dabei bisweilen den Charakter eines Selbstzweckes an. So beklagt er immer wieder die Lebensferne der Unterrichtsschule seiner Zeit und fordert, die Schule für die Lebenswelt der Kinder zu öffnen und die Unterrichtsgegenstände »aus dem rauhen, aber reichen und erbaulichen Leben der Kinder (zu) schöpfen.«[51] Beim Setzen eines eigenen freien Textes beispielsweise habe das Kind dann »so etwas wie ein Stück seines eigenen Lebens« vor Augen.[52]

»Wenn unsere Schüler einen Text verfassen, so ist das für sie kein fruchtloses schulisches Geschäft: Sie wissen, daß der gesetzte und gedruckte Aufsatz mit der Post und der Bahn die fernen Freunde erreichen wird, die auf diese Weise an ihrem eigenen Leben teilhaben werden. Das bedeutet eine echte Erweiterung der kindlichen Persönlichkeit, eine wunderbare Bereicherung.«[53]

Man muß solche Äußerungen in ihrem sozialen und historischen Kontext sehen. Betrachtet man auf den verfügbaren Fotos die triste Kleidung seiner Schüler und die ärmliche Ausstattung von Freinets Schulstube, so läßt sich erahnen, daß Techniken wie die Klassenkorrespondenz oder die Mitarbeit an überregional vertriebenen Kinderzeitungen für die sozial extrem deprivierten Bauernkinder seiner provenzalischen Dorfschule Mitte der zwanziger Jahre vermutlich die einzige Möglichkeit darstellten, über den beschränkten Erfahrungskreis des eigenen Dorfes mit der »weiten Welt« in Kontakt zu treten. Für diese Kinder eröffnen die Freinet-Techniken erstmalig die Chance eines Aufstiegs durch Bildung. Für die Kinder des Fernsehzeitalters, die schon im Vorschulalter alle bedeutsamen Ereignisse dieser Erde einschließlich vorgefertigter Erklärungen hochspezialisierter Fachleute ins Wohnzimmer geliefert bekommen, haben Lernsituationen wie Klassenkorrespondenz und Schulzeitung sicher eine andere Bedeutung.[54] Für die Beurteilung der Freinet-Pädagogik im Hinblick auf ihren Beitrag und ihre Realisationschancen für einen erziehenden Unterricht sind jedoch weniger solche Unterschiede als das allgemeine Prinzip von Belang: Die Erweiterung von Umgang und Erfahrung erfolgt in einer Freinet-Klasse nur indirekt durch den Lehrer; sie erfolgt in erster Linie durch die Kommunikationspartner und die kommunikative Situation selbst.

Doch wo liegt dabei der Fortschritt? Stellt denn die schulisch veranstaltete Kommunikation tatsächlich »das Leben« dar, an dem und in dem die Schüler ihren Gedankenkreis und ihren Umgang erweitern könnten? Oder bedeutet nicht die reale Kommunikation mit den fernen Korrespondenzpartnern eine ebenso künstliche und das heißt: »Lebens-ferne« Situation wie der traditionelle, lehrerzentrierte und lehrergesteuerte Unterricht, gegen den Freinet so heftig anficht, – real, aber künstlich, eine Kunstrealität sozusagen? Schließlich kommunizieren die Kinder in ihren freien Texten über Sachen und Sachverhalte, die sie (oder andere) *vorher* erlebt oder getan haben oder später vielleicht einmal tun möchten, aber *in der*

Korrespondenz, d.h. beim Anfertigen ihrer Texte und bei der Rezeption der Texte anderer Schreiber handeln sie nur als Schreibende bzw. Rezipierende. Das bedeutet aber, daß sich über ihr Handeln die Sprache legt, daß die Lebenswirklichkeit nicht im unmittelbaren Erleben, sondern im Sprechen (bzw. Schreiben) über das Erlebte (bzw. Gefühlte oder Gedachte) verarbeitet wird. Insofern besteht zwischen dem Handeln in der Lebenswirklichkeit und der unterrichtlichen Bearbeitung dieser Wirklichkeit eine systematische Differenz, die auch die Freinet-Pädagogik nicht überspringen kann.[55]

Tatsächlich bekennt Freinet selber, daß sich die Sprache als eine Form symbolischer Handlung von der durch sie bezeichneten Realität auch entfernen und bisweilen sogar entfremden kann:

»Zwischen der Wirklichkeit der Dinge, der produktiven Arbeit, und dem mündlichen und schriftlichen Ausdruck ist eine Kluft entstanden, die immer tiefer wird. Sie wird schließlich die Handlung völlig von ihrem Ausdruck, die Geste von ihrem Substitut und die Arbeit von ihrer Daseinsberechtigung abtrennen.«[56]

Freinet beklagt diese Entwicklung im »Essai de psychologie sensible« mit dem für die reformpädagogische Bewegung typischen kulturkritischen Unterton[57], ohne zu erkennen, daß in dieser Ablösung des Symbols von der bezeichneten Realität auch ein Fortschrittselement enthalten ist: die Kraft der Abstraktion. Er beklagt, daß die Kinder keine Beziehung mehr herstellen könnten zwischen den »abstrakten Ideen des gedruckten Wortes« und ihrer eigenen Lebenswirklichkeit[58], doch er interpretiert diese Erscheinungen nur als ein unterrichtsmethodisches und nicht als ein bildungstheoretisches Problem. Er sieht dieses Problem nicht im Kontext der Entwicklung der menschlichen Arbeit. Denn im Übergang zum post-industriellen Zeitalter, verschiebt sich die »Wirklichkeit der Dinge«: Die Bedeutung der manuell-produktiven Arbeit sinkt, diejenige der abstrakten Arbeit nimmt beschleunigt zu. Die Arbeit verliert aber nicht ihre Daseinsberechtigung, sie wechselt nur ihr Gesicht.

Freinet jedoch hält an der Einheit von Leben und Lernen als unverzichtbarem Weg der Erkenntnis fest:

»Durch unsere Arbeit müssen wir wirklich teilhaben an ihrer Entstehung, an ihrer Verwirklichung, an ihrer Fertigstellung; wir müssen verstehen – aber nein, Vorsicht, rationales Verständnis genügt nicht, denn es ist, vor allem bei Kindern, immer nur unvollkomme-

nes Stückwerk – wir müssen also spüren, wie und warum diese Maschine, mit der wir unsere Kräfte so unglaublich steigern können, doch nichts Geheimnisvolles an sich hat; wir müssen das Räderwerk begreifen, mit den mechanischen Verbindungen der Teile untereinander vertraut sein. Unter den Händen, im Prozeß der Arbeit als einzigem Erzeuger von Leben und Fortschritt, erkennen wir dann die Umrisse der langsamen Eroberung der Natur durch den Menschen. An dieser Ausbreitung von Macht nehmen wir intensiv teil, ihre Bestandteile gehen in unsere Persönlichkeit ein, regen sie an und prägen ihr Verhalten und ihr Denken, bis eine neue, auf die Arbeit gegründete Philosophie entsteht.«[59]

Das allerdings ist pure Romantik, vorindustrielles Denken, welches zu den Realitäten der neuzeitlichen Wissenschaft kaum mehr vordringen kann. Denn der Rückgriff auf konkrete Operationen im Lernprozeß, der für eine Übergangsperiode in der Ontogenese des Kindes typisch und entwicklungspsychologisch bedeutsam ist, reicht nur zur Aneignung elementarer Erkenntnisstrukturen, eben jener Grundbegriffe, die die typischen Lerngegenstände der Grundschule ausmachen: Begriffe von Raum, Zeit, Zahl, Kausalität usf.[60] »Gebildet« ist erst der, der bei der Aneignung komplexerer Sachverhalte auf konkrete Operationen nicht mehr angewiesen ist und der auch jene Sachverhalte zu durchschauen vermag, die gar keine unmittelbar konkret-operationale Basis haben, weil sie sich nicht auf Sachen, sondern auf Verhältnisse beziehen, also beispielsweise – mit Herbart gesprochen – das ethische, das politisch-historische oder das religiöse Interesse betreffen. Solche Interessen lassen sich nur in Ausnahmefällen auf dem Wege des entdeckenden Lernens in der Lebenswirklichkeit selbst fördern, sie bedürfen über weite Strecken immer auch des »darstellenden« Unterrichts, zu dem Freinet wenig sagt, ja, den er persönlich zu vermeiden suchte.[61]

Mit seiner methodischen Einseitigkeit setzt sich Freinet erneut der Kritik aus:

»Im Grunde favorisieren alle Richtungen bestimmte Konzepte, indem sie sie vereinzeln, in dieser Stellung generalisieren und dann gegen konkurrierende Prinzipien abgrenzen. Das hat den Nachteil, daß man die ausgegrenzten Methoden nicht mehr verwenden kann, auch dann nicht, wenn sie nützlich sind. Aber das begriffliche Lernen der Herbartianer ist an seinem Ort nützlich und kann durch keine Projektmethode ersetzt werden; und die mechanische Übung

tut in bestimmten Kontexten ihren guten Dienst und wird durch al-les Problemlösen nicht aufgewogen. Es gibt aber, so kann man da-raus folgern, keine Methode für alle Fälle, also keine ausschließ-lich und immer richtige Methode. Die Reformpädagogen vergessen, daß sie immer kontextspezifisch argumentieren und können ange-sichts des Verzichts auf Systematik den Kontext nicht reflektieren, in dem sie sich ... bewegen.«[62]

Anerkennt man eine systematische Differenz zwischen dem weitge-hend spontanen Lernen in der Lebenswirklichkeit und der schulisch angeleiteten *Erweiterung* von Erfahrung und Umgang im Unter-richt, eben jene Differenz, die Herbart 120 Jahre vor Freinet mit der Unterscheidung von erziehendem Unterricht und Zucht bereits be-rücksichtigt hatte, so erhöhen sich nicht nur die Anforderungen an die didaktische Strukturierung des Unterrichts; es verändert sich auch die Einschätzung der Tragfähigkeit und der Reichweite des gesamten pädagogischen Konzeptes. Man kann es vielleicht so zu-sammenfassen: Die Freinet-Pädagogik eröffnet trotz ihrer bisweilen romantischen und überwiegend vorindustriellen Grundlegung bei Freinet mit den in ihr wirksamen und sie tragenden Prinzipien für Kinder im Grundschulalter Chancen zur Realisation eines erziehen-den Unterrichts im Herbartschen Sinne; aber Freinet selbst weiß in Ermangelung einer fundierten bildungstheoretischen Untermaue-rung seiner Konzeption nicht um deren Grenzen. Die Freinet-Päd-agogik vermag *nur die Grundlagen wissenschaftlichen Arbeitens* zu vermitteln. *Die Aussagensysteme* der einzelnen Wissenschaften selbst erschließt sie jedoch nur partiell und immer nur in einer zu-fälligen Auswahl.[63] Es fehlt ihr ein Auswahlkriterium. Die von Freinet mit vielen anderen Reformpädagogen so häufig beschwore-ne »Lebensnähe« oder »Lebendigkeit« des Unterrichts kann ein solches Kriterium nicht abgeben, weil solche Kategorien die syste-matische Differenz zwischen dem Lernen in der Lebenswirklichkeit und dem Lernen im Unterricht eher verschleiern, als konstruktiv zu bewältigen vermögen.

4.1.2.4 Aufforderung zum Handeln: Das Element der Zucht in der Freinet-Pädagogik

Prüfen wir abschließend, inwiefern die Freinet-Pädagogik einen Beitrag zu der *nicht* über Lerngegenstände vermittelten Erziehung der Schüler leistet, so ist der Rahmen einer solchen Prüfung mit der zuvor ausgeführten Differenzierung zwischen dem Handeln in der Lebenswirklichkeit und der Lokalisierung von Lernprozessen in der Schule vorgegeben. Der Unterricht kann als erziehender Unterricht auch erzieherische Wirkung haben, aber die Schule kann als von den übrigen Lebensvollzügen abgegrenzter Lernraum zum Handeln in der Lebenswirklichkeit nur begrenzt auffordern. Immerhin kann sie insofern dieser Aufgabe besser oder schlechter gerecht werden, als auch das Leben *in* der Schule zur Lebenswirklichkeit der Schüler gehört. Ob und inwieweit die Schüler wenigstens *in* der Schule zum Handeln aufgefordert werden, hängt aber neben den Strukturen der Institution entscheidend von den pädagogischen Grundannahmen ab, denen ein Lehrer folgt.

Mit dieser Einschränkung wäre zu prüfen, ob in der Freinet-Pädagogik pädagogische Grundannahmen ausformuliert oder wenigstens implizit wirksam sind, die die Lehrer dazu anhalten, den Schülern eigene Handlungs- und Entscheidungsräume im Schulalltag einzuräumen. Solche Grundannahmen lassen sich unschwer in dem Vertrauen der Freinet-Pädagogik auf die Selbstbildungsfähigkeit des Kindes und dem dieses Vertrauen untermauernden Prinzip des »freien Ausdrucks« ausmachen, welches, wie bereits früher zitiert, vom Lehrer »Demut und Verständnisbereitschaft« für kindliche Äußerungen fordert. Solche Verständnisbereitschaft muß sich aber auch unmittelbar praktisch auswirken. Eine Ermutigung der Schüler zum Handeln gemäß der eigenen Überzeugung kann dann in zweierlei Weise erfolgen:

- Die Schüler können innerhalb des Unterrichts ermutigt werden, eigenen Handlungsideen nachzugehen;
- und die Schüler können im Sinne eines Lerntransfers aus der Anerkennung und Wertschätzung ihrer eigenen »freien« Texte und künstlerischen Produktionen seitens der Kameraden, der Korrespondenzpartner oder des Lehrers eine allgemeine Steigerung ihres Selbstvertrauens erfahren, das sie in Situationen mit Handlungs- oder Entscheidungsdruck bestärken mag, der eigenen Überzeugung zu folgen.

Für beides finden sich in der Literatur aus der Freinet-Bewegung zahlreiche Beispiele. In dem Film »Der Unterricht von Anne-Marie Mislin« wird eine Kleingruppe von etwa vier Kindern gezeigt, die unter einem Schülertisch am Boden hocken und dort bei äußerst beengten Platzverhältnissen mit Hämmern und Nägeln große Bretter zusammenfügen. An demselben Tisch sitzen gleichzeitig zwei weitere Schüler, die offenbar ganz anderen Arbeiten nachgehen. Einer von Ihnen scheint ein großes Bild zu malen. Er zeigt sich von dem beträchtlichen Lärm des Hammers zu seinen Knien ziemlich unbeeindruckt. Anne-Marie Mislin kommentiert die Szene:

»Magali hat einen Plan gebracht, um ein Haus zu bauen. Ich habe nicht reagiert, und sie fragten: ›Warum dürfen wir nicht?‹ Da habe ich gesagt: ›Es geht nicht ums Dürfen. Wir haben kein Material.‹ Da sagten sie: ›Das ist eine Kleinigkeit. Wir haben viel, viel daheim.‹ Ich habe nichts mehr gesagt und nachmittags, glaube ich, war es, kamen sie mit Holz unterm Arm und wollten gleich anfangen. Da habe ich nicht reagiert. Es störte mich, ich hatte andere Pläne. Aber sie wollten es doch fortführen. Und dann gingen sie, glaube ich, noch unter den Tisch, um die anderen nicht zu stören, daß ich nicht mehr sagen könnte: ›Es ist kein Platz, wir haben anderes zu tun.‹

Dann haben sie einen Platz gefunden, und das Haus wurde am Ende nur ein Mäusehaus. Sie hatten, glaube ich, Schwierigkeiten. Sie konnten nicht gut sägen; sie konnten das Tor nicht so machen, daß es auf und zu ging. Dann haben sie ein Schiebetor gemacht, das nur für eine Maus war; denn es war klein, es war nicht nach dem Plan.

Das ging aber doch drei Wochen: Eine Kleine hat ein Stück Holz wieder mit nach Hause genommen und hatte (auf)gezeichnet, wie der Vater sägen soll. So hatten wir die Hilfe einiger Eltern. Ein anderer Vater kam und sagte: ›Ja, was ist das, muß ich wirklich in die Schule kommen, um ein Scharnier zu bringen?‹... Und er zeigte einem, wie man ein Scharnier befestigt.«[64]

Das Timbre des Kommentars und die Mimik der Lehrerin im Film bei ihrer Kommentierung lassen keinen Zweifel zu, daß es sich hier nicht um eine antiautoritär-libertinäre, sondern um eine von der Lehrerin sehr bewußt wahrgenommene Situation handelt, von der sie nicht ohne Stolz erzählt. Die Schüler haben eigene Interessen in die Schule eingebracht und diese sogar gegen den ursprünglichen Willen der Lehrerin durchgesetzt. Doch es hat keinerlei Machtkampf gegeben. Die Lehrerin erkannte, daß die erfolgreiche Realisation des Vorhabens der Kinder für deren Erziehung zur Mündigkeit in diesem Augenblick wichtiger war als die Durchsetzung der eigenen Unterrichtspläne der Lehrerin. Sie akzeptiert stillschweigend den Willen der Kinder und bestärkt ihn dadurch.

In Anlehnung an Herbarts vier Formen der »Zucht«[65] müßte man bei einem solchen Lehrerhandeln wohl von einer »duldenden Zucht« sprechen, die der Anerkennung eines sich beim Schüler gerade entwickelnden Willens entspricht und im stillen Signalisieren auf den Verzicht der Durchsetzung des eigenen Lehrerinteresses eine ebenso subtile wie gekonnte Form erzieherischen Handelns darstellt. Das Prinzip des »freien Ausdrucks« bezieht sich hier nicht mehr bloß auf die Freiheit der Gedanken und Ideen bei der Anfertigung von schriftstellerischen oder künstlerischen Produkten, sondern schließt den sich frei ausdrückenden eigenen Willen des lernenden Subjekts mit ein. Man kann kaum besser verdeutlichen, was Herbart meinte, als er die Zucht ein »zutrauliches Emporheben der sittlichen Selbstmacht« des Kindes nannte.[66] Daß sich ein solches Klima des Respekts vor dem sich entwickelnden Willen des Kindes unmittelbar sittlich auswirkt, zeigt das fast rührende Bemühen der Schüler, trotz der damit verbundenen Beschwerden von sich aus unter einem Tisch zu arbeiten, um den Rest der Klasse mit ihrem Werkvorhaben möglichst wenig zu stören.

Damit ist die erzieherische Reichweite einer Pädagogik, die sich dem Prinzip des »freien Ausdrucks« verpflichtet fühlt, beschrieben. Der freie Ausdruck führt nicht nur, wie Bertelot sagt, »zur Freiheit des Ausdrucks von Kindern, die verantworten, was sie sagen«[67]; er führt auch zur Freiheit des Handelns von Kindern, die verantwortlich tun, was sie denken. Daß der äußere Rahmen der Institution Schule hierzu nur begrenzte Möglichkeiten bereitstellt, ändert nichts am Prinzip, sondern allenfalls an der Häufigkeit, mit der dieses Prinzip realisiert werden kann.

4.1.3 Zusammenfassung

Die Pädagogik der Freinet-Lehrer gibt praktische Beispiele für ein schulisch organisiertes Lernen, daß sich *methodisch* konsequent für die Mitwirkung der Schüler bei der Bestimmung der Unterrichtsgegenstände öffnet. Mit Hilfe des entdeckenden Lernens als in der Freinet-Pädagogik vorrangig verwendeter Unterrichtsform betreibt sie die Erweiterung von Erfahrung als »Einwurzelung« neuer Erkenntnis in den gegebenen Erfahrungshorizont des einzelnen Kindes. Sie erweitert den Umgang der Kinder in realen, wenn auch künstlich initiierten Kommunikationssituationen, die inhaltlich wiederum weitgehend von den Fragen der Lernenden bestimmt werden. So provoziert sie mit Erfolg die selbsttätige Aneignung von Wirklichkeit im Wechsel von Vertiefung und Besinnung durch das lernende Subjekt. Die fehlende Unterscheidung zwischen »Arbeit« – verstanden als reale Bearbeitung der Natur – und »Tätigkeit« – als Oberbegriff für jedwede, also auch die rein intellektuelle Auseinandersetzung mit der Natur – bei Freinet führt eher zu Unschärfen in der theoretischen Legitimation als zu Einschränkungen der praktischen Wirkungen der Freinet-Pädagogik.

Hinsichtlich der *thematischen* Dimension steht die Freinet-Pädagogik in dem Widerspruch, mit dem Rekurs auf eine überkommene Einheit von Leben und Lernen in ihrer theoretischen Grundlegung bei Freinet einer vorbürgerlichen und vorindustriellen Realität verhaftet zu bleiben, während sie die Schüler in der Unterrichtspraxis keineswegs auf ein Lernen im handwerklich-mechanischen Tun festlegt. Vielmehr bewirkt die Nutzung des Klassenzimmers als universeller Lern-, Denk- und Arbeitswerkstatt im Verein mit den »Techniken« der Freinet-Pädagogik schon bei Freinet selbst eine Befreiung der Schüler von den Beschränkungen ihrer dörflich-bäuerlichen Herkunft; die Schüler werden im Sinne der von Herbart geforderten »gleichschwebenden Vielseitigkeit« frühzeitig befähigt, sich selbst Zwecke zu setzen und diese zu verfolgen.

Neuere Beispiele aus der Praxis von Freinet-Lehrern verdeutlichen, daß diese Pädagogik die Kinder wohl an die Grundlagen wissenschaftlichen Arbeitens heranführt, ihnen allerdings die Aussagen und Systeme der Wissenschaften selbst nur in einer zufälligen Auswahl nahebringt. Mit ihrem einseitigen Rückgriff auf die Prinzipien des entdeckenden Lernens und des »freien Ausdrucks« und in Ermangelung einer ausformulierten Bildungstheorie ist die Freinet-Pädagogik immer wieder gefährdet, anstelle der mit Herbart zu fordernden Vielseitigkeit in eine bloß zufallsbestimmte Vielfältigkeit abzugleiten. Ob sie dieser Gefahr auch praktisch erliegt, hängt wesentlich davon ab, inwieweit ihre Lehrer im pädagogischen Handeln der Tatsache Rechnung zu tragen wissen, daß sich Unterricht nicht nur auf die selbständige Erkundung der Lebenswirklichkeit durch die Kinder beschränken kann, sondern immer auch die Aufgabe hat, die Schüler ihrer eigenen Erfahrung zu entfremden und sie an Lerngegenstände heranzuführen, die sich der unmittelbaren Anschauung in der Lebenswirklichkeit entziehen. Während Freinet selbst dieses für jegliches Lernen in der Institution Schule konstitutive Problem nicht systematisch aufgearbeitet hat, belegen Unterrichtsbeispiele aus Freinet-Klassen, daß die daraus resultierende Spannung in der Praxis durchaus ausgehalten und mit »pädagogischem Takt« bewältigt werden kann.

Die Freinet-Pädagogik zeigt Ansätze zu einer *institutionellen Öffnung* des Unterrichts, insofern sie bewußt außerschulische Erfahrungssituationen der Kinder aufgreift und die außerschulische Wirklichkeit im entdeckenden Lernen als Lernort und Lerngegenstand einbezieht. Ihr Defizit liegt darin, daß sie keine ausgearbeitete methodische Konzeption für *den Übergang* von dem Lernen an der und in der eigenen Erfahrung zu einer systematischen Aneignung gesellschaftlich erarbeiteter Interpretationsmuster der Lebenswirklichkeit vorweisen kann.

Was die Ausbildung von »Charakterstärke« durch eine Aufforderung zum Handeln in konkreten Lebenssituationen anbetrifft, so sind der Freinet-Pädagogik als einer im Rahmen des staatlichen Schulwesens operierenden Pädagogik enge Grenzen gesetzt. Die in ihr wirksamen Grundannahmen tragen aber zu einer Sensibilisierung der Lehrerinnen und Lehrer für die notwendige Gewährung von Handlungs- und Entscheidungsspielräumen für die Schüler innerhalb des Klassenzimmers bei. Beispiele aus Freinet-Klassen belegen, daß solche Spielräume schon sehr kleinen Kindern gewährt werden können und von diesen konstruktiv genutzt werden.

In bezug auf eine Weiterentwicklung der Theorie des erziehenden Unterrichts läßt sich anhand der Praxis von Freinet-Pädagogen erkennen, daß zwischen der methodischen Öffnung des Unterrichts für eine Mitwirkung der Schüler an der Konstitution der Unterrichtsgegenstände und der thematischen Öffnung für eine möglichst vielseitige Welt- und Selbsterfahrung der Lernenden ein Spannungsverhältnis besteht. Dieses Spannungsverhältnis darf weder zu Lasten der Mitwirkung noch zu Lasten der Vielseitigkeit einseitig aufgelöst werden, sondern muß mit den Lernenden gemeinsam praktisch bewältigt werden, wenn der Unterricht den Ansprüchen eines erziehenden Unterrichts im Herbartschen Sinne genügen soll. In der Praxis der Freinet-Lehrer finden sich Beispiele, wie das gelingen kann.

Darüberhinaus weckt die Beschäftigung mit der Freinet-Pädagogik den Bedarf nach methodisch begründeten Konzepten für den Übergang von der selbsttätigen Aneignung der Wirklichkeit im entdeckenden Lernen zu einer systematischen Aneignung jener Dimensionen der Wirklichkeit, die sich auf dem Wege des entdeckenden Lernens nicht aneignen lassen. Im folgenden soll geprüft werden, ob und inwieweit die Pädagogik Martin Wagenscheins dieses »Übergangsproblem« zu lösen vermag.

4.2 Die Pädagogik Martin Wagenscheins

Die Pädagogik Martin Wagenscheins bietet sich aus mehreren Gründen dafür an, auf Korrespondenzen und Zusammenhänge mit der Lehre vom erziehenden Unterricht nach Herbart befragt zu werden. Zum einen ist die Verbindung von Pädagogik mit den sogenannten »exakten« Naturwissenschaften ein gemeinsames Thema von beiden, Wagenschein und Herbart, gewesen, wenngleich Herbart von den messenden und rechnenden Wissenschaften eher methodisch nutzbare Hinweise für ein wirksames pädagogisches Handeln erwartete, während Wagenschein vorrangig die Frage nach der pädagogisch angemessenen Form der Vermittlung dieser Wissenschaften im Unterricht thematisiert hat. Beiden gemein war ein hohes persönliches Interesse an der Mathematik und ein ebenso hoher Anspruch an der sachlich und fachlich korrekten Gestaltung des Unterrichts. Beide bearbeiteten in ihren Studien auch primär *den Zusammenhang* von Unterrichtsgegenstand und Unterrichtsmethodik, Herbart im Rahmen einer Allgemeinen Pädagogik, Wagenschein in der Konzentration auf das mathematisch-naturwissenschaftliche Gegenstandsfeld. Beide wollen schließlich das lernende Subjekt in einer didaktisch redlichen Form vom kindlichen oder vor-wissenschaftlichen Wissen (ganz unwissend ist der Mensch nie) durch Unterricht zum wissenschaftlichen Denken führen.

Das Besondere des Wagenscheinschen Ansatzes liegt darin, daß bei ihm Erfahrungserweiterung – im Gegensatz zu der von Wagenschein kritisierten traditionellen Schulphysik des deutschen Gymnasiums – nicht darauf abzielt, frühere (»vor-wissenschaftliche«) Vorstellungen als »falsch« auszumerzen und am Ende nur die unterrichtlich vermittelte fachwissenschaftliche Interpretation der Natur als die einzig richtige gelten zu lassen. Wagenschein geht es vielmehr um Erfahrungserweiterung im Sinne eines eigenständigen Transformierens von Erfahrung durch das lernende Subjekt selbst, ja, häufig auch um Erweiterung im Sinnes eines bloßen Ergänzens der verschiedenen Zugriffs- und Sichtweisen auf die Natur. Für ihn steht am Ende des Unterrichts eine Art »Mehrsprachigkeit« der

Schüler, in der ehrfürchtiges Staunen, ursprüngliches Verstehen, animistisches Deuten und »exaktes Denken« nebeneinander weiterbestehen dürfen, ohne sich mehr zu widersprechen oder wechselseitig um den ersten Rang zu streiten. Insofern versucht Wagenschein, der neuzeitlichen Erkenntnis Rechnung zu tragen, daß Wissenschaft nach Galilei und Newton nicht mehr die vermeintlich vorgegebenen Gesetze zu ergründen sucht, nach denen die Natur organisiert ist, sondern ihrerseits die Gesetze erst generiert, mit denen die Naturphänomene beschrieben und berechnet werden. Wagenschein sucht nach den didaktischen Konsequenzen aus dem von Heinrich Hertz in einem Satz zusammengefaßten Wissenschaftsverständnis der Moderne: »Wir machen uns innere Scheinbilder oder Symbole der äußeren Gegenstände ... von solcher Art, daß die denknotwendigen Folgen der Bilder stets wieder Bilder seien von den naturnotwendigen Folgen der abgebildeten Gegenstände.«[68]

Wagenschein wendet sich mithin gegen die Tendenz, wissenschaftliche Aussagen über die Wirklichkeit mit der Wirklichkeit selbst gleichzusetzen. Bilder und Modelle naturwissenschaftlicher Forschung geben keinerlei Auskunft auf die Warum-Frage. Sie beschreiben im Grunde nur in einer ganz bestimmten Form dieselben Phänomene, die auch Künstler – Schriftsteller, Maler oder Geschichtenerzähler – jeweils mit ihren Mitteln beschreiben oder beschrieben haben.[69] Wagenschein will dem »materialistischen Aberglauben« vorbeugen, daß das »physikalische Schema der Welt« zugleich die Welt selber sei, »die letzte, einzige, wirkliche und wahre« Welt.[70] Nur solcher Unterricht ist nach Wagenschein bildend – und zwar gerade im Sinne der modernen Naturwissenschaften bildend! – der *die Differenz* zwischen Realität und Wahrnehmung, zwischen Sein und Interpretation, zwischen Beschreibung und Begründung aufrechterhält und anerkennt, daß beispielsweise in der Dichtung genauso viel »Wahrheit« enthalten sein kann wie in der Messung oder logischen Ableitung. Denn Physik ist nur ein »Aspekt« aller möglichen Weltinterpretationen, ist eine ganz spezifische Form der Reduktion von Wirklichkeit.

4.2.1 Das Programm

Die Grundlinien von Wagenscheins Pädagogik kommen schon in den Überschriften seiner bekanntesten Veröffentlichungen zum Ausdruck: »Rettet die Phänomene!«, »Ursprüngliches Verstehen und exaktes Denken«, »Verstehen lehren – genetisch – sokratisch – exemplarisch«. Wagenschein kämpfte fast ein halbes Jahrhundert lang gegen die enzyklopädische Stoffülle der Lehrpläne und die von ihm wahrgenommene Tendenz des deutschen Gymnasiums, die Schüler mit Themen, Formeln und Gesetzen zu überschütten, deren Kontext sie in der Regel nicht kennen und deren Herleitung sie nicht nachvollziehen können, weil ihnen die Genese der gelernten Sätze und Formeln vorenthalten bleibt. So eignen sich die Schüler Fertigpackungen an, statt die Natur selber entdeckend interpretieren zu lernen, und erwerben eher Halbwissen als fundierte Einsichten in die Mechanismen wissenschaftlichen Arbeitens und den Geltungsbereich wissenschaftlicher Aussagen. Alles bleibt oberflächlich, ohne Tiefgang, ohne wirkliches Verständnis, eben »formelhaft«. Bildung aber bedarf nach Wagenschein der Beschränkung, sie ist nicht Universalität, sie muß »geweckt und gewachsen« sein.[71]

»Im Begriff der Bildung liegt es, daß sie wählt und einordnet. Bildung und Vollständigkeit schließen sich aus. Was gewählt wird, ist, oder sollte es bis zu einem gewissen Grade sein: Sache des Einzelnen, des Schülers, des Lehrers, des Schultyps.«[72]

Wagenschein zitiert Alexander von Humboldt, wonach der Reichtum der Naturwissenschaften »nicht mehr in der Fülle, sondern in der Verkettung der Tatsachen« besteht; und Goethe: »Auch in den Wissenschaften kann man eigentlich nichts wissen, es will immer getan sein«.[73] So wird das Problem der Stoffauswahl vorrangig zu einem Problem der Methode. Naturwissenschaft lernt man nur, indem man sie praktiziert. Wo und wie man einsteigt ist Wagenschein zufolge weniger wichtig als die Frage, wie man vorangeht.

Insgesamt lassen sich vier Hauptelemente seiner Pädagogik unterscheiden, die im folgenden näher beschrieben werden:
– der phänomenologische Ansatz,
– die genetische Vorgehensweise bei der Unterrichtsgestaltung,
– der Rückgriff auf das exemplarische Prinzip bei der Stoffauswahl und
– die sokratische Methode als typischer Interaktionsform.

4.2.1.1 »Rettet die Phänomene!«

Wagenschein plädiert in allen seinen Werken für ein streng induktives Vorgehen. Ausgangspunkt aller unterrichtlichen Bemühungen müssen reale Phänomene aus der Anschauungswelt der Schüler sein. Das Fallgesetz wird bei Wagenschein am herabfließenden Brunnenwasser erarbeitet, die Gesetze der Astronomie werden aus den vorwissenschaftlichen Wahrnehmungen der Schüler in bezug auf Sonne, Mond und Sterne gewonnen, Erhaltungs- und Bewegungssätze an konkreten Handlungen aus dem Alltag der Schüler besprochen. Die Deduktion ist ein pädagogisch unzulässiger Weg, denn sie setzt etwas voraus, was erst durch den Unterricht angebahnt werden soll: die Fähigkeit, abstrakte Fälle zu denken. Losgelöst von den realen, sinnlich wahrnehmbaren Phänomenen droht nach Wagenschein jeder Unterricht zur bloßen Paukerei zu verkommen. Die Schule bringt dann – mit Pestalozzi gesprochen – »dem Menschen das Urteil in den Kopf, ehe er die Sache sieht und kennt.«[74] Die Deduktion ist eine angemessene Vorgehensweise für den Erfinder, der bekannte Gesetze zur besseren Lösung bekannter Probleme einsetzen möchte. Schüler aber sollen nicht erfinden; sie sollen *entdecken*, d.h. im und durch Unterricht Unbekanntes und Unbegreifliches auf Bekanntes und Vertrautes zurückführen. In dieser Unterscheidung von Erfinden und Entdecken-Lassen liegt für Wagenschein die Differenz zwischen technischem und pädagogischem Handeln.[75]

Von den Phänomenen auszugehen heißt im konkreten Fall, wie es beispielsweise in den Unterrichtsprotokollen des Wagenschein-Schülers Siegfried Thiel mit Kindern an einer Tübinger Versuchsschule dokumentiert wurde[76], stundenlang darüber zu reden, warum der Schall eines entfernten Preßlufthammers oder einer entfernten Trommel offensichtlich hinter dem Anblick der Schläge und Bewegungen zurückbleibt. Schülern, die nicht solche langen Wege von den konkreten Phänomenen zur physikalischen Abstraktion und Reduktion durchlaufen, muß die Physik eine Geheimwissenschaft bleiben, in die nur wenige Auserwählte einzudringen vermögen und die an den meisten als unangenehme Pflicht vorübergeht, ohne dauerhaft bleibende Kenntnisse zu hinterlassen. Ihnen bleibt die Chance vorenthalten, selber Fragen an die Natur zu stellen. Sie bleiben un-verständig, denn Verstehen heißt für Wagenschein: »Stehen auf den Phänomenen. Anders gesagt: Erfahren, wie Physik, wie Naturwissenschaft überhaupt möglich ist und möglich wird.«[77] Wagenschein faßt diesen Ansatz wie folgt zusammen:

»Sobald Physik als ein besonderer Aspekt erkannt ist und auch gelernt werden soll, kann man den Folgerungen nicht ausweichen:

1. Als ein beschränkender Aspekt kann sie nur genetisch wirklich verstanden werden, denn man muß zuerst die unbeschränkte Wirklichkeit unmittelbar vor sich haben, um überhaupt zu merken, daß beschränkt wird. Mit anderen Worten: ›Wissenschaftsorientiert‹ kann nicht werden, wer nicht in den Anfängen der Wissenschaft heimisch geworden ist und dann ihr Fortschreiten kritisch verfolgt hat.

2. Der unmittelbare Umgang mit den Phänomenen ist der Zugang zur Physik.

3. Phänomene können nicht mit schon isoliertem Intellekt, sie müssen mit dem ganzen Organismus (›am ganzen Leibe‹) erfahren werden. Auch wir müssen anfangs unbeschränkt sein.

4. Apparaturen, Fachsprache, Mathematisierung, Modellvorstellungen sollten nicht eher auftreten, als bis sie von einem beunruhigend problematischen Phänomen gefordert werden.

5. Auch auf höheren und späteren Stufen der Abstraktion muß der Durchblick bis zu den Phänomenen gefordert werden.

6. Das Feld des Schulunterrichts ist nicht schon die hastig bestiegene Ebene der physikalischen Begriffe. Das Feld der Schule ist der Weg zwischen den Phänomenen und der physikalischen Denkwelt, hin und auch wieder zurück.

7. Die Schule sollte (in der Grundschule und in der Sekundarstufe I), anders als bisher, so lehren, daß aus allen Schülern wissenschaftsverständige Mitbürger werden. Dann können später einige von ihnen fundierte Fachleute werden, und zwar solche, die auch mit Laien sich zu verständigen fähig sind.

8. Das Fachstudium des Physiklehrers muß also einen anderen Charakter haben als das des Diplomphysikers: einen genetischen.«[78]

4.2.1.2 Das genetische Prinzip

Eine Wissenschaft »genetisch« zu lehren heißt, sie mit den Schülern von ihren Anfängen her zu erschließen. Warum sind die Anfänge so wichtig? Dazu Wagenschein:

»Weil sie ... bescheiden sind. – Sind sie denn das? War Galilei ein bescheidener Denker? Sie sind bescheiden, insofern sie der Geisteslage und Haltung des Anfängers entsprechen, der sich die notwendigen Begriffe erst produktiv schaffen muß. Gerade dadurch

sind sie zugleich ungemein anspruchsvoll. Genau das, was wir im Unterricht wollen: den Anfänger ansprechen, aufrufen und zur Steigerung seines produktiven Selbst herausfordern.«[79]

Es lassen sich drei verschiedene Blickwinkel oder Aspekte der Verwendung des Begriffs vom »genetischen Prinzip« voneinander unterscheiden:

1. »Genetisches Lehren« bezeichnet – wie im vorigen Abschnitt angedeutet – zunächst den *Weg des Unterrichts*, der nach Wagenschein bei jedem zu behandelnden Gegenstand von den Fragen der Lernenden an die Phänomene über eigene Experimente und Abstraktionsversuche der Schüler zur wissenschaftlichen Reduktion auf messende und rechnende Verfahren führen sollte. Dabei stellt Wagenschein das genetische Prinzip einem darlegend-dozierenden Lehren gegenüber und – korrespondierend zu diesen Modi des Lehrens – auf Seiten der Schüler das selbständige Entdecken des anzueignenden Systems der bloßen Kenntnisnahme vom Lehrer vorgezeichneter Fakten und Einsichten.

2. Wagenschein setzt sich aber auch dafür ein, die Genesis der einzelnen Fachwissenschaften durch Rückgriff auf historische Quellen (in exemplarischer Auswahl) im Unterricht selbst zu thematisieren: »Physik kann nicht verstanden werden, wenn sie nicht auch geistesgeschichtlich verstanden wird.«[80] »Genetisch« beschreibt hier nicht mehr den Weg der Aneignung, sondern meint die Auseinandersetzung mit der Wissenschaftsgeschichte und bezieht sich dann auf *den Gegenstand* der unterrichtlichen Auseinandersetzung.

3. Auch der dritte Aspekt des genetischen Prinzips nimmt Bezug auf die Wissenschaftsgeschichte: Sie ist für Wagenschein »die Lehrmeisterin des Lehrers, um ihn für den kindheitsgenetischen Weg offen zu machen«.[81] Das heißt, der Lehrer soll sich durch die Lektüre historischer Quellen selbst für ursprüngliche Fragen an die Natur sensibel machen, wobei Wagenschein unterstellt, daß die einzelnen Wissenschaften in ihren Anfängen von ähnlich »ursprünglichen« Fragen ihren Ausgang genommen haben, wie sie das noch nicht wissenschaftlich denkende Kind stellt. So verwendet, verweist der Terminus »genetisch« auf die Frage nach der geeigneten Form der *Lehrerbildung* für den naturwissenschaftlichen Unterricht.[82]

Im Kontext unserer Studie interessiert das genetische Prinzip primär im erstgenannten Sinn, also als Weg der Erkennntisbildung im Unterricht. Als methodisches Prinzip bedeutet »genetisch« lehren, das Werden des Wissens dadurch möglich zu machen, daß man dem Schüler einerseits die Zeit gibt, die er zur selbständigen Systembildung benötigt, und daß man andererseits das Werden des Wissens – und zwar des eigenen wie (in exemplarischer Auswahl) des menschheitsgeschichtlichen Wissens – im Unterricht selbst thematisiert. In diesem Sinne, als »Gang des Unterrichts« verstanden, ist das genetische Prinzip keineswegs eine Erfindung Wagenscheins, sondern eine bereits von den Herbartianern Mager und Stoy und später Otto Willmann diskutierte Methode, die bei Herbart noch vorhandene Trennung des analytischen vom synthetischen Unterricht zu überwinden.[83]

Bei Wagenschein beginnt der Gang des Unterrichts immer mit einem »Initiationsproblem«[84], d.h. der Exposition eines erstaunlichen Phänomens, das möglichst von allein den Forschergeist der Kinder weckt. Für Wagenschein ist dies der allerwichtigste Moment im Unterricht überhaupt, in welchem es darauf ankommt, die Fragelust der Kinder zu entzünden. Das geschieht über Verfremdung bekannter Erscheinungen, über die Isolation einzelner Merkmale, die man als einzelne noch nie betrachtet hat, oder auch dadurch, daß man etwas Originales (und Originelles) in die Lernsituation einbringt, z.B. einen kiloschweren Felsbrocken, der, von Wagenschein an einem langen Seil im Klassenzimmer aufgehängt, langsam aber machtvoll hin- und herschwingend zur Entdeckung der Pendelgesetze nahezu von selbst auffordert. »Wie in der lebenden Wissenschaft« ereignet sich in dieser Phase ein »Staunen über Ungewöhnliches, Unerwartetes, Seltenes und der Wunsch, es einzuordnen.«[85] Aufgabe des Lehrers ist es mithin zunächst, eine »produktive Verwirrung« zu stiften.

Anschließend kommt es vor allem darauf an, Zeit zu gewähren. Kleine Kinder können nicht fertige Systeme übernehmen (und auch Erwachsenen fällt das meistens schwer), sie müssen Zeit bekommen, ihre eigenen Systeme selber aufzubauen. Wagenschein läßt sich im Unterricht, wenn es die Sache erfordert, ohne Hemmungen auf ein monatelanges kontinuierliches Beobachten von Naturphänomenen ein, verbunden mit stundenlangem Rätseln und Nachdenken über die gesammelten Aufzeichnungen. Und er bestreitet, daß eine solche Vorgehensweise zeitraubend ist; er nennt sie stattdessen »Muße-fordernd und deshalb von hohem Wirkungsgrad«.[86] Geneti-

sches Lehren muß, so Wagenschein, »einen Sog von möglichst lan-
gem Atem einleiten, so daß er in die ›Dunkelheit‹ eines wochenlan-
gen Lehrganges hinein- und hindurchsaugt.«[87]

Technische Medien werden nur benutzt, wenn ihre Notwendigkeit aus dem Gang der Erkenntis zwingend wird. Messen, eine
Hauptaktivität neuzeitlicher Wissenschaft, erfolgt immer erst aufgrund von Hypothesenbildung, nie als Mittel des Beweises für vom
Lehrer vorgegebene Erklärungen. Meßinstrumente und Einheiten
müssen selber erdacht und erfunden werden, wenn sie zur Lösung
des behandelten Problems nötig werden. Gesetze und Systeme stehen am Ende der Beschäftigung, nicht am Anfang.

Ein solcher Gang des Unterrichts könnte, wenn er stark vom
Lehrer gelenkt wird, auf ein lineares Wiederentdecken, ja, den Versuch des Kopierens der Wissenschaftsgeschichte im Unterricht hin-
auslaufen – und damit den Schülern ebenso äußerlich bleiben wie
ein darlegender Unterricht traditioneller Art. Tatsächlich finden
sich in Wagenscheins Werken diesbezüglich widersprüchliche Äußerungen. Einerseits zitiert er Freudenthal, es ginge im genetischen
Unterricht um die »Wiederentdeckung einer Wissenschaft von Anfang an, unter Führung«.[88] Andererseits warnt er davor, die Genesis
der einzelnen Wissenschaften mit der Ontogenese des Wissens
beim Schüler gleichzusetzen:

*»Der kindheitsgenetische Weg ... ist nicht identisch mit dem
menschheitsgenetischen. Es ist unnötig, im Physikunterricht den
Weg über Aristoteles und die Scholastik gehen zu lassen. Man kann
von Aristarch gleich zu Kopernikus führen. Wissenschaftsgeschichte ist nur nebenbei Gegenstand des Physikunterrichts...«*[89]
Die Auflösung dieses scheinbaren Gegensatzes findet sich bei Wittenberg:

*»Was ist das genetische Unterrichtsprinzip? Nehmen wir vorweg,
daß es nicht darin besteht, im tatsächlichen Unterricht die historische Entwicklung einer Disziplin nachzuvollziehen. Dieser alte Irrtum kann jetzt als abgetan gelten. Wohl wird man der historischen Entwicklung stellenweise folgen. Man tut es dann aber
nicht deshalb, weil es die historische, sondern weil es die sachge-
mäße Entwicklung ist«*[90]

Damit die Schüler im Unterricht nicht nur vom Lehrer vorgedachte
Erkenntnisse – wie Lichtenberg es ausdrückte: – »apportieren«,

sondern sich neue Erkenntnisse mit Hilfe des genetischen Verfahrens in die je vorhandene Erfahrung der einzelnen Schüler »einwurzeln« können, fordert Wagenschein eine gezielte und reflektierte Zurückhaltung des Lehrers. »Er darf niemals überreden wollen. Er sollte, im Gegenteil, zum Widerspruch ermutigen.«[91] Wagenschein setzt mithin das sokratische Prinzip als kritisches Korrektiv gegen eine Belehrungs- und Überwältigungspädagogik ein, vor der gerade derjenige Lehrer am meisten geschützt werden muß, dem es am leichtesten fällt, die Kinder für ein Problem zu begeistern.

»Der Hebammenkunst muß die Sorge um die Empfängnis vorausgehen. Es nützt nichts, den Holzstoß zu schüren, bevor er sich entzündet hat. Der Lehrer spricht die Frage also nicht aus, aber er sorgt dafür, daß sie ›sich aufwirft‹, wie unsere Sprache so genau sagt: ›sich erhebt‹, ›sich auftut‹. Die Sache muß reden!«[92]

Darüberhinaus fordert Wagenschein, gezielt das »kritische Vermögen« der Kinder zu provozieren, nicht nur als »Schutz gegen Unlogik«, sondern auch als Schutz gegen die »Schizophrenie«, die Wagenschein zufolge bei einer bloßen Übernahme ungeprüfter, vorgefertigter Kenntnisse stets drohe.[93]

Gleichwohl gibt es einen Lehrgang, verfolgt Wagenschein immer ein allgemeines Lernziel. Es heißt »verstehen« lernen.

»Wir müssen verstehen lehren. Das heißt nicht: es den Kindern nachweisen, so daß sie es zugeben müssen, ob sie es nun glauben oder nicht. Es heißt: sie einsehen lassen, wie die Menschheit auf den Gedanken kommen konnte (und kann), so etwas nachzuweisen, weil die Natur es ihr anbot (und weiter anbietet). Und wie es dann gelang und je neu gelingt.«[94]

Oder am konkreten Fall der Lehre des Gravitationsgesetzes:

»Man sieht, welche Kluft sich auftut zwischen dem Weg, auf welchem man Kinder und Anfänger auf bildende Weise in die Himmelskunde einführen muß, und dem Schnellverfahren, in dem man Fachleute ausbilden kann und auch ausbilden darf (im zweiten Gang, falls sie den ersten Gang richtig getan haben!), indem man sie nämlich unmittelbar an den schon herauspräparierten grundlegenden Tatbestand heranführt... Kinder betrügt man (ergänze: mit solchen Schnellverfahren – J.R.) um gerade das, worauf sie Anspruch haben: zu lernen nämlich: nicht so sehr, daß es Gravitation gibt,

sondern: wie der Mensch auf so etwas wie die Gravitation kommen
(kann) und wie die Natur so etwas preiszugeben bereit war und
ist...«[95]

Damit erhält das genetische Prinzip eine thematische Richtung: Es
dient bei Wagenschein immer dazu, herauszufinden, wie die
Menschheit auf etwas kommen konnte. Methode und Inhalt bedin-
gen sich wechselseitig, ja sie sind untrennbar miteinander verfloch-
ten.

4.2.1.3 Das exemplarische Prinzip

Um welche Inhalte geht es im einzelnen? An welchen Gegenständen soll das allgemeine Lernziel »Herausfinden, wie die Menschheit auf etwas kommen konnte« praktisch erarbeitet werden? Hierzu finden sich bei Wagenschein ganz unterschiedliche Denkansätze,
die einander auf den ersten Blick zu widersprechen scheinen. Allerdings nur auf den ersten Blick.

So hat Wagenschein 1953 ein vollständiges Physik-Curriculum
vorgelegt, welches, wenn auch dem genetischen Prinzip verpflichtet, seinen logischen Aufbau und seine Legitimation vorrangig aus
fachimmanenten inhaltlichen Überlegungen bezieht und klar einer
»Struktur der Disziplin« verpflichtet ist. Seine kleine Schrift »Natur physikalisch gesehen« ist weit mehr als nur eine »Handreichung
zur physikalischen Naturlehre«, wie ihr Untertitel vorgibt. Sie beinhaltet eine vollständige Liste der Gegenstände und Gegenstandsbereiche für den Physikunterricht, die zusammen das »System« der
Physik ausmachen, welches sich ein Schüler auf der Mittelstufe der
allgemeinbildenden Schule aneignen sollte. Dabei beansprucht Wagenschein, daß hier die einzelnen Gegenstände nicht mehr zufällig
»wie Schubfächer« nebeneinanderstehen, sondern »das Grund-Ge-
füge« der Physik umreißen und die einzelnen Gegenstandsbereiche
in ihren jeweiligen Verbindungen und Verkettungen erschließen.[96]
Diese um den Energieerhaltungssatz als zentralem »quantitativem
Regulativ« gruppierten thematischen Gegenstandsbereiche (Mechanik der Körper, Wärme, Licht, Wellen, Elektrizität, Magnetismus,
Radioaktivität) ergänzt Wagenschein um vier methodische »Stufen
der Naturforschung«:
– Beobachtung,
– Experiment,

- Erklärung und
- Bilder (Modelle).[97]

Wagenschein hat dieses »Gefüge der Physik« 1962 weiter differenziert und als »Kanon der Physik« in veränderter Form erneut vorgelegt.[98]

Die Veröffentlichung eines »Kanons der Physik« – orientiert an einer Struktur der Disziplin – ausgerechnet durch Wagenschein mag zunächst erstaunen, war er doch 1951 in der »Tübinger Resolution« mit einer Gruppe berühmter Naturwissenschaftler, Philosophen und Pädagogen (u.a. Carl Friedrich von Weizsäcker, Otto Toeplitz, Georg Picht, Hermann Heimpel, Eduard Spranger und Wilhelm Flitner) gegen die Stofffülle in den Lehrplänen und Prüfungsanforderungen der bundesdeutschen Gymnasien zu Felde gezogen. Mit den Tübinger Gesprächspartnern hatte Wagenschein damals einer größeren Öffentlichkeit als Abhilfe gegen solche Stofffülle das »exemplarische Prinzip« vorgeschlagen (welches er selber während seiner früheren Unterrichtstätigkeit an der Odenwaldschule praktisch erprobt hatte).[99] Die im Kontext der Tübinger Resolution häufig gebrauchte (und häufig mißverstandene) Formel vom »Mut zur Lücke« (der Wagenschein ebenso häufig den »Mut zur Genauigkeit« entgegenstellte), scheint mit der Proklamation eines neuen »Kanons der Physik« wenig kompatibel.

In seinem berühmten, noch auf die Tübinger Gespräche zurückgehenden Hamburger Vortrag über »das exemplarische Lehren als ein Weg zur Erneuerung des Unterrichts an den Gymnasien« lehnt Wagenschein denn auch Stofflisten zumindest für die gymnasiale Oberstufe entschieden ab.[100] Dort setzt er sich stattdessen nachdrücklich für »Funktionspläne« ein und stellt ein ganz anders aufgebautes Curriculum vor, welches ausschließlich eben solchen Funktionszielen verpflichtet ist.[101] Statt die ganze Physik in einem – ohnedies vergeblichen – Bemühen möglichst vollständig zu vermitteln, solle der Unterricht eher an einzelnen Punkten vertiefte Betrachtungen anstellen und nur *die Denkformen* der Physik und *die Verbindungslinien zwischen den einzelnen Gegenstandsbereichen* aufzeigen. Mit Ernst Mach und anderen gibt Wagenschein hier dem Verstehen einzelner Phänomene und Vorgehensweisen deutlich Vorrang vor dem Durchschreiten der ganzen Disziplin.

In dem zuletzt genannten Aufsatz widersetzt sich Wagenschein vor allem dem Bild von der Leiter oder dem Turm, den der Schüler hinaufklettern muß, um vom Zustand der Ahnungslosigkeit zu Wissen und Erkenntnis zu gelangen. Exemplarik heißt für Wagenschein:

>*Nicht ein Durch-Steigen des Turmes von unten her, sondern ein* >*Einstieg‹ – irgendwo, an geeigneter Stelle – und Aufspüren der Verbindungslinien. Nicht aller, nicht bis ganz hinunter, nicht bis ganz hinauf.*

Systematik? Natürlich! Aber sie ist Ziel! Man gewinnt sie nicht, man verfehlt sie, wenn man ihr, die dann ja nur im Kopf des Lehrers präexistiert, entlangläuft. Man muß sie aus dem Chaos aufspüren lassen. Hat man den Faden, so kann man dann der selbstgefundenen Ordnung folgen.

Also: Hin zur Systematik, hin zum echten Ordnungserlebnis, irgendwo, exemplarisch, ein Stück weiter. Aber nicht: Systematik als Geleise.«[102]

>*Denn das Entlang-Gejagtwerden längs den Geleisen des Systems bildet nicht. Wir wollen Geleisleger erwecken, nicht Geleisfahrer machen.«*[103]

Für Wagenschein selbst besteht zwischen beiden Äußerungsformen, der Veröffentlichung eines thematisch orientierten Kanons für den Physikunterricht und dem Eintreten für das exemplarische Prinzip, keinerlei Widerspruch. Die Auswahl der im Unterricht zu behandelnden Exempla setzt für ihn vielmehr die Orientierung an einer Struktur der Disziplin voraus. Denn bildend sind nur jene Exempla, an denen Allgemeines erkannt werden kann, was eben nicht für jeden beliebigen Unterrichtsgegenstand gilt. Folglich muß es auch einen Katalog allgemeiner Fachstrukturen, eben das durch Unterricht anzueignende »System« der Physik geben.

Damit unterscheidet sich die Pädagogik Martin Wagenscheins deutlich von der Freinet-Pädagogik. Beide pflegen das Prinzip des entdeckenden Lernens. Doch die dort vermißte Bildungstheorie ist hier in der Verbindung von methodischen Verfahrensweisen (genetisches Prinzip, sokratische Methode) mit inhaltlichen Vorentscheidungen (exemplarisches Prinzip, Orientierung an einem thematischen Grundkanon und fachspezifischen Funktionszielen) ausformuliert.[104] Entdeckendes Lernen ist für Wagenschein nicht ein schon an sich erstrebenswertes Ziel, sondern dient immer der Aneignung fachimmanenter Denkformen und Systeme einer Wissenschaft, die in ihren historischen Anfängen ebenfalls vorrangig auf Entdecken und Entdeckungen basiert.

Damit stellen sich aber – gerade im Kontrast zur Freinet-Pädagogik – sogleich mindestens zwei Fragen:

1. Wie sind die bildenden Exempla zu identifizieren, an denen sich die allgemeinen Grundbegriffe und -verfahren der jeweiligen Disziplin erarbeiten lassen?
2. Wie wird, wenn man »irgendwo« in die Disziplin einsteigt, sichergestellt, daß die Schüler auch tatsächlich zu jenen Grundbegriffen der Disziplin vordringen? (Das von Wagenschein häufig geforderte »Ergriffensein« von den Phänomenen könnte ja auch ein unverständiges Staunen bleiben oder ein Ergriffensein von mißverstandenen Phänomenen oder ein Ergriffensein von Phänomenen, an denen sich gerade wenig »Allgemeines« erfahren läßt.)

Auf beide Fragen gibt Wagenschein selber Antwort. Was die erste Frage anbelangt, so eignen sich nach Wagenschein insbesondere solche Probleme zur exemplarischen Behandlung im Unterricht, die folgenden Kriterien gerecht werden:

– *Beispiele, die von den Kindern selbst erschlossen werden können* (also eher die Ausbreitung der Schallwellen als Atommodelle), denn: »Was man sich selbst erfinden muß, läßt im Verstand die Bahn zurück, die auch bei anderer Gelegenheit gebraucht werden kann«[105];
– *Beispiele, an denen sich die Verbindungen zwischen den einzelnen »Hauptphänomenen« oder Gegenstandsbereichen der jeweiligen Wissenschaft aufzeigen lassen* (z.B. der Elektromagnetismus als Verbindung von Magnetismus und Elektrizität);
– *Beispiele, an denen der Entstehungsprozeß von Wissenschaft sichtbar wird* (also z.B. die verschiedenen Versuche zum Fallgesetz über die Jahrhunderte hinweg zurückverfolgt und nachvollzogen oder der Wandel vom geozentrischen zum heliozentrischen Weltbild und dessen Folgen);
– *Beispiele, die eine »Auflösung der Fachwände« bewirken*[106] und Übergänge zu anderen wissenschaftlichen Disziplinen erschließen (z.B. die gegensätzlichen Auffassungen von Newton und Goethe in bezug auf die Farbigkeit des Lichts oder – in Verfolgung des Wandels der Weltbilder – der Prozeß gegen Galilei als Paradigma eines Konfliktes zwischen Wissenschaft und Politik).

Wagenscheins Bildungsverständnis beruht also auf einer Kombination von methodischen und thematischen Faktoren:

»I. Je tiefer man sich eindringlich und inständig in die Klärung eines geeigneten Einzelproblems eines Faches versenkt, desto mehr gewinnt man von selbst das Ganze des Faches.

II. Je tiefer man sich in ein Fach versenkt, desto notwendiger lösen sich die Wände des Faches von selber auf und man erreicht die kommunizierende, die humanisierende Tiefe, in welcher wir als ganzer Mensch wurzeln, und so berührt, erschüttert, verwandelt und also gebildet werden.«[107]

Hier läßt sich unschwer eine Verbindung zu den im zweiten Kapitel herausgearbeiteten Prinzipien eines erziehenden Unterrichts, der methodischen und thematischen Öffnung nämlich, herstellen. Bevor an praktischen Beispielen überprüft wird, ob Wagenscheins Pädagogik solchen Prinzipien wirklich gerecht wird, muß jedoch noch der zweiten Frage, der nach den »Sicherungsmechanismen« in Wagenscheins Konzeption nachgegangen werden, die ein Abgleiten in die Beliebigkeit oder – um zu Herbart zurückzukehren: – in die »Vielgeschäftigkeit« verhindern könnten. Hierzu muß ein weiteres methodisches Verfahren, nämlich die sokratische Methode als bevorzugter Interaktionsform, näher in Augenschein genommen werden.

4.2.1.4 Die sokratische Methode

Die sogenannte »sokratische Methode« stellt ein Modell der strengen Führung des Schülers im Unterrichtsgespräch dar, dem zumindest in ihrer Urform, den platonischen Dialogen, ein eindeutig hierarchisches Verhältnis zugrundeliegt: die Hierarchie zwischen einem Wissenden und einem Unwissenden. Wenn Sokrates im »Menon« – wie Copei es ausdrückte: – »aus einem mathematisch völlig ungeschulten jungen Sklaven« einen geometrischen Lehrsatz »herausholt«[108], übt der Wissende in erster Linie Herrschaft aus, und der »mäeutisch« genannte Dialog gerinnt zu einer Form der indirekten Belehrung.[109]

Walter Köhnlein hat in seiner Dissertation über die Pädagogik Wagenscheins die These aufgestellt, daß dieser ein ganz anderes Verständnis von Mäeutik habe, als es in den platonischen Dialogen zum Ausdruck kommt, denn bei Wagenschein sei die Fragestellung »nicht vom Lehrer an die Schüler gerichtet, sondern von der Lerngruppe an die Sache, die in der Exposition fragwürdig erschien«.[110]

Nun gibt es bei Wagenschein durchaus Gegenbeispiele, etwa wenn Wagenschein in seiner wiederholt veröffentlichten »Himmelskunde« durch provokante Rückfragen die erschreckende naturwissenschaftliche Unbedarftheit von Lehramtsstudenten vorführt.[111] Gleichwohl trifft Köhnleins These in ihrem Kern sicher zu. Was Wagenschein mit Sokrates lediglich gemein hat, ist die Vorgabe der zu untersuchenden Phänomene durch den Lehrer und der Rückgriff auf die Lehrerfrage als Steuerungsinstrument in einem erkenntnisbildenden Dialog. Er unterscheidet sich aber von jenem hinsichtlich der Steuertechnik. Während Sokrates im »Menon« den Sklaven mit einem Schwall von Fragen eindeckt, bis dieser jegliche Selbstsicherheit verloren hat und bereitwillig den von Sokrates vorgedachten Erkenntnisweg mitvollzieht, fordert Wagenschein vom Lehrer das genaue Gegenteil: Ruhe, Zurückhaltung, Enthaltsamkeit, einen bis an die Grenzen der Selbstverleugnung reichenden Verzicht auf jegliches Vorsagen und Vormachen.[112] »Sokratisch« unterrichten heißt für Wagenschein weniger, daß – wie im » Menon« – der Lehrer selber fragt; es bedeutet vielmehr, *Fragen der Kinder* »virulent machen«.[113] Der Lehrer soll die Kinder auffordern, selber nachzuforschen, er soll »nicht das ›Mitkommen‹ belohnen, sondern den Unglauben ermutigen«. Während der Sklave bei Sokrates im Prinzip nur »Ja« oder »Ich weiß es nicht« sagt, ruht das bildende Moment der von Wagenschein eher mißweisend »sokratisch« genannten Methode gerade darin, daß sich die Schüler *selber* auf die richtigen Fragen besinnen müssen, um die erstaunlichen Phänomene, die Wagenschein ihnen präsentiert, ordnen und verstehen zu lernen. Die »sokratische« Methode besteht daher bei Wagenschein zu einem großen Teil in einem gezielten Verlangsamen der kindlichen Spekulation. Jedes Drängeln wird vermieden, jedes voreilige Urteil wird wieder in Frage gestellt, bis die vorgeschlagenen Lösungsansätze alle überzeugen.

Im einzelnen umfaßt Wagenscheins »Steuertechnik« folgende Schritte: Staunen auslösen, Schülerfragen provozieren, Vermutungen (also Theoriebildung) einfordern, an vertraute Phänomene erinnern, vorschnelle Urteile in Zweifel ziehen, Experimente anregen und schließlich die Schüler mit ähnlichen Fragen aus früheren Epochen der Wissenschaft konfrontieren. Diese Schrittfolge ist nun keineswegs vorrangig pragmatisch begründet, sondern resultiert vielmehr aus Wagenscheins Wissenschaftsverständnis: Weil die Natur dem Menschen seine eigenen Erklärungen der Phänomene »anbie-

tet«, und weil die Naturwissenschaften selbst Felder entdeckenden«
Lernens darstellen, kann man sich Wagenschein zufolge naturwissenschaftliche Systeme auch nur auf dem Wege selbständigen entdeckenden Lernens im Umgang mit realen Naturphänomenen aneignen. Der Schüler muß in eine dem Wissenschaftler identische
Aktionsform versetzt werden. Jede vorwegnehmende Belehrung,
jede von außen, z.B. vom Lehrer, ungeduldig eingebrachte Abkür-
zung des Lernprozesses verfälscht diese Situation. Gelingt es aber,
durch Auswahl der richtigen Exempel und durch Verwendung der
genannten »Steuertechniken« jene Urfragen in den Unterricht einzubringen, die auch die Wissenschaftler des Altertums und der beginnenden Neuzeit an die Natur gestellt haben, ist ein ähnlicher Erkenntnisgang wie ihn die Wissenschaft insgesamt gegangen ist,
auch im Unterricht für Wagenschein geradezu unvermeidlich.

Das genetische Prinzip vollzieht also im Unterricht nicht die
Wissenschaftsgeschichte, es vollzieht *die Haltung* des Wissenschaftlers nach und kommt deswegen zu angemessenen Ergebnissen. Die sokratische Methode gehört dazu, weil das Werden des
Wissens, »das Erwachen geistiger Kräfte, sich am wirksamsten im
Gespräch vollzieht«.[114] So vereinen sich das genetische Prinzip mit
dem exemplarischen Vorgehen und der sokratischen Methode zu einem einzigen genetisch-exemplarisch-sokratischen Unterrichtsprinzip:

*»Das genetische Lehren wird man dann etwa so definieren kön-
nen: die Kunst, dem Anfänger, dem Immerwieder-Anfänger, zu einer kreativen, kritischen, kontinuierlichen Wiederentdeckung der
Mathematik (der Physik) aus herausfordernden exemplarischen
Problemen der ersten Wirklichkeit zu verhelfen, durch einen sokratischen Beistand, der nicht schleppt und nicht schiebt, sondern eher
Zweifel nährt und so den flotten ›Fortschritt‹ staut.«*[115]

4.2.2 Wagenscheins Pädagogik im Spiegel der Konzeption des erziehenden Unterrichts

Erinnern wir an unsere Ausgangsfrage nach den Bedingungen der
Möglichkeit eines erziehenden Unterrichts heute, so erzeugt die
Auseinandersetzung mit der Pädagogik Martin Wagenscheins bis-
lang ein Bild voller Widersprüche:
– Wagenschein setzt sich vehement für einen Unterricht ein, der

aus erkenntnistheoretischen Gründen die eigenen Fragen der Kinder »virulent machen« will, statt ihnen die jeweils zu behandelnden Fragen durch den Lehrer vorzuschreiben. Doch die Phänomene, die im Unterricht behandelt werden, werden vom Lehrer ausgewählt, der sich bei seiner Auswahl an einem vorgegebenen thematischen Kanon und an vorgegebenen methodischen Verfahrensweisen orientiert. Im Rückgriff auf das im zweiten Kapitel entwickelte Analyseschema[116] stellt sich hier die Frage nach der *methodischen Offenheit* des Unterrichts bei Wagenschein.

— Wagenschein betrachtet die genetische Methode als einen Beitrag zur »Auflösung der Fachwände« und die Auseinandersetzung mit physikalischen Fragen als einen »großen Einstieg zur philosophischen Propädeutik«[117]; doch Ausgangspunkt aller unterrichtlichen Bemühungen sind fachimmanente Strukturen einer Disziplin, und das Ziel der Bemühungen bleibt die Aneigung des »Systems« einer Fachwissenschaft. Gelingt es der Pädagogik Wagenscheins, mit den Schülern zur »Vielseitigkeit« im Herbartschen Sinne vorzudringen, oder handelt es sich nicht doch nur um eine besonders anregende Form traditionellen Fachunterrichts, die im Kontext des schulischen Gesamtcurriculums schon deshalb isoliert bleiben muß, weil sich die genetisch-sokratisch-exemplarische Methode aus inhaltlichen Gründen gar nicht auf jedes Gegenstandsfeld schulischen Lernens übertragen läßt?[118] Ist beispielsweise die von Herbart geforderte Einheit der Erweiterung von Erkenntnis und Teilnahme in der Pädagogik Martin Wagenscheins überhaupt intendiert? Dies wäre die Frage nach der *thematischen Offenheit* dieser Pädagogik.

— Wagenschein betont die Bedeutung eines Anknüpfens des Unterrichts an reale Phänomene aus der Lebenswirklichkeit und unterstreicht die Notwendigkeit induktiver Vorgehensweisen bei den unterrichtlichen Ordnungsbemühungen der von den Kindern selbst wahrgenommenen Wirklichkeit. Doch der Raum für diese Ordnungsbemühungen bleibt der Dialog im Klassenzimmer, das »sokratisch« gestaltete Unterrichtsgespräch. Bietet die Pädagogik Martin Wagenscheins damit Anhaltspunkte für eine *institutionelle Öffnung* des Lernens, die sich der *Differenz* von Leben und Lernen bewußt ist? Wird diese Differenz überhaupt als ein Problem gesehen, zu dem sich jegliche Unterrichtskonzeption in irgendeiner Form verhalten muß?

- Schließlich ist Wagenschein im besten Sinne des Wortes Unterrichtstheoretiker. Er bezeichnet sich selber eher als »Unterrichter«, denn als Erzieher.[119] Welchen Beitrag darf man dann von seiner Pädagogik für die Konzeption eines »erziehenden« Unterrichts erwarten? Und wie verhält sich bei ihm die über Sachen vermittelte Erziehung zu der *nicht* über Sachen vermittelten, unmittelbaren Einflußnahme auf die Heranwachsenden, die Herbart unter dem Begriff der »*Zucht*« behandelt hatte? Hat die Pädagogik Martin Wagenscheins überhaupt einen Begriff von der Differenz zwischen den Aufgaben der Erweiterung der Erfahrung und der Aufforderung zum Handeln in realen Lebenssituationen?

Auf diese Fragen sollen im folgenden – wie schon zuvor bei der Auseinandersetzung mit der Freinet-Pädagogik – Antworten anhand einer Analyse von praktischen Beispielen gesucht werden.

4.2.2.1 Die Fragen der Kinder und die Fragen des Lehrers: Zur methodischen Offenheit des Unterrichts bei Wagenschein

Leider gibt es nur wenige Protokolle oder Unterrichtsaufzeichnungen, die Wagenschein selbst bei einer Demonstration seiner Methode zeigen.[120] Die von ihm berichteten Unterrichtsszenen haben den Nachteil, daß sie, meist zur Illustration eines Vortrages oder Untermalung eines allgemeineren Themas ausgewählt, in der Regel nur die tragenden (und vor allem die weitertragenden) Gedanken der Lerngruppe im Ganzen wiedergeben und nur im Ausnahmefall Rückschlüsse auf individuelle Erkenntnisprozesse zulassen. Zumeist geben sie nicht einmal präzise zu erkennen, welche Gedanken jeweils vom Pädagogen und welche von den Schülern eingebracht wurden. Wagenschein schildert mithin selten reale Unterrichtsszenen mit all ihren Widrigkeiten, Störungen und Nebengedanken. Er berichtet häufiger, wie sich ein Thema in einer Klasse entfaltet, ohne im einzelnen darzulegen, wie die Schüler es entfaltet haben.[121] So lohnt es sich eher, will man in die Feinstruktur der Wagenschein-Pädagogik eindringen, die Protokolle des Wagenschein-Schülers Siegfried Thiel von »Kindern auf dem Wege zur Physik« heranzuziehen.[122]

Aus diesen Berichten wird im folgenden das erste und das dritte Protokoll zum Thema »Der Schall« herausgegriffen.[123] Die Schüler haben in der ersten Stunde (auf Anregung des Lehrers!) verschiedene einfache Versuche gemacht, haben eine Trommel, ein Xylophon, eine Triangel angeschlagen, ein hängendes Becken zum Klingen gebracht und es dabei mit den Händen und sogar mit der Zunge berührt und sind darüber ins Grübeln gekommen, wie wohl ein Ton entsteht. Der Lehrer eröffnet die folgende Stunde mit dem simplen Satz:

1) »Lehrer: *Weiß jeder noch, wie ein Ton entsteht?*
2) Dietmar: *Da muß man wo draufschlagen, dann gibt's einen Ton.*
3) Lehrer: *Ich denke, Dietmar hat dazwischen was vergessen.*
4) Wolfgang: *Der Dietmar hat des vergessen, was da in der Mitte passiert. Da, durch den, durch den Schlag, da muß das Fell von der Trommel da, des muß wackeln, und wenn was wackelt, so zittert, so hin und her, dann ist's meistens ein Ton.*
5) Rainer: *Beim Xylophon und so, bei der Geige, da zittert's auch.*
6) Thomas: *Des ham wir letztes Mal rausgekriegt, einen Ton gibt's, wenn man etwas wackeln oder zittern macht.*
7) Toni: *Des Wackeln kann ma aber nicht immer sehen, nur wenn man ganz genau hinguckt.*
8) Stephan I: *Aber spüren kann man's, so mit der Zunge und auch mit der Hand. Da, wenn ein Düsenjäger übers Haus fliegt, da wackelt auch's Fenster, und das gibt dann auch einen Ton, nein, nur ein Geräusch.*
9) Wolfgang: *Da frag' ich den, ja den Stephan. Wie macht der Düsenjäger, daß das Geräusch das Fenster wackeln macht?*

Pause: 10 Sekunden.

10) Lehrer: *Ja, wie kommt das?*

Pause: 8 Sekunden

11) Stephan II: *Der Schall, das Geräusch da von dem Düsenjäger, das prallt da an das Fenster, und da wackelt des, weil's dranprallt. Wenn man in die Hand schreit, da tut auch der Schall auf die Hand drücken.«*[124]

Ausschnitte wie diese geben schon das genetisch-sokratische Grundprinzip zu erkennen: Der Lehrer gibt Impulse ein und hält sich dann weitgehend zurück. Er erzeugt eine Situation »produktiver Verwirrung« und nötigt durch seine Zurückhaltung die Kinder, selbst Fragen zu formulieren (siehe Äußerung 9), denen dann im gemeinsamen Gespräch weiter nachgegangen wird:

12) »Lehrer: ... *Aber wie ist's, wie könnten wir uns vorstellen, wie der Schall von mir zu Toni kommt?*

Pause: 10 Sekunden

13) Thomas: *Ich hab' noch keine Meinung.*
14) Lehrer: *Denkt daran, daß der Schall eine Zeit braucht, bis er bei uns ist.*
15) Rainer: *Das ist so. Wenn Sie sprechen, da mit ihrem Mund, da gibt's einen Ton, und der Ton, der geht da in mein Ohr rein und macht das Trommelfell wackeln.*
16) Ralf: *Wie kommt's aber bis zum Toni seim Ohr? Das ist gar nicht leicht.*
17) Stephan I: *Zuerst machen Sie den Mund auf und blasen den Ton raus. Des merkt man, wenn's an die Hand stupft, der Ton.*
18) Thomas: *Da ist Luft im Ton. Die boxt gegen die Hände. Ich hab's grad gespürt.*
19) Wolfgang: *Der Ton ist ja nichts anderes als Luft.*
20) Ralf: *Nein, die Luft trägt nur den Ton.*
21) Rainer: *Die Luft, die schiebt ja den Ton. Der Mund, der macht den Ton, und die Luft schiebt den Ton bis zum Toni.*
22) Wolfgang: *Die Luft muß nicht schieben. Wenn der Herr Thiel da schreit, da bläst er so den Ton heraus, und da kommt er allein zum Toni. Und der Schall macht dann das Trommelfell wackeln.*
23) Stephan I: *Da muß aber das Trommelfell gleich so wackeln, denn wenn Sie sprechen, wackelt ja Ihr Trommelfell auch. Man hört sich ja auch selber.*
24) Dietmar: *Wie war da die Frage vorher, Herr Thiel?*
25) Lehrer: *Wir wollen versuchen, herauszubekommen, was dabei geschieht, wenn ich spreche und Toni mich hören kann. Dabei stellten wir zwei Ansichten fest. Wolfgang meint, daß der Ton ja nichts anderes als Luft sei, und Ralf meinte, daß die Luft nur den Schall trägt.*
26) Rainer: *Wenn da keine Luft ist, da kann man nicht miteinander sprechen, da tät' man ersticken.*
27) Wolfgang: *Wenn keine Luft da ist, kann man nicht hören, denn der Ton ist die Luft. Da schuckt die Trommel die Luft an, und die geht bis zur anderen Trommel.*
28) Lehrer: *Nun, die Frage ist gar nicht so leicht zu beantworten, ob der Ton selbst die Luft ist oder ob die Luft den Ton nur*

trägt. Jetzt müssen wir halt versuchen, die Natur zu fragen, wie es ist.

29) Stephan II: *Da müssen wir Versuche machen, da kann man's vielleicht sehen, ein Experiment.*

30) Lehrer: *Nun, vielleicht wißt Ihr eines?*

31) Wolfgang: *Den Toni müßte man in'n Weltraum schießen, wo's keine Luft hat, und da müßt er schreien. Aber das kann man nicht.*«[125]

Im Hinblick auf die Lehre vom erziehenden Unterricht kann man feststellen: Der Unterricht greift, mit Herbart »an das Wirkliche anknüpfend«, auf für die Schüler leicht einsehbare Phänomene zurück und erschüttert ihre Einsichten zugleich. Ein fast spartanischer Rahmen, ein paar Musikinstrumente, ein Gesprächskreis und – vielleicht am wichtigsten – eine gezielte »Beunruhigung der Gewohnheit«[126], reichen schon aus, um kreative Suchprozesse bei den Schülern in Gang zu setzen. Die Schüler werden sofort selbst wissenschaftlich tätig, indem sie Hypothesen bilden, deren Folgen überprüfen und sich auf gemeinsame Begriffe verständigen. »Man lehre soviel, als höchst notwendig ist für den nächsten interessanten Gebrauch; alsdann wird bald das Gefühl des Bedürfnisses einer genauern Kenntnis erwachen, und wenn dies erst mitarbeitet, geht alles leichter«, heißt es bei Herbart.[127]

Dabei anerkennt dieser Unterricht die unzensierte Sprache der Kinder als einen eigenen und in sich selbst elementar wichtigen Zugang zu den behandelten Phänomenen. Er kultiviert das disziplinierte, aber freie Gespräch unter den Suchenden, wobei die schultypische Abwertung von Schüleräußerungen, und mögen sie dem Kundigen noch so unbeholfen klingen, gezielt unterbleibt. Es unterbleibt überhaupt jede direkte Wertung. Trotzdem gibt sich dieser Unterricht mit ungenauen Äußerungen keineswegs zufrieden. Der Lehrer greift, wenn auch sparsam, durchaus in den Dialog der Schüler ein, allerdings nicht, um ihnen bestimmte Lösungen nahezulegen, sondern vorwiegend, um den bildenden Dialog in Gang zu halten. Als Thiel einmal die Kinder fragt: »Darf ich ein wenig helfen?«, entgegnen diese prompt: »Aber nur ein bißchen, nur ganz wenig, sonst macht's keinen Spaß. Sie wissen es ja, aber wir kriegen es auch raus.«[128]

Wagenscheinscher Unterricht ist ein Paradebeispiel »respektvollen Dialogs«[129] zwischen Lehrenden und Lernenden wie vor allem auch unter den Lernenden. Er ist auf der Nahtstelle von der naiven, umgangssprachlich vermittelten zur systematisierenden, symbolsprachlich vermittelten Erfahrungsverarbeitung angesiedelt, ohne die Schüler zum raschen Übergang von ersterer zu letzterer anzutreiben. Wagenschein hat die Regeln eines solchen Dialogs wie folgt zusammengefaßt:

»Tugend des einzelnen Schülers: alles den anderen zu sagen, was er zur Sache denkt. Tugend des Lehrers: zu führen durch die möglichste Zurückhaltung seiner selbst (wozu gehört, umfassend zuzuhören und, wenn nötig, das Gespräch bei der Sache zu halten). Tugend eines jeden Teilnehmers: sich dafür mitverantwortlich zu fühlen, das alle verstehen.«[130]
Nochmals am Beispiel:

32) »Lehrer: *So, nun wollen wir darüber reden, was wir gesehen haben.*

33) Thomas: *Wenn sie auf die eine Trommel geklopft haben, da ist die Kreide an der anderen Trommel hochgegangen, so weggeflogen, ein Stück an der Schnur. Da geht der Schall von der einen Trommel weg und in die andere Trommel rein und boxt dagegen, gegen das Trommelfell hier, und da muß das wackeln, und da wird's abgestoßen, und dann muß es wieder zurück.*

34) Robert: *Also, wenn Sie da draufklopfen, dann trägt die Luft den Schall in die Trommel 'rein. Die trägt ihn natürlich überallhin, aber auch in die Trommel rein, und weil das Kreidestückchen davor ist, da vor dem Trommelfell, da fliegt das hoch, nämlich die Trommel zittert ein bißchen, und deshalb schuckt sie das Kreidestückchen bißchen hoch.*

35) Ulf: *Wenn Sie nämlich da draufklopfen, dann biegt das ein bißchen nach außen, und da hopft die Kreide.*

36) Lehrer: *Moment, ich habe nicht auf die Trommel geklopft, an die die Kreide gehängt wurde.*

37) Ulf: *Wenn man da an die erste Trommel klopft, geht, so fliegt der Schall dahin und biegt da das andere Trommelfell ein bißchen nach außen, und da geht es so nach außen, und da schuckt's das Kreidestückchen weg.*

38) Lehrer: *Hast Du den Schall gesehen, der da von einer Trommel zur anderen geht?*

39) Ulf: *Nein, Schall kann man so nicht sehen, aber das merkt man doch, so am Trommelfell, wenn's wackelt.*

40) Achim: *Ich hab' den Schall auch nicht gesehen, aber der Schall, den hört man, und mit der Hand spüren kann man ihn auch – so wenn er etwas wackeln macht. Da geht er auch in die Trommel rein.*

41) Lehrer: *Seltsam, Kilian sagt, der Schall geht, aber er sagt auch, er hätte ihn nicht gesehen. Aber das ›gehen‹ muß man doch sehen können.*

42) Jens: *Der Schall fliegt so durch die Luft, ja, der fliegt, ganz schnell.*

43) Michael: *Das hast du auch nicht gesehen, das denkst du nur, nur so denkst du's.*

44) Kilian: *Aber es gibt vielleicht Meßgeräte, wo man das sehen kann, ich weiß nicht, ich hab kein's.*

45) Ulf: *Der Schall, der kann doch gar nicht gehen, der hat doch gar keine Füße. Wie soll er da? Das ist lustig.*

...

50) Richard: *Ja, der Ulf hat gefragt, wie der Schall da hinkommt, daß der keine Füße hat, aber die Luft, die trägt ihn dahin.*

51) Achim: *Da habe ich eine Frage dazu: Aber die Luft ist doch schwerer als die..., die Luft wiegt doch was, dann müßte doch bloß in der Schwerelosigkeit der Schall fliegen, wenn's so wär, wie der Robert gesagt hat.*

52) Ulf: *Aber das stimmt dann auch wieder nicht, was der Kilian gesagt hat, der Schall hat auch keine Flügel zum Fliegen.*

53) Kilian: *Aber der Wind trägt ihn doch.*

Gelächter.

54) Ulf: *Aber der Wind hat trotzdem keine Flügel.*

55) Michael: *Hat denn der Wind Arme zum Tragen, Kilian?*

56) Kilian: *Nein, aber er bläst.*

57) Tillmann: *Hat der Wind einen Mund zum Blasen?*

58) Einige: *Ja, das hat er.*

59) Jens: *Das hab' ich im Buch gesehen, da war es gemalt.* (unsicher)

60) Richard: *Mein Gott, bist du doof. Im Buch, das ist doch nicht wirklich, da ist das nur so gemalt, für die kleinen Kinder.«*[131]

Dieses Ringen um die richtige Formulierung bei der Beschreibung gemeinsam beobachteter Naturvorgänge gerinnt in keinem Fall zur bloßen philologischen Buchstabierübung, sondern erweist sich als

59) Jens: *Das hab' ich im Buch gesehen, da war es gemalt.* (unsicher)

60) Richard: *Mein Gott, bist du doof. Im Buch, das ist doch nicht wirklich, da ist das nur so gemalt, für die kleinen Kinder.*«[131]

Dieses Ringen um die richtige Formulierung bei der Beschreibung gemeinsam beobachteter Naturvorgänge gerinnt in keinem Fall zur bloßen philologischen Buchstabierübung, sondern erweist sich als methodische Grundlegung für die individuelle Durcharbeitung, nicht bloß eines Stoffes, sondern gleichzeitig der eigenen individuellen Erkenntnisstruktur bei jedem einzelnen Schüler.[132] Je nachdem, wie weit die Kinder in diesem Prozeß schon vorangeschritten sind, tauchen ganz unterschiedliche Vorstellungen auf und müssen sich im Austausch mit den anderen bewähren. Während Michael – wenn auch noch unbewußt – schon den hypothetischen Charakter der neuzeitlichen Wissenschaft anspricht (Äußerung 43)[133], bringen andere (Äußerungen 57/58/59) noch ganz ungeschützt magische bzw. anthropomorph-animistische Interpretationen der Welt in den Diskurs ein. Die Sprache wird zum Medium kollektiver Prozesse individueller Vertiefung und Besinnung.

Die Äußerungen 57/58/59 sind insofern besonders aufschlußreich, als sie belegen, daß manche vorschnell als »typisch kindlich« (»magisch-animistisch«) kategorisierbare Interpretation direkt auf künstlich für Kinder zubereitete Erklärungsbemühungen von Erwachsenen, d.h. auf vorgängiges pädagogisches Handeln rückführbar ist. Während nun traditionelle Unterrichtsmodelle für den naturwissenschaftlichen Unterricht eilig danach trachten würden, solche vermeintlich »falschen« Vorstellungen der Kinder auszumerzen, überläßt Siegfried Thiel die Korrektur ganz den Schülern. Wagenschein selbst würde hier vermutlich für die Gleichrangigkeit beider Interpretationsformen, der bildlich-beschreibenden des Kinderbuches und der rechnend-analysierenden der neuzeitlichen Wissenschaft, plädieren oder zumindest in Erwägung ziehen, daß das Bild von den Wolken, die einen Mund haben, aus dem der Wind kommt, für Vorschulkinder eine angemessene und in sofern im Vorschulalter auch »richtige« Erklärung des Phänomens »Wind« darstellen könnte.[134] »Vielseitigkeit« im Herbartschen Sinn würde sich hier in der Toleranz – nicht des Lehrers, sondern der Schüler! – widerspiegeln, beide Interpretationsformen gleichzeitig ertragen zu können und den Übergang vom anthropomorph-animistischen zum analytisch-rationalen Denken nicht als Bruch erfahren zu müssen, sondern als Erweiterung und Differenzierung ihrer Vorerfahrungen erleben zu können.

Für solche Differenzierungsleistungen bietet die Pädagogik Wagenscheins besondere Chancen. Die Schüler lernen bei Thiel und Wagenschein nämlich, einen ganz langen Verständigungsprozeß aushalten. Die Bedeutung dieser von Wagenschein immer wieder geforderten Verlangsamung für den erkenntnisbildenden Prozeß läßt sich mit Herbart wie folgt begründen:

»Das Interesse, welches mit der Begehrung, dem Wollen und dem Geschmacksurteil gemeinschaftlich der Gleichgültigkeit entgegensteht, unterscheidet sich dadurch von jenen dreien, daß es nicht über seinen Gegenstand disponiert, sondern an ihm hängt. Wir sind zwar innerlich aktiv, indem wir uns interessieren, aber äußerlich solange müßig, bis das Interesse in Begierde und Wille übergeht.«[135]

Erst durch die gezielte Verlangsamung erhalten die Schüler Anlaß für Vertiefungen, Zeit für Besinnung und Gelegenheit zur Entfaltung von Fragen (»Begierden«) an einen Gegenstand als Gegensatz zu einer interesselosen, das Subjekt nicht tangierenden Auseinandersetzung mit bloßen Lehrangeboten. So können sich über die sonderbaren Phänomene und ihre anstrengende Bearbeitung nicht nur die Lösungen, sondern zu allererst die Fragen, ja eine prinzipielle Fragehaltung bei den Kindern »einwurzeln«.[136] Das Interesse »hängt« am Gegenstand, weil Erkennen und Sein einander voraussetzen. Denn in jeder Aussage über die Natur »ist eine Aussage über den Menschen enthalten, der sie macht, und insofern auch ein Direktiv für denjenigen, der weiter Physik treibt und treiben will. Das Erkennen der Natur ist vermitteltes Erkennen unserer selbst.«[137] In den Verfahrensweisen der Wissenschaft, die die Schüler bei Wagenschein nachvollziehen, »blicken wir auf uns selbst«.[138]

Das genetische Prinzip als ein Akt originaler Sinnschöpfung der um neue Erkenntnis ringenden Schüler bezieht seine bildende Qualität also weitgehend aus dem bei Herbart beschriebenen Wechselspiel von Vertiefung und Besinnung. Die Thielschen Dialoge geben eine anschauliche Demonstration dessen, was es mit den Herbartschen Formalstufen – verstanden als Methodos der Lernenden – heute noch auf sich haben könnte. Legt man die Beschreibung, die

Herbart vom Erkenntnisprozeß des lernenden Subjekts gibt, an eine solche Unterrichtsszene an, so könnte man fast meinen, Herbart habe einen didaktischen Kommentar zu den Thielschen »Kindern auf dem Wege zur Physik« verfassen wollen:

»Die ruhende Vertiefung, wenn sie nur reinlich ist und lauter, sieht das Einzelne klar. Denn alsdann nur ist sie lauter, wenn alles, was im Vorstellen eine trübe Mischung macht, fernbleibt oder, durch die Sorge des Erziehers entmischt, mehreren und verschiedenen Vertiefungen einzeln dargeboten wird.

Der Fortschritt einer Vertiefung zur andern assoziiert die Vorstellungen. Mitten unter der Menge der Assoziationen schwebt die Phantasie; sie kostet jede Mischung und verschmäht nichts als das Geschmacklose. Aber die ganze Masse ist geschmacklos, sobald alles ineinander fließen kann; und es kann es, wenn nicht die klaren Gegensätze des Einzelnen es verhüten.

Ruhende Besinnung sieht das Verhältnis der Mehrern; sie sieht jedes einzelne als Glied des Verhältnisses an seinem rechten Ort. Die reiche Ordnung einer reichen Besinnung heißt System. Aber kein System, keine Ordnung, kein Verhältnis ohne Klarheit des Einzelnen. Denn Verhältnis ist nicht in der Mischung; es besteht nur unter getrennten und wieder verbundenen Gliedern.

Der Fortschritt der Besinnung ist Methode. Sie durchläuft das System, produziert neue Glieder desselben und wacht über die Konsequenz in seiner Anwendung.«[139]

Aber die Thielschen Dialoge weisen auch über Herbart hinaus. Herbart kannte im wesentlichen nur zwei Unterrichtssituationen, das Gespräch und den Vortrag, die mit Rücksicht auf die Individualität »als Inzidenzpunkt« vollständig auf die Situation des einzelnen Zöglings abgestimmt werden mußten. Deswegen konnte Herbart nur die Zweierbeziehung von Zögling und Erzieher als pädagogisches Verhältnis denken; deswegen seine Skepsis gegen die Unterrichtung größerer Lerngruppen, welche »die Anschließung an die Individuen versagen« und »die feinere Führung unmöglich machen«. Die Thielschen Unterrichtsszenen belegen, daß sich das Wechselspiel von Vertiefung und Besinnung auch in größeren Gruppen vollziehen kann – wenn diese so organisiert sind wie bei Thiel.

Einen Teil der Funktionen des Herbartschen Erzieher-Lehrers übernimmt dabei das Forscherteam der Schüler. Der Rücksichtnahme des Herbartschen Pädagogen auf den schon vorhandenen Gedankenkreis des sich bildenden Subjekts entspricht bei Thiel die Praxis des respektvollen Dialogs im gemeinsamen Unterrichtsgespräch, in dem jeder Schüler seinen eigenen Gedankenkreis offenbaren und auf die Anregungen der Mitschüler sowie der experimentellen Situation beziehen kann. Die »Anschließung an die Individuen« wird dabei von den Schülern selbst besorgt. Und was Herbart für das Verhältnis zwischen dem Zögling und seinem Erzieher feststellt, gilt bei Thiel für die ganze Schülergruppe: Sie werden einander »ein ebenso reicher als unmittelbarer Gegenstand der Erfahrung; ja sie sind mitten in der Lehrstunde einander ein Umgang, in welchem die Ahnung wenigstens enthalten ist von dem Umgange mit den großen Männern der Vorwelt«[140], beispielsweise den Naturforschern der beginnenden Neuzeit, deren Fragehaltung die Thielschen Schüler unbewußt übernehmen und sich zu eigen machen.

Bildung besteht bei Wagenschein (respektive Thiel) in der Verfügung über inhaltsadäquate Zugriffsweisen *und* über persönlich – »eigenständig«! – verfügbar gemachte Inhalte. Was Wagenschein »Einwurzelung« nennt ist somit kein Vorgang passiven Erleidens, sondern, wie die Thielschen Schüler vorführen, ein Prozeß aktiven Einarbeitens – allerdings ein methodisch angeleiteter Prozeß. Das heißt aber auch: Ob eine Zugriffsweise »inhaltsadäquat« ist, kann nicht allein anhand einer innerfachlichen Betrachtung des Unterrichtsgegenstandes mithilfe eines vorgegebenen Themen- und Methodenkanons entschieden werden, sondern bemißt sich auch danach, ob sich der anzueignende Gegenstand überhaupt in die Erkenntnisstruktur des lernenden Subjekts einarbeiten läßt. Das der Pädagogik Wagenscheins immer zugrundeliegende »System« der Physik gibt somit aus der Sicht des erziehenden Unterrichts keine ausreichende Orientierungsbasis für die Gestaltung des Unterrichts ab. Der jeweilige Unterrichtsgegenstand wird vielmehr, wie in der Auseinandersetzung mit Herbarts Theorem des »vielseitigen Interesses« herausgearbeitet wurde[141], erst in der Spiegelung im Subjekt zu einem Lerngegenstand. Denn es ist immer »die Individualität und der durch die Gelegenheit bestimmte Horizont des Individuums, der die ersten Vertiefungen schafft und dadurch, wo nicht Mittelpunkte, so doch Anfangspunkte der fortschreitenden Bildung festsetzt.«[142]

Geht man mit diesem Gedanken kritisch an die Pädagogik Martin Wagenscheins heran, so bekommen die Thielschen Protokolle eine neue Schattierung. Jetzt stellt sich die Frage: Wer oder was bewirkt eigentlich, daß die Kinder so ungewöhnlich »wissenschaftlich« fragen? Wo sind die sonst in der Schule doch üblichen Ausschweifungen, Ablenkungen, Störungen, kurz: die Kultur der freien Gedanken von ein bis zwei Dutzend Kindern oder Heranwachsenden geblieben? Woher kommt diese erstaunliche Konzentration auf die Sache? Ist sie ein Resultat, vielleicht sogar ein sicheres Resultat der Methode? Und ist sie wirklich so wünschenswert, wie jeder Pädagoge bei der Lektüre von Wagenschein-Texten zunächst wohl ganz unbefangen empfinden wird?

Die Thielschen Protokolle sind Dokumente einer fortschreitenden Einengung der kindlichen Weltsicht. Indem die Schüler die Reduktion der innerphysikalischen Sicht der Welt an sich selber und mit sich selber vollziehen, verabschieden sie sich aber nicht nur von ihren »vorwissenschaftlichen« Weltinterpretationen, sondern verlieren auch die »Breite« des naiven Fragens. Alle Fragen werden schließlich fachlich korrekt beantwortet. Könnte man da nicht auch dem Verdacht erliegen, daß gerade das strenge Arrangement, in welchem die Thielschen Schüler tätig werden, die Artikulation eigener, nämlich »kindlicher« Fragen an die Sache und vor allem eigenständiger Lösungsversuche für die auftauchenden Fragen auch verhindern kann? Oder allgemeiner: daß die Schüler bei Wagenschein zwar frei sind in der Interpretation einer ebenso schlichten wie großartigen didaktischen Partitur, aber im Unterricht doch immer nur Interpreten und niemals Komponisten sind?

Dieser Verdacht soll im folgenden anhand zweier weiterer Quellen überprüft werden. In seinem 1955 erstmalig veröffentlichten Beitrag »*Will* der Stein, oder *muß* er fallen?« beschreibt Wagenschein den Gang des Unterrichts zur Gravitation in einer Obersekunda. Er möchte damit andeuten, »wie die Geschichte der Physik in den Unterricht sich hineinfügen kann, nicht als historisches Anhängsel, sondern so, daß die alten Forscher gleichsam mit ins Gespräch gezogen werden und die Gedankengänge der Kinder aufnehmen, begleiten und ermutigen.«[143]

»Ehe von Gravitation die Rede war, während der Überlegungen, die das Fallgesetz anregt, erhoben sich folgende Fragen:
– Warum fällt der Stein eigentlich?
– Will er fallen, oder muß er fallen? ...

Es ließ sich bald spüren, daß die Kinder (und es waren noch Kinder) mit dem, was sie sagten, folgendes meinten:

Die Dinge fallen alle nach dem Mittelpunkt der Erde. Was ist dort eigentlich los? Sitzt da was? Dort in jenem Punkt denken sie sich nämlich ein Kraftzentrum, eine Art Erdgeist, um es gerade herauszusagen. So etwas sagt zwar heute keiner mehr. Schon Kinder fürchten, mit einem solchen Wort ausgelacht zu werden, zum mindesten in der Physikstunde. Aber tatsächlich denken sie ›so etwas‹. Warum auch nicht? Man mache die Probe, und man wird finden, daß nicht wenige Erwachsene es auch so empfinden.

Und zu der anderen Frage, ob der Körper fallen will oder muß: Wie könnte man das prüfen? Sie fanden keine Entscheidungsmöglichkeit. Ich half ihnen: Das Pendel, von hier nach Tibet gebracht, schwingt dort ein bißchen langsamer! – Zu diesem Befund sagten sie etwa folgendes: Ja, dann muß er, der fallende Stein. Dann muß nämlich auch die Erdkugel dran schuld sein! Dann ›will‹ er nicht von sich aus, dann muß er mindestens auch, und zwar von ihr aus. – Es könnte ja auch sein, daß die Steine von außen wie von einer Kraft gegen den Erdboden getrieben würden. Aber so, wo das Gewicht in den tieferen Lagen zunimmt, wo es der Erde näher ist, muß die Erde mitschuldig sein. Säße die Ursache außen, so müßte man in Tibet ja dieser Ursache näher sein, also mehr zu Boden gedrückt werden.

Dies bestärkte die Mittelpunktsanhänger begreiflicherweise in ihrer Vorstellung. Um sie zu erschüttern, erzählte ich nun, daß ein Pendel (ein ruhig hängendes diesmal, kein schwingendes) in die Nähe eines steil ansteigenden Gebirges gebracht, nicht mehr ganz lotrecht zum Erdmittelpunkt hinzeigt, sondern ein wenig zum Gebirge hin schräg hängt...«[144]

Wagenschein gelingt es, in dieser Form fortfahrend, mit den Schülern herauszuarbeiten, daß die Erdanziehung nicht im Mittelpunkt der Erde ihr Ziel findet, sondern ein Massephänomen ist, daß – mit Kepler gesprochen – die anziehende Gewalt »nit im Centro, sondern im gantzen Leib« stecke.[145]

Wiederum faszinieren die Stringenz des Unterrichtsablaufs und die Folgerichtigkeit der Schlüsse. Zweifellos: So stellt man sich bildenden Unterricht in seiner Reinform vor, historisch fundiert, realen Fragen anhand von selbst aufgestellten Hypothesen nachgehend, Schülerdiskussion und Lehrerdarbietung harmonisch verknüpfend. Aber *wessen* Fragen werden eigentlich behandelt? »...während der Überlegungen, die das Fallgesetz anregt, *erhoben sich* folgende Fragen...«, schreibt Wagenschein. Wodurch »erhoben« sie sich? Rein zufällig? Und bei wem? Bei den Schülern? Bei jedem einzelnen? Oder eher bei der Klasse als Lernkollektiv? Sind hier die Schüler nicht doch eher »Geleisfahrer«, auf festen Schienen vorwärtsfahrend, die Wagenschein in Form von verbal (!) übermittelten Experimenten anbietet, welche kaum andere als die ausgeführten Fragen und Überlegungen zulassen? Ist hier nicht doch eher Wagenschein der »Geleisleger« – sicher ein Virtuose unter allen Geleislegern, aber eben doch ganz unbestreitbar der Anführer der Gruppe, der in schwierigem Gelände für seine Schüler eindeutig zielstrebende Wege vorspurt?

Wagenschein eröffnet den Schülern in radikaler Form Wege der selbsttätigen Erfahrungserweiterung im Wechselspiel von Vertiefung und Besinnung. Insofern sind seiner Pädagogik Momente einer konsequenten *methodischen* Öffnung nicht abzusprechen. Aber er plant seine genetischen Lehrgänge genau wie der dozierende oder der darbietend-erarbeitende Unterricht »von ihrem Ende« und *nicht* von den Fragen der Schüler her. Denn was sich im Unterricht als Fragen der Schüler an die Sache artikuliert ist immer schon mitbestimmt von den dargebotenen Phänomenen und den Erwartungen der Institution und des Lehrers an die Schüler. Die Schüler »stolpern« nicht über Fragen an eine Sache, wie Wagenschein unterstellt[146], er bringt sie durch das von ihm gewählte Unterrichtsarrangement und die sokratische Methode ganz gezielt zum Stolpern. Wagenschein kennt die Lösung der von ihm in den Unterricht eingebrachten Probleme im vorhinein. Deswegen kann er – siehe das Beispiel zur Gravitationslehre – über richtige und falsche Zugänge der Schüler zu den Problemen souverän urteilen und bei Bedarf spontan Gegenbeispiele einbringen, die den gemeinsamen Gang der Erkennntis wieder ins richtige Gleis bringen.[147] Er kann die Schüler über ein Thema frei spekulieren lassen, und sein Unterricht unterscheidet sich positiv von manch anderem Schulunterricht dadurch, daß er ihnen Zeit und Raum für solche freie Spekulation bereitstellt und dadurch eine Identifikation mit dem Thema überhaupt erst ermöglicht; aber *er*, Wagenschein, gibt das Thema und mit dem äußeren Arrangement *auch die Fragen* vor, die in diesem Arrangement nur zur Sprache kommen können. Das bedeutet: Wagenschein öffnet den Unterricht eigentlich nicht wirklich zur Erfahrungswelt der Kinder, sondern er »motiviert« die Kinder eher äußerlich für Fragen, die innerhalb seiner Fachdisziplin im Laufe der Geschichte gestellt und erforscht wurden. Die mit Herbart zu fordernde Mitwirkung der Lernenden an ihrem eigenen Lernprozeß beschränkt sich somit auf die *Ausführung* eines Themas und schließt – im Gegensatz beispielsweise zur Freinet-Pädagogik – die Mitbestimmung bei der Konstitution der Unterrichtsgegenstände nicht ein.

Doch ein genetischer *Lehr*gang ist nicht automatisch auch ein genetischer *Lern*gang. Wenn man selbst kein Pädagoge und vor allem kein Wissenschaftstheoretiker vom Rang eines Martin Wagenschein ist und auch nicht – wie Siegfried Thiel – ausgewählte Oberschichtkinder in einer freiwilligen Arbeitsgemeinschaft unterrichten kann,[148] stellt sich die genetisch-sokratisch-exemplarische Methode ungemein schwieriger dar. Man kann sich schwer vorstellen, daß Wagenschein beispielsweise ähnliche Dialoge über das Nicht-Abbrechen der Primzahlfolge in einer durchschnittlichen Hauptschulklasse unserer Tage zustandebrächte, wie er sie 1949 aus Paul Geheebs schweizerischem Eliteinternat berichtet hat.[149] Wolfgang Münzinger hat in jüngerer Zeit den Versuch unternommen, in einer ganz normalen Realschulklasse »nach Wagenschein« zu unterrichten. Sein Bericht über Schülerexperimente zu der Frage »Was berechtigt uns, vom elektrischen Strom zu sprechen?« endet mit der eher ernüchternden Feststellung: »Die Sache spricht nicht für sich selbst«.[150] Mit dem Anspruch Wagenscheins, daß der Druck des Lehrers durch den »Sog der Sache« ersetzt werden solle, hatte Münzinger einige Probleme. Seiner Schilderung läßt sich ebenso klar wie dem zuvor geschilderten Beispiel von Wagenschein zur Gravitation (»›Will‹ der Stein, oder ›muß‹ er fallen?«) entnehmen, daß auch im genetischen Unterricht *der Lehrer* an jeder entscheidenden Stelle den Gang der Erkenntnis beeinflußt und mitbestimmt, wenn nicht sogar vorbestimmt. Anhand einer Sprachanalyse der Unterrichtsäußerungen seiner Schüler in einer ganz normalen Schule kommt Münzinger zu dem Ergebnis:

»Die Schüler haben ganz unterschiedliche Schwierigkeiten, sich zur Sache überhaupt äußern zu können. Dabei bedienen sie sich bestimmter ihnen unbewußter Argumentationsmuster, die teils in der Schule, teils außerhalb der Schule erworben wurden. Die Sache wird vor dem eigenen Erfahrungshintergrund wahrgenommen. Die Eindeutigkeit der sich selbst mitteilenden Sache gibt es nicht. Die

platonische Pädagogik, nach der es nur darum ginge, mit Hilfe der sokratischen Mäeutik das zu entbinden, was in jedem Menschen an Wissen schon steckt, wonach nur noch niemand gefragt hat, ist eine Auffassung, die man schleunigst verlassen muß...«[151]

Man kommt um die Feststellung nicht umhin, daß Wagenschein dem Problem, wie man lernt, sich überhaupt zu einer Sache zu äußern, wenig Beachtung geschenkt hat. Wie Célestin Freinet hegt auch Martin Wagenschein eine besondere Wertschätzung für den selbständig fragenden und forschenden Schüler. Beide Pädagogen sehen in der Fragehaltung des Kindes und des Wissenschaftlers ein und dasselbe Prinzip im Umgang mit der Welt. Doch sie unterscheiden sich fundamental hinsichtlich der Betätigungsfelder, die sie dem fragend-forschenden Kind zur Verfügung stellen. Während der Volksschulpädagoge Freinet, geleitet vom Prinzip des Freien Ausdrucks, seine Schüler in den »Ateliers« und in der außerschulischen Wirklichkeit frei »herumforschen« läßt und so – um den Preis der Beliebigkeit der im Unterricht verhandelten Gegenstände – diesen Unterricht thematisch konsequent öffnet, läßt der Gymnasiallehrer Wagenschein, geleitet vom System einer Fachdisziplin und eingebunden in den klassischen Rahmen des Fachunterrichts an der Oberschule, eine solche Vielfalt gar nicht erst zu, sondern steuert die Fragelust der Schüler durch die doppelte Vorgabe

a) des zu behandelden Themas und

b) des kargen Rahmens eines ausschließlichen Lernens im innerunterrichtlichen Dialog.[152]

So riskiert der eine, nie zur systematischen Aneignung einer Fachwissenschaft vorzudringen, und der andere, die engagierte Mitwirkung seiner ausgelesenen Schüler sowie die eigene Souveränität in der fachlich kompetenten Steuerung des Unterrichtsgesprächs mit einem ursprünglichen Interesse der Schüler an den vorgegebenen Themen zu verwechseln. Es handelt sich im Unterricht nach Wagenschein immer um ein induziertes Interesse (das allerdings zu einem persönlichen Interesse der Schüler werden kann).

Keine Frage: dieses Interesse ist bei Wagenscheins (respektive Thiels) Schülern bewundernswert hoch; aber Wagenschein setzt immer schon voraus, was Freinet (und der jüngeren Sozialisationsforschung) zufolge in sehr vielen Fällen erst als Ergebnis schulischer Lernprozesse erwartet werden darf: die Bereitschaft und die Fähigkeit, Erkenntnis auf dem Wege verbaler Kommunikation im Gespräch mit anderen zu erweitern.[153] Diese Voraussetzung ist jedoch in Abhängigkeit von den jeweiligen individuellen Vorerfahrungen der Schüler nur bei einem Teil der Kinder und Jugendlichen gegeben. Und *Vielseitigkeit* im Herbartschen Sinne läßt sich in einem solchen Arrangement – wie schon Herbart selbst erkannt hatte – nur begrenzt erzeugen. Denn Vielseitigkeit würde nicht nur eine Erweiterung der innerfachlichen *Erkenntnis* für fächerübergreifende Perspektiven, sondern auch eine erweiterte *Teilnahme* der Schüler an ihrer Mit und Umwelt erforderlich machen.

4.2.2.2 Vielseitigkeit und Fachunterricht: Zur thematischen Dimension der Pädagogik Martin Wagenscheins

Daß die Aneignung der Naturwissenschaften nicht als Aneignung voneinander isolierter Fachkenntnisse erfolgen darf, sondern schon im Aneignungsprozeß die Beziehungen zwischen den verschiedenen Praxisfeldern Naturbeherrschung, Politik, Ökonomie und anderen mehr mitvermittelt werden sollten, ist für uns nach Seveso, Bhopal, Tschernobyl und den Studien des Club of Rome selbstverständlicher, als für das bundesdeutsche Gymnasium der fünfziger und sechziger Jahre, auf welches Wagenschein mit seinen Vorträgen und Publikationen einzuwirken versuchte. Herbart hatte schon in seiner »Allgemeinen Pädagogik« betont: »...so versteht sich, daß im höhern Reiche der eigentlichen Menschheit die Arbeiten nicht bis zur gegenseitigen Unkunde vereinzelt werden dürfen. Alle müssen Liebhaber für alles, jeder muß Virtuose in einem Fache sein.«[154] Herbart hat jedoch an derselben Stelle ausdrücklich hinzugefügt, daß die Virtuosität in einzelnen Interessensgebieten Privatsache sei, während die öffentliche Erziehung für die »mannigfaltige Empfänglichkeit« zu sorgen habe, in der sich die Vielseitigkeit als Basis einer allgemeinen Menschenbildung manifestiert. Die einzelnen Wissenschaften bieten Herbart zufolge gar keine Orientierung bei der Auswahl und Anordnung der Unterrichtsstoffe, denn die jeweiligen Fachwissenschaften sind »nur Mittel zum Zweck, welche wie die Nahrungsmittel nach den Anlagen und Gelegenheiten müssen gebraucht und überall wie ein völlig geschmeidiger Stoff nach den pädagogischen Absichten gestaltet werden«.[155]

Auch Wagenschein hat 150 Jahre später – in einer Situation fortgeschrittener Verfestigung des Fächerdenkens in der Schule – stets die Spaltung von Geistes- und Naturwissenschaft bekämpft und den fächerübergreifenden Charakter seiner Pädagogik hervorgehoben. Mehr noch: er hat die »Auflösung des Irrtums«, daß Physik und Mathematik das vorurteilsfreie Fundament allen Wissens bildeten, als »die notwendigste Aufgabe allen physikalischen Schulunterrichts« bezeichnet.[156] »Mathematik *und* Belesprit«, lautet eine Kurzformel für seine Position.[157] »Recht geleitet«, meint Wagenschein, sei denn auch der naturwissenschaftliche Unterricht in jeder Beziehung »ein großer Einstieg zur philosophischen Propädeutik«.[158]

Läßt man sich auf Wagenscheins Unterrichtsschilderungen ein, so wird deutlich, daß sie – wenn auch nur im Rahmen des jeweils vorgewählten Themas – vielfältige Weltzugänge beschreiben, daß es bei der »Einwurzelung« nicht nur um Sachkenntnis, sondern auch »um Selbstgefühl und Weltvertrauen geht«.[159]

»...es zeigt sich, worauf produktive Findigkeit und kritisches Vermögen anzusetzen sind: auf die uralten (schon vorsokratischen) kosmologischen Welträtsel, ohne deren wissenschaftliche und philosophische Bearbeitung Weltanschauung und Weltbild nicht ehrlich und richtig gebildet werden können. Exemplarisches bzw. genetisches Lehren fordert also zur Physik und den anderen Einzelwissenschaften nicht nur Wissenschaftstheorie, sondern Metaphysik und Ontologie.«[160]

Doch was theoretisch – zumal in dieser Allgemeinheit – leicht nachvollziehbar ist, bedarf auch des praktischen Belegs. Wagenscheins Unterrichtsbeispiele aber überschreiten die Grenzen zu den anderen Wissenschaftsdisziplinen nur in einem sehr engen Bereich: zur Mathematik und zur (Wissenschafts-)Geschichte hin. Allenfalls noch zur Metaphysik. Eine systematische Förderung des von Herbart so genannten »sympathetischen Interesses« findet bei Wagenschein nicht statt, obwohl sich solche Ausweitungen doch überall anböten:

– Der von Wagenschein immer wieder geforderte Rückgriff auf Werke aus früheren Epochen der Wissenschaftsgeschichte legt eine Einbettung des naturwissenschaftlichen Unterrichts in den allgemeinen Geschichtsunterricht und damit eine Erweiterung der »Teilnahme an der (ganzen) Menschheit« nahe.
– Die mit der Naturaneignung durch den Menschen verbundenen ethischen und politischen Probleme fordern geradezu nach einer

systematischen Ausweitung des Unterrichts auf ebensolche Aspekte und somit nach einer Erweiterung der »Teilnahme an der Gesellschaft«.

– Das von Wagenschein immer wieder beschworene Staunen der Kinder (und der großen Naturforscher) über die Natur und ihre Phänomene, in dem Wagenschein selbst religiöse Bezüge sieht[161], legt – über metaphysische Betrachtungen des schon als physikalisch definierten Unterrichtsgegenstandes hinaus – Übergänge zu Fragen nach Herkunft und Endlichkeit der Schöpfung nahe und böte mithin auch Möglichkeiten einer Erweiterung des religiösen Interesses der Schüler im und durch den Unterricht.

Von alledem liest man in Wagenscheins Unterrichts- und Lehrgangsbeschreibungen wenig, was nicht besagt, daß seine Pädagogik solchen Ausweitungen im Wege stünde, sondern nur bedeutet, daß er selbst solche Ausweitungen selten ausgeführt hat. Indes: Ein solcher Vorwurf ficht Wagenschein wenig an. Denn sein Thema ist gar nicht die Ausbildung von Vielseitigkeit, sondern der Vorrang des Verstehens vor dem Wissen und somit der Schutz der Lernenden vor einer Überwältigung durch die Lehre. Insofern sich diese Aufgabe auf *alle* Lernfelder der Schule bezieht, ist Wagenschein ein fächerübergreifender Kritiker der alten Schule. Doch am Grundprinzip einer Aufteilung des Unterrichts auf verschiedene Fachdisziplinen als Propädeutik für eine in Fachdisziplinen differenzierte Wissenschaft hat er – so leidenschaftlich er diese Aufteilung selber kritisiert hat – nicht wirklich gerüttelt:

»Unsere hartnäckig tradierte Unterrichtsorganisation – als wirre Folge beziehungsloser Kurzstunden kaum Organisation zu nennen – bedeutet eine planmäßige Planlosigkeit, eine Zersplitterung von ungeahnter Unwirtschaftlichkeit. Diesem Verwaltungsschema und nicht der Lernpsychologie ist notgedrungen unsere Unterrichtsmethode angepaßt.«[162]

Wagenschein stellt in seinem Unterricht Vielseitigkeit nicht selber her, sondern fördert nur insoweit die Ausbildung eines vielseitigen Gedankenkreises durch das lernende Subjekt, als er die Einseitigkeit und das Nichtverstehen innerhalb der naturwissenschaftlichen Disziplinen bekämpft, beispielsweise die Einseitigkeit einer ausschließlich rechnenden Zugriffsweise auf die Natur oder das Nichtverstehen, das aus verfrühter Abstraktion und unangemessener Modellbildung entsteht. Dies ist keine geringe Aufgabe und stellt zweifellos *eine notwendige Voraussetzung* für die Realisation erziehenden Unterrichts dar. »Vielseitig« im Herbartschen Sinn ist damit jedoch bei Wagenschein nicht der Unterricht selbst, sondern allenfalls die in diesem Unterricht angestrebte allgemeine Einsicht in den Prozeß, wie Wissenschaft entsteht und wie Wissenschaft vorgeht. Das Problem aber, aus der Menge der fachspezifischen Erkenntnisse ein zusammenhängendes Weltbild entwickeln zu müssen, bleibt bei Wagenschein genau wie in dem traditionellen Schulunterricht, den er so beharrlich kritisiert hat, den Schülern selbst überlassen.

4.2.2.3 Die Lebenswelt im Klassenzimmer: Zur institutionellen Einbettung der Pädagogik Wagenscheins

Fragt man nach der institutionellen Einbettung des Lernens bei Martin Wagenschein, so bietet sich erneut der Vergleich mit der Freinet-Pädagogik an. Vielseitigkeit, hatte es dort geheißen, wird in der Freinet-Pädagogik durch den Rückgriff auf die ganzheitliche Weltsicht des fragenden Kindes gefördert, welches – abgesichert über das Regulativ des »Freien Ausdrucks« – im Unterricht wirklich seinen eigenen Fragen nachgeht, und das sind überwiegend Fragen aus der außerschulischen Lebenswirklichkeit der Kinder. Wagenschein setzt gar nicht beim Interesse der Schüler, sondern bei interessanten Naturphänomenen an und bemüht sich mit großem pädagogischen Geschick darum, die Schüler für die Analyse solcher Phänomene zu gewinnen, indem er die Phänomene »fragwürdig« macht. So kann Freinet den Anspruch der Lebensnähe für seinen Unterricht geltend machen, während Wagenschein eher eine gezielte Einführung der Kinder in fachwissenschaftliches Denken bewirkt.

Beide Ansätze sind jedoch, jeweils für sich genommen, defizitär, denn sie ignorieren beide das institutionelle Problem der *Vermittlung* zwischen der Lebenswelt der Kinder und deren wissenschaftlicher Bearbeitung. Die Freinet-Pädagogik vermittelt nur *Grundlagen* wissenschaftlichen Arbeitens, nämliche wissenschaftliche Haltung und Praxis; die Pädagogik Martin Wagenscheins erschließt den Schülern die Haltung des Forschers und auch Aussagen einzelner fachwissenschaftlicher Systeme. Beiden Pädagogiken gelingt es aber nur in Ausnahmefällen, und dann – siehe das Beispiel von Anne-Marie Mislin – eher noch der Freinet-Pädagogik, den Schülern jeweils *den Zusammenhang* der Probleme der eigenen Lebenswelt mit den fachwissenschaftlichen Interpretationen und Bearbeitungsformen dieser Probleme als einen Zusammenhang von Erkenntnis und Handeln zu erschließen.

Diese Schwierigkeit kann nicht verwundern, spiegelt sie doch nur ein Grundproblem neuzeitlicher Wissenschaft in seinen unterrichtlichen Folgen wider: die Gefahr, daß die Wissenschaft als Ergebnis fortschreitender Arbeitsteilung unter den gesellschaftlichen Subsystemen bei der Bearbeitung spezieller Phänomene ihrerseits den Zusammenhang mit der sie umgebenden Lebenswirklichkeit und damit ihre Mitverantwortung für den Zustand dieser Wirklichkeit aus den Augen verliert. Dieses Dilemma läßt sich nicht durch Pädagogik aus der Welt schaffen. Wagenschein erliegt diesem Problem, weil er unterstellt, daß der Rückgriff auf die Anfänge einer Wissenschaft die Schüler automatisch in eine Forscherhaltung (zurück)versetzt, die von den Anfängen bis zu den Erkenntnissen der jeweiligen Gegenwart hinüberreicht.

Doch die Entwicklung einer Wissenschaft läßt sich nicht im Klassenzimmer wiederholen, auch nicht »exemplarisch«. Denn Verstehen setzt nicht nur Einsicht in die Entstehungszusammenhänge und die richtige Fragehaltung in bezug auf einen Gegenstand, sondern zunächst einmal einen Anlaß voraus, selber eigene (!) Fragen zu stellen. Dieser Anlaß ist bei Wagenschein ein äußerer: der Zwang (der im positiven Fall in Lust übergeht), sich am Unterricht zu beteiligen. Wagenscheins Schüler können sich, ungleich den Schülern in einer Freinet-Klasse, der Situation nicht entziehen, um anderen – »eigenen« – Fragen nachzugehen. Der vom Modell des erziehenden Unterrichts her zu fordernde doppelte Anspruch einer methodischen und thematischen Öffnung des Unterrichts erfordert aber, beides zugleich zu realisieren: die Gegenstände, die im Unterricht behandelt werden, mit den Schülern gemeinsam zu gewinnen – also an Fragen und Problemen aus der realen Erfahrungswelt *der Kinder* und *nicht* an *fachwissenschaftlich* vordefinierten Phänomenen anzusetzen –, *und zugleich* die Lösungsbemühungen für diese Probleme an den Aussagesystemen einzelner Bezugswissenschaften zu orientieren.

Ein didaktisches Verfahren, das diesem doppelten Anspruch genügen will, wäre der »Projektunterricht«, der das entdeckende Lernen im freien Experiment mit dem Lernen im Dialog oder allgemeiner: das konkrete Handeln in der Lebenswirklichkeit mit der unterrichtlichen Erweiterung von Erkenntnis und Teilnahme zu verbinden sucht. Wagenschein hat erstaunlicherweise die Chancen des Projektunterrichts nicht ausgenutzt, ja, vielleicht nicht einmal erkannt. Die genetischen Lehrgänge, die er entwickelt hat, stellen zumindest keine »Projekte« im Sinne der klassischen Definition von Kilpatrick dar, nämlich kein »planvolles Handeln aus ganzem Herzen, das in einer sozialen Umwelt stattfindet«[163]; es fehlt ihnen der Kontext zur sozialen Umwelt der Schule. Die genetisch-sokratisch-exemplarische Methode beschränkt das Handeln auf kleinere Experimente im Klassenzimmer und sieht einen Ausgriff auf außerunterrichtliche Handlungsbereiche nicht vor. Auch das Lernen in der Lebenswirklichkeit, etwa wenn Wagenschein fordert, den Gang der Gestirne unter dem Sternenhimmel und nicht etwa an der Schultafel zu erkunden, dient nur einer *unterrichtlichen* Erkenntniserweiterung und verständlicherweise weder dem Fortschritt der Astronomie als Wissenschaft noch der Aufklärung der außerschulischen Umwelt über astronomische Grundeinsichten. Es überwindet nicht eigentlich die Mauern der Schule, sondern verlagert nur die Schule nach draußen.

Wagenschein bescheidet sich mithin auf den historisch überkommenen Auftrag der Institution Schule, eine Erweiterung des kindlichen Gedankenkreises in einem Schonraum zu ermöglichen, ohne überhaupt als Problem zu erkennen, daß dieser Auftrag nur schwer gelingen kann, wenn der Unterricht – mit Herbart ausgedrückt – keine »ernste Wirksamkeit betreiben« kann, d.h. nicht *jenseits* des Schonraumes verändernd in die Lebenswirklichkeit der Schüler eingreift. Wagenscheins vernichtende Kritik an der Folgenlosigkeit des traditionellen naturwissenschaftlichen Unterrichts[164] greift insofern zu kurz, als es sich nur um eine methodisch-didaktische Kritik handelt, die das Schulverhältnis selbst nicht infrage stellt. Wagenschein setzt eine »ungestörte Verstehenslust«[165], d.h. den Wissenschaftler im Kind schon voraus und übersieht, daß sich die »Verstehenslust« in einer vom Handeln abgespalten Situation nur begrenzt entfalten kann. Erkenntnis und Handeln bilden aber, wie in Auseinandersetzung mit Herbarts »Allgemeiner Pädagogik« dargestellt wurde, in neuzeitlichen Gesellschaften keine selbstverständliche Einheit mehr. Vielmehr bedarf es neben der Erweiterung der Erkenntnis immer auch der gezielten Aufforderung zum Handeln, wenn sich Vielseitigkeit mit »Charakterstärke« zu jener Mündigkeit verbinden soll, die auch Wagenschein als ganzen Zweck der Erziehung anerkennen würde.

4.2.2.4 Erkenntnis und Handeln: Zum Verhältnis von Unterricht und Zucht bei Wagenschein

Herbart hat im dritten Buch seiner »Allgemeinen Pädagogik« die Einsicht ausformuliert, daß sich Mündigkeit nicht schon in vielseitiger Bildung, sondern erst – vermittelt über einen vielseitig differenzierten Gedankenkreis – in authentischem und solidarischem Verhalten in konkreten Handlungssituationen ausweist. Zwar meint er, »daß mit dem Gedeihen des wahrhaft vielseitigen Unterrichts auch für die Richtigkeit des Charakters schon gesorgt ist. Etwas anderes aber«, fügt Herbart hinzu, »ist die *Festigkeit*, die *Härte* und *Unverwundbarkeit* desselben.«[166] Eine besondere Stärkung des Charakters kann durch den Unterricht allein kaum geleistet werden. So stellt sich von Herbart her auch an die Pädagogik Martin Wagenscheins die Frage, inwieweit der naturwissenschaftliche Fachunterricht nach der genetisch-sokratisch-exemplarischen Methode dafür Sorge trägt, daß die in ihm gewonnenen Einsichten von den Schülern auch in einer sittlich angemessenen Form genutzt werden. Denn die sittliche Verantwortung jeglicher Wissenschaft, also auch und gerade der Naturwissenschaften, für den Zustand unserer Welt fordert eine Entsprechung in den pädagogischen Handlungsformen, die der Aneignung dieser Wissenschaften dienen. Wie Wagenschein selber sagt: »Die Schule ... muß ... in die Physik vordringen ..., um sich dabei zu besinnen, was der Mensch in der physikalischen Haltung und im technischen Verfügen eigentlich mit den Dingen und mit sich selber anfängt.«[167]

Die Pädagogik Martin Wagenscheins zielt eindeutig auf eine einseitige Ausbildung des Gedankenkreises. Nun enthält, wie im zweiten Kapitel bereits erwähnt wurde, der Gedankenkreis zweifellos »den Vorrat dessen, was durch die Stufen des Interesses zur Begehrung und dann durch Handeln zum Wollen aufsteigen kann«.[168] Gleichwohl setzt Charakterbildung, wie an der gleichen Stelle zu erfahren war, immer Wechselwirkungsverhältnisse zwischen Individuum und Umwelt voraus, d.h. Verhältnisse, in denen das lernende Subjekt aktiv auf seine Umwelt einwirkt.

Wagenscheins Pädagogik ist weder auf einzelne Subjekte bezogen – sie orientiert sich unter Absehung von den einzelnen Individuen der jeweiligen Lerngruppe ausschließlich an der Sachstruktur der vorgegebenen Phänomene –, noch wirken Wagenscheins Schüler erkennbar auf die außerschulische Umwelt ein. Zwar fordert Wagenschein seine Schüler durchaus zur Selbsttätigkeit auf, aber diese Selbsttätigkeit bezieht sich immer nur auf das Denken, nicht auf das Handeln der Schüler. Wagenscheins Unterrichtsbeispielen fehlt – wie dem meisten Schulunterricht in traditionellen Lernarrangements – »das erste Erfordernis eines charakterbildenden Handelns: sie geschehen nicht aus eignem Sinn; sie sind nicht die Tat, durch welche das innere Begehren sich als Wille entscheidet.«[169] Wagenscheins Methode beinhaltet wohl eine Aufforderung zur Prüfung aller vorgeblich sachkundigen Aussagen in bezug auf einen fragwürdigen Gegenstand, welche Instanz auch immer diese Aussagen jeweils macht. Insofern unterstützt sie die eigenen Bemühungen der Schüler, nicht jedem beliebigen Befehl zu gehorchen, sondern nur Gehorsam gegenüber sich selbst und der Methode der Wahrheitsprüfung im gemeinsamen Dialog zu leisten. Aber sie beansprucht keine direkte Einflußnahme auf den Zögling, sondern operiert ausschließlich über die intellektuelle Auseinandersetzung mit Sachfragen.

Diese Ausschließlichkeit und die intellektuelle Sorgfalt bei der Auseinandersetzung mit den jeweiligen Sachfragen verleihen der Pädagogik Martin Wagenscheins eine besondere Anziehungskraft. Sie markieren aber auch deren Grenzen. Es erscheint heute riskant, wenn nicht gar obsolet, eine Pädagogik ausschließlich auf der Kraft des Argumentes im sokratischen Dialog aufbauen zu wollen und die Frage nach den Folgen einer solchen Pädagogik nur fachimmanent mit dem Hinweis auf ein besseres Verstehen der jeweiligen Sache zu begründen. Wagenschein unterläßt die Prüfung, ja, sogar die Frage, ob die durch seine Pädagogik zweifellos hervorragend geförderte fachliche Urteilskraft der Kinder und Heranwachsenden auch zu einer Steigerung ihrer sittlichen Kompetenz beiträgt. Doch das Streben nach Wahrheit in der Auseinandersetzung mit der Sachwelt muß nicht automatisch mit einem Streben nach Aufrichtigkeit *im Umgang* mit der Sachwelt und vor allem im Umgang mit den Mitmenschen einhergehen.

Wagenschein hat sich dieses Problemes nicht angenommen; er hat sich selbst nicht als Erzieher empfunden. Kinder und kindliches Handeln waren ihm, wie er in seiner Autobiographie zum Ausdruck brachte, stets ein »Geheimnis«, das ihn »immer angezogen, zugleich aber in Verlegenheit versetzt« hat.[170] Diese Verlegenheit schwand nur in dem Maße, als es mit zunehmendem Alter der Heranwachsenden möglich wurde, sich »mit ihnen über *Sachen* auszutauschen... Einzelne Kinder vorsätzlich zu erziehen, habe ich nie Neigung und Fähigkeit in mir gespürt, es sei denn, sie fragten mich um Rat.«[171]

Wagenschein selbst würde es angesichts dieses Eingeständnisses wohl nicht als Herabsetzung werten, wenn man abschließend feststellt, daß seine Pädagogik zur Förderung der Sittlichkeit nur insofern beiträgt, als sie in vorbildlicher Form den gesitteten Diskurs unter den Schülern sowie zwischen Schülern und Lehrer übt und pflegt und der ersten Voraussetzung von Sittlichkeit, der Ausbildung eines vielseitigen Gedankenkreises, dadurch wichtige Dienste leistet, daß sie die Einseitigkeiten innerhalb der eigenen Disziplin konsequent offenlegt und beharrlich bekämpft.

4.2.3 Zusammenfassung

Zur Klärung der Frage nach den Bedingungen der Möglichkeit eines erziehenden Unterrichts heute trägt die Pädagogik Martin Wagenscheins in erster Linie methodische Hinweise bei. Die genetisch-sokratisch-exemplarische Vorgehensweise erweist sich der Form nach als ein gelungenes Beispiel für das Ingangsetzen von kollektiven Prozessen von Besinnung und Vertiefung. Erziehender Unterricht ist insoweit nicht – wie man Herbarts »Allgemeiner Pädagogik« entnehmen könnte – auf Erzieher-Schüler-Dyaden beschränkt, sondern kann sich offenbar auch in größeren Gruppen ereignen, *wenn* diese die Regeln eines »respektvollen Dialogs« beherrschen und einen solchen Dialog als Aneignungsmedium akzeptieren. (Die Schüler sind allerdings, in Abhängigkeit von ihrer vor- und außerschulischen Sozialisation sowie im Hinblick auf die Tatsache, daß sie einer Schulpflicht unterliegen, nicht frei darin, den Dialog selber als Aneignungsmedium zu wählen. Ihre Lehrer wählen für sie.)

Der Übergang vom spontanen ganzheitlichen Lernen des kleinen Kindes zur wissenschaftlich-rationalen Analyse der Wirklichkeit und damit zur Aneignung der Wissenschaften selbst, erfolgt im didaktisch gelenkten Rückgriff auf die Anfänge der jeweiligen Wissenschaften. Dabei wird eine Identität des kindlichen Verlangens nach Erklärungen für die Phänomene der äußeren Welt mit jener Fragehaltung unterstellt, die jeweils zu Beginn einer sich entfaltenden Wissenschaft für deren Entfaltung maßgeblich ist. Es geht beim genetischen Lehren jedoch nicht um den Nachvollzug der Wissenschaftsgeschichte, sondern um die Übernahme der Haltung der Forschung.

Während es nun die Freinet-Pädagogik den Kindern selbst überläßt, welchen Phänomenen sie forschend-entdeckend auf die Spur kommen wollen, findet in der Pädagogik Martin Wagenscheins durch die Vorgabe der zu erörternden Phänomene seitens des Lehrers eine klare Steuerung des Erkenntnisganges statt. Die Schüler sind frei, jede denkbare Frage an die Phänomene zu richten, aber welche Fragen denkbar sind, ergibt sich weitgehend aus der Auswahl und Präsentation des anhand eines Gegenstandskanons exemplarisch ausgewählten Phänomens. Die Orientierung an dem anzueignenden »System« der jeweiligen Disziplin genießt bei Wagenschein klaren Vorrang vor der Orientierung an den »wirklichen« Problemen und Fragen der Kinder. Ihre Fragen an den Gegenstand sind didaktisch induziert. Die Kinder erfahren dabei zwar, wie Wissenschaft entsteht; sie erleben aber auch, daß ihnen diese Wissenschaft als etwas »immer schon mehr oder minder Fertiges gegenübersteht«, das sie, wenn sie wollen, nur »fortsetzen, umgehen oder auch überbieten« können.[172]

Aus dieser methodischen Vorgehensweise resultiert eine spürbare thematische Einschränkung der kindlichen Verstehensbemühungen. Die Schriften Martin Wagenscheins geben eindrucksvolle Beispiele dafür, wie sich Unterrichtsgegenstände aus den Bereichen Physik und Mathematik im Kontext der vorhandenen Welterfahrung der Kinder entfalten lassen. Die Stringenz der dabei entstehenden gemeinsamen Erkenntnisprozesse im (mehr oder weniger) »sokratischen« Dialog wird jedoch mit einer deutlichen Einschränkung der durch diesen Unterricht erzielbaren Vielseitigkeit erkauft.

Insbesondere mangelt es Wagenscheins Lehrgängen an Beispielen, wie neben der Erweiterung der (innerfachlichen) Erkenntnis auch eine Erweiterung der Teilnahme der Schüler an ihrer Mitwelt bewirkt werden könnte. Wagenschein bekämpft zwar erfolgreich methodische Einseitigkeiten und didaktische Verfehlungen der jeweiligen Fachdidaktik, insbesondere verfrühte Modellbildungen im naturwissenschaftlichen Unterricht; aber das Ziel seines Unterrichts ist nicht in erster Linie Vielseitigkeit im herbartschen Sinne, sondern die Aneignung der Sytematik einer Disziplin. Wagenschein anerkennt und lehrt seinen Schülern, daß die Physik (und jede andere Naturwissenschaft) nur einen Aspekt unter vielen möglichen Aspekten der Weltinterpretation darstellt; doch die von Herbart geforderte Vielseitigkeit muß der Schüler auch bei Wagenschein aus der Addition vieler unverbundener Aspekte von Weltinterpretationen in einem nach Fächern gegliederten Unterrichtsarrangement selbst generieren. Hierzu erhält er von Wagenschein nur eine einzige Hilfe: die auf alle Wissensgebiete übertragbare Einsicht in den Prozeß, wie Wissenschaft entsteht.

Wagenschein kritisiert zwar den äußeren Rahmen eines in Fächer und Lektionen gegliederten Oberschulcurriculums und empfiehlt für ein effektiveres Arbeiten wiederholt den Epochenunterricht; er gibt jedoch seinerseits nur Beispiele für ein pädagogisches Handeln innerhalb des von ihm kritisierten Rahmens. Wagenschein erkennt die weitgehend auf Kopfarbeit fixierte und von der außerschulischen Lebenswelt abgetrennte Atmosphäre des Klassenzimmers nicht als ein besonderes pädagogisches Problem; er nutzt vielmehr umgekehrt die in dieser Atmosphäre mögliche Konzentration auf eine Sache für jene vertiefte Auseinandersetzung mit einem isolierten Phänomen, die seines Erachtens die allererste Bedingung für ein wirkliches *Verstehen* darstellt. Die Vermittlung von *Handlungskompetenz,* welche sich nur im Austausch von unterrichtlicher Reflexion mit außerunterrichtlichen Bewährungssituationen ausbildet, ist nicht sein Thema.

Die Beschränkung auf das innerhalb eines Klassenzimmers pädagogisch Mögliche geht bei Wagenschein mit dem Verzicht auf eine gezielte Charakterbildung einher. Sein Beitrag zur Pädagogik beschränkt sich auf die Gestaltung des Erkenntnisprozesses, ist Didaktik im engeren Sinne und beinhaltet keine explizite Erziehungslehre. Wagenschein setzt damit eine Widerspruchsfreiheit zwischen dem Vermittlungsinteresse der Schule und dem Erkenntnisinteresse der Schüler voraus. Diese Widerspruchsfreiheit ist jedoch heute nicht mehr gegeben, nicht einmal mehr in der ausgelesenen Population des Gymnasiums. Die von den Vertretern einer subjektorientierten Didaktik – allesamt Anhänger der Pädagogik Martin Wagenscheins – beklagten Identifikationsprobleme von Kindern und Jugendlichen mit den heute üblichen Formen schulischer Unterweisung gehen über unreflektierte Darstellungsformen der jeweiligen Wissenschaften hinaus und stellen auch jenes didaktische Grundgefüge in Frage, welches Wagenschein unangetastet läßt: die Selbstverständlichkeit, daß sich Erkenntniserweiterung in erster Linie im Dialog und abgesondert von der außerschulischen Lebenswirklichkeit im Innenraum von Schulen ereignen muß. Wagenscheins Pädagogik gibt wohl eine Antwort auf die »Wahrheitsgleichgültigkeit« (Rumpf) traditioneller Unterrichtsformen; aber sie schöpft die Eigenständigkeit der Schüler bei der Weltaneignung nicht weit genug aus. Sie gibt sich nicht mit »als-ob-Erfahrungen« zufrieden, sondern vermittelt gezielt Realerfahrung; aber sie beschränkt diese Erfahrung auf im Klassenzimmer rekonstruierbare Realitäten.

Daß eine solche Selbstbeschränkung überflüssig ist, ja, die im Unterricht und durch Unterricht zu erlangende Vielseitigkeit unnötig einschränkt, geben die Projekte praktischen Lernens zu erkennen, die in der folgende Fallanalyse vorgestellt werden. Sie beanspruchen, nicht nur Erkenntnisbildung, sondern auch Subjektbildung zu fördern. Von ihnen werden Hinweise erhofft, wie sich die Schule unter den Bedingungen heutiger Gesellschaftsformation für die außerschulische Lebenswelt öffnen und Kinder und Jugendliche wenigstens ansatzweise in Situationen versetzen kann, die in den Augen der Heranwachsenden eine (mit Herbart gesprochen:) »ernste Wirksamkeit« aufweisen, weil sie – jenseits des Unterrichts – einen »eignen richtigen Sinn« in sich haben.

4.3 Projekte praktischen Lernens

Wenn im folgenden unter der Frage »Was heißt ›durch Unterricht erziehen‹?« Beispiele »praktischen Lernens« näher untersucht werden, so ist damit die Vermutung verbunden, daß Lernsituationen, die über den Bereich verbaler Kommunikation und symbolisch vermittelter Interaktion hinausführen und auch körperlich-manuelle Erfahrungen erschließen, einen eigenen bildenden Wert aufweisen und einen spezifischen Beitrag zur Ausbildung dessen leisten können, was Herbart ein »vielseitiges Interesse« genannt hat. Hierauf lassen zumindest die Veröffentlichungen schließen, die über die Tätigkeiten der »Akademie für Bildungsreform« (mit Arbeitsstellen in Tübingen und Dortmund), über das »Förderprogramm Praktisches Lernen« der Robert-Bosch-Stiftung und über den baden-württembergischen Schulversuch »Hauptschule mit erweitertem Bildungs-angebot« berichten.[173] Darüberhinaus beinhalten viele Projekte praktischen Lernens aber auch den Versuch, die Grenzen der Institution Schule tendenziell zu überschreiten. Sie legen damit die Frage nahe, ob die von Herbart eher resignativ eingeschätzte Möglichkeit, Erziehungsprozesse in realen Handlungszusammenhängen anzusiedeln[174], unter den Bedingungen heutiger Lebensverhältnisse neu zu bestimmen wäre.

4.3.1 Zum Begriff »praktisches Lernen«

Wenn im folgenden von »Projekten praktischen Lernens« die Rede ist, wird dabei der Projektbegriff zunächst sehr weit gefaßt. Es handelt sich vorerst um alle möglichen von der Akademie für Bildungsreform unterstützten Unterrichtsbemühungen, also nicht nur um »Projekte« im Sinne der klassischen Definition von John Dewey und William Heard Kilpatrick[175], sondern auch um »Vorhaben« oder einfache Formen handlungsorientierten Lernens, die einen hohen Anteil praktischen Tuns aufweisen. Der Projektbegriff bezieht sich mithin vorerst auf den Einbezug einer unterrichtlichen Maßnahme in das Förderprogramm »Praktisches Lernen« und sagt zunächst nichts über die konkrete didaktische Ausgestaltung dieser Fördermaßnahme aus. Gleichwohl wird sich im Gang der Untersuchung herausschälen, daß insbesondere diejenigen Fördermaßnahmen, die den Ansprüchen eines *erziehenden Unterrichts* nahekommen, in der Regel auch klassische »Projekte« im Sinne der didaktischen Theoriebildung, also »planvolles Handeln aus ganzem Herzen in einer sozialen Umgebung«[176] darstellen und auf eine Lösung realer Probleme in der inner- oder außerschulischen Lebenswelt der Schüler abzielen.

Was unter Projekten »praktischen Lernens« alles zu verstehen ist, kann zunächst mit einer Aufzählung geförderter Vorhaben angedeutet werden: eine Schulklasse legt einen Schulgarten an; eine Sonderschule richtet eine Fahrradwerkstatt ein und baut historische Zweiräder nach; eine Klasse beschäftigt sich mit Energie und baut Windräder; eine Theaterpädagogin übt mit einer ganzen Schule über mehrere Monate hinweg ein Theaterstück ein, das den Kindern die Geschichte ihrer Stadt erschließt; ein Professor an einer Pädagogischen Hochschule stellt gemeinsam mit seinen Studentinnen und Studenten Unterrichtsmaterialien für einen differenzierenden Unterricht auf der Sekundarstufe her; eine Haupt- und Realschule mit einem hohem Ausländeranteil richtet eine Videokorrespondenz mit einer Partnerschule in der Türkei ein.

Flitner und seine Mitarbeiter von der Tübinger Arbeitsstelle für praktisches Lernen unterscheiden sechs Gruppen von solchen Beispielen:

- *Beispiele künstlerischen Gestaltens*
  (z.B. Theater, Marionettenspiel, Verschönerung von Klassenzimmern oder Schulhöfen);
- *herstellende Tätigkeiten*
  (vom Basteln über die Herstellung von Möbelstücken bis hin zur Mitwirkung an öffentlichen Restaurationsprojekten außerhalb der Schule);
- *soziales Helfen*
  (z.B. Aktivitäten zur Verständigung zwischen Inländern und Ausländern, Zusammenarbeit zwischen Schulen und Altenheimen, Dritte-Welt-Projekte u.ä.);
- *Erkundungsprojekte*
  (z.B. »Spurensuchen« im Rahmen eines forschend-entdeckenden Geschichtsunterrichts);
- *ökologische Projekte*
  (z.B. die Anlage eines Klein-Biotops auf dem Schulgelände oder eines Waldlehrpfades in der freien Natur);
- *handelnder Umgang mit Medien*
  (z.B. Computerbau, audio-visuelle Produktionen u.dgl.m.).[177]

Im Gegensatz zur Freinet-Pädagogik und zur Pädagogik Martin Wagenscheins ist mit dem Begriff »praktisches Lernen« keine einheitliche pädagogische Konzeption verbunden, die zu einem einheitlichen pädagogischen Handeln in verschiedenen Praxisfeldern und -situationen auffordern würde. Praktisches Lernen wird von den genannten Fördergruppen nicht vorrangig als programmatischer, sondern in erster Linie als ein hermeneutischer Begriff verstanden: ein Such- und Sammelbegriff, unter dem ganz verschiedene Praxisäußerungen aus ganz unterschiedlichen Lernsituationen zusammengefaßt und einer pädagogischen Reflexion zugeführt werden. Die Arbeitsstellen beschäftigen sich nicht so sehr mit der Konstruktion von Lernsituationen, sondern mit deren materieller Förderung und systematischer Analyse. Die geförderten Vorhaben werden durch Publikationen verbreitet, einzelne Projekte werden in fachbezogenen Arbeitsgruppen auf ihren möglichen Beitrag zur Fortentwicklung der jeweiligen Fachdidaktik untersucht. Durch die Ausschreibung von Förderpreisen und durch die Veröffentlichung von besonders anregenden Projekten werden andere Schulen und Lerngemeinschaften ermutigt, ebenfalls Projekte praktischen Lernens zu versuchen.

»Praktisches Lernen« ist also gleichzeitig eine heuristische Kategorie und ein Projekt praktischer Bildungsreform: Es geht darum, pädagogische Erfahrungen und anregende Lösungsmodelle in der Praxis aufzuspüren und auf ihren Beitrag zu einer neu definierten »praktischen Bildung« zu untersuchen. In förmlicher Umkehrung empirisch-analytischer Forschungsmuster formuliert Fauser: »Oft sind in der Praxis Antworten schon gefunden, ehe die Wissenschaft die passenden Fragen dazu entwickelt.«[178] Und er beschreibt den Anspruch der Arbeitsgruppen: »Praktisches Lernen will Möglichkeiten und Wege klären helfen, wie ... Bildung und Lernen als eine Aufgabe der Gegenwart erfahren werden können, die durch leibhaftiges eigenes Tun alle Sinne anspricht, fördert und sich bilden läßt.«[179]

Die Arbeitsgruppen und Förderpreise zum praktischen Lernen entstanden Anfang der achtziger Jahre im Kontext der Diskussion um die »Wirklichkeit aus zweiter Hand«, welche angeblich die Realitätserfahrungen heutiger Kinder und Jugendlicher prägt.[180] Sie sind somit eine Reaktion auf Widersprüche in den veränderten Sozialisations-, Informations- und Lernbedingungen heutiger Kinder und Jugendlicher. Projekte praktischen Lernens zielen auf eine Schule ab, die mit ihrem Lernangebot auf die Herausforderungen, vor allem aber auf die Grenzen der außerschulischen Lebenssituation der Heranwachsenden antwortet, insbesondere auf ihre begrenzten Möglichkeiten, in außerschulischen Ernstsituationen authentische Erfahrungen »aus erster Hand« machen zu können. »Dieses Angebot kann nicht mehr allein in einem erfahrungsarmen Fachunterricht bestehen. Die Schule muß heute beides bieten – Erfahrung und Wissen, und sie muß, so paradox dies klingt, beides zugleich sein: Erfahrungsraum und Schonraum.«[181]

»Praktisches Lernen« erfährt dabei gleichzeitig eine lerntheoretische und eine jugendpsychologische Begründung[182]:

*»Die Schule berücksichtigt zuwenig, daß die beiden Lernwege –
das die Theorie und das die Praxis erschließende Lernen – erst im*

Wechselbezug die Lebens- und Sinnperspektiven eröffnen, die die Jugendlichen benötigen. Eine solche Verbindung von Erkennen und Handeln entspricht den jugendlichen Lernbedürfnissen und der jugendlichen Auseinandersetzung mit der Zukunft eher als die bei uns vorwiegende Organisation ... eines Speicher-Lernens für eine ungewisse und unvermittelte spätere Verwendung.«[183]

Lerntheoretisch unterscheidet sich praktisches Lernen von einem vorwiegend auf sprachlicher Interaktion beruhenden traditionellen Schulunterricht dadurch, daß es alle Sinne gleichzeitig in Anspruch nimmt und im praktischen Tun eine persönliche Stellungnahme zu dem zu bearbeitenden Problem oder Gegenstand der Beschäftigung unumgänglich macht. Dabei wird das praktische Ergreifen einer Sache als eine notwendige Voraussetzung für ihr Begreifen verstanden.[184]

Wie Herbart fassen auch die Protagonisten des praktischen Lernens jegliches Lernen als eine aktive und produktive Leistung des lernenden Individuums auf, das auf eine biographische Rückbindung der anzueignenden Sache angewiesen ist. »Praktisches Lernen« stellt insofern keinen Gegensatz zum »theoretischen Lernen« dar, sondern wird eher als dessen eigentliche Grundlage betrachtet, und zwar nicht nur beim kleinen Kind, sondern auf allen Entwicklungsstufen menschlicher Intelligenz:

»Die Bildungsbedeutung des Praktischen bleibt ... nicht auf eine Grundlegungsfunktion begrenzt; Praxis und praktisches Lernen werden nicht hinfällig, wenn die Fähigkeit zu formal-operativem Denken und zu intellektuellen Formen des Lernens erworben sind. Zwar bedeutet für Grundschulkinder praktisches Lernen etwas anderes als für Jugendliche; auf allen Stufen der Entwicklung bleibt es jedoch gleichermaßen wichtig.«[185]

Denn:

»Die handelnde Auseinandersetzung mit der Welt bildet anthropologisch und stammesgeschichtlich die Basis auch der intellektuellen Leistungen, des Denkens.«[186]

Gudjons stellt unabhängig von der Tübinger Projektgruppe zum Projektunterricht im engeren Sinne ganz allgemein fest:

»Ob man die Philosophie des Pragmatismus eines Dewey, die Ergebnisse der Entwicklungspsychologie Piagets, die Aneignungs-

theorie der sowjetischen kulturhistorischen Schule, den Ansatz der
kognitiven Handlungstheorie zugrundelegt. ... – die Konsequenz für
die Begründung des Projektunterrichts läuft immer wieder darauf
hinaus, daß nicht die Vermittlung von fertigem, unverbundenen
Fachwissen sinnvoll ist, sondern der Aufbau von Denkstrukturen in
Verbindung mit Handlungsprozessen: Handeln und Denken, Theo-
rie und Praxis, Schule und Leben, Erfahrung und Methode, Ver-
stand und Sinnlichkeit gehören zusammen.«[187]

In bezug auf die Frage nach den Bedingungen der Möglichkeit eines erziehenden Unterrichts heute bietet es sich an, dieses Verständnis von Lernen anhand praktischer Beispiele auf Korrespondenzen zu Herbarts Unterrichtstheorie und mögliche Hinweise für
deren Erweiterung um neuere Lernformen zu untersuchen. Ergibt
sich aus den Erfahrungen mit Projekten praktischen Lernens eine
Neubestimmung der möglichen Formen, durch die die Schule ihrer
Funktion der Erweiterung von Erfahrung und Umgang erst gerecht
werden kann?

Jugendpsychologisch beinhaltet die Suche nach einer Einheit
von Erkennen und Handeln im praktischen Lernen den Anspruch,
den Heranwachsenden im Kontext von Schule Sinnerfahrungen zu
erschließen, die ihnen außerhalb der Schule zunehmend vorenthalten bleiben, die aber für die Ausbildung von Identität unverzichtbar
sind. Dabei wird die besondere Erlebnisqualität praktischen Lernens keineswegs instrumentell im Sinne einer bloßen »Motivierung« der Schüler eingesetzt, sondern ist Kennzeichen eines Bil-
dungsverständnisses, das über didaktische Zweck-Mittel-Relatio-
nen erhaben ist. Der Wert einer bildenden Begegnung wird gar
nicht mehr vorrangig oder ausschließlich an den ihr zugrundeliegenden Lernzielen bemessen; vielmehr werden die innnere Struktur
der Lernprozesse selbst und das situative Arrangement, in dem die
Schüler handeln, für gesellschaftlich ebenso relevant erklärt wie
der jeweilige Gegenstand der Auseinandersetzung. Bildung wird
nicht mehr als Kanon dessen begriffen, »was man wissen muß«,
sondern »als Erfahrung, daß Probleme bewältigt werden können,
daß trotz aller Schwierigkeiten Hoffnung möglich ist und daß verantwortliches Handeln kein aussichtsloses Unterfangen ist.«[188]
Praktisches Lernen ist damit ein »zweipoliger« Begriff[189]: Es
bezieht sich auf das Tätigsein von Kindern und Jugendlichen ebenso wie auf die gesellschaftliche Praxis selbst und beansprucht of-

fenkundig, zwischen beidem vermitteln zu können. Diese Hoffnung steht im Widerspruch zu der von Herbart bereits zu Beginn der Institutionalisierung des Lernens in Schulen artikulierten Befürchtung, daß diese *nur* Schonraum und nicht zugleich auch ein pädagogisch wertvoller Aktionsraum für gesellschaftliches Handeln sein können. Denn die Ausdifferenzierung gesellschaftlicher Tätigkeiten auf verschiedene Professionen und Institutionen beinhaltet auch eine unterschiedliche Wertigkeit hinsichtlich des Erfahrungsreichtums dieser Institutionen. Die für die Gesellschaft folgenreichsten Entscheidungen finden nicht vor den Augen der Kinder und Jugendlichen statt, sondern in den gesellschaftlichen Teilsystemen von Produktion, Politik und Verwaltung, zu denen die Heranwachsenden gerade keinen Zutritt haben. Kann dann ein doch immer nur relativ kurzfristiger Besuch von Einrichtungen dieser Teilsysteme durch Schüler und die doch immer nur vorübergehend mögliche Teilnahme an den dort laufenden Prozessen überhaupt einen bildenden Wert für sich beanspruchen?

Sicher lernen die Schüler in den Projekten praktischen Lernens immer irgendetwas. Aber von Herbarts »Allgemeiner Pädagogik« her gesehen, reicht das nicht aus. Denn Herbart wollte durch Erziehung »Moralität« erzeugen, also die sittliche Urteilskraft stärken und nicht bloß praktisch-technische Kompetenzen anbahnen. Die Verfechter des praktischen Lernens teilen mit Herbart die Auffassung, daß man die Heranwachsenden »früh in Handlung setzen« muß, damit sie überhaupt einen Charakter ausbilden können. Aber Herbart hatte auch das »erste Erfordernis eines charakterbildenden Handelns« genannt: Das praktische Tun muß »aus eignem richtigen Sinn geschehen« und in den Augen der Heranwachsenden eine »ernste Wirksamkeit« aufweisen, damit sich »das innere Begehren als Wille entscheiden«, d.h. mündiges, selbstverantwortetes Handeln stattfinden kann.[190] Ob diese Voraussetzung überhaupt gegeben ist und die Projekte praktischen Lernens nicht nur einen Beitrag zur praktischen, sondern – im Herbartschen Sinne – gleichzeitig auch zur *sittlichen* Bildung leisten können, soll im folgenden geprüft werden.

4.3.2 Praktisches Lernen als innerschulischer »Ernstfall«

Situationen von »ernster Wirksamkeit« sind in der Schule nicht selbstverständlich, wenn man einmal von der Tatsache absieht, daß im Kontext von Leistungsauslese und Chancenverteilung durch die Schule faktisch jede einzelne Klassenarbeit »ernste Wirksamkeit« zeitigt, wie banal und lebensfern ihr Inhalt im Einzelfall auch ausfallen mag. Soll jedoch nicht die Auslesesituation, sondern *der Gegenstand* der unterrichtlichen Tätigkeiten »ernste Wirksamkeit« für sich beanspruchen können, muß sich dieses in dreifacher Weise niederschlagen:

- hinsichtlich der Konstitution der Unterrichtsgegenstände (thematische Dimension; Fragestellung: Beinhalten die Projekte in den Augen der Schüler lebensbedeutsame Themen und Aufgabenstellungen?),
- hinsichtlich der Betroffenheit der Beteiligten (methodische Dimension; Fragestellung: Inwieweit können sich die Schüler mit ihrer eigenen Person in die Prozesse einbringen und die Projekte wirklich mitgestalten?)
- und hinsichtlich der Außenwirkungen (institutionelle Dimension; Fragestellung: Inwieweit kommt den Aktivitäten der Schüler eine praktische Bedeutung jenseits der schulinternen Lernerfolgskriterien zu?).

Sicher kann auch ein eher Theorie-orientierter, darbietend-erarbeitender Unterricht im gemeinsamen Klassengespräch »ernste Wirksamkeit« für sich beanspruchen, wenn die dort veranstalteten Sprachspiele bei den Schülern auf lebenspraktische Bedürfnislagen treffen und zur Erhellung von individuellen oder kollektiven Problemsituationen beitragen. Doch dieser glückliche Umstand ereignet sich meist wohl eher zufällig und ist kaum für größere Lerngruppen, z.B. ganze Schulklassen, systematisch planbar. Die »Anschließung an die Individuen« setzt, wie in der Auseinandersetzung mit der Pädagogik Martin Wagenscheins herausgearbeitet wurde, ganz bestimmte Formen des Dialogs voraus. Projekte »praktischen« Lernens bieten demgegenüber möglicherweise mehr Chancen, den Unterricht in allen drei Dimensionen gleichzeitig für lebensweltlich bedeutsame Lernprozesse zu öffnen. Dies läßt sich exemplarisch anhand einer Reportage über einen »Produktionstag« an einer allgemeinbildenden Schule zeigen.[191] Horst Rumpf berichtet von seinem Besuch im 10. Schuljahr einer hessischen Gesamtschule, die jeden Donnerstag ganztägig einen solchen »Produktionstag« auf dem Stundenplan hat. Die Schüler sind arbeitsteilig mit ganz verschiedenen Tätigkeiten befaßt:

Eine Gruppe arbeitet an einem Vorhaben »Was kommt nach dem neunten Schuljahr?«, in welchem die Schüler für die nachfolgende Jahrgangsstufe eine Ausstellung über die schulischen und beruflichen Möglichkeiten der Jugendlichen nach dem 9. Schuljahr vorbereiten.[192] Zu diesem Zweck werden verschiedene Interviews durchgeführt, Plakate entworfen und im Siebdruck selber realisiert, Stellwände gezimmert und anderes mehr vorbereitet.

Ein zweites Projekt findet zur gleichen Zeit auf einem kleinen Innenhof statt. Hier werden Öfen gemauert – große funktionsfähige Pizzaöfen. Zwei sind schon fertig, am dritten sind die Schüler eben tätig. Auf die Schamottdecke muß eine Zementsandmischung aufgestrichen werden, und auch der Luftzug muß noch verbessert werden. Ein Junge spaltet Holz, in der Küche wird bereits Teig zum Backen in den schon fertiggestellten Öfen vorbereitet. Eine Ecke im Schulfoyer ist zur Pizzeria umgestaltet,»bleibender Niederschlag eines früheren Projektes«.

Die Schüler haben im Deutschunterricht dazu eine Broschüre verfaßt:»Backofenbau für Laien. Tips, Anregungen, Arbeitsanweisungen«. Die Deutschlehrerin erzählt dem Berichterstatter,»das habe allen viel gebracht – das für andere aufzuschreiben, was man selbst getan hat. Verständlich, genau, anregend formulieren lernen – von einer Sache dazu aufgefordert. Auch hier also: Ausstrahlung der handgreiflichen Tätigkeit auf andere Fächer.«

Rumpf faßt seine Eindrücke zusammen:

»Es ist das so eine Mischung aus Jugendzentrum und Werkstatt. Nach Schule riecht es nicht mehr«. Die Gelassenheit fällt auf, mit der die jungen Menschen gemeinsam ans Werk gehen, etwas Angefangenes weitermachen.»Ohne Zeitdruck, ohne nach Vorschriften zu gieren, ohne die kleinste Spur davon, daß einer sich drücken oder innerlich emigrieren wollte. Sie tun da eine Arbeit mit einem greifbaren Ziel... Charakteristisch für diese Arbeiten: die Ausstrahlung ins wirkliche Schulleben. Man tut gemeinsam etwas – und es hinterläßt Spuren in der täglichen Umwelt. Die Planungs- und Maurerarbeit an dem ersten Ofen hat etwas Spürbares, dankbar Erinnertes gebracht...

Der Lehrer? Man könnte fast meinen, er sei überflüssig. Die Arbeiten tragen den Fortgang. Nie habe ich ein antreibendes Wort gehört. Die Sache treibt genug an. Er ist mal da, mal dort; er kommentiert den jeweiligen Stand der Arbeit (z.B. beim Siebdruck:

>Jetzt können wir ja mal zu drucken probieren!<). Er macht sich auch mal allein an eine Arbeit. An dem zementierten Dach des einen Ofens hat er mit Holz Lineaturen eingekratzt... Der Lehrer – was war er? Welche Rolle spielte er? Kein Stundenhalter, auch kein seine Lehrlinge gezielt schulender Werkmeister – er sagt z.B.: *>Das Mauern, das haben wir uns halt selbst beigebracht, es geht schon...<«*[193]

Prüft man zunächst die Außenbedeutung der hier geschilderten Unterrichtsprojekte, so kann gegenüber einer traditionellen Instruktionspädagogik in einem lehrergesteuerten Unterrichtsgespräch kaum ein Unterschied festgestellt werden. Ob die Schüler ihre Mitschüler in Projektform über deren zukünftige Bildungswege informieren oder sich die große Pause mit selbstgebackener Pizza verschönern, wird jenseits der Schulmauern kaum jemanden interessieren. Fragt man also mit einem sehr hohen Anspruch nach der »Lebensbedeutsamkeit« solcher Aktionen, wird die Antwort bescheiden ausfallen müssen: Pizzaöfen sind nur für professionelle Pizzabäcker und Ofenbauer »lebensbedeutsam«.

Und doch vollzieht sich in den geschilderten Unterrichtsprojekten offenbar mehr als nur ein fröhliches, selbstgenügsames Basteln und Werken. »Die Planungs- und Maurerarbeit ... hat etwas Spürbares, dankbar Erinnertes gebracht«, schreibt Rumpf. Er registriert eine »Ausstrahlung der handgreiflichen Tätigkeit auf andere Fächer«. Offenkundig genießen die Produkte, die die Schüler hier erstellen, ein hohes Maß an Identifikation. Die Schüler bleiben nicht unbeteiligt bei ihrem Tun, sie sind – wie bescheiden ihre Arbeit verglichen mit professionellen Konstruktionen auch ausfallen mag – in gewisser Weise richtige »Hand-Werker«, die über die eigene Tätigkeit ähnliche Arbeitszusammenhänge und Sinnstiftungsprozesse erfahren, wie sie sich auch im außerschulischen Leben in Handel und Handwerk ereignen.

Das Beispiel verdeutlicht, was es heißen könnte, wenn die Mitarbeiter der Projektgruppe Praktisches Lernen behaupten, die Schule müsse Schonraum und Erfahrungsraum zugleich sein: Der Bau von Pizzaöfen in der innerschulischen Lernsituation einer Gesamtschule ist nicht dasselbe, wie die Planung, der Bau und die Montage eines Pizzaofens für ein echtes Restaurant – und soll auch nicht dasselbe sein. Während hier entdeckendes Lernen, streßfreies Probieren, auch kleinere Unvollkommenheiten geduldet werden können, weil es bei dem handwerklichen Tun in der Schule um allgemeine Erfahrungen und nicht um spezielle Kompetenzen geht, sind dort Spezialisten gefordert, die unter dem Druck von Zeit, Kosten und Konkurrenz gerade nicht lange herumprobieren dürfen und jede Unvollkommenheit vermeiden müssen, wenn sie weitere Aufträge erhalten wollen. Und doch unterliegt auch die Arbeit der »Ofenbauer« in der Schule ähnlichen Qualitätsansprüchen wie diejenige professioneller Handwerker und Ingenieure: Die Statik muß stimmen, der Abzug muß funktionieren, der Mörtel richtig angesetzt sein, wenn der Ofen seiner Bestimmung gemäß genutzt werden soll. Im Unterschied zu einem ausschließlich im Medium sprachlicher Interaktion angelegten Unterricht sind hier die Qualitätsstandards nicht mehr dem subjektiven Urteil des Lehrers überlassen, sondern in der Sache selbst vorgegeben, und trägt hier nicht mehr der Lehrer, sondern die Sache selbst den Fortgang der Arbeiten voran.

Der Lehrer ist gleichwohl nicht überflüssig: Er sichert qua Amt die Möglichkeit des Fortgangs der praktischen Arbeiten *als Lernsituation.* »Praktisches Lernen« ist insofern ein Versuch, den Herbartschen Gegensatz von unterrichtlichem Lernen und außerunterrichtlichem Handeln zu überwinden und zugleich an der fortgeltenden Notwendigkeit einer analytischen und pragmatischen Unterscheidung von unterrichtlichem und außerunterrichtlichem Handeln festzuhalten. Denn die allgemeinbildende Schule soll nicht Ofenbauer produzieren, sondern allgemein geschickte und aufgeweckte junge Leute, die einmal auf ganz verschiedenen Bewährungsfeldern und in ganz unterschiedlichen Bewährungssituationen zurechtkommen sollen.

Rumpf beobachtet die gelassene Selbstverständlichkeit, mit der die jungen Leute ihrer Arbeit nachgehen, die Überflüssigkeit von Aufsicht und extrinsischer Motivierung, d.h. die schon erzielte Selbständigkeit der Jugendlichen in ihrem Tun, ihr Mit-Wirken an ihrem eigenen Lernprozeß. Und er stellt fest, wie dieses praktische Wirken »Spuren hinterläßt«, in der täglichen Umwelt und auch im Bewußtsein der Jugendlichen. Die Schüler sind also ganz offensichtlich im Sinne einer methodischen Öffnung des Unterrichts an der Gestaltung der Projekte beteiligt. Aber handelt es sich hier deswegen schon um jene »ernste Wirksamkeit«, die Herbart als Merkmal von Lernsituationen ansah, die allein die »Charakterstärke der Sittlichkeit« fördern können?

Auf diese Frage, die zugleich die Frage nach der institutionellen Konstitution erziehenden Unterrichts heute ist, lassen sich zwei gegensätzliche Antworten geben. Sieht man die Schule vorrangig unter dem Aspekt der Vorbereitung auf ein späteres nachschulisches Leben, so müßte man wohl bezweifeln, daß die am Produktionstag durchgeführten Vorhaben schon die besagte »ernste Wirksamkeit« aufweisen, die Herbart meinte, als er nach einer allgemeinen Einrichtung suchte, die die Jugend »zweckmäßig in Handlung« setze. Denn die Tatsache, daß in diesen Projekten im Rahmen von Schule, also zumindest jeweils eine Zeitlang frei von Zeitdruck, frei von unerbittlichem Qualitätsdruck und frei von der Forderung nach sofortigem Erfolg gearbeitet werden kann, unterscheidet die Situation wesentlich von dem nachschulischen Leben, auf das sie die Schüler vorbereiten will. In solchen Situationen, in denen der Mißerfolg zwar demotivieren mag, aber ansonsten weitgehend folgenlos bleibt oder allenfalls eine schlechte Benotung nachsichzieht, könnte die Ausbildung der »Charakterstärke der Sittlichkeit« nach Herbart gerade aufgrund der fehlenden Konsequenzen und infolge einer zu hohen Spezialisierung gefährdet sein.

Die andere Antwort unterstellt, daß das schulische Lernen heutzutage den Alltag von Kindern und Jugendlichen nahezu vollständig determiniert und daß das Leben in der Schule heute das *eigentliche* Leben der Kinder darstellt, während die von Schule und Schularbeiten frei bleibende Zeit nur noch Rekreation und Regeneration erlaubt, aber kaum mehr einen eigenen bildenden Wert beanspruchen kann. Der Vollzeitschüler, dessen Arbeitswoche häufig länger dauert als die seiner Eltern, erlebt die Welt über mehr als ein Jahrzehnt hinweg in der und an der Auseinandersetzung mit *schulischen* Forderungen und Ansprüchen, wobei sogar die Beziehungen zu den Gleichaltrigen im wesentlichen von der Praxis und den Verkehrsformen der Schule geprägt werden.[194] Für diesen Schüler ist die Schule urwüchsig und ungeplant längst jene »embryonic society« geworden, die Dewey als pädagogische Situation noch gezielt gestalten wollte. Hier erfahren die Schüler jedoch nicht, wie es Dewey mit seiner Laborschule vorschwebte, im Kleinen die große Welt, hier ist die kleine Welt der Schule die erste und wichtigste Welt, in der die Schüler hauptsächlich leben und zurechtkommen müssen.

Ganz in diesem Sinne vertritt die Tübinger Projektgruppe auch bezüglich der Zukunftschancen, die die Schule ihren Schülern eröffnet, die Auffassung, daß es unangemessen sei, diese Einrichtung nur als einen Ort der Vorbereitung auf ein Leben nach und außerhalb der Schule zu sehen:

»Die Zuordnung des Lernens zu Zwecken, die in einer fernen Zukunft außerhalb der Schule liegen, hat ihre Überzeugungskraft ... eingebüßt. Zwar erscheint für die individuelle Zukunftsvorsorge ein möglichst hoher Bildungsabschluß als notwendig. Er ist jedoch keineswegs eine hinreichende Bedingung für beruflichen Erfolg. Viele Aufstiegserwartungen und Karrierehoffnungen wurden inzwischen enttäuscht.«[195]

Schließlich haben sich auch die Struktur des Wissens und die gesellschaftlichen Aneignungsformen von Wissen und Kultur gewandelt. Während die Schule zu Herbarts Zeiten noch auf »einen Fundus primärer Erfahrungen«, auf einen »Bereich des im Alltag Vertrautgewordenen« zurückgreifen und sich daher darauf konzentrieren konnte, »den Kindern mit der Schriftkultur das ihnen Ferne und Fremde nahezubringen und sie so über die unmittelbare Erfahrung hinauszuführen«[196], trifft die Schule heute mit ihrem Lern- und Wissensangebot auf eine grundlegend andere Situation:

»Für Kinder und Jugendliche scheint von diesem Angebot kaum mehr etwas neu, fremd oder gar aufregend – mindestens durch die Medien ist ihnen vieles auch tatsächlich schon begegnet, und zwar spannender und unterhaltsamer, als dies in der Schule möglich ist. Aber es ist ein Leben aus zweiter Hand, das ihnen in den Medien geboten wird – gerade nicht Erfahrung. Es ist ihnen daher fast nichts mehr in dem Sinne von Grund auf vertraut und selbstverständlich, wie es dies unter den Bedingungen homogener, gleichzeitig aber sehr begrenzter Lebensverhältnisse früher sein konnte. Die Schule kann nicht mehr ein schon vorhandenes ›Nahes‹ voraussetzen und sich auf die Vermittlung des ›Fernen‹ beschränken – der vorgegebenen Erfahrung ein theoretisches Lernen anfügen.«[197]
Die Schlußfolgerung aus einer solchen Sicht heutiger Sozialisationsbedingungen lautet konsequenterweise:

»Wenn es für Kinder und Jugendliche außerhalb der Schule immer weniger Möglichkeiten des eigenen Handelns und praktischer Erfahrung gibt, muß die Schule versuchen, solche Möglichkeiten von sich aus zu schaffen.«[198]

Unter diesen Prämissen beinhalten der Bau eines Pizzaofens oder die Gestaltung von Informationstafeln für die nachfolgenden Bildungsgänge – wenn auch in deutlich unterschiedlichem Ausmaß – tatsächlich Chancen der Erweiterung nicht nur der praktischen, sondern auch der sittlichen Kompetenz der Schüler. Denn durch solche Vorhaben werden Zumutungen und Verantwortlichkeiten provoziert, die sich im erfolgreichen Handeln der Einzelnen bewähren müssen und zugleich in eine gemeinsame gesellschaftliche Praxis eingebunden sind: Die Informationstafeln müssen korrekte Informationen beinhalten und durchdacht gestaltet sein, wenn sie dem nachrückenden Schülerjahrgang echte Orientierungshilfen bieten sollen, denn sie sind Bestandteil des ernsten und wichtigen Prozesses der Berufsfindung, der auch dann für jeden einzelnen Schüler stattfinden würde, wenn die Schule diese Entscheidungen vollständig der Privatsphäre der Familien überließe; und die Pizzaöfen müssen funktionieren, weil man in der Schule wirklich backen will, um sich die gemeinsamen Pausen zu verschönern. Hier können sich die Schüler nicht mehr mit Abschreiben durchmogeln. Das praktische Lernen ist insoweit in einen sozialen Verwendungszusammenhang eingewoben, dem »ernste Wirksamkeit« schwerlich abgesprochen werden kann.

Die »ernste Wirksamkeit« beruht aber vor allem auf der Universalität der in diesen Projekten vermittelten Erfahrungen. In dem Maß, in dem sich die Gesellschaft von einer vorindustriellen und industriellen Produktions- zu einer allgemeinen Informationsgesellschaft wandelt, verschiebt sich nämlich dasjenige, was als ein gesellschaftlicher »Ernstfall« betrachtet werden muß, dem das innerschulische Lernen vermeintlich antagonistisch gegenübersteht. Der »Ernstfall« besteht für heutige Kinder und Jugendliche nicht mehr primär in außerschulischen Bewährungssituationen, wie sie noch der Laufbursche im Kontor des 19. oder frühen 20. Jahrhunderts erlebt hat, der als kleines Rädchen in einem großen Betrieb diesen mit in Gang halten half. In der Informationsgesellschaft, die in gewisser Weise eine »totale« Lerngesellschaft ist, findet der Ernstfall schon *in* der Schule statt und heißt zunächst, *im Lernen mithalten können*, nicht Drogen, Apathie oder einer »Null-Bock«-Mentalität zu verfallen, sondern schon in der Schule Wirklichkeit verändern und beeinflussen lernen, sei es – wie beim Bau der Pizzaöfen – an Gegenständen, die nur für das Leben innerhalb dieser Institution bedeutsam sind, sei es – wie bei der projektorientierten Gestaltung des Berufswahlprozesses – an Themen und Problemen, die auch jenseits und nach der Schule bedeutsam sind.

Herbarts analytische Trennung von Erkenntniserweiterung durch Unterricht und Charakterbildung durch Aufforderung zum selbständigen Handeln wird in Projekten praktischen Lernens – wenn sie gut sind – aufgehoben. Erkenntnis und Teilnahme, Vielseitigkeit des Interesses und sittlicher Charakter werden hier konsequenterweise in ein und derselben Lernsituation gefördert. Damit erweitern sich sowohl der Erkenntnisbegriff als auch das Verständnis von »Vielseitigkeit«: »Erkenntnis« bedeutet hier nicht mehr bloß »um etwas wissen«, sondern meint gleichzeitig auch die Erfahrung des eigenen Könnens; »Vielseitigkeit« bezieht sich nicht mehr allein auf den Gedankenkreis, sondern schließt vielseitige praktische Kompetenzen mit ein. Die Aufgaben des Unterrichts schließlich werden über die Geistesbildung hinaus auf die Förderung von praktischen Fähigkeiten und sittlicher Urteilskraft ausgedehnt. »Unterricht« und »Zucht« verschmelzen ineinander.

4.3.3 Praktisches Lernen in außerschulischen Kontexten

Projekte praktischen Lernens beschränken sich nicht auf innerschulische Lernanlässe. Eine Analyse der verschiedenen von der Robert-Bosch-Stiftung geförderten Projekte[199] ergibt, daß Schulen in solchen Projekten sehr häufig mit außerschulischen Institutionen, insbesondere Vereinen, kommunalen Dienststellen oder auch Betrieben zusammenarbeiten und die Aktivitäten der Schüler in Aktivitäten anderer Institutionen eingebunden werden. Beispiele hierfür sind die verschiedenen Praktika, die insbesondere im Rahmen des Arbeitslehreunterrichts häufig organisiert werden[200], die Mitwirkung bei der Waldpflege in Kooperation mit verschiedenen Forstverwaltungen oder auch die gemeinsame Rekonstruktion von geschützten Biotopen in Zusammenarbeit mit professionellen Naturschützern.

Besonders die Renovierungsprojekte, über die die Tübinger Projektgruppe verschiedentlich berichtet hat, heben sich vom Alltag eines rein innerschulisch ausgerichteten Wort- und Buchunterrichts ab.[201] Da hilft beispielsweise ein Gymnasium mit, eine alte Fabrik zu einem Kulturzentrum umzubauen; eine Hauptschule beteiligt sich daran, ein ehemaliges, weitgehend verfallenes Rathaus wiederaufzubauen und zu einem Werk-, Vereins- und Freizeithaus umzubauen; Schüler einer Gesamtschule, eines Gymnasiums und einer Berufsschule wirken über viele Jahre hinweg an der Renovierung einer ehemaligen Landgaststätte mit, die von Eltern und Lehrern ersteigert wurde, um sie als Schullandheim und Begegnungsstätte für Jugendgruppen wiederherzurichten. Alle diese Unternehmungen zeichnen sich dadurch aus, daß sie den Schülerinnen und Schülern wirkliche Verantwortung zumuten und damit nicht nur praktische Kompetenzen, sondern auch »sittliche« Urteilskraft provozieren und das Selbstbewußtsein der Schüler stärken:

»Sie vermessen alle Räume, überlegen Nutzungsmöglichkeiten, erarbeiten Vorschläge zur Ausstattung und Möblierung. Und sie denken an die weitere Zukunft. Das Haus braucht ein Fotolabor, eine Druckerei, Dreh- und Hobelbänke. Der alte Hundezwinger könnte die Abteilung Gartenbau aufnehmen. Was wollen wir? Und was zuerst? Wieviel Geld brauchen wir dafür und wieviel Zeit? Das sind die Fragen, die die Schüler sich stellen und die sie gründlich und ernsthaft erwägen. Neue Fragen für sie, Fragen, die ernsthafte Entscheidungen erfordern, deren Antworten praktisch folgenreich sein werden; das haben sie bislang in der Schule ›noch nicht gehabt‹... Die Folgeträchtigkeit des eigenen Handelns führt zum ›Handwerkerstolz‹ auf das Geleistete – das bleibt nicht nur Erinnerung, das ist sachlich da, material greifbar, geworden und gemacht. Das gibt Mut und Selbstvertrauen – ›Ich wußte gar nicht, daß ich so etwas kann!‹.«[202]

Das Niedersächsische Landesinstitut für Lehrerfortbildung hat 1984 bei einer Umfrage in diesem Bundesland alleine 130 Schulen identifiziert, die in irgendeiner Form Patenschaften zu Schulen der Dritten Welt unterhielten oder an Dritte-Welt-Projekten mitwirkten: Schulklassen suchten Paten zur Finanzierung des Schulbesuchs von Kindern in Lateinamerika; andere richteten Dritte-Welt-Läden ein; wieder andere beteiligten sich am Bau von Wasserleitungen und Fischteichen in Asien oder widmeten sich dem Schutz bedrohter Völker im Amazonasgebiet oder unterstützten den Bau eines Kinderdorfes in Indien; Schüler kümmerten sich um das Aufpflanzen von Bäumen in der Sahelzone und in Nicaragua oder um die Finanzierung von kleinen Dorfschulen in Brasilien.[203]

Hartmut Gräf berichtet – weniger exotisch, aber nicht weniger beeindruckend – von einer Arbeitsgemeinschaft an einer Heilbronner Realschule, die über viele Jahre hinweg eine Patenschaft für den fast vergessenen jüdischen Friedhof der Stadt übernahm:[204]

Die Schülerinnen und Schüler vermessen und kartographieren das Gelände, photographieren und erstellen eine Dokumentation über die vorhandenen Gräber, restaurieren die Grabmale und stellen die teilweise stark verwitterten Inschriften wieder her. Sie versuchen, die Inschriften zu interpretieren. Dazu müssen Sie sich im Unterricht intensiv mit der ihnen mehrheitlich völlig fremden jüdischen Kultur vertraut machen. »Da ist ein grundsätzlicher Unterschied«, berichtet eine Schülerin, »die Gräber werden nicht bepflanzt extra mit Blumen, sondern es wird einfach wachsen gelassen – das ist eben der Glaube, damit die in Ruhe schlafen konnten, hat man nicht so viel daran herumgemacht.«[205] Friedhofspflege weitet sich aus zur Pflege einer Kultur, der man selbst gar nicht angehört. Das erfordert schon ein erhebliches Maß an Empathie und Sensibilität von den Jugendlichen. Fast alle Schulfächer können zum Gelingen des Projektes beitragen: Deutsch, Erdkunde, Gemeinschaftskunde und natürlich Geschichte und Religion. Die Schüler überbringen schließlich ihre Dokumentation dem Bürgermeister und bitten ihn um zusätzliche Konservierungsmaßnahmen seitens der Stadt. Sie stellen eine Bücherschau zum Judentum und eine Ausstellung zusammen, sammeln für einen Gedenkstein zu Ehren der jüdischen NS-Opfer und erreichen schließlich, daß die Stadt Heilbronn ihre früheren, jetzt in der Emigration lebenden jüdischen Mitbürger zu einem Besuch der Stadt einlädt. Die Schüler erfahren Lob und Anerkennung für ihre Aktivitäten, Presse und Rundfunk berichten mehrfach, und die Realschulen zweier benachbarter Städte starten ähnliche Projekte in ihren Gemeinden.

Erfahrungen wie diese graben sich tief in die individuelle Lerngeschichte der Beteiligten ein. Für sie gilt unzweifelhaft, was im dritten Kapitel als allgemeines Merkmal für einen erziehenden Unterricht nach Herbart gefordert worden war: »Der Unterricht, von dem wir reden, soll ... mit dem Menschen selbst, mit seiner Person, sich so vereinigen, daß es nicht mehr dieser Mensch sein würde, wenn man ihm diese Kenntnis wegnähme.«[206]

Projekte wie die zuletzt geschilderten machen besonders augenfällig, was es heißen könnte, Lernsituationen zu schaffen, die »aus eignem richtigen Sinn« geschehen: Sie geschehen nicht primär um des Unterrichts, sondern um ihrer selbst willen, bieten aber insofern immer auch Anlaß und Gelegenheit für Unterricht, als sie Kompetenzen abfordern, die sich die Menschen in der gemeinsamen Aktion neu aneignen müssen und nur durch Unterricht aneignen können. Wer von jüdischer Kultur und Judenverfolgung nur rudimentär eine Ahnung hat, muß sich kundig machen, bevor er einen jüdischen Friedhof pflegen kann; wer noch nie einen Bandschleifer in der Hand hatte und dann anläßlich der Restauration eines verfallenen Hauses unter der Anleitung eines Könners »fachmännisch« alte Balken abschleift, hat etwas dazugelernt; wer noch nie ein größeres Finanzbudget verwalten mußte und nun in die Finanzplanung für einen Verein eingebunden ist, der Grundbesitz erwerben oder eine Schule in Brasilien unterhalten will, muß seinen Horizont sehr gezielt erweitern. Er muß sich unterrichten lassen. Und dies gilt nicht nur für die Schüler, sondern in gleicher Weise auch für die beteiligten Lehrer und Eltern.

Es gilt sogar für die Außenstehenden, die sich oft ganz unvermutet mit handlungsfreudigen, Fragen stellenden, selber auch ein wenig sachkundigen, allemal also unbequemen Kindern und Jugendlichen konfrontiert sehen und nun ihrerseits gezwungen sind, Stellung zu beziehen. Schüler, Lehrer und außerschulische Mitbürger treten in solchen Projekten in ein ganz neues Verhältnis zueinander, ein Verhältnis von »intergenerationeller Mitgesamttätigkeit«[207], die letztlich nicht mehr zwischen Lehrenden, Lernenden und Handelnden unterscheidet, sondern verschiedene Gruppen und Professionen im gemeinsamen Handeln für ein gesellschaftlich nützliches Vorhaben zusammenführt.

Eine solche »Mitgesamttätigkeit« setzt allerdings voraus, daß sich auch die außerschulischen Ansprechpartner und Institutionen ihrer Mitverantwortung für das Gelingen unterrichtlich unterstützter Lernprozesse bewußt werden und ihrerseits »mitgesamttätig« handeln. Die von Herbart unter dem Terminus »Zucht« beschriebene Aufforderung der Schüler zum Handeln als Mittel der sittlichen Bildung beinhaltet damit eine Aufforderung der außerschulischen Mitwelt zur praktischen Wahrnehmung pädagogischer Verantwortung. »Mitgesamttätigkeit« wäre dann die bildhafte Beschreibung jener wechselseitigen Öffnung der Erziehung und ihrer Institutionen zur außerschulischen Wirklichkeit wie umgekehrt der außerschulischen Institutionen und ihrer Repräsentanten zur gesamtgesellschaftlichen Aufgabe der Erziehung, die im zweiten Kapitel in Auseinandersetzung mit Herbarts Begriff der »beseelten Gesellschaft« als ideale Konstellation für erzieherisches Handeln herausgearbeitet wurde.[208]

Eine solche Mitgesamttätigkeit verringert – so sie überhaupt zustandekommt – zugleich die Gefahr der Herbartschen Pädagogik, Bildung zu ausschließlich als Individualbildung zu begreifen. Die Einbettung der Erweiterung individueller Erfahrungen und der Ausbildung individueller Mündigkeit in den Prozeß der gesellschaftlichen Weiterentwicklung muß dann nicht mehr – wie noch bei Herbart – als ein kaum lösbares Dilemma betrachtet werden. Sie kann vielmehr konstruktiv als eine praktische und politische Aufgabe verstanden werden, die die Schule zwar nicht allein bewältigen kann, zu deren gesamtgesellschaftlicher Bewältigung sie aber die außerschulische Mitwelt in Unterrichtsprojekten praktischen Lernens faktisch immer wieder auffordert. Erziehender Unterricht macht auf lange Sicht politisches Handeln zugunsten einer für ihre pädagogische Verantwortung aufgeschlossenen Gesellschaft unumgänglich.

4.3.4 Praktisches Lernen, praktische Bildung und Vielseitigkeit

Praktisches Lernen ist insofern ein von Mißverständnissen bedrohtes Konzept, als dieser Begriff leicht mit dem Terminus »praktische Begabung« assoziiert wird, welcher im Kontext der Begabungsdiskussion der späten sechziger Jahre und der Auseinandersetzung um die Einführung der integrierten Gesamtschule häufig politisch sehr einseitig interpretiert und verwendet wurde.[209] Tatsächlich sieht auch die Tübinger Projektgruppe selbst einen direkten Zusammenhang zwischen dem Begriff des »praktischen Lernens« und jener Begabungs- und Schulreformdiskussion. In kritischer Auseinandersetzung mit dem Lernbegriff im Gutachten »Begabung und Lernen« des Deutschen Bildungsrates bemängeln die Mitarbeiter der Projektgruppe, daß dort »Lernen insgesamt vor allem als kognitive Leistung aufgefaßt wird« und sich vorwiegend auf Wissen, Denken und Urteilen beschränkt.[210]

»Dieses Lernverständnis ... ist insbesondere von W. Hornstein ... wegen seiner jugendpsychologischen und von H. Rumpf ... wegen seiner schultheoretischen Naivität nachhaltig kritisiert worden. Die kognitive Rationalität des Lernverständnisses wurde allerdings

nicht allein durch den zeitgeschichtlichen Kontext des wissen-
schaftlich-technischen Fortschrittdenkens der 60er Jahre gestützt.
Von einer solchen Rationalität sind auch die seit den 60er Jahren
erziehungswissenschaftlich einflußreichen Gesellschafts- und Sub-
jekttheorien (Strukturfunktionalismus, Lerntheorie, kognitive Ent-
wicklungstheorie) bestimmt, die das ›Praktische‹ vornehmlich als
entwicklungsmäßig Früheres und Niedrigeres anerkannten und von
kognitiver Erkenntnis als dem Späteren und Höheren schieden.
Selbst dort, wo die ›Dialektik der Aufklärung‹ hervorgehoben und
die systemhafte Verselbständigung einer wissenschaftlich-techni-
schen Rationalität kritisiert wird, werden gesellschaftliche Moder-
nisierung und persönliche Identitätsentwicklung primär als Univer-
salisierung einer kognitiven Aufklärung begriffen. In dieser Sicht-
weise erscheint Bildung vor allem als Aneignung und Ausbildung
einer universellen Rationalität, die sich als Fähigkeit zu hypotheti-
schem Denken, zu diskursiver Verständigung und prinzipiengeleite-
tem moralischem Urteilen zeigt und schulisches Lernen bewußt
herauslöst aus regionalen, ethnischen oder konfessionellen Tradi-
tionen und Lebensverhältnissen.«[211]

Einem solchen, einseitig die kognitive Rationalität ansprechenden
und das praktische Tun geringschätzenden Lernbegriff stellt die
Projektgruppe mit dem »praktischen Lernen« ein umfassenderes
Verständnis von Lernen und Bildung gegenüber: »Beim ›praktischen Lernen‹ wird Lernen als eine aktiv-produktive und selbstbestimmte Leistung des Lernenden aufgefaßt, die bewußt auf die biographische Rückbindung Wert legt. Tätigsein wird als wesentliches
Moment auch für intellektuelles Lernen verstanden.«[212] Praktisches
Lernen grenzt sich damit zugleich von dem folgenschweren Irrtum
statischer Begabungskonzepte ab, »praktisch brauche die Schule
nur dort zu werden, wo Mangel an theoretischem Verständnis anders nicht zu beheben sei.«[213]
    Es liegt nahe, von hierher zu Herbarts Theorie des erziehenden
Unterrichts und insbesondere zur Kritik an Herbarts Lerntheorie[214]
zurückzukehren und sowohl das Verhältnis von Handeln und Erkennen als auch die zeitliche Zuordnung von Erkennntiserweiterung und Charakterbildung bei Herbart neu zu bedenken. Wie bereits früher ausgeführt, waren für Herbart – gemäß der damaligen
Stellung des Kindes in der Gesellschaft – Unterricht und gesellschaftliches Handeln auf getrennte Lebensabschnitte verteilt, wes-

wegen er auch die beiden Hauptdimensionen des pädagogischen Handelns, den erziehenden Unterricht und die Zucht, analytisch voneinander abhob. Die Sittlichkeit bedarf nach Herbart der »Wurzeln in der Vielseitigkeit«, weswegen »dem Unterricht die erste, der Zucht die zweite Stelle im Durchdenken der Erziehungsmaßregeln gebühre«.[215] Und so werde man »erst die Individualität durch das erweiterte Interesse verändern und einer allgemeinen Form annähern müssen, ehe man daran denken dürfe, sie für die allgemeingültigen Sittengesetze geschmeidig zu finden.«[216] Ja, Herbart geht soweit, selbst die Stufen des erziehenden Unterrichts auf verschiedene Lebensalter aufzuteilen: »Dem Kinde ziemt ein teilnehmendes Merken, dem Knaben das Erwarten, den Jüngling kleidet die Forderung der Teilnahme, damit der Mann dafür handeln möge.«[217]

Demgegenüber demonstrieren Projekte praktischen Lernens, daß unter den heute gegebenen Sozialisationsbedingungen Teilnahme und praktisches Handeln in die Periode der systematischen Schulung des Gedankenkreises durch Unterricht einbezogen werden können – und einbezogen werden *müssen*, wenn den Heranwachsenden gravierende Sinnkrisen infolge einer immer weiter in die Zukunft verzögerten Anerkennung gesellschaftlicher Mündigkeit erspart bleiben sollen. Die Lebensbedeutsamkeit des Lernens kann sich nicht mehr, wie zu Herbarts und Hegels Zeiten, erst in der Zukunft erweisen, sie muß bereits in der Gegenwart der Heranwachsenden erfahrbar werden.[218] Merken, Erwarten, Fordern und Handeln, Erkennntiserweiterung und die Erweiterung praktischer Kompetenz finden in den Projekten praktischen Lernens konsequenterweise stets gleichzeitig statt.

Vertiefung und Besinnung

Gleichzeitigkeit der verschiedenen Lernakte und -modi meint ausdrücklich etwas anderes als jene hierarchisch-lineare Unterrichtsgestaltung, die von den Herbartianern des späten 19. Jahrhunderts ebenso wie von Vertretern moderner instruktionsorientierter Unterrichtslehren angestrebt wurde bzw. wird. Auf die Projekte praktischen Lernens treffen weder die Herbart zugeschriebene Anordnung »vom Wissen zum Wollen«[219], noch die der Reformpädagogik unterstellte Logik »vom Können zum Wissen«[220] zu. Vielmehr lassen sich den Beschreibungen solcher Projekte mehrere, einander auch überlagernde Kreisbewegungen entnehmen: Da wechseln Phasen gezielter Unterweisung mit Phasen von eher spielerisch-kreativem Charakter ab, die ihrerseits durchaus Bedarf nach zusätzlicher Anleitung in Form von Unterweisung hervorrufen können. Es wechseln auch Phasen der Anstrengung des Begriffs mit solchen des konkreten Tuns ab, das seinerseits erneut gedankliche Konstruktionen und Re-Konstruktionen in Gang setzt. Und Phasen der Verallgemeinerung wechseln mit solchen exemplarischer Erprobung ab, welche – insbesondere wo es Schwierigkeiten zu überwinden gilt – die allgemeinen Sätze in Frage stellen oder zu neuen allgemeinen Einsichten hinführen können und so Systembildung grundlegen. Die Reflexion über die Sache (»Vertiefung«) geht dabei immer mit Prozessen der Vergewisserung über das eigene Vorgehen, d.h. der Selbstreflexion (»Besinnung«) einher. Praktisches Lernen bedeutet offenbar, sich in solchen Kreisbewegungen aufzuhalten, bis sich neue Kompetenz manifestiert, ähnlich bestimmten Flüssigkeiten, die, wenn man sie nur lange genug umrührt, plötzlich in einen anderen Aggregatzustand übergehen.[221] Erkennen und Handeln stehen dabei in einem bedeutend komplexeren als bloß einem konsekutiven Verhältnis zueinander:

»Dem Lernen wird nicht nur ein Sinn gegeben, weil es an ›Praxis‹, an das Leben gebunden ist, sondern weil darüberhinaus durch das Tun dort tatsächlich auch etwas – und sei es noch so wenig – bewirkt wird. Man kann das Tun selber als sinnvoll erfahren und dabei etwas lernen; oder man muß für das Tun etwas lernen, einfach um es richtig zu machen. Schließlich kann man aus dem Tun Sinn für weiteres – auch theoretisches – Lernen generieren, weil man etwas über den Sinn des Lernens gelernt hat.«[222]

Sicher ist soviel: Damit praktisches Lernen erziehender Unterricht wird, müssen praktisches Tun und handlungsentlastete Reflexion über das eigene Tun einander wechselseitig ergänzen. Dabei kommt es entscheidend auf den Aspekt der *handlungsentlasteten* Reflexion an, denn das Handeln selbst erfolgt ja in den meisten Fällen nicht bewußtlos, steht also keineswegs in einem Gegensatz zur Reflexion. Doch erst die systematische Verständigung über das eigene Handeln unterscheidet praktisches Lernen von bloßem Aktionismus. Es gilt mithin, *Übergänge* zwischen beidem, Aktion und handlungsentlasteter Reflexion, sicherzustellen, wenn man weiterhin zwischen Unterricht und Spiel bzw. Unterricht und Arbeit differenzieren will. Denn so sehr Projekte praktischen Lernens allein aufgrund ihrer ästhetischen Qualitäten überzeugen mögen, so schnell könnten sie an Motivationskraft bei den Schülern einbüßen, wenn sie das Erlebnis *bewußter* Kompetenzsteigerung vermissen lassen oder einer »Selbstgenügsamkeit des Situativen« (Pankoke) anheimfallen. Zum situationsübergreifenden Wissen und Können wird die originäre Erfahrung im handelnden Umgang erst »durch Distanznahme vom Charme der konkreten Beschäftigung.«[223]

Bewußt eingeplante Übergänge zwischen Handeln und handlungsentlasteter Reflexion stellen sicher, daß die zitierte Rückbindung der Erfahrungen nicht nur an die gemeinsame, sondern auch an die je individuelle Biographie der Lernenden tatsächlich erfolgen kann. Denn auch Prozesse praktischen Lernens sind elementar auf das Wechselspiel von Vertiefung und Besinnung angewiesen, das für den erziehenden Unterricht kennzeichnend ist. Es muß »zu den Gefälligkeiten des Umgangs« etwas hinzukommen, »was die Ansicht derselben bestimmt«, hieß es bei Herbart.[224] Nur wenn die Erweiterung praktischer Kompetenzen auch wirklich in eine systematische Erweiterung des Gedankenkreises jedes einzelnen Schülers eingebunden ist – und das ist nicht eine automatische Folge praktischen Tuns! –, nur dann kann praktisches Lernen einen bildenden Anspruch geltend machen.

In dem zitierten Bericht von Horst Rumpf aus der hessischen Gesamtschule findet sich ein Beispiel, wie die Deutschlehrerin durch ein ganz traditionelles, schultypisches Mittel Vertiefung und Besinnung sicherstellt: Sie läßt die Schüler eine Broschüre über den Bau der ersten Öfen schreiben und zwingt die Jugendlichen durch die Verschriftlichung des eigenen Tuns zur Präzisierung ihrer Gedanken. »Das habe allen viel gebracht«, wird ausdrücklich betont. Andere Berichte über Projekte praktischen Lernens lassen vergleichbare Hinweise auf Phasen handlungsentlasteter Reflexion über das eigene Tun vermissen[225] und machen darauf aufmerksam, daß nicht jedes Projekt praktischen Lernens den Kriterien eines erziehenden Unterrichts genügt.

Teilnahme und Erkennntis

Projekte praktischen Lernens kultivieren ihrem eigenen Anspruch nach die Beteiligung von Kindern und Heranwachsenden an Handlungsvollzügen, die auch jenseits und außerhalb der Schule bedeutsam sind. Doch die methodische Ausweitung der schulischen Lern-angebote auf inter-institutionelle Kontakte und Kooperationen stellt zunächst nur eine Steigerung der methodischen Vielfalt dar. Es gibt Schilderungen einzelner Vorhaben praktischen Lernens, die über eine solche methodische Bereicherung des Schullebens um neue Erlebnis- und Erfahrungsmöglichkeiten nicht hinausreichen und zumindest offenlassen, ob sie auch jene inhaltliche Diversifizierung von Umgang *und* Erfahrung beim lernenden Individuum bewirkt haben, die Herbart meinte, wenn er von »gleichschwebender« Vielseitigkeit sprach. Auch Projekte praktischen Lernens bedürfen aber, mit Herbart gesprochen, der »Subordination der Begriffe« unter »einen herrschenden Hauptgedanken«, weil es – mit Pranges Worten – stets die Aufgabe des Unterrichts ist, »das im besonderen Fall gemeinte Allgemeine zu zeigen.«[226] Als ein gelungenes Beispiel hierfür kann wiederum das Friedhofsprojekt dienen, welches unter dem Leitmotiv der Völkerverständigung und Versöhnung zwischen Juden und Nicht-Juden das wissenschaftliche Interesse der Schüler gleichermaßen wie ihr sympathetisches Interesse angeregt und erweitert und am Einzelfall der Pflege eines Kulturdenkmales allgemeine, über den Einzelfall hinaus nützliche Kenntnisse und Fähigkeiten ausgebildet hat.

Herbarts Forderung nach Erweiterung von Teilnahme und Erkenntnis beinhaltet den Anspruch, Wissenschaft und Kunst, Politik und Religion gleichermaßen in den Blick zu nehmen, d.h. den überfachlichen, allgemein gültigen Gehalt eines Projektes bei der Durchführung des Vorhabens herauszuarbeiten und zur Entfaltung zu bringen. Das »rechte Zusammenspiel der bildenden Wirkungen der Lebensunmittelbarkeit, des planmäßigen Unterrichts und der bewußten Bemühungen um sittliche Charakterbildung«[227] kann in Projekten praktischen Lernens durchaus zur Geltung kommen – wenn es denn intendiert ist und auch tatsächlich inhaltlich systematisch verfolgt wird. Dazu muß aber, wie Wolfgang Schulz überzeugend ausgeführt hat, die mit dem praktischen Tun angestrebte allgemeine Erkenntnis und, wie mit Herbart hinzuzufügen wäre, auch die Gelegenheit zu sittlichem Urteil und persönlicher Entscheidung schon bei der Planung des Projektes vorbedacht sein.[228]

Ein gelungenes Beispiel hierfür wäre das »Bauernhofprojekt« dreier siebter Klassen aus Baden-Württemberg, die jeweils vierzehn Tage auf dem Hof des Bauern Schaber mitarbeiteten. Dieter Steinhilber berichtet von den Erfahrungen der Schülerinnen und Schüler:

»Recht verunsichert stehen sie am Ackerrand und versuchen mit spitzen Fingern, die Ackerkratzdisteln herauszuziehen: ›Das stupft!‹ – ›Die gehen ja gar nicht richtig raus!‹ – ›So viele von Hand jäten, das dauert viel zu lange!‹ – ›Eine blöde Arbeit!‹ – ›Schaber soll etwas hinspritzen!‹ – ›Ja, aber...‹

Vielleicht zum erstenmal erkennen, erfühlen unsere Schüler die Problematik der Herbizide, die Spannung zwischen Rentabilität, Vernichtung und Erhaltung... Das Nebeneinander von steriler Flur, auf der Mais wachsen soll, und der üppig sprießenden Löwenzahnwiese ist beeindruckend. Der Versuch, Wurzelwildkräuter mit der Hand auszureißen, führt zu der Überlegung, ob ein Landwirt eine solche Arbeit überhaupt auf einer großen Fläche erbringen könnte.«[229]

Die Erinnerungsspur in der Lerngeschichte jedes einzelnen Schülers wäre kürzer, bliebe sie auf den Eindruck der manuellen Arbeit auf dem Hof reduziert, ohne das Bewußtsein von den gesellschaftlichen Problemen moderner Landwirtschaft und des persönlichen Eingebundenseins eines Jeden von ihnen in diese Probleme tangiert zu haben.

Auch das Friedhofsprojekt wächst in seiner bildenden Bedeutung nicht deswegen über die Grenzen traditionellen Unterrichts hinaus, weil die Schüler in ihm praktisch tätig sind – das wären sie im traditionellen Werkunterricht oder im Schulorchester ja auch –, sondern weil sie sich jenseits der Erkenntnistätigkeit im Klassenzimmer und der manuellen Tätigkeit auf dem Friedhof auch noch politisch für die Sache betätigen. Sie mischen sich in gesamtgesellschaftliche Prozesse der Verdrängung bzw. Verarbeitung einer furchtbaren Vergangenheit ein und machen dabei die Erfahrung, daß sie über den engen Wirkungsbereich der Schule und ihrer Umgebung hinaus Veränderungen bewirken können, die um der Sache der Völkerverständigung willen notwendig sind, die eigenen Mittel und Möglichkeiten der Schule aber überfordern würden.

Genausowenig, wie das Praktikum auf dem Bauernhof darauf abzielt, die Schüler zu Landwirten auszubilden und ihre Fähigkeit im Unkrautjäten zu trainieren, geht das Friedhofsprojekt darin auf, einen dem jüdischen Glauben adäquaten Totenkult zu erlernen. Beiden Lernsituationen kommt vielmehr deswegen eine besondere bildende Kraft zu, weil das in ihnen Erlernte gerade nicht einer Standes-, Berufs- oder konfessionellen Bildung dient, sondern die Freiheit erschließt, vielfältige Lebenssituationen zu bewältigen, ohne den Einseitigkeiten des Standes, der Berufe, Konfessionen und Parteien zu erliegen. Die Vermittlung von praktischem Tun und allgemeiner Erkenntniserweiterung erfolgt hier also nicht primär um einer bloßen »Einheit« von Denken und Handeln im Sinne sogenannter »ganzheitlicher« Erziehungskonzepte willen, sondern um der Fähigkeit willen, sich in allen möglichen Lebenssituationen verständigen, das heißt, im Horizont öffentlicher Kommunikation als Subjekt gestaltend mitwirken zu können.

Diese von Herbart unter der Zielformel »gleichschwebende Vielseitigkeit« geforderte Ausdehnung fachimmanenter oder unmittelbar berufsqualifizierender Erfahrungsmöglichkeiten auf fächer- und schulübergreifende Interpretations- und Handlungskompetenzen der Schüler wird von der Tübinger Projektgruppe nicht für jedes Vorhaben praktischen Lernens gefordert. Praktisches Tun wird auch um seiner selbst willen als Korrektiv zu einer nur in Zweck-Mittel-Strukturen angelegten Lernschule gefördert. So sagt beispielsweise Fauser:

»Freies Spiel und schöpferisches Gestalten, Erforschen und Erkunden, Helfen, Üben und Arbeiten gehen in einer Zweck-Mittel-Struktur nicht auf. Wenn wir von ›Praxis‹ sprechen, so meinen wir Praxis im Sinne eines anthropologischen Basisbegriffs und fragen nach der pädagogischen Qualität der verschiedenen Tätigkeitsformen und Erfahrungen; zwar gilt das pädagogische Interesse der Handlungsrationalität, es geht aber nicht darin auf.«[230]

Doch viele der gesammelten Beispiele zielen in ihrem Kern eindeutig auf die praktizierte Teilnahme an und erfolgreiche Mitwirkung in außerpädagogischen Handlungs- und Erfahrungsfeldern ab; eine Teilnahme, die die Schüler – anders als der reine Buchunterricht – innerlich nicht »un-be-teiligt« lassen kann, und eine Mitwirkung, die – anders als das Mitläufertum – eine gezielte Erweiterung der vorhandenen Erfahrung durch Unterricht voraussetzt. In all diesen Projekten, schreibt Flitner, »sind die Schüler wieder Mitglieder der Polis, der arbeitenden, fürsorgenden, auch feiernden und geselligen Gemeinde. In all solchen Aufgaben und Projekten geht es um Fragen, die alle betreffen und die auch von den Schülern als sie betreffende erfahren werden können, ja, die sie als die kommende Generation oft intensiver aufnehmen und als die ihren anerkennen als wir, ihre Eltern und Lehrer. In der politischen Dimension liegt in der Tat die eigentliche Bewährung des Praktischen Lernens.«[231]

4.3.5 Zusammenfassung

Praktisches Lernen ist ein Gegenentwurf zu der für schulisches Lernen typischen Beschränkung auf die vorwiegend kognitive Auseinandersetzung mit Worten, Symbolen und Modellen der Wirklichkeit. Projekte praktischen Lernens verbinden konkretes, handgreifliches Tun in der Lebenswirklichkeit mit Prozessen der Abstraktion und der gedanklichen Verarbeitung. Sie erinnern an die besondere Überzeugungskraft von selbst erworbenem Wissen und Können und vermitteln im Idealfall den Schülern das Erlebnis, in außerschulische Entscheidungsprozesse und Handlungsvollzüge eingreifen und Wirklichkeit selber verändern zu können. Sie lösen den »Schonraum Schule« immer wieder einmal auf, um doch immer wieder in eben diesen Schonraum zurückzukehren, stellen mithin Situationen im Übergang vom Lernen zum Handeln dar, die die Rückkehr in den Unterricht gleichwohl noch offenhalten.

Damit beinhalten diese Projekte besondere Chancen, den Maßstäben eines erziehenden Unterrichts zu genügen:
— Sie bieten Gelegenheit zu Vertiefung und Besinnung;
— sie fördern »Interesse« und »Begehrung«;
— sie erweitern mit großer Konsequenz »Erkenntnis« und »Teilnahme« zugleich;
— und sie fordern (wenn auch nur im Rahmen der Projektgrenzen) zum Handeln gemäß der eigenen, selbst erworbenen Erkenntnis auf.

Darüberhinaus erweitern diese Projekte den Gedankenkreis der Schüler um einen Kreis praktischer Kompetenzen, deren Vermittlung bei Herbart eher dem außerunterrichtlichen Erfahrungsbereich des Zöglings zufiel als dem Unterricht, die aber zweiffellos eine bedeutsame Erweiterung des Herbartschen Verständnisses von »Vielseitigkeit« darstellen. Die von Herbart als »vielseitige Bildung« definierte »unschätzbare Leichtigkeit und Lust, überzugehen zu jeder neuen Art von Beschäftigung und Lebensweise«[232], beschränkt sich nicht mehr auf Prozesse kognitiver Interpretationen der Wirklichkeit, sondern bezieht die Erweiterung praktischer Kompetenzen und die permanente Überprüfung der eigenen Maßstäbe, nach denen man zu handeln pflegt, mit ein. Sie leisten damit auch einen Beitrag zur sittlichen Bildung.

Allerdings gilt diese Einschätzung nicht für jedes praktische Tun im Kontext von Schule und Unterricht. Ob ein Projekt praktischen Lernens beiden Dimensionen pädagogischen Handelns, des erziehenden Unterrichts *und* der Zucht, gerecht wird, hängt vielmehr entscheidend davon ab,

– ob in diesem Projekt auch Phasen der handlungsentlasteten Reflexion vorkommen, die zu einer Besinnung auf das eigene Tun herausfordern;

– ob die Handlungen selbst eine allgemeine Erkenntnis beinhalten und diese auch durch systematische Analyse des Gegenstandes und des Handlungskontextes herausgearbeitet und ins Bewußtsein der Schüler gehoben wird;

– und ob eine Aufforderung der einzelnen Individuen zum Handeln gemäß *eigener* Einsicht in dem jeweiligen Projekt wirklich stattfinden kann *und* auch tatsächlich stattfindet.

Die Entscheidung, ob ein Projekt den Ansprüchen erziehenden Unterrichts genügen kann oder nicht, läßt sich dann in einer Prüffrage wie folgt zusammenfassen: Gehen die Schüler infolge eigener gestalterischer Mitwirkung aus dem Projekt mit einer geänderten Weltsicht heraus, oder haben sich nur schon vorhandene Muster verfestigt – beispielsweise das verbreitete Muster, daß theoretisches Lernen anstrengend und wenig lustvoll, praktisches Tun hingegen immer nutzbringend und befriedigend ist.

Eine genauere Betrachtung der in solchen Projekten ausgelösten Lernakte und Lernschritte korrigiert das von den Herbartianern bis in die heutige Zeit verbreitete Bild von Unterricht als einem in jedem einzelnen Akt weitgehend vorherbestimmbaren, stufig sequenzierten Geschehen. In Projekten praktischen Lernens ist das Nacheinander von Lehren und Begreifen, von Denken und Tun sowie von Erkennen und Handeln häufig zugunsten eines komplexeren Erkenntnisprozesses aufgehoben, in welchem »Vielseitigkeit« und »Charakterstärke« gleichzeitig gefördert und ausgeformt werden. Im Vollzug solchen praktischen Lernens selbst läßt sich dann zwischen »praktischem« und »theoretischem« Lernen gar nicht mehr unterscheiden, selbst wenn sich in einer Detailanalyse *nach Abschluß* eines Projektes (ex post facto) durchaus eher praktisch angelegte von mehr reflexiven Phasen unterscheiden lassen.

Die Herbartsche Differenzierung zwischen verschiedenen Dimensionen pädagogischen Handelns – Erweiterung von Erfahrung und Umgang einerseits, Aufforderung zu selbstverantwortetem Handeln andererseits – erweist sich bei einer solchen Betrachtung als ein nützliches analytisches Instrument zur Unterscheidung zwischen solchen Projekten, die den genannten Ansprüchen beider Dimensionen gerecht werden, und jenen Lernsituationen, die über die praktische Betätigung selbst nicht hinausweisen und es insbesondere versäumen, das praktische Tun mit Prozessen der handlungsentlasteten Reflexion über das eigene Tun zu verbinden.

Umgekehrt machen Projekte praktischen Lernens deutlich, daß die von Herbart vorgenommene Trennung zwischen einem vollständig handlungsentlasteten Unterricht einerseits und einem nur in außerunterrichtlichen Feldern denkbaren gesellschaftlichen Handeln andererseits unter heutigen Sozialisationsbedingungen nicht mehr aufrechterhalten werden kann. Es gibt offenkundig Situationen von »ernster Wirksamkeit«, die einen »eigenen richtigen Sinn« in sich haben und dennoch für schulisches Lernen genutzt werden können. In der Informationsgesellschaft müssen die Heranwachsenden mithin schon in der Schule beides zugleich lernen: durch eigenverantwortetes Handeln gestaltend und verändernd in die gesellschaftliche Wirklichkeit einzugreifen und das Lernen selbst, das heißt auch die Anstrengung des Begriffs als ein gleich wichtiges gesellschaftliches Bewährungsfeld zu begreifen – als einen nicht nur innerschulisch, sondern auch gesamtgesellschaftlich bedeutsamen »Ernstfall«. Nur in der Kombination von wissenschaftlicher Aufklärung, ethischer Reflexion und gesellschaftlichem Handeln bilden Projekte praktischen Lernens die »Vielseitigkeit des Interesses« und die »Charakterstärke der Sittlichkeit« gleichzeitig aus. Beides fällt – im Unterschied zu Herbarts Situation – heute in die Sphäre des Unterrichts und der schulischen Bildung und bestimmt somit den erweiterten Auftrag, den die Schule in unserer Zeit bewältigen muß.

5. Erziehender Unterricht heute – ein Resümee

Die vorliegende Arbeit hat von der Tatsache ihren Ausgang genommen, daß mit Herbarts Lehre vom erziehenden Unterricht ein pädagogischer Topos aus dem frühen neunzehnten Jahrhundert zur Leitformel von amtlichen Richtlinien für den Unterricht im Ausgang des zwanzigsten Jahrhunderts aufgestiegen ist. Der Versuch einer Reinterpretation von Herbarts Lehre unter den Bedingungen heutiger Erziehungsverhältnisse und die Suche nach Objektivationen erziehenden Unterrichts in neueren pädagogischen Reformprogrammen haben die fortgeltende Bedeutung von Herbarts Lehre für die Analyse und Konstruktion von Unterricht deutlich werden lassen. Offenkundig enthält diese Lehre Grundeinsichten in die Strukturen von Wissensaneignung und Identitätsbildung, die bis heute nichts an Aktualität verloren haben. In jedem Fall aber tragen Herbarts heute oft provozierend klingenden Thesen zur Schärfung des Blicks bei der theoretischen Durchdringung aktueller Reformkonzeptionen bei. Dies soll abschließend anhand der drei Ausgangsfragen der vorliegenden Arbeit noch einmal zusammenfassend dargelegt werden: der Frage nach der Konstitution von Erkenntnis durch Unterricht, der Frage nach dem Verhältnis von Erkenntniserwerb und Charakterbildung in der Schule sowie der Frage nach der angemessenen Institutionalisierung von Lernprozessen angesichts einer in verschiedene gesellschaftliche Handlungsfelder ausdifferenzierten Lebenspraxis.

5.1 Zur Konstitution von Erkenntnis durch Unterricht

Erziehender Unterricht wurde im Anschluß an jüngere Ansätze der Herbartforschung als eine Einrichtung der selbsttätigen Aneignung der Wirklichkeit im Wechselspiel von Vertiefung und Besinnung definiert, die über die Beschränkungen und Beschränktheiten der einzelnen Fächer, der Herkunft, der Konfessionen und politischen Ideologien hinausweist und auf eine allgemeine Vielseitigkeit des lernenden Subjekts abhebt. Ein so verstandener erziehender Unterricht will das lernende Subjekt zur Selbstbestimmung und zum moralischen Handeln in ganz unterschiedlichen Lebenslagen und gesellschaftlichen Verhältnissen befähigen.

Die untersuchten neueren schulpädagogischen Reformkonzeptionen haben gezeigt, daß ein so definierter erziehender Unterricht nicht nur in der Ausnahmesituation der Individualbetreuung durch einen Hauslehrer, sondern auch in größeren Lernverbänden unter den Bedingungen heutiger Schulpraxis zumindest prinzipiell möglich ist. Er macht jedoch nicht den Normalfall schulischen Lernens aus, sondern beschreibt eher einzelne Höhepunkte pädagogischen Handelns, die offenkundig einer besonderen planerischen und didaktischen Reflexion sowie spezifischer institutioneller Voraussetzungen bedürfen.

Alle drei untersuchten Reformmodelle betonen die aktive Auseinandersetzung des lernenden Subjekts mit möglichst wirklichkeitsnahen Phänomenen der realen Lebenswelt, wobei sich Wagenschein in der eher beschränkten Situation des in Fachstunden zerstückelten Lernens auf der Sekundarstufe einrichtet, während die Freinet-Pädagogik und die Projekte praktischen Lernens die Grenzen der Institution Schule immer wieder zu überschreiten bemüht sind. Kognitive Erkenntnis und sittliche Urteilskraft entfalten sich offenbar am besten in der systematisch angeleiteten Reflexion über Prozesse eigenen realen Handelns in der Lebenswirklichkeit. Wie sich aus neueren schultheoretischen Arbeiten schließen läßt[1], bieten demgegenüber die reine Buchschule und der klassische Lehrgangsunterricht weniger Gelegenheiten für die Ausbildung von Vielseitigkeit und Moralität im Herbartschen Sinne. Diese Lernformen ignorieren allzu oft die Herbartsche Erkenntnis, daß das durch Unterricht zu fördernde vielseitige Interesse immer nur ein Merkmal des Lerngegenstandes in bezug auf ein lernendes Subjekt ist, d.h. »subjektneutral« gar nicht definiert, geschweige denn ausgebildet werden kann.[2]

Herbart fordert für jeglichen Unterricht die »Anschließung an die Individuen«, während der Erzieher aber zugleich immer »ins Allgemeine streben« müsse. Diese Verbindung zwischen den individuellen Verstehensbemühungen des lernenden Subjekts und den interindividuellen Objektivierungsbemühungen des Unterrichts wird von allen drei untersuchten Reformkonzeptionen überzeugend sichergestellt, wenn auch methodisch jeweils ganz unterschiedlich realisiert:

- Die Freinet-Pädagogik bemüht sich darum, Kommunikationssituationen zu stiften, in denen die subjektive Weltsicht der Kinder unzensiert zum Ausdruck kommen kann, durch den Austausch mit realen Kommunikationspartnern aber immer wieder hinterfragt, korrigiert und erweitert wird. Der Erzieher ist dabei eher indirekt wirksam. Er konzentriert sich vorrangig darauf, die Bedingungen einer gelungenen Kommunikation zu sichern und den Schülern Mut zu machen, ihre eigenen Ansichten frei zu äußern.
- Martin Wagenschein verweist mit seiner sokratisch-genetisch-exemplarischen Methode gleichfalls auf die Bedeutung einer gelungenen Kommunikation in der Lerngruppe für den interindividuellen Austausch und die wechselseitige Anregung unter den Schülern bei deren selbsttätigen Erklärungsversuchen von konkret-anschaulichen Naturphänomenen. Voraussetzung für das Gelingen von Unterrichtsprozessen im Sinne eines erziehenden Unterrichts ist auch hier der freie, unzensierte Dialog in der Schülergruppe als anerkannte soziale Norm und Medium der Aneignung der hier allerdings vom Lehrer, d.h. tendenziell fremdbestimmt vorgegebenen Unterrichtsgegenstände.
- In den Projekten praktischen Lernens schließlich wird die Aneignung der Wirklichkeit in Prozessen der aktiven Transformation dieser Wirklichkeit durch die lernenden Subjekte selbst betrieben. Vertiefung und Besinnung erfahren dabei durch das praktische Tun eine besondere Verstärkung. Allerdings ist hier ein gewisses Risiko des Abgleitens in ein bisweilen eher selbstgenügsames Werken gegeben, das die gleichzeitige Förderung von Teilnahme (sympathetisches Interesse) und Erkenntnis (Sachinteresse) im Herbartschen Verständnis gar nicht intendiert, geschweige denn systematisch sicherstellt. Dem Herbartschen Verständnis von »Vielseitigkeit« zufolge bedürfen Projekte praktischen Lernens daher besonderer (didaktischer) Vorkehrungen, um zu verhindern, daß die Schüler »im Neuen immer nur das Alte sehen«, und sicherzustellen, daß sie bei aller in diesen Projekten erfolgenden Erweiterung des Umgangs auch wirklich zu einer systematischen Erweiterung ihrer Erkenntnis vordringen.

Alle drei Reformprogramme kultivieren somit die Eigentätigkeit des Schülers im Unterricht. Darin unterscheiden sie sich grundlegend von der Situation Herbarts, für den es noch selbstverständlich war, daß *der Lehrer*, zwar nicht den Gang der Erkenntnisbildung beim lernenden Subjekt, wohl aber den Gang des Unterrichts, in dem sich diese Erkenntnisbildung ereignen sollte, in allen seinen Phasen vollständig bestimmte und autonom gestaltete. Herbarts Diktum »Machen, daß der Zögling sich selbst finde...« hat heute einen anderen Klang als zu Zeiten der wilhelminischen Monarchie; es wird von den neueren Reformprogrammen entsprechend dem inzwischen gewachsenen Bewußtsein von der Selbststeuerungsfähigkeit der Kinder und Jugendlichen »wörtlicher« genommen als bei Herbart selbst. Zumindest bei Freinet und in den Projekten praktischen Lernens bemüht sich der Erzieher-Lehrer, die Unterrichtsgegenstände nicht mehr *für* die Schüler, sondern *mit* den Schülern auszuwählen und die geeignete Methode und Zugriffsform nicht mehr autonom *für* die Schüler, sondern ebenfalls *mit* den Schülern zu suchen. Erziehender Unterricht kann, dies haben unsere Analysen ergeben, in solch methodisch und thematisch offenen Lernsituationen besonders gut gedeihen. Allerdings können dabei, wie sich insbesondere an Beispielen aus der Freinet-Pädagogik zeigte, die Mitwirkung der Heranwachsenden an der Definition der Unterrichtsgegenstände und die Konzentration auf eine Sache, die es im Rahmen von Schule doch jeweils bis zu einem überzeugenden Ende durchzuhalten gilt, durchaus in Widerspruch zu einander geraten.

Es lohnt sich, von hierher erneut auf die Kontroverse zwischen den im dritten Kapitel »eher subjektorientiert« und »eher instruktionsorientiert« genannten Ansätzen in der aktuellen schultheoretischen Literatur zurückzukommen. Untersucht man die in der vorliegenden Arbeit herangezogenen Praxisbeispiele im Hinblick auf ihren Beitrag zur Realisierung eines erziehenden Unterrichts in dem in dieser Arbeit dargelegten Sinn, so kann erziehender Unterricht weder als »Fiktion« noch als »contradictio in adjecto« bezeichnet werden, wie dies Diederich – wenn auch vor dem Hintergrund eines ganz anderen Verständnisses von erziehendem Unterricht – getan hat. Erziehung und Unterricht stehen in diesen Reformprogrammen auch nicht, wie bei Prange, als prinzipiell voneinander getrennte pädagogische Handlungsfelder da: Erziehung ist hier *nicht* Voraussetzung für Unterrichtbarkeit.

Insbesondere unter den Projekten praktischen Lernens lassen sich vielmehr Beispiele ausmachen, in denen kognitive Erfahrungserweiterung und die Schulung sittlicher Urteilskraft, noch dazu ergänzt um die Ausbildung praktischer Kompetenzen, überzeugend miteinander verbunden, das heißt jeweils in ein und demselben Lernakt ausgeformt werden. Erziehender Untericht ist dort kein Additum aus Unterricht und Erziehung, sondern eine spezifische Ausprägung pädagogischen Handelns, die von der bloßen Instruktion einerseits und der bloßen (unterrichtsfreien) erzieherischen Einwirkung andererseits klar unterscheidbar ist.

Die von Prange unter den Bedingungen traditionellen Unterrichts getroffene Unterscheidung zwischen der Ausbildung von Können und Wissen bzw. Wissen und Wollen verliert in solchen Projekten ihren Sinn. Sie ist im Lernakt selbst aufgehoben. Unterricht ist in den Projekten praktischen Lernens zwar weiterhin ein sequenzierbares Geschehen, doch seine Sequenzen folgen nicht mehr dem Viertakt der Formalstufen – weder den Reinschen noch den Prangeschen –, sondern den inhaltlichen Erfordernissen der zu bearbeitenden Situation, d.h. den Sachgesetzen des gemeinsam bearbeiteten Problems. Nicht was zuerst gedacht, sondern was zuerst getan werden muß bestimmt hier die Abfolge der unterrichtlichen Handlungen. »Instruktion« und »Motivation« fallen zusammen. Gleichwohl bleibt der von Herbart beschriebene Viertakt des Lernens – Merken, Erwarten, Fordern, Handeln – in Kraft, wenn auch nicht mehr als Schrittfolge für das Lehrerhandeln, sondern als Folge von Erkenntnisakten, die gar nicht mehr einzelnen Unterrichtsakten zugeordnet werden können, sondern sich in der individuellen Auseinandersetzung mit dem zu bearbeitenden Problem »ereignen«. *Daß* sie sich ereignen, ist allerdings nicht selbstverständlich, sondern liegt weiterhin in der Verantwortung des die gesamte Situation mitgestaltenden Lehrers.

Eine solche Interpretation der Herbartschen Formalstufen als Stufen des erkenntnisbildenden Prozesses geht über die instruktionsorientierte Kritik an Herbart und an der Reformpädagogik hinaus, eine Kritik, die allemal eine Bewegungsrichtung des lernenden Subjekts festlegen will und den Projektunterricht lediglich als eine Umkehrung der Herbartschen Stufenfolge betrachtet: vom Können zum Wissen statt vom Wissen zum Wollen.[3] Wissen, Können und Wollen oder – allgemeiner: – Erkenntnis, Kompetenz und Moralität entwickeln sich in Projekten praktischen Lernens nicht konsekutiv, sondern paralell. Die Richtung der Bewegung ist dabei nicht kontrollierbar – und auch gar nicht wichtig; wichtig ist nur, *daß* Bewegung im Sinne einer Erweiterung von Erfahrung und Umgang stattfindet *und* daß sie der Moralität als ganzem Zweck der Erziehung dienlich ist. Das reformpädagogische Moment, das in den Projekten praktischen Lernens enthalten ist, stellt somit auch keine »Gegenwende«[4] zum Leitmotiv des erziehenden Unterrichts und zur Denkform Herbarts dar, sondern erweist sich als eine besonders geeignete Form für deren Realisierung – als eine Form allerdings, die es reflektiert zu nutzen gilt, da sie nicht »automatisch« erziehenden Unterricht hervorbringt. So deutet sich als ein Nebenergebnis unserer Analysen die weiterführende Forschungsaufgabe an, daß das Verhältnis der Reformpädagogik nicht zum Herbartianismus, wohl aber zu Herbart und seiner Lehre vom erziehenden Unterricht völlig neu bestimmt werden muß.

Als Bedingungen der Möglichkeit eines erziehenden Unterrichts heute lassen sich die fördernden Faktoren für einen Unterricht nach Freinet, nach Wagenschein und in Analogie zu den Projekten praktischen Lernens festhalten, die jeweils in den drei Fallstudien herausgestellt wurden[5]; als hemmende Faktoren lassen sich die jeweils diesen Reformprogrammen inhärenten Schwierigkeiten benennen. Allen drei untersuchten Reformkonzeptionen gemeinsam ist der Versuch, offene Lernsituationen anzubieten, die ein Höchstmaß an persönlicher Betroffenheit beinhalten und in ihrer Konstruktion in erheblichem Maße von den Schülern mitgestaltet werden. Allen gemeinsam ist auch der Rekurs auf eine soziale Norm und ein Medium der Aneignung, die Wolfgang Schulz unter dem Terminus »respektvoller Dialog« genauer beschrieben hat.[6] Allen gemeinsam ist schließlich das Dilemma, daß die so gesuchte Mitwirkung der Individuen an ihrem eigenen Lernprozeß in Widerspruch geraten kann zu der notwendigen Konzentration auf eine Sache. Methodische und thematische Offenheit fallen nicht immer zusammen, ja, sie können einander sogar behindern. (Wagenschein vermindert dieses Risiko durch eine deutliche Beschränkung der thematischen Offenheit seines Unterrichts.)

5.2 Zum Verhältnis von Erkenntniserwerb und Charakterbildung

Herbarts analytische Unterscheidung zwischen den beiden erzieherischen Aufgaben der Ausbildung des Gedankenkreises und der Ermutigung der Heranwachsenden zum selbstbestimmten und selbstverantworteten Handeln erinnert an die historisch gewachsene Ausgrenzung von Bildungs- und Lernprozessen aus dem gesellschaftlichen Leben. Die systematische Trennung von Erkennen und Handeln ist konstitutiv für die Institution Schule in den modernen Gesellschaften. Das für beide pädagogischen Handlungsformen, den erziehenden Unterricht und die nicht über Unterrichtsgegenstände vermittelte Erziehung, identische Ziel der Ausbildung von Moralität bedarf jedoch der praktischen Gelegenheit in realen Handlungssituationen. Wenn zuvor festgestellt wurde, daß der erziehende Unterricht am besten in Situationen der aktiven Auseinandersetzung des lernenden Subjekts mit wirklichkeitsnahen Phänomenen der realen Lebenswelt gedeiht, so gilt dies in gleichem Maße für die Aufforderung der Schüler zum Handeln gemäß der eigenen Überzeugung.

Da in der vorliegenden Arbeit in erster Linie *Unterrichtskonzeptionen* und nicht allgemeine Erziehungskonzeptionen analysiert wurden, konnten keine Beispiele für außerunterrichtliches erzieherisches Handeln in den Blick genommen werden. Um so interessanter stellen sich daher jene Situationen dar, die eine Aufforderung zum mündigen Handeln *im Unterricht* erkennen lassen.

Die Pädagogik Martin Wagenscheins bietet im Vergleich zur Freinet-Pädagogik und zu den Projekten praktischen Lernens solche Situationen nur selten. Wagenschein widmet sich fast ausschließlich der Ausbildung des Gedankenkreises im Medium der verbalen Kommunikation. Er führt auch keine Beispiele einer nicht über Inhalte vermittelten Erziehung aus. In seiner Pädagogik geht es mithin kaum um Situationen, die ein moralisches Urteil oder gar praktisches Handeln jenseits des eigentlichen Unterrichts erforderlich machen, sondern stets um ein logisches oder allenfalls noch ästhetisches Urteilen. Die Aufforderung der Schüler zum Handeln beschränkt sich bei ihm auf experimentelles Handeln zur Überprüfung von gedanklichen Hypothesen, d.h. auf innerunterrichtliche Handlungsvollzüge zur Klärung der jeweils fraglichen Inhalte.

Demgegenüber zielen sowohl die Freinet-Pädagogik als auch die

Projekte praktischen Lernens direkt und unmittelbar auf eine Befähigung und Bestärkung der Schüler zur Intervention in außerschulischen Handlungsfeldern. Bei Freinet konzentriert sich diese Aufforderung entsprechend dem Alter der Schüler zunächst auf Akte des Sprachhandelns und des verantwortlichen Umgangs mit konkreten Gegenständen, Werkzeugen, Pflanzen oder Tieren im Klassenzimmer. In der Aufforderung zur offensiven Artikulation und Publikation der jeweils eigenen Gedankenwelt unter dem Leitmotiv des »freien Ausdrucks« sieht Freinet den ersten Schritt zur selbstbewußt handelnden Persönlichkeit. Erkenntnis der Welt und Transformation der Welt im Handeln gehören für Freinet wie für die Protagonisten des praktischen Lernens unzweifelhaft zusammen. Freinet ermutigt die Kinder zum Handeln, weil und indem er sie ermutigt, Partei zu ergreifen. Diese Aufforderung kann sich sogar in der beschränkten Welt der Schulklasse vollziehen, welche ja für die Kinder auch einen sozialen Raum darstellt, der Interaktion und Interessenausgleich erforderlich macht. In der offenen Organisation der Freinet-Klasse ist verantwortliches Handeln der Heranwachsenden nicht nur möglich, sondern geradezu unumgänglich, wenn die den Kindern eingeräumte Aktionsfreiheit nicht in einem für alle unbefriedigenden Chaos enden soll. Eigenverantwortung ist dabei jedoch nicht primär ein Aspekt der sozialen Organisation der Lerngemeinschaft, sondern Sachzwang, der aus der Lernform und dem Leitmotiv der Freinet-Pädagogik resultiert, ist mithin auch inhaltlich bedingt.

Massiver noch als die Freinet-Pädagogik stellen die Projekte praktischen Lernens Gelegenheiten für selbstverantwortetes Handeln im Nahraum der Schule bereit. Mögen auch die Schule und ihre Lehrer noch eine schützende (und sicher auch lenkende) Hand über die Aktionen der Schüler halten, so beinhalten diese Projekte doch sehr häufig Situationen, die über ein schultypisches Probehandeln hinausgreifen und für alle Beteiligten folgenreiche Entscheidungen erforderlich machen. Wo sie sich gar auf eine Korrektur gesellschaftlicher Verhältnisse einlassen, sich beispielsweise in Probleme der Lokalpolitik oder des Schutzes unserer Umwelt einmischen, mithin »Projekte« im engeren Sinne, also gemäß der klassischen Definition von Dewey und Kilpatrick werden, beinhalten solche Projekte praktischen Lernens zumindest in Einzelfällen tatsächlich die reale Möglichkeit jener »Koinzidenz zwischen dem individuellen Wollen« der Lernenden und der »gesellschaftlichen

Notwendigkeit«[7], die Herbart seiner gesamten Pädagogik zugrundelegt und die gerade so weltfremd an seiner Pädagogik anmutet. Diese Projekte fördern nicht mehr Erkennen *und* Handeln, sondern Erkennen *durch* Handeln.[8]

Diese Projekte praktischen Lernens verdeutlichen auch die Bedingungen für ein erzieherisches Handeln, das Charakterbildung durch die Chance zu selbstverantwortetem Handeln innerhalb des Schonraumes schulischer Bildungsgänge intendiert: Solche Projekte können nur gedeihen, wo innerhalb und außerhalb der Schule ein öffentlicher Diskurs über die res communes stattfindet und die Heranwachsenden an diesem Diskurs tatsächlich teilhaben dürfen. Und solche Projekte müssen stets offenbleiben für die Rückkehr in den Schonraum der Schule, damit Unverstandenes geklärt und Unvollkommenes berichtigt werden kann. Sie müssen bei aller Politik gleichwohl in erster Linie *pädagogische* Projekte bleiben. Denn die Politik setzt den festen Charakter voraus, während es der Pädagogik vorrangig um die Charakterbildung gehen muß.

5.3 Zum Verhältnis von innerschulischer und außerschulischer Realität

Die gerade angesprochene Differenz zwischen (außerschulischem) Leben und (innerschulischem) Lernen ist keineswegs nur ein Problem der traditionellen Buchschule, die gar nicht den Anspruch erhebt, während des Unterrichts auf die außerschulische Lebenswirklichkeit einzuwirken, sondern in bewußter Isolation von der Lebenswirklichkeit organisiert ist. Diese Differenz resultiert vielmehr auch aus einer Differenz der Lebensalter, aus einer Differenz der Kompetenzen zwischen den Lernenden und den bereits Ausgebildeten und – vor allem – aus dem Mangel an gesellschaftlich relevanten Aufgaben, die in einer industriellen und postindustriellen Gesellschaft noch von Heranwachsenden verantwortlich wahrgenommen werden könnten.

Über diese Differenzen geht die Freinet-Pädagogik bisweilen etwas unbedacht hinweg. Mit seiner Neigung zu vorindustriellen Erklärungsmustern aus der ländlich-bäuerlichen Welt seiner Heimat riskiert der provenzalische Schulreformer, die von ihm beanspruchte »Lebensnähe« des Unterrichts zu einseitig in den Mittelpunkt zu stellen und die Notwendigkeit der systematischen Abstraktion von der unmittelbaren Anschauung im und durch den Unterricht zu vernachlässigen. Es bleibt in der Freinet-Pädagogik theoretisch ungeklärt und damit auch praktisch offen, welches eigentlich – mit Herbart gesprochen – die »herrschenden Hauptgedanken« sind, die eine »Subordination der Begriffe« und Phänomene im Unterricht überhaupt erst möglich machen, d.h. wie die Differenz von Anschauung und Abstraktion durch und im Unterricht *systematisch* bewältigt werden soll.

Daß Abstraktion und Lebensnähe kein Widerspruch sein müssen, sondern erstere nur aus letzterer gewonnen werden kann – aber auch gewonnen werden muß, wenn sich im Unterricht wirkliches Verstehen ereignen soll – hat Martin Wagenschein mit seinem Werk immer wieder deutlich gemacht. Insoweit kann man Wagenschein, den Kritiker einer verfrühten Abstraktion und Vergewaltigung des Kindes durch aufgesetzte theoretische Modelle im traditionellen Lehrgangsunterricht, auch als einen Kritiker der Reformpädagogik interpretieren. Er teilt aber mit der Reformpädagogik das ungelöste Problem, daß die Schule die wissenschaftliche Durchdringung der Welt nur sinnvoll anleiten kann, wenn die Schüler den Zusammenhang zwischen ihrer außerschulischen Lebenswelt mit den Abstraktionsleistungen des Unterrichts im eigenen *Handeln* erfahren können, daß aber die »öffentlichen Akte, welche bisher gewöhnlich sind«, Herbart zufolge in der Regel keinen geeigneten Raum für eigenes Handeln von Heranwachsenden darstellen.

Ein Ausweg aus diesem Dilemma deutet sich jedoch mit dem jüngsten der in dieser Arbeit untersuchten Reformansätze an. Die Auseinandersetzung mit Projekten praktischen Lernens und der diesen Projekten zugrundeliegenden lern- und jugendpsychologischen Legitimation läßt erkennen, daß die von der Reformpädagogik immer wieder beschworene (und bekämpfte) Differenz zwischen »der Schule« und »dem Leben« unter heutigen Sozialisationsbedingungen an Deutlichkeit verliert. Die Schule selbst bestimmt für die Heranwachsenden einen immer größeren Ausschnitt ihres »Lebens«. Und die Schule ist in den modernen Gesellschaften selbst zu einem unmittelbar zukunftsbedeutsamen Handlungs- und Bewährungsraum geworden, der gesellschaftliche Ansprüche an die Schüler heranträgt, die außerschulische Handlungs- und Erfolgsmuster von universeller Geltung repräsentieren. Diesen Ansprüchen zu genügen können die Heranwachsenden nur in der Schule lernen. Die Differenz zwischen »der Schule« und »dem Leben« kann daher weder in der Abstraktion von der Lebenswirklichkeit noch in einer Auflösung der Schule im praktischen Handeln pädagogisch angemessen bewältigt werden, sondern nur in einem gesellschaftlich folgenreichen Handeln *im Rahmen von Unterricht.*

Projekte praktischen Lernens geben einen Hinweis, wie man beides miteinander vereinen kann: die Qualifikation der Schüler durch innerunterrichtliche Analyse der Lebenswirklichkeit voranzutreiben und die Sinnstiftung für ihre analytischen Bemühungen im praktischen Handeln der Schüler sicherzustellen. Solche Projekte erweisen sich jedoch erst dadurch als *Projekte erziehenden Unterrichts,* daß das praktische Handeln in ihnen gerade nicht zum Zwecke der Motivation oder um der Schulung praktischer Kompetenzen willen erfolgt, sondern »aus eignem richtigen Sinn«, d.h. um der Sachen selbst willen.

Die Beteiligung an öffentlichen Angelegenheiten wird somit zum Gegenstand von Schule, und die Schule und ihre Vorhaben werden selbst Gegenstand öffentlicher Beratung. Damit sind auch die Grenzen eines solchen Ansatzes bestimmt: Sie liegen einerseits in den begrenzten Möglichkeiten für konkretes Handeln von Heranwachsenden in der Gesellschaft; und sie liegen zum anderen in dem Konfliktpotential, das der geforderten Einmischung in reale gesellschaftliche Prozesse stets innewohnt. Die Schule soll ja nicht an die Stelle der Politik treten, sondern kann immer nur ein Stück weit in außerschulischen Handlungsfeldern *mitwirken.* Doch schon solche Mitwirkung ist keineswegs überall erwünscht. »Mitgesamttätigkeit« setzt die Bereitschaft zum Teilen von Macht voraus. Und diese Bereitschaft ist nicht sehr verbreitet.

Der hier entwickelte Ansatz einer verstärkten Partizipation der Schüler an außerschulischen gesellschaftlichen Prozessen als innerschulischer Aufgabe unterscheidet sich erneut grundlegend von der Situation der Schule zu jener Zeit, als Herbart seine Lehre vom erziehenden Unterricht formulierte. Herbart hat die hier beschriebene, immer wieder neu gegen die Differenzierungs- und Separierungsbestrebungen moderner Gesellschaften durchzusetzende Konstruktion des praktischen Dialogs zwischen der Schule und der außerschulischen Gesellschaft weder vorhergesehen noch vorhersehen können. Zu eindeutig war seinerzeit der Unterricht stets Vorbereitung auf nachfolgendes gesellschaftliches Handeln, zu fern in der konstitutionellen Monarchie des 19. Jahrhunderts der Gedanke, daß sich Heranwachsende in die Regelung öffentlicher Angelegenheiten einmischen dürften. Angesichts der Tatsache, daß Herbarts Lehre vom erziehenden Unterricht dann fast ein halbes Jahrhundert lang zur Legitimation einer von praktischen Lebensvollzügen besonders abgehobenen Lernschule herhalten mußte, mutet es fast wie eine Ironie der Erziehungsgeschichte an, wenn wir am Ende unserer Untersuchung zu dem Schluß kommen, daß heute offenbar gerade Projekte praktischen Lernens die größten Chancen zur Realisierung erziehenden Unterrichts bieten. Und selbst diese Chance ist angesichts der genannten strukturellen Hindernisse für eine »Mitgesamttätigkeit« aller gesellschaftlichen Kräfte gering.

5.4 Die Bedingungen der Wirklichkeit

Die mit der Verwendung der Formel vom erziehenden Unterricht häufig verbreitete Beschränkung des Blicks auf Fragen der Unterrichtstheorie und der Gestaltung innerunterrichtlicher Prozesse hat sich als unzulänglich erwiesen. Der Versuch einer Realisierung von erziehendem Unterricht im hier definierten Sinne macht vielmehr eine Betrachtung des gesamten pädagogischen Arrangements unumgänglich. Eine Unterrichtstheorie, die auf eine ihr entsprechende theoretische Fundierung der angemessenen Institutionalisierung des Lernens verzichtet, kann bestenfalls eine kritische, jedoch keine pädagogisch konstruktive Kraft mehr entfalten. Daraus folgt jedoch umgekehrt, daß die Konstruktion pädagogischer Institutionen ohne den expliziten Rückbezug auf eine ausformulierte Theorie der darin beabsichtigten pädagogischen Prozesse und ihrer jeweiligen Formen gleichfalls defizitär bleiben muß. Herbart hat daher in seinem Gesamtwerk die in seiner »Allgemeinen Pädagogik« ausgeführte Unterrichts- und Erziehungstheorie durch entsprechende Überlegungen zum Verhältnis von Theorie und Praxis im »pädagogischen Takt« sowie zum Verhältnis von Schule und Gesellschaft unter der Frage nach der »Erziehung unter öffentlicher Mitwirkung« ergänzt. Auch die Reformpädagogische Bewegung zwischen 1900 und 1933 hat die wechselseitige Abhängigkeit zwischen den innerunterrichtlichen Notwendigkeiten und den außerschulischen Möglichkeiten stets im Blick gehabt und problematisiert, wenn auch in der pädagogischen Praxis höchst unterschiedlich (und bisweilen höchst widersprüchlich) aufgegriffen.

Die aktuelle Bildungspolitik hat diesen Sachzusammenhang

weitgehend aus den Augen verloren. »Erziehender« Unterricht ereignet sich daher heute eher zufällig und singulär denn als gezieltes Resultat bewußt gestalteter Schulplanung. Daß es Beispiele gibt, in denen erziehender Unterricht dieser Situation zum Trotz gelingt, ist bislang ausschließlich der pädagogischen Phantasie und dem persönlichen Engagement einzelner Lehrerinnen und Lehrer zu verdanken. Sie lassen uns Bedingungen der Möglichkeit eines erziehenden Unterrichts erkennen.

Doch die Bedingungen der Möglichkeit sind nicht identisch mit den Bedingungen der Wirklichkeit. Die Bedingungen einer allgemeinen Verwirklichung des erziehenden Unterrichts können nämlich gar nicht durch pädagogisches, sondern müssen vorrangig durch politisches Handeln sichergestellt werden. Die Verordnung des Begriffs in Richtlinien und Lehrplänen bewirkt nichts, wenn nicht gleichzeitig auch die Strukturen unserer Bildungsinstitutionen den Anforderungen dieses Begriffs angepaßt werden.

Literaturverzeichnis

Hinweis:
Alle in diesem Verzeichnis genannten Zeitschriftenbeiträge mit der Quellenangabe »Pädagogik« stammen aus der im Pädagogische Beiträge Verlag, Hamburg, bzw. Beltz Verlag, Weinheim, produzierten *westdeutschen* Zeitschrift und nicht aus der älteren, von der ehemaligen Akademie der Pädagogischen Wissenschaften der DDR in Ost-Berlin herausgegebenen Zeitschrift gleichen Namens.

Adl-Amini, Bijan/Oelkers, Jürgen/Neumann, D. (Hrsg.): Pädagogische Theorie und erzieherische Praxis. Bern/Stuttgart: UTB 1979.

Aebli, Hans: Die Wiedergeburt des Bildungsziels Wissen und die Frage nach dem Verhältnis von Weltbild und Schema, in: Zeitschrift für Pädagogik, 18. Beiheft: Beiträge zum 8. Kongreß der Deutschen Gesellschaft für Erziehungswissenschaft, Weinheim: Beltz 1983. S. 33–44.

Asmus, Walter (1941): Der Unbekannte Herbart, in: Der Deutsche Erzieher, 1941, S. 113–118; Nachdruck in: Pädagogische Rundschau, 2(1948), S. 68–75.

– (1964/65 Hrsg.): Johann Friedrich Herbart: Pädagogische Schriften, Düsseldorf: Küpper, Bd. I: Kleinere pädagogische Schriften, 1964; Bd. II: Pädagogische Grundschriften, 1965; Bd. III: Pädagogisch-Didaktische Schriften, 1965.

Baillet, Dietlinde: Freinet praktisch. Beispiele und Berichte aus Grundschule und Sekundarstufe, Weinheim u. Basel: Beltz 1983.

Bauer, Karl W./Hengst, Heinz: Wirklichkeit aus zweiter Hand. Kindheit in der Erfahrungswelt von Spielwaren und Medienprodukten, Reinbek: Rowohlt 1980.

Beck, Johannes/Boehncke, Heiner (Hrsg.): Jahrbuch für Lehrer 1977. Hilfen für die Unterrichtsarbeit, Reinbek: Rowohlt 1976.

Bellerate, Bruno M.: J.F.Herbart und die Begründung der wissenschaftlichen Pädagogik in Deutschland, Hannover: Schroedel 1979.

Benner, Dietrich (1976): Herbart als Schultheoretiker. Zur Bedeutung seiner Konzeption eines »erziehenden Unterrichts« für eine Entschulung der Schule, in: Busch/Raapke 1976, S. 53–66.

– (1977): Erziehungswissenschaft 1976. Fortschritt oder Rückschritt im Bereich der pädagogischen Theoriebildung und Forschung? In: D. Benner (Hrsg.:) Aspekte und Probleme einer pädagogischen Handlungswissenschaft. Festschrift für Josef Derbolav, Kastellaun: Henn 1977, S. 19–42.

– (1984): II. Baustein: Erziehender Unterricht, in: Wittenbruch 1984, S. 68–83.

– (1986): Die Pädagogik Herbarts. Eine problemgeschichtliche Einführung in die Systematik neuzeitlicher Pädagogik, Weinheim u. München: Juventa 1986.

– (1987): Allgemeine Pädagogik. Eine systematisch-problemgeschichtliche Einführung in die Grundstruktur pädagogischen Denkens und Handelns, Weinheim: Juventa 1987.

Benner, Dietrich/Peukert, Helmut: Erziehung, moralische. In: Enzyklopädie Erziehungswissenschaft, Bd. 1: Theorien und Grundbegriffe der Erziehung und Bildung, hrsg. von D. Lenzen u. K. Mollenhauer, Stuttgart: Klett-Cotta 1983, S. 394–402.

Benner, Dietrich/Ramseger, Jörg (1981): Wenn die Schule sich öffnet. Erfahrungen aus dem Grundschulprojekt Gievenbeck, München: Juventa 1981.

– (1983): Erziehender Unterricht und Projekte, in: Grundschule, 15(1983)8, S. 9–12.

Berg, Hans Christoph (1989): Ein Versuch zur Wagenscheinlese. Wiedergabe und Zusammenschau dreier zentraler Konzept-Aufsätze, in: Wagenschein 1989, S. 63–181.

– (1990): Genetisch lehren mit Wagenschein und Willmann, in: Neue Sammlung, 30(1990)1, S. 15–22.

Bildungsplan für die Grundschule vom 5. März 1984, in: Kultus und Unterricht. Amtsblatt des Ministeriums für Kultus und Sport Baden-Württemberg, Lehrplanhefte Reihe A, Lehrplanheft 5 vom 25. Mai 1984, Villingen-Schwenningen: Neckar-Verlag 1984.

Blass, Josef Leonhard: Pädagogische Theoriebildung bei Herbart, Meisenheim: Hain 1972.

Blochmann, Elisabeth: Die Sitte und der pädagogische Takt, in: Die Sammlung, 6(1951), S. 589ff.

Blonskij, Pawel Petrowitsch: Was ist eine »Arbeitsschule«?, in: Die Arbeitsschule, 1. Teil, deutsch von Hans Ruoff, Berlin: Verlag Gesellschaft und Erziehung 1921, S. 9–23; hier zitiert nach dem Reprint in Röhrs 1982, S. 63–78.

Brügelmann, Hans: Kinder auf dem Weg zur Schrift. Eine Fibel für Lehrer und Laien. Konstanz: Faude 1983.

Buck, Günther (1974): Über die dunkle Seite der Pädagogik Herbarts, in: Zeitschrift für Pädagogik, 20(1974)1, S. 79–107.

– (1984): Rückwege aus der Entfremdung. Studien zur Entwicklung der deutschen humanistischen Bildungsphilosophie, Paderborn: Schöningh 1984.

– (1985): Herbarts Grundlegung der Pädagogik, Heidelberg: C. Winter 1985.

Busch, Friedrich W./Raapke, Hans-Dietrich (Hrsg.): Johann Friedrich Herbart – Leben und Werk in den Widersprüchen seiner Zeit, Oldenburg: Holzberg 1976.

Buss, Anneliese: Herbarts Beitrag zur Entwicklung der Heilpädagogik, Marburger Pädagogische Studien Bd. 3, Weinheim: Beltz 1962.

Coleman, James S.: Die asymmetrische Gesellschaft. Vom Aufwachsen mit unpersönlichen Systemen, Weinheim: Beltz 1986.

Copei, Friedrich: Der fruchtbare Moment im Bildungsprozeß, 2. Aufl., Heidelberg: Quelle und Meyer 1950.

Damerow, Peter: Planung von offenem Unterricht und Projektunterricht, in: Grundschule, 9(1977)1, S. 35f.

Dewey, John (1916): Democracy and Education, New York 1916; hier zitiert nach der deutschen Ausgabe: Demokratie und Erziehung, Braunschweig: Westermann, 3. Aufl. 1964.

– (1938): Experience and Education, New York: MacMillan 1938; hier zitiert nach dem von Werner Corell herausgegebenen Sammelband: John Dewey: Psychologische Grundfragen der Erziehung, München: Ernst Reinhardt 1974.

– (1986): Erziehung durch und für Erfahrung, eingeleitet, ausgewählt und kommentiert von Helmut Schreier (Theoriegeschichtliche Quellentexte zur Pädagogik), Stuttgart: Klett-Cotta 1986.

Dewey, John/Kilpatrick, William Heard: Der Projekt-Plan. Grundlegung und Praxis. Weimar: Hermann Böhlaus Nflg. 1935.

Die Arbeit in der Grundschule, Erlaß des MK vom 7.5.1981-3012-31020-GültL 174/89, Sonderdruck aus dem Schulverwaltungsblatt für Niedersachsen, Heft 5 und 6/1981, Hannover: Hahnsche Buchhandlung 1981.

Diederich Jürgen (1985a, Hrsg.): Erziehender Unterricht – Fiktion oder Faktum? Bericht über die Jahrestagung 1984 der Gesellschaft zur Förderung Pädagogischer Forschung (GFPF), Frankfurt: GFPF-Materialien Nr. 17, 1985.

– (1985b): Schulunterricht – ein Problemaufriß, in: Rauschenberger 1985, S. 21–50

– (1988): Didaktisches Denken, Weinheim: Juventa 1988.

Diederich, Jürgen/Rumpf, Horst: Lerner oder Menschen? Ein Briefwechsel über Schülerbilder von Lehrern zwischen Horst Rumpf und Jürgen Diederich, in: Schüler. Herausforderungen für Lehrer, Friedrich Jahresheft 1984, Seelze: Friedrich 1984, S. 33–36.

Dietrich, Theo: Der Sinn der Herbart'schen »Stufen des Unterrichts«, in: Schola. Lebendige Schule, 3(1948), S. 80–93.

Einführung des Lehrplans für die bayerischen Grundschulen. Bekanntmachung des Bayerischen Staatsministeriums für Unterricht und Kultus vom 22. Mai 1981 Nr. III A 4 – 4/45 800, in: Amtsblatt des Bayerischen Staatsministeriums für Unterricht und Kultus, Sondernummer 20 vom 16. Juli 1981, München: Jehle 1981.

Fauser, Peter (1983): Ein Weg zum praktischen Lernen – Das erweiterte Bildungsangebot und die Kuppelnauschule; in: Fauser/Fintelmann/Flitner 1983, S. 98–123.

– (1989): Begriff und Begründung des Praktischen Lernens. Kurzreferat für den Bundesgrundschulkongreß in Frankfurt am 29.9.1989, Unveröff. Typoskript.

Fauser, Peter/Fintelmann, Klaus J./Flitner, Andreas (Hrsg.): Lernen mit Kopf und Hand. Berichte und Anstöße zum praktischen Lernen in der Schule, Weinheim: Beltz 1983.

Fauser, Peter/Flitner, Andreas/Konrad, Franz-Michael/Liebau, Eckart/Schweitzer, Friedrich: Praktisches Lernen und Schulreform. Eine Projektbeschreibung, in: Zeitschrift für Pädagogik, 34(1988)6, S. 729–748 (zitiert als »Fauser/Flitner et al. 1988«).

Fauser, Peter/Konrad, Franz-Michael/Wöppel, Julius: Lernarbeit. Arbeitslehre als praktisches Lernen, Weinheim: Beltz 1989.

Fauser, Peter/Muszynski, Heliodor: Lebensbezug als Schulkonzept? Ein deutsch-polnisches Gespräch über praktisches Lernen und Schulreform, Weinheim: Juventa 1988.

Flitner, Andreas: Lernen ...mit Kopf, Herz und Hand, in: Lernen – Ereignis und Routine 1986, S. 8–10.

Flitner, Andreas/Gidion, Jürgen/Scheufele, Ulrich/Schweitzer, Friedrich: Praktisches Lernen als Aufgabe und Möglichkeit der Schule und des Deutschunterrichts, in: Gidion u.a. 1987, S. 207–219.

Flitner, Wilhelm: Der Kampf gegen die Stofffülle: Exemplarisches Lernen, Verdichtung und Auswahl, in: Gerner 1963, S. 19–27.

Freinet, Célestin (1927): Der Buchdruck in der Schule (L'Imprimerie à l'école, Paris 1927), zitiert in der dt. Übersetzung nach RÖHRS 1982, S. 289–296.
- (1949): L'Education du travail, Gap: Edition Ophrys 1949.
- (1967): Le texte libre, Cannes: CEL 1967, in der Übersetzung zitiert nach Koitka 1977, S.16–32.
- (1971): Essai de psychologie sensible, Bd. 2: Rééducation des techniques de vie ersatz, Neuchâtel: Delachaux et Niestlé 1971.
- (1975): La méthode naturelle – L'Apprentissage de la langue, Verviers: Edition Marabout 1975.
- (1978): Essai de psychologie sensible, Bd. 1: Acquisition des techniques de vie constructive, Neuchâtel/Paris: Delachaux et Niestlé, 4. Aufl. 1978.
- (1979): Die moderne französische Schule. Übersetzt und besorgt von Hans Jörg, Paderborn: Schöningh, 2. verb. Aufl. 1979 (Original: l'Ecole moderne française, 1946).
- (1980): Pädagogische Texte. Mit Beispielen aus der praktischen Arbeit nach Freinet, hrsg. von H. Boehncke und Chr. Hennig, Reinbek: Rowohlt 1980
Freyhoff, Ulrich: Untersuchungen zu einer pädagogischen Theorie der Bildsamkeit, Phil. Diss., Göttingen 1956.
Frischeisen-Köhler, Max: Bildung und Weltanschauung: Herbart, Charlottenburg: Mundus Verlagsanst. 1921; zitiert nach dem Reprint in Gerner 1971, S. 43–55.
Furck, Carl-Ludwig (1963): Probleme einer Geschichte der Pädagogik, in: Zeitschrift für Pädagogik, 9(1963)3, S. 262–279.
- (1988): »Begabung und Begaben« – Begabungstheorien im Schnittpunkt konfligierender Interessen, in: Begabung – Lernen – Schulqualität, Soester Symposion 1987, Vorträge, Diskussionen und Materialien, hrsg. vom Landesinstitut für Schule und Weiterbildung, Soest, 2. Aufl. 1988, S. 13–16.
Gaudig, Hugo: Didaktische Präludien, Leipzig/Berlin: Teubner, 2. Aufl. 1921.
Geißler, Erich (1970): Herbarts Lehre vom erziehenden Unterricht, Heidelberg: Quelle & Meyer 1970.
- (1977): Herbarts Lehre vom erziehenden Unterricht, in: Busch/Raapke 1976, S. 79–88.
- (1983): Herbart und die Reformpädagogik, in: Pädagogische Rundschau, 37(1983),2, S. 171–185.
Gerner, Berthold (1963), Hrsg.): Das exemplarische Prinzip. Beiträge zur Didaktik der Gegenwart, Darmstadt 1963.
- (1971, Hrsg.): Herbart. Interpretation und Kritk, München: Ehrenwirth 1971.
Gidion, Jürgen/Rumpf, Horst/Schweitzer, Friedrich (Hrsg.): Gestalten der Sprache. Deutschunterricht und praktisches Lernen, Weinheim: Beltz 1987.
Gieseking, Kurt: Erziehung im Gymnasium – Anspruch, Wirklichkeit, Perspektiven. In: Korrespondenzblatt Evangelischer Schulen und Heime, 28(1987)3, S. 87–94.
Gräf, Hartmut: Die Vergangenheit lebt. Der jüdische Friedhof in Heilbronn, in: Lernen – Ereignis und Routine 1986, S. 90–92.
Grundschule. Richtlinien und Lehrpläne. RdErl. des Kultusministers vom 2.4.1985 II A 3.36–20/2–440/85, in: Grundschule. Richtlinien Sprache, Reihe: Die Schule in Nordrhein-Westfalen, Heft 2001, Köln: Greven-Verlag 1985.
Gudjons, Herbert (1986a): Handlungsorientiert Lehren und Lernen. Projektunterricht und Schüleraktivität, Bad Heilbrunn: Klinkhardt 1986.
- (1986b): Was ist Projektunterricht? in: Bastian, Johannes/Gudjons, Herbert

(Hrsg.): Das Projektbuch. Theorie – Praxisbeispiele – Erfahrungen, Hamburg: Bergmann und Helbig 1986, S. 14–27.

- (1989): Projektlernen begründen. Lernpsychologische Argumente, in: Pädagogik, 41(1989)7–8, S. 47–52.*

Haase, Hermann: Der ursprüngliche Sinn der Lehre von den Stufen des Unterrichts, Leipzig: F. Brandstetter 1910.

Hänsel, Dagmar (1985): Handlungsspielräume. Portrait einer Freinet-Gruppe, Weinheim und Basel: Beltz 1985.

- (1989): »Kindgemäßheit«. Programm einer Pädagogisierung der Schule, in: Pädagogik, 41(1989)5, S. 29–35.

Hegel, Georg Wilhelm Friedrich (1811): 3. Gymnasialrede (vom 2. Sept. 1811), in: G. W. F. Hegel: Sämtliche Werke, Jubiläumsausgabe in zwanzig Bänden, hrsg. von Hermann Glockner, Stuttgart: Frommann, 3. Aufl. 1949, Bd. III, S. 264–280.

- (1817/20): System der Philosophie. Dritter Teil: Die Philosophie des Geistes, zitiert nach: G.W.F. Hegel: Sämtliche Werke, Jubiläumsausgabe in zwanzig Bänden, hrsg. von Hermann Glockner, Stuttgart: Frommann 1929, Bd. 10.

Heipcke, Klaus: Die Wirklichkeit der Inhalte, in: Rauschenberger 1985, S. 129–172.

Heller, Albert/Scheufele, Ulrich: Praktisches Lernen, in: Sammlung Domino, Aktuelles Handbuch für Lehrer und Erzieher, München: Domino-Verlag 1989.

Henningsen, Jürgen: Erfolgreich manipulieren. Methoden des Beybringens, Ratingen: Henn 1974.

Henssen, Anni: Krank auf dem Weg zum Abitur, in: Zeitschrift für Pädagogik, 31(1985)4, S. 451–455.

Hentig, Hartmut von: Das allmähliche Verschwinden der Wirklichkeit, München: Hanser, 2. Aufl. 1985.

Herbart, Johann Friedrich (1802a): Die erste Vorlesung über Pädagogik, zitiert nach W. Asmus (1964), Bd. I, S. 121–130, als »Herbart 1802a, A I«.

- (1802b): Die ältesten Hefte, (vermutetes Erscheinungsdatum 1802 nicht verbürgt), zitiert nach Willman/Fritzsch (1919), Bd. III, S. 504–540, als »Herbart 1802b, WF III«.

- (1804): Über die ästhetische Darstellung der Welt als das Hauptgeschäft der Erziehung; zitiert nach W. Asmus (1964), Bd. I, S. 105–121, als »Herbart 1804, A I«. Wiederabdruck mit einer Einleitung von H. Döpp-Vorwald unter dem gleichen Titel als Heft 22 in der Reihe »Kleine pädagogische Texte«, hrsg. von E. Blochmann et.al., Weinheim: Beltz o.J. (nach 1950).

- (1806): Allgemeine Pädagogik aus dem Zweck der Erziehung abgeleitet, Göttingen: Röwer 1806; zitiert nach W. Asmus (1965), Bd. II, S. 9–155, als »Herbart 1806, A II«.

- (1808): Allgemeine praktische Philosophie, zitiert nach: Joh. Friedr. Herbart's Sämtliche Werke in chronologischer Reihenfolge, hrsg. von Karl Kehrbach, Langensalza: Beyer 1887, Bd. II, S. 329–458, als »Herbart 1808, K II«.

- (1810): Über Erziehung unter öffentlicher Mitwirkung; zitiert nach: W. Asmus (1964), Bd. I, S. 143–151, als »Herbart 1810, A I«.

- (1814): Replik auf Jachmanns' Rezension der »Allgemeinen Pädagogik«, zitiert nach W. Asmus (1965), Bd. II, S. 260–266, als »Herbart 1814, A II«.

- (1832a): Pädagogische Briefe oder: Briefe über die Anwendung der Psychologie auf die Pädagogik, zitiert nach: W. Asmus (1965), Bd. II, S. 159–255, als »Herbart 1832a, A II«.

– (1832b): Rezension von Schwarz' Erziehungslehre, in: Hallesche Literatur-Zeitung, 1832, Nr. 21–24; zitiert nach: W. Asmus (1965), Bd. II, S. 269–296, als »Herbart 1832b, A II«.

– (1841): Umriß pädagogischer Vorlesungen, zweite vermehrte Ausgabe des 1835 erstmalig erschienenen Werkes, Göttingen: Dieterichsche Buchhdlg. 1841, zitiert nach W. Asmus (1965), Bd. III, S. 155–300, als »Herbart 1841, A III«.

– (1986): Systematische Pädagogik. Eingeleitet, ausgewählt und interpretiert von Dietrich Benner, Stuttgart: Klett-Cotta 1986.

Hofmann, Franz: Einleitung, in: Johann Friedrich Herbart: Ausgewählte Schriften zur Pädagogik, ausgewählt, eingeleitet und erläutert von Franz Hofmann, unter Mitarbeit von Berthold Ebert, Berlin: Volk und Wissen VEB 1976, S. 9–64.

Holstein, Hermann: Zur Wiederentdeckung der Pädagogik Herbarts, in: Westermanns Pädagogische Beiträge, 20(1968), S. 637–645.

Hurrelmann, Klaus: Schulische »Lernarbeit« im Jugendalter. Zur Verbindung von theoretischem und praktischem Lernen, in: Zeitschrift für Pädagogik, 34(1988)6, S. 761–780.

Jörg, Hans: Célestin Freinet, die Bewegung »Moderne Schule« und das französische Schulwesen heute, in: Freinet 1979, S. 143–288.

Kaspar, Josef: Mut machen – Kraft tanken – Perspektiven entwickeln. Freinet-Treffen in der Bundesrepublik, in: päd. extra, Nr. 2/1983, S. 35–38.

Kemper, Herwart: Das Schulprojekt Glocksee, in: Zeitschrift für Pädagogik, 27(1981)4, S. 539–549.

Kerschensteiner, Georg: Begriff der Arbeitsschule, München: Oldenbourg, 12. Aufl. 1957 (1. Aufl. 1912).

Klafki, Wolfgang (1971): Der zwiefache Ansatz Herbarts zur Begründung der Pädagogik als Wissenschaft, in: Pädagogische Blätter, hrsg. von F.-J. Holtkemper, Ratingen 1967, S. 76–101; zitiert nach dem Reprint in Gerner 1971, S. 81–111.

Klages, Helmut: Technischer Humanismus. Philosophie und Soziologie der Arbeit bei Karl Marx, Stuttgart: Enke 1964.

Koitka, Christine (Hrsg.): Freinet-Pädagogik, Basis Unterricht Bd. 8, Berlin: Basis 1977.

Köhnlein, Walter (1973): Die Pädagogik Martin Wagenscheins, phil. Diss., Universität Erlangen-Nürnberg 1973.

– (1987): Einladung, Wagenschein zu lesen. Zum 90. Geburtstag von Martin Wagenschein, in: Grundschule, 19(1987)1, S. 14–17.

Krovoza, Anne/Negt, Inge: Selbstregulierung und Lernmotivation, in: Ästhetik und Kommunikation, 6/7(1975/76)22/23, S. 66–87.

Laun, Roland: Freinet – 50 Jahre danach. Dokumente und Berichte aus drei französischen Grundschulklassen. Beispiele einer produktiven Pädagogik, Heidelberg: bvb-Edition, 2. Aufl. 1983.

Lehrer und Schüler verändern die Schule. Bilder und Texte zur Freinet-Pädagogik, zusammengestellt und kommentiert von Martin Zülch, Beiträge zur Reform der Grundschule Bd. 48, Frankfurt: Arbeitskreis Grundschule e.V. 1981.

Lehrplanrevision in Baden-Württemberg. Material für Lehrplan-Tage, herausgegeben vom Ministerium für Kultus und Sport Baden-Württemberg, Auszug aus »Kultus und Unterricht«, Heft 2/1983, Villingen-Schwenningen: Neckar-Verlag 1983.

Lernen – Ereignis und Routine, Friedrich Jahrersheft IV, Velber: Friedrich Verlag 1986.

Lersch, Rainer: Praktisches Lernen und Bildungsreform. Zur Dialektik von Nähe und Distanz der Schule zum Leben, in: Zeitschrift für Pädagogik, 34(1988)6, S. 781–797.

Liebau, Eckart: An wirklichen Aufgaben lernen, in: Lernen – Ereignis und Routine 1986, S. 120.

Lingelbach, Karl Christoph: »Erziehung durch Unterricht«, in: Rauschenberger 1985, S. 68–99.

Lingelbach, Karl Chr./Diederich Jürgen: Handlungsprobleme des Lehrers. Eine Einführung in die Schulpädagogik, Bd. 1: Unterricht und Schulleben, Königstein: Scriptor 1979.

Lorenz, Konrad: Das sogenannte Böse, München: Piper 1974.

Luhmann, Niklas/Schorr, Eberhard (Hrsg.): Zwischen Technologie und Selbstreferenz. Fragen an die Pädagogik, Frankfurt: Suhrkamp 1982.

Meiers, Kurt: Ganzheitliche Bildung. Anmerkungen zu Überlegungen von Wilhelm Ebert, in: Grundschule, 20(1988)6, S. 50.

Messner, Rudolf: Zur Wiederbelebung eigenständigen Lernens – über Voraussetzungen gelingender Lernprozesse, in Rauschenberger 1985, S. 100–128.

Meyer, Hilbert: UnterichtsMethoden. Bd. I: Theorieband, Frankfurt/M.: Scriptor 1987.

Moll-Strobel, Helgard (Hrsg.): Grundschule – Kinderschule oder wissenschaftsorientierte Leistungsschule? Darmstadt: Wissenschaftliche Buchgesellschaft 1982.

Münzinger, Wolfgang: Genetisches Lehren und praktisches Lernen. Was berechtigt uns, von einem elektrischen Strom zu sprechen?, in: Münzinger/Liebau 1987, S. 143–153.

Münzinger, Wolfgang/Liebau, Eckart: Proben auf's Exempel. Praktisches Lernen in Mathematik und Naturwissenschaften, Weinheim: Beltz 1987.

Müssener, Gerhard: J.F.Herbarts »Pädagogik der Mitte«, Darmstadt: Wissenschaftliche Buchgesellschaft 1986.

Mut zur Erziehung. Beiträge zu einem Forum am 9./10. Januar 1978 im Wissenschaftszentrum Bonn-Bad Godesberg, Stuttgart: Klett-Cotta 1978.

Muth, Jakob: Pädagogischer Takt – Monographie einer aktuellen Form erzieherischen und didaktischen Handelns, Heidelberg: Quelle und Meyer 1962.

Natorp, Paul (1899): Herbart, Pestalozzi und die heutigen Aufgaben der Erziehungslehre, Stuttgart: Frommann 1899.

– (1971): Kritisches zu Herbart, (Auschnitt aus Natorp 1899), in: Gerner 1971, S. 33–41.

Negt, Oskar: Schule als Erfahrungsprozeß. Gesellschaftliche Aspekte des Glocksee-Projekts, in: Ästhetik und Kommunikation, 6/7(1975/76)22/23, S. 36–55.

Neue Bedürfnisse, neue Lebenskultur, neue Schulen, Thementeil von Westermanns Pädagogische Beiträge, 35(1983)3.

Nipkow, Karl Ernst: Sinnerschließendes, elementares Lernen – Handlungsperspektiven für die Schule angesichts der Lage der Jugend, in: Schweitzer/Thiersch 1983, S. 154–176.

Nohl, Herman: Der lebendige Herbart, in: Die Sammlung, 3(1948), S. 201–208.

Oelkers, Jürgen (1985): Erziehen und Unterrichten. Grundbegriffe der Pädagogik in analytischer Sicht. Darmstadt: Wissenschaftliche Buchgesellschaft 1985.

– (1989a): Das Ende des Herbartianismus. Überlegungen zu einem Fallbeispiel der pädagogischen Wissenschaftsgeschichte, in: Zedler/König 1989, S. 77–116.

– (1989b): Reformpädagogik. Eine kritische Dogmengeschichte, Weinheim: Juventa 1989.

– (1989c): Öffentliche Erwartungen an die Grundschule – pädagogisch begründbar?, in: Grundschule, 21(1989)2, S. 18–21.

Ofenbach, Birgit: Wenn das Allgemeine praktisch wird. Zur Ideengeschichte des wissenschaftlichen und pädagogischen Taktes, in: Pädagogische Rundschau, 42(1988)5, S. 565–578.

Pettoello, Renato: Idealismo e realismo. La formazione filosofica di J. F. Herbart, Florenz: La Nuova Italia Editrice 1986.

Piaget, Jean (1975a): Das Erwachen der Intelligenz beim Kinde, Stuttgart: Klett 1975 (La naissance de l'intelligence chez l'enfant, Neuchatel 1936).

– (1975b): Der Aufbau der Wirklichkeit beim Kinde, Stuttgart: Klett 1975 (La construction du réel chez l'enfant, Neuchatel 1950).

Piaton, Georges: La pensée pédagogique de Célestin Freinet, Toulouse: Edouard Privat 1974.

Prange, Klaus (1977): Instruktion und Motivation. Zur Bedeutung einer Anthropologie des Lernens für das Zielproblem der Didaktik, in: Pädagogische Rundschau, 31(1977)12, S. 1039–1054.

– (1978): Pädagogik als Erfahrungsprozeß, Bd. 1: Der pädagogische Aufbau der Erfahrung, Stuttgart: Klett-Cotta 1978.

– (1983): Bauformen des Unterrichts. Eine Didaktik für Lehrer, Bad Heilbrunn: Klinkhardt 1983.

– (1987): Lebensgeschichte und pädagogische Reflexion, in: Zeitschrift für Pädagogik, 33(1987)3, S. 345–362.

Projektgruppe praktisches Lernen (1986a): Das Lernen erweitern und die Schule öffnen. Zur Bedeutung praktischen Lernens, in: Lernen – Ereignis und Routine, S. 121–124.

– (1986b): Praktisches Lernen in der Schule – Erfahrungen und Perspektiven. Ein Werkstattbericht, in: Die Deutsche Schule, 78(1986)4, S. 426–436.

– (1988): Erfahrungen mit praktischem Lernen. Eine Übersicht, in: Zeitschrift für Pädagogik, 34(1988)6, S. 749–760.

Ramseger, Jörg: Offener Unterricht in der Erprobung. Erfahrungen mit einem didaktischen Modell. München und Weinheim: Juventa 1977.

Rauschenberger, Hans (Hrsg.): Unterricht als Zivilisationsform. Zugänge zu unerledigten Themen der Didaktik, Königstein/Ts.: Athenäum 1985.

Reiser, Paul: Umsteigen – nicht aussteigen, in: Zeitschrift für Pädagogik 31(1985)4, S. 457–462.

Röhrs, Hermann (Hrsg.): Die Reformpädagogik des Auslands, Stuttgart: Klett Cotta 2. Aufl. 1982.

Rosenthal, Manfred/Liebau, Eckart: Ein Landhaus für die Schule – der »Hohe Hagen«, in: Fauser/Fintelmann/Flitner 1983, S. 68–85.

Roth, Heinrich: Pädagogische Anthropologie, Bd. I: Bildsamkeit und Bestimmung, Hannover: Schroedel, 3. Aufl. 1971.

Rousseau, Jean-Jacques: Emile oder Über die Erziehung, herausgegeben von Adalbert Rang, Stuttgart: Reclam 1963.

Rumpf, Horst (1981): Die übergangene Sinnlichkeit. Drei Kapitel über die Schule, München: Juventa 1981.

- (1983): Ein Produktionstag im zehnten Schuljahr, in: Fauser/Fintelmann/Flitner 1983, S. 52–56.
- (1985): Über zivilisationskonforme Instruktion und ihre Grenzen – erörtert an einem Beispiel von Schulentwicklungsplanung, in: Rauschenberger 1985, S. 51–67.
- (1986): Die künstliche Schule und das wirkliche Lernen: Über verschüttete Züge im Menschenlernen, München: Ehrenwirth 1986.
- (1987a): Infantilitätsverdacht im Sog von Phantomen. Erwiderung auf Klaus Pranges Aufsatz 'Lebensgeschichte und pädagogische Reflexion', in: Zeitschr. für Pädagogik, 33(1987)4, S. 539–545.
- (1987b): Belebungsversuche. Ausgrabungen gegen die Verödung der Lernkultur, Weinheim: Juventa 1987.
Schleiermacher, Friedrich (1820): Predigten über den christlichen Hausstand, zit. nach Braun, Otto/Bauer, Joh. (Hrsg.): Schleiermachers Werke. Auswahl in vier Bänden, Leipzig: Felix Meiner 1927, Bd. III, S.181–398.
Schlumbohm, Jürgen (Hrsg.): Kinderstuben. Wie Kinder zu Bauern, Bürgern, Aristokraten wurden. 1700–1850, München: DTV 1983.
Schneider, Gerhard: Zur Theorie der Ästhetischen Erziehung in der Grundschule, in: ders. (Hrsg.): Ästhetische Erziehung in der Grundschule. Argumente für ein fächerübergreifendes Unterrichtsprinzip, Weinheim: Beltz 1988.
Schorb, Alfons Otto: Erzogenes Ich – erziehendes Du, Stuttgart 1958.
Schulz, Wolfgang (1989a): Offene Fragen beim Offenen Unterricht, in: Grundschule 21(1989)2, S. 30–37.
- (1989b): Unterricht als respektvoller Dialog. Angebot zur Verständigung über einen pädagogischen Begriff, in: Unsere Jugend, 41(1989)5, S. 217–222.
- (1989c): Praktisches Lernen als aufgeklärtes Handeln, in: Pädagogik, 41(1989)7–8, S. 61–65.
Schulz von Thun, Friedemann: Miteinander reden: Störungen und Klärungen. Psychologie der zwischenmenschlichen Kommunikation, Reinbek: Rowohlt 1981.
Schwartz, Erwin: Der Leseunterricht. Bd. 1: Wie Kinder lesen lernen, Braunschweig: Westermann 1964.
Schweitzer, Friedrich/Thiersch, Hans (Hrsg.): Jugendzeit – Schulzeit. Von den Schwierigkeiten, die Jugendliche und Schule miteinander haben, Weinheim: Beltz 1983.
Schwenk, Bernhard (1963): Das Herbart-Verständnis der Herbartianer, Weinheim: Beltz 1963.
- (1971): Probleme der Herbart-Nachfolge, in: Zeitschrift für Pädagogik, 14(1968)4, S. 366–382; zitiert nach dem Reprint in Gerner 1971, S. 113–128.
Seidenfaden, Fritz: Die Pädagogik des jungen Herbart. Weinheim: Beltz 1967.
Seifert, Ansgar: Erziehender Unterricht, in: Schulintern. Informationen des Ministeriums für Kultus und Sport für Lehrer in Baden-Württemberg, o.J., Nr. 12, Dez. 1986, S. 3f.
Steinhilber, Dieter: Lernort Bauernhof. Ackerkratzdisteln: ziehen oder spritzen?, in: Pädagogik 40(1988)11, S. 44f.
Stoy, Karl Volkmar: Enzyklopädie der Pädagogik, Erster Teil, Leipzig: Engelmann 1861.
Strobel, Frieder/Böhringer, Peter: Wir bauen um, in: Lernen – Ereignis und Routine, S. 118f.

242

Tillmann, Klaus-Jürgen (1987): Zwischen Euphorie und Stagnation. Erfahrungen mit der Bildungsreform, Hamburg: Bergmann und Helbig 1987.
– (1989): Sozialisationstheorien. Eine Einführung in den Zusammenhang von Gesellschaft, Institution und Subjektwerdung, Reinbek: Rowohlt 1989.
Ufer, Christian: Vorschule der Pädagogik Herbarts, 8. u. 9. Aufl., Dresden 1899.
Vasquez, Aïda/Oury, Fernand u.a.: Vorschläge für die Arbeit im Klassenzimmer. Die Freinet-Pädagogik, Reinbek: Rowohlt 1976.
Veränderung der Kindheit, Thementeil von Westermanns Pädagogische Beiträge, 38(1986)5.
Wagenschein, Martin (1953): Natur physikalisch gesehen. Eine Handreichung zur physikalischen Naturlehre für Lehrer aller Schularten, Frankfurt: Diesterweg 1953.
– (1959): Zur Klärung des Unterrichtsprinzips des exemplarischen Lehrens, in: Die Deutsche Schule, 51. Jg. (1959), S. 393–404.
– (1964): Das exemplarische Lehren als ein Weg zur Erneuerung des Unterrichts an den Gymnasien (mit besonderer Beachtung der Physik), Schriften zur Schulreform Heft 11, Hamburg: Verlag der Gesellschaft der Freunde des vaterländischen Schul- und Erziehungswesens, 3. Aufl. 1964 (Veröffentlichung eines Vortrags vom 26. Nov. 1952).
– (1970): Ursprüngliches Verstehen und exaktes Denken, 2 Bde., Stuttgart: 2. Aufl. 1970.
– (1971): Die pädagogische Dimension der Physik, Braunschweig: Westermann, 3. erg. Aufl. 1971 (1. Aufl. 1962).
– (1974): Der Vorrang des Verstehens. Pädagogische Anmerkungen zum mathematisierenden Unterricht, in: Neue Sammlung, 14(1974)2, S. 144–160.
– (1983): Erinnerungen für morgen. Eine pädagogische Autobiographie, Weinheim: Beltz 1983.
– (1988): Naturphänomene sehen und verstehen. Genetische Lehrgänge, herausgegeben von Hans Christoph Berg, Stuttgart: 2. korr. Aufl. 1988 (1. Aufl. 1980).
– (1989): Verstehen lehren. Genetisch – sokratisch – exemplarisch, Weinheim: Beltz, 8. erg. Aufl. 1989 (1. Aufl. 1968).
Wagenschein, Martin/Banholzer, Agnes/Thiel, Siegfried: Kinder auf dem Wege zur Physik, Stuttgart: Klett 1973. (Inzwischen neu aufgelegt bei Beltz, Weinheim, 1990.)
Weil, Simone: Die Einwurzelung. Einführung in die Pflichten dem menschlichen Wesen gegenüber, München: Kösel 1956 (L'Enracinement, Paris 1949).
Weniger, Erich: Zur Geistesgeschichte und Soziologie der pädagogischen Fragestellung, in: Bildung und Erziehung, Münster 1936.
Wiemann, Günther: Sinnstiftende Aufgaben in der Arbeitslehre, in: Fauser/Konrad/Wöppel 1989, S. 247–261.
Willmann, Otto: Die genetische Methode. In ders.: Aus Hörsaal und Schulstube, Freiburg 1904, S. 149ff.
Willmann, Otto/Fritzsch, Theodor (Hrsg.): Johann Friedrich Herbarts Pädagogische Schriften, 3 Bde., Osterwieck und Leipzig: Verlag A. W. Zickfeldt 1919.
Wittenberg, Alexander Israel: Das genetische Unterrichtsprinzip, in: Neue Sammlung, 8(1968)2, S. 105–108.
Wittenbruch, Wilhelm: Das pädagogische Profil der Grundschule. Überarbeitete Richtlinien in Nordrhein-Westfalen. Heinsberg: Agentur Dieck 1984.

Wünsche, Konrad: Über Praxis, Technik, Theorie in der Freinet-Pädagogik, in: Neue Sammlung, 18(1978)2, S. 108–121.

Zedler, Peter: Die Anfänge des Herbartianismus. Zur Rekonstruktion eines praktisch erfolgreichen Theorieprogramms, in: Zedler/König 1989, S. 43–76.

Zedler, Peter/König, Eckard (Hrsg.): Rekonstruktion pädagogischer Wissenschaftsgeschichte: Fallstudien, Ansätze, Perspektiven, Beiträge zur Theorie und Geschichte der Erziehungswissenschaft Bd. 1, Weinheim: Deutscher Studienverlag 1989

Zehrfeld, Klaus: Freinet in der Praxis, Weinheim und Basel: Beltz 1977.

Zöpfl, Helmut: Erziehung in der Grundschule, in: Schulintern. Tatsachen u. Meinungen zur Bildungspolitik in Bayern, o. Jg., 1982, Nr. 1, S. 6ff.

Anmerkungen

Zu Kapitel 1 – Seite 9ff.:

1   Herbart 1806, A II, S. 22.
2   In neuerer Zeit z.B. Diederich 1985a, S. 27.
3   Vgl. hierzu Moll-Strobel 1972.
4   So wörtlich bei Seifert 1986, S. 3. Vgl. auch Lehrplanrevision 1983, S. 7.
5   Vgl. Bildungsplan 1984, S. 15f.
6   Vgl. Grundschule 1985, S. 12f.
7   Vgl. Einführung des Lehrplans 1981.
8   Vgl. Die Arbeit in der Grundschule 1981.
9   Seifert 1986, S. 3.
10 Ebd. (Orthographie so im Original.)
11 Landtag von Baden-Württemberg, 10. Wahlperiode, Landtagsdrucksache 10/925 vom 20.12.1988, S. 4.
12 Benner 1984, S. 79 (Hervorhebung im Original). Zur Unterscheidung zwischen einem additiven und einem integrativen Verhältnis von Erziehung und Unterricht in den Richtlinien und Lehrplänen der einzelnen Bundesländer siehe auch Benner/Ramseger 1983.
13 Zöpfl 1982, S. 6.
14 Die Arbeit in der Grundschule 1981, S. 113.
15 Herbart 1810, A I, S. 146.
16 Vgl. auch Herbart 1832a und Herbart 1832b.
17 Vgl. paradigmatisch für dieses zweite Verständnis von erziehendem Unterricht Gieseking 1987 sowie die Thesen und Referate des Bonner Forums »Mut zur Erziehung« (Mut zur Erziehung 1979).
18 Zur Geschichte des Herbartianismus siehe Zedler 1989 und Oelkers 1989a.
19 Vgl. Asmus 1941 und Nohl 1948.
20 Neben den genannten Namen und vielen bekannten Autoren der geisteswissenschaftlichen Pädagogik – vgl. im einzelnen Buss 1962, S. 6 – haben sich in jüngerer Zeit zahlreiche Erziehungswissenschaftler, darunter Adl-Amini, Busch und Raapke, Diederich, Holstein, Klafki, Lingelbach, Oelkers, Prange, Rumpf, Zedler u.v.a.m., zeitweilig oder in Einzelbeiträgen mit Herbarts Lehre vom erziehenden Unterricht befaßt. Eine umfassende Bibliographie hat Pettoello (1986) vorgelegt.
21 Zum kontinuierlichen Wandel der Fragestellungen an die Geschichte in der Pädagogik siehe Furck 1963.
22 Klafki 1971, S. 85.
23 Die Auswahl gerade dieser Reformprogramme wird zu Beginn des 4. Kapitels weiter erläutert.

Zu Kapitel 2 – Seite 20ff.:

1   Zur Pädagogik der Herbartianer vgl. Schwenk 1963.

2   Adl-Amini et al. nennen den »Umriß pädagogischer Vorlesungen« einen »praxisorientierten Kommentar« zu Herbarts »Allgemeiner Pädagogik« (Adl-Amini et al. 1979, S. 13). Aus heutiger Sicht scheint es jedoch wenig ertragreich, diesen »Kommentar« weiterhin zur Interpretation der »Allgemeinen Pädagogik« heranzuziehen. Indem Herbart dort nämlich die »Allgemeine Pädagogik« in Begriffe von zeitgebundener Unterrichtspraxis übersetzt, opfert er zugleich ihren über seine Epoche hinausweisenden Geltungsanspruch. Vieles, was in der »Allgemeinen Pädagogik« noch offen und auch für spätere Epochen lehrreich und nutzbar erscheint, wird im »Umriß« – zeitbedingt – so eng an das Preußen des 19. Jahrhunderts gebunden, daß diese Schrift zur Bewältigung aktueller pädagogischer Probleme nichts mehr beitragen kann.

3   Vgl. Prange 1983, S. 85–158, und Diederich 1988, S. 162ff.

4   Wenn Herbarts Pädagogik trotz ihrer genialen Grundlinien nach den Herbartianern zwar weiterhin in der Erziehungswissenschaft, aber kaum mehr in der Schulpraxis Anerkennung fand, hat das sicher auch mit apodiktischen Verallgemeinerungen persönlicher Erfahrungen aus seiner Tätigkeit als Hauslehrer zu tun, die – wenn sie nicht in ihrer historischen und sozio-kulturellen Singularität begriffen, sondern als präskriptive Sätze gelesen werden – den Zugang zu seinem Werk und seinem Gedankengut eher versperren als erleichern.
     Zur (durchaus umstrittenen) Herbart-Rezeption in der Erziehungswissenschaft siehe insbesondere Buck 1974. Zu Herbarts Lehre vom Pädagogischen Takt siehe Blochmann 1951, Muth 1962 und Ofenbach 1988.

5   Vgl. Benner 1987.

6   Herbart 1804, A I, S. 105 und 108. Als Sekundärliteratur hierzu siehe insbesondere die Einleitung von H. Döpp-Vorwald in Heft 22 der »Kleinen pädagogischen Texte« sowie die Einzelinterpretation von D. Benner in Herbart 1986, S. 249–273.

7   Vgl. Herbart 1806, A II, S. 38–41.

8   Herbart 1810, A I, S. 144.

9   Ebd. S. 145.

10   Vgl. Herbart 1806, A II, S. 44f.

11   Herbart 1806, A II, S. 45.

12   »Aber die Schule erweitert nicht, sie verengt vielmehr die pädagogische Tätigkeit, sie versagt die Anschließung an die Individuen; denn die Schüler erscheinen massenweise in gewissen Stunden. Sie versagt den Gebrauch mannigfaltiger Kenntnisse; denn der Lektionsplan schreibt dem einzelnen Lehrer ein paar Fächer vor, worin er zu unterrichten hat. Sie macht die feinere Führung unmöglich; denn sie erfordert Wachsamkeit und Strenge gegen so viele, die auf allen Fall in Ordnung gehalten werden müssen« (Herbart 1810, A I, S. 149f.).

13   Herbart 1804, A I, S. 108.

14   Siehe hierzu Geißler 1970, S. 11–18 und 206f. Die Berechtigung dieser Einordnung wird weiter unten im Abschnitt 2.5.1 erörtert. – Zum pädagogischen Handeln unter dem Primat der Bildsamkeit siehe Freyhoff 1956.

15   Hofmann 1976, S. 49.

16   Herbart 1804, A I, S. 107.
17   Hofmann 1976, S. 51f.
18   Herbart 1806, A II, S. 22f.
19   Ebd., S. 23.
20   Herbart 1804, A I, S. 105.
21   Herbart 1804, A I, S. 107f.
22   Weniger 1936, S. 367.
23   Benner/Peukert 1983, S. 399f. Zur Herbarts Ideenlehre siehe Herbart 1808,
      K 2, S. 355–409. Zur »beseelten Gesellschaft« siehe unten Kapitel 2.5.3.
24   Benner/Peukert 1983, S. 399.
25   Der Begriff der »Zucht« löst regelmäßig Mißverständnisse aus, wenn er im
      heutigen Sprachverständnis gelesen wird. Herbart leitet »Zucht« von *erzie-
      hen* ab und nicht etwa von *züchtigen*. »Zucht« ist also nicht mit »Disziplin«
      zu verwechseln, sondern stellt lediglich eine von drei Formen erzieheri-
      schen Handelns dar und kann insofern einfach mit »Erziehung« oder präzi-
      ser: »Erziehung zum Handeln« übersetzt werden (vgl. Herbart 1806, A II, S.
      124). Der heute ebenfalls etwas antiquiert klingende Terminus »Charak-
      terstärke der Sittlichkeit« wäre analog mit »Entschlossenheit zum sittlichen
      Handeln« übersetzen.
26   Herbart 1806, A II, S. 30.
27   Ebd.
28   Ebd. S. 31.
29   Geißler hat darauf hingewiesen, daß das bei Herbart »Drohung« genannte
      Erziehungsmittel nach heutigem Sprachverständnis präziser mit »Warnung«
      (vor den Folgen unbedachten Tuns) bezeichnet wäre (vgl. Geißler 1970, S.
      71). Von beiden – Drohung und Aufsicht – hält Herbart wenig (vgl. Herbart
      1806, A II, S. 32ff).
30   Diese Bezeichnung stammt von Dietrich Benner (vgl. Benner 1986, S. 93).
      Oelkers spricht von der Regierung als »äußerer, institutioneller Kontrolle«,
      von der er den Unterricht als »innere Einwirkung zur Bildung des Interes-
      ses« und die Zucht als »innere Einwirkung zur Entwicklung des sittlichen
      Charakters« abhebt (vgl. Oelkers 1985, S. 2).
31   Herbart 1806, A II, S. 31f.
32   Diese Charakterisierung gilt nur für die »Allgemeine Pädagogik« (vgl. z.B.
      Herbart 1806, A II, S. 35) und kann, wenn man den »Umriß pädagogischer
      Vorlesungen« als Überarbeitung der »Allgemeinen Pädagogik« versteht, für
      das Spätwerk, in dem die repressiven Züge der Regierung betont werden,
      nicht aufrecht erhalten werden.
33   Natorp 1899, S. 51–53.
34   Herbart 1814, A II, S. 263.
35   Herbart 1806, A II, S. 35.
36   Ebd.
37   »Vernünftigerweise kann man« Gehorsam »nur an ihren (d.h. der Kinder –
      J.R.) eigenen Willen knüpfen; dieser aber ist nur als Resultat einer schon
      etwas vorgerückten echten Erziehung zu erwarten« (Herbart 1806, A II, S.
      36).
38   Ebd.
39   Benner in Herbart 1986, S. 287.
40   Geißler 1970, S. 26.
41   Herbart 1806, A II, S. 31f.
42   Im Gegensatz hierzu hat Herbart im »Umriß« den Katalog der erlaubten

Maßnahmen der Regierung (Drohung, Aufsicht, Liebe und Autorität) sehr wohl um Strafen der verschiedensten Art, von der körperlichen Züchtigung bis zur Freiheitsberaubung, erweitert und damit den in der »Allgemeinen Pädagogik« noch vorhandenen Anspruch der Regierung als eines stellvertretenden, d.h. die Selbstfindung des Individuums unterstützenden Gewaltverhältnisses selber aufgegeben (vgl. Herbart 1841, S. 176ff., insbes. S. 178).

43 Herbart 1814, A II, S. 263.

44 Von diesem Standpunkt geht insbesondere Natorps Herbart-Kritik aus. Vgl. ebenso Geißler (1970, S. 21ff.), der soweit geht, die Regierung mit Skinners instrumenteller Konditionierung gleichzusetzen (ebd. S. 27, Anm. 26).

45 Herbart 1814, A II, S. 263.

46 Ufer 1899, S. 71.

47 Geißler 1970, S. 35.

48 A.a.O. S. 34.

49 A.a.O. S. 35.

50 Lingelbach und Diederich 1979, S. 87. Die Autoren begründen ihre Interpretation wie seinerzeit Ufer und Waitz mit Herbarts Replik auf die Jachmannsche Rezension an Herbarts »Allgemeiner Pädagogik« (vgl. Lingelbach und Diederich 1979, S. 91).

51 Ebd., S. 93 (Hervorhebungen im Original).

52 Ebd., S. 92.

53 Vgl. Hegel 1811.

54 Herbart 1806, A II, S. 129.

55 Natorp 1899, S. 49.

56 Benner 1987, S. 203f.

57 Zum Wandel des Bildungsbegriffs und Herbarts Position in der deutschen Klassik siehe Buck 1984 (insbes. das 3. Kapitel).

58 Herbart 1806, A II, S. 41 (Hervorhebung im Original).

59 Vgl. Seidenfaden 1967, S. 210. Im gleichen Sinne sieht auch Blass eine gewisse Affinität von Herbarts Pädagogik zu dem Gedanken der »prästabilierten Harmonie« bei Leibniz (vgl. Blass 1972, S. 123, Anm. 14).

60 Seidenfaden 1967, S. 212. Vgl. auch die bereits zitierte Bezugsstelle bei Herbart: »... während die rechte Erziehung, die sich um den Staat nicht bekümmert, die gar nicht von politischen Interessen begeistert ist, gar nicht einen für die andern, sondern jeden nur für sich selbst bilden will, ebendarum dem Staate aufs beste vorarbeitet, weil sie die ohnehin verschiedenen Individualitäten insoweit gleichförmig bildet, daß sie sich in den Jahren der Reife einander anschließen können« (Herbart 1810, A I, S. 145).

61 Buck 1984, S. 259.

62 Herbart 1806, A II, S. 42.

63 Ebd. S. 47.

64 Ebd. S. 49.

65 Ebd. S. 41.

66 Ebd. S. 49.

67 Ebd. S. 43. Zu den »Ideen des Rechten und Guten« vgl. Herbarts Ideenlehre in seiner »Allgemeinen praktischen Philosophie«.

68 Herbart 1806, A II, S. 49.

69 Ebd. 48.

70 Herbart 1806, A II, S. 55.

71 Ebd., S. 56.

72 Herbart begegnet dem naheliegenden Einwand, daß das Handeln doch ei-

gentlich in die Sphäre der Zucht fällt, indem er auch das Probehandeln als Handeln im Sinne dieser Erkenntnistheorie anerkennt: »Wiewohl nun das Handeln ganz eigentlich das Vorrecht des Charakters ist, so gibt es doch auch eine Art von Tätigkeit, die den natürlichen, noch charakterlosen Kindern vorzüglich wohl ansteht, das Versuchen« (ebd.).

73 Herbart 1806, A II, S. 51f.

74 Meyer 1987, S. 168.

75 Vgl. den Überblick über verschiedene Theorien der Konstitution des Wissens von Herbart bis Chomsky, Newell und Simon bei Aebli 1983. Benner hat die Korrespondenzen zwischen Herbart und Piaget dann näher ausgeführt (vgl. Benner 1986, S. 117; ferner Benner in Herbart 1986, S. 299).

76 Messner spricht in einem analogen Fall von »verwandten sozialwissenschaftlichen Theoriepotentialen« unterschiedlicher wissenschaftstheoretischer Ansätze (Messner 1985, S. 116).

77 Piaget 1975a, S. 17.

78 Ebd.

79 Piaget 1975b, S. 339f.

80 Vgl. die Einleitung von Helmut Schreier zu der von ihm herausgegebenen und kommentierten Sammlung von Quellentexten John Dewey's (Dewey 1986), insbes. S. 21–32. Erich Geißler weist allerdings darauf hin, daß Dewey auch zu den ersten Mitgliedern der amerikanischen »Herbart-Society« gehört habe (vgl. Geißler 1983, S. 182).

81 Dewey 1916, S. 186f.

82 Benner in Herbart 1986, S. 299. Diese Unterscheidung ist schon in der reformpädagogischen Kritik an den Herbartianern betont worden, so bei Gaudig (1921). Zu neueren Interpretationen der Herbartschen Formalstufen vgl. Geißler 1970, S. 162–167, Geißler 1983, S. 178, sowie Benner 1986, S. 105–127, insbes. S. 122f. Zur Herbart-Interpretation der Herbartianer siehe insbesondere auch Lingelbach und Diederich (1979, S. 62ff.), die die Formalstufentheorie als eine »Erfindung« der Herbartianer bezeichnen und mit detaillierten Textangaben belegen, welche Passagen der »Allgemeinen Pädagogik« die Herbartianer übersehen bzw. ignoriert haben, als sie aus Herbarts Lehre vom erziehenden Unterricht einen »Normalgang« für den Unterricht konstruierten.

83 Benner in Herbart 1986, S. 298.

84 Ebd., S. 299.

85 Haase 1910, S. 148. Vgl. ebenso die detaillierte Auseinandersetzung mit der Herbartschen Stufentheorie bei Dietrich 1948.

86 Herbart 1841, A III, S. 184f.

87 Vgl. Herbart 1806, A II, S. 66–68; ferner Herbart 1841, A III, S. 236–255.

88 Herbart 1806, A II, S. 57.

89 Ebd. Unter »Gemütszuständen« versteht Herbart nicht analog dem heutigen Sprachgebrauch irgendwelchen Schwankungen unterliegende Stimmungen des Gefühls, sondern eine eher konstante, einzelne Schwankungen gerade überdauernde »seelische Gerichtetheit« des Individuums (vgl. Seidenfaden 1967, S. 223).

90 Seidenfaden 1967, S. 221.

91 Ebd. S. 222.

92 Herbart 1806, A II, S. 57.

93 Ebd., S. 58.

94 Mehrere Autoren haben darauf hingewiesen, daß die Unterscheidung zwi-

schen dem empirischen und dem wissenschaftlich-forschenden Interesse wenig einleuchte, da jede wissenschaftliche Fragestellung auf Erfahrung gründe und allenfalls – in Herbarts Worten – die »Mannigfaltigkeit« wahrgenommen werden könne, ohne daß ihre »Gesetzmäßigkeiten« erkannt werden, während es nicht möglich sei, Gesetzmäßigkeiten in den Verhältnissen zu erblicken, ohne sich ihrer »Mannigfaltigkeit« bewußt zu werden. Solche hinter Kant zurückfallenden Interpretationen übersehen, daß die moderne Wissenschaft nicht mehr davon ausgeht, daß Gesetzmäßigkeiten »erkannt«, sondern daß sie vom erkennenden Subjekt *konstruiert* werden.

95   Herbart 1806, A II, S. 57.

96   Vgl. ebd., S. 58.

97   Herbart 1841, A III, S. 193f.

98   Seidenfaden a.a.O., S. 243.

99   Herbart 1806, A II, S. 66.

100 Herbart 1806, A II, S. 71.

101 Zur Diskussion um den Erstleseunterricht siehe Schwartz 1964 und Brügelmann 1983. Herbart selbst hat durchaus diesen methodenintegrierenden Aspekt gesehen, wenn er beschrieb, »was zugleich durchdacht, was zugleich getan werden muß« (Herbart 1806, A II, S. 72). Er hat sich jedoch in seinen eigenen Unterrichtsempfehlungen nicht daran gehalten.

102 »Die ganze Mathematik mit dem was ihr vorangeht und folgt, das ganze Aufsteigen durch die Stufen der in Bildung begriffenen Menschheit von den Alten zu den Neuern gehört zum synthetischen Unterricht. Aber zu ihm gehören auch das Einmaleins und Vokabeln und Grammatik...« (Herbart 1806, A II, S. 76; viele andere Beispiele auf den dort folgenden Seiten).

103 Geißler 1970, S. 162.

104 Rousseau 1963, 3. Buch, S. 361.

105 Herbart 1806, A II, S. 74.

106 Ebd., S. 76.

107 Ebd., S. 59.

108 Ebd. S. 61ff.

109 Herbart 1806, A II, S. 66f. Es ist wichtig, im Auge zu behalten, daß Herbart nicht etwa – wie häufig angenommen – einer kumulativen Anordnung von Unterrichtsstoffen das Wort redet, sondern einer kumulativen Anregung von Vertiefungen, die sich zu höheren Besinnungsstufen vereinigen. Kompetenz folgt nicht aus der Anhäufung von Sachwissen, sondern aus möglichst reichhaltigen Gelegenheiten zu Vertiefung und Besinnung.

110 Herbart 1806, A II, S. 100 (Hervorhebung im Original).

111 Ebd. S. 68.

112 Ebd. S. 64.

113 Seidenfaden 1967, S. 334.

114 Herbart 1806, A II, S. 52.

115 Die Schwierigkeiten einer solchen Öffnung des Unterrichts für die Erfahrungswelt der Kinder im Rahmen der heutigen Schulwirklichkeit habe ich an anderer Stelle aufzuzeigen versucht (vgl. Ramseger 1977 und Benner/Ramseger 1981). Eindrucksvolle Beispiele einer Verwirklichung dieses Anspruchs im Rahmen eines individual-pädagogischen Arrangements berichten P. Reiser (1985) und A. Henssen (1985) aus der Münsteraner Krankenhausschule.

116 Herbart 1806, A II, S. 68.

117 Vgl. als erste Einführung in seine Herbartkritik Natorp 1971. Für intensive-

re Studien siehe insbesondere Natorp 1899. Eine Übersicht über die wichtigsten Positionen der Herbart-Kritiker findet sich bei Gerner 1971. Zur wissenschaftsgeschichtlichen Einordnung der Kritik an Herbart und am Herbartianismus siehe Zedler 1989 und Oelkers 1989a.

118 Man kann Herbart einen Drang zur vollständigen begrifflichen Zergliederung der Pädagogik nicht absprechen. Darin spiegelt sich nicht nur Herbarts persönliche Neigung, sondern auch das Wissenschaftsverständnis seiner Zeit wider. So muß man wohl mit Seidenfaden (1967, S. 297) Widersprüche zwischen Herbarts Zielen und den »zum Teil mechanistisch wirkenden Darlegungen zur Wegbestimmung des Unterichts« zugestehen. Jedoch folgt aus einer mechanistisch entwickelten Unterrichtstheorie überhaupt nicht, daß auch die mit ihr begründete Praxis mechanistisch zu gestalten wäre. Entsprechende Kurzschlüsse, denen vor allem die Herbartianer erlegen sind, überspringen die Differenz zwischen Theorie und Praxis in der Pädagogik, zu deren Bewältigung Herbart schon in seiner ersten Vorlesung von 1802 die Lehre vom »pädagogischen Takt« entwickelt hatte.

119 Mit diesem Problem haben sich nahezu alle Herbartinterpreten befaßt, ohne daß es bis heute auch nur die Andeutung eines Konsenses in der Erziehungswissenschaft gäbe, wie dieses Verhältnis nun zu bestimmen sei. Vgl. zu diesem Streit insbesondere Buck 1974.

120 Müssener 1986, S. 218.

121 Vgl. Prange 1983, S. 101. Auf diesen Einwand wird im 3. Kapitel noch ausführlicher eingegangen.

122 Zum Verhältnis von Herbarts Pädagogik zu aktuellen Theorien der moralischen Entwicklung siehe Benner/Peukert 1983.

123 Es wurde schon dargelegt, daß die Epistemologie des vielseitigen Interesses bei Herbart auch Kongruenzen zu modernen Theorien der kognitiven Entwicklung aufweist. Von daher trifft ihn der Vorwurf des »Kognitivismus« nur dann, wenn man überhaupt eine isolierte Betrachtung der Genese und der gezielten Förderung kognitiver Strukturen für sinnlos erachtet.

124 Zum Vorwurf des »Intellektualismus« bei Herbart und zur Widerlegung dieses Vorwurfs siehe auch Geißler 1977, S. 84.

125 In dieser Einschätzung stimmt Herbart ganz mit Hegel überein. In den Worten Hegels: »Auf der anderen Seite hat die Schule ein Verhältnis zur wirklichen Welt, und ihr Geschäft ist, die Jugend zu derselben vorzubereiten... Was durch die Schule zu Stande kommt, die Bildung der Einzelnen, ist die Fähigkeit derselben, dem öffentlichen Leben anzugehören. Die Wissenschaft, die Geschicklichkeiten, die erworben werden, erreichen erst ihren wesentlichen Zweck in ihrer außer der Schule fallenden Anwendung... Die Arbeiten der Schule haben nicht ihr vollständiges Ende in sich selbst, sondern legen nur den Grund zur Möglichkeit eines andern, des wesentlichen Werks« (Hegel 1811, S. 272f.).

126 Prange 1983, S. 129.

127 Für Beispiele zur Sozialisation durch den »Umgang« siehe Schlumbohm 1983. Für eine systematische Auseinandersetzung mit dem Lernen im Umgang siehe Prange 1978, S. 68–92.

128 Herbarts Bemühungen um eine mit der Hochschulausbildung kombinierte pädagogische Praxis der Lehramtsstudenten in Form eines der Hochschule angegliederten Hauslehrerinstituts fanden in der Sektion für Kultus und Unterricht des preußischen Innenministeriums keine angemessene Unterstützung.

129 Vgl. Natorp 1899. Tatsächlich haben mehrere Autoren darauf hingewiesen, daß die reformpädagogische Kritik am Herbartianismus noch in ihrer Beweisführung an Herbarts Formalstufenlehre festhielt. Prange (1983, S. 105f.) hat sogar, die Herbartschen Formalstufen als Grundmuster jeglicher Artikulation von Unterricht nehmend, die These aufgestellt, daß sich die Pädagogik Herbarts und Deweys nur in der Argumentationsrichtung – vom Wissen zum Können und Wollen bzw. vom Können im Handeln zum Wissen –, nicht aber in ihrer Argumentationslogik unterscheiden. (Hierauf wird im 3. Kapitel weiter eingegangen.)

130 Frischeisen-Köhler 1971, S.53.

131 Schwenk 1971, S. 121.

132 Ebd., S. 124.

133 Solche Handlungsanweisungen stünden im übrigen nicht nur im Widerspruch zu Herbarts Verständnis vom pädagogischen Takt, sondern zur gesamten Tradition der Aufklärung, nach der es im Bereich pädagogischen Handelns – systemtheoretisch ausgedrückt – niemals Technologien im Sinne von Kausalplänen, sondern allenfalls »Ersatz-Technologien« gibt (vgl. hierzu die Diskussion zwischen Luhmann/Schorr und Diederich in Luhmann/Schorr 1982).

134 Frischeisen-Köhler 1971, S.55.

135 Ebd. – Zu Herbarts Individualitätsbegriff siehe auch Buss 1962, S. 45ff.

136 Zur Systematik einer methodischen, thematischen und institutionellen Öffnung des Unterrichts siehe grundlegend Benner 1977, S. 34–35; ferner Ramseger 1977, S. 20–57, Benner/Ramseger 1981, S. 26–28, und Benner 1987, S. 265–275.

137 Herbart 1806, A II, S. 102.

138 Geißler 1970, S. 226.

139 Im nächsten Abschnitt wird gezeigt werden, daß auch diese »unmittelbare Einflußnahme« eine indirekte, weil nicht-normativ geleitete Einflußnahme darstellt. Im übrigen ist die Unterscheidung zweier separater Formen der Einwirkung auf den Zögling vorrangig eine analytische. Herbart selbst hat die Zucht stets im erziehenden Unterricht gegründet und immer auch die Rückkehr aus unmittelbarer Einflußnahme in die Erweiterung des Gedankenkreises betont (vgl. Herbart 1806, A II, S. 113f. und 154f.).

140 Vgl. Herbart 1841, insbes. §§ 40–41, 164, 180 u.a.m.; ferner Herbart 1806, A II, S. 133 oben.

141 Vgl. hierzu Seidenfaden 1967, S. 314f.

142 Bellerate 1979, S. 172, und Geißler 1970, S. 183.

143 Vgl. Seidenfaden a.a.O., S. 336, Lingelbach/Diederich 1979, S. 94, und Lingelbach 1985, S. 95.

144 Die Zucht hat bei Hegel eindeutig repressiven Charakter und bereitet den auf die Zucht folgenden Unterricht vor: »Was näher die eine Seite der Erziehung – die Zucht – betrifft, so ist dem Knaben nicht zu gestatten, daß er sich seinem eigenen Belieben hingebe; er muß gehorchen, um gebieten zu lernen... (Der) Eigenwille muß durch die Zucht gebrochen, – dieser Keim des Bösen durch dieselbe vernichtet werden« (Hegel 1817/20, § 396, S. 102). Vgl. ebenso Hegels Gymnasialreden (Hegel 1811, S. 270f.). – Ein solches Erziehungsverständnis widerspricht nicht nur Herbarts Respekt vor der Individualität des Heranwachsenden, sondern – wie im folgenden weiter ausgeführt wird – auch Herbarts Verständnis von Voraussetzung und Folge im Verhältnis zwischen Einsicht und Handeln.

145 Herbart 1806, A II, S. 114.
146 Der nicht-repressive Charakter der Zucht ist schon von Schorb (1958, S. 28 f.) und – auf diesen Bezug nehmend – von Schwenk (1963, S.220–224) herausgearbeitet worden. Zu neueren Interpretationen vgl. Benner 1986, S. 134–139, insbes. S. 135.
147 Herbart 1806, A II, S. 143f.
148 Die schon damals schwankende, ja teilweise völlig gegensätzliche Verwendung des Begriffs »Zucht« bei Hegel, Herbart und Schleiermacher erschwert die aktuellen Bemühungen um ein Verständnis des seinerzeit Gemeinten. Zieht man jedoch das Gesamtwerk der genannten Autoren zu Rate, so dürfte Herbarts Begriff der Zucht eher der Schleiermacherschen als der Hegelschen Position nahestehen. In Schleiermachers Predigt »Über die christliche Kinderzucht« wird die »Zucht«, wie Johannes Bauer in seiner Einleitung (S. 207) zu den Predigten feststellt, »als Anleitung zum selbständigen Gebrauch aller den Kindern von Gott geschenkten Gaben« entwickelt. Schleiermacher selbst präzisiert: »Zucht ... ist nicht etwa, obgleich wir im gemeinen Leben öfters so zu reden pflegen, dasselbe wie Strafe, sondern ganz etwas anderes. Denn die Strafe folgt auf den Ungehorsam, die Zucht aber setzt den Gehorsam voraus; die Strafe ist ein Leiden, die Zucht aber ein Tun« (Schleiermacher 1820, S. 290). An derselben Stelle nennt Schleiermacher – Herbarts Verwendung des Begriffs durchaus ähnlich – die Zucht auch eine »Übung der Selbstherrschaft«, jedoch nicht im Sinne von unterwürfiger Disziplin, sondern als Gegensatz zur »untätigen Ruhe«: Die Jugend, sagt Schleiermacher, soll durch die Zucht »ihre eigenen Hilfsmittel kennen und gebrauchen lernen« (a.a.O., S. 291f.).
149 Herbart 1806, A II, S. 47.
150 Ebd., S. 112.
151 »Der Gedankenkreis enthält den Vorrat dessen, was durch die Stufen des Interesses zur Begehrung und dann durchs Handeln zum Wollen aufsteigen kann... Die Grenzen des Gedankenkreises sind Grenzen für den Charakter, wiewohl nicht die Grenzen *des* Charakters. Denn bei weitem nicht der ganze Gedankenkreis geht in Handlung über« (Herbart 1806, A II, S. 113f.).
152 Ebd., S. 106.
153 Benner 1986, S. 129f. Mehrere Autoren haben Herbarts Vorstellung vom Kampf zwischen dem objektiven und dem subjektiven Teil des Charakters als eine erste tiefenpsychologische Theorie eingeordnet, 40 Jahre vor den Veröffentlichungen von Carus und 100 Jahre vor Freud; vgl. diesbezüglich u.a. Seidenfaden 1967, S. 247 und Roth 1971, S. 279f.
154 Herbart 1806, A II, S. 104.
155 Geißler 1970, S. 206, und 1983.
156 Dewey 1938, S. 266.
157 Ebd.
158 Vgl. auch den Rekurs auf die Bildsamkeit, mit der Herbart den »Umriß pädagogischer Vorlesungen« einleitet: »Der Grundbegriff der Pädagogik ist die Bildsamkeit des Zöglings« (Herbart 1841, § 1, A III, S. 165).
159 Herbart 1806, A II, S. 113. Exemplarisch wird die Bedeutung des Gedankenkreises für die sittliche Bildung am Beispiel der Behandlung des notorischen Lügners demonstriert. Herbart hält harte Strafen für völlig unangebracht. Stattdessen fordert er: »Das ganze Gemüt (des Lügners – J.R.) muß in die Höhe gewunden, es muß ihm die Möglichkeit fühlbar und schätzbar gemacht werden, sich eine Achtung zu verschaffen, welche mit der Lüge

nicht besteht. Aber vermag das jemand zu leisten, der nicht die Kunst besitzt, den Gedankenkreis von allen Seiten zu bewegen?« (ebd., S. 134).

160 Vgl. Herbart 1808, K II, S. 355–408.
161 Seidenfaden 1967, S. 249.
162 Herbart 1804, A I, S. 108.
163 Herbart 1806, A II, S. 133.
164 »Vor allem ist nun zu bemerken, daß der Erzieher nicht etwa im Namen des Zöglings zu wählen hat; denn es ist des letztern eigner Charakter, welcher zur Bestimmtheit gelangen soll« (Herbart 1841, § 167, A III, S. 227).
165 Herbart 1806, A II, S. 133.
166 Herbart 1841, A III, S. 175.
167 »Es leuchtet ein, daß die Kunst der Zucht zunächst nur eine Modifikation der Kunst des Umgangs mit Menschen sein kann, daß daher die gesellschaftliche Geschmeidigkeit ein vorzügliches Talent des Erziehers sein werde. Das Wesentliche der Modifikation besteht hier darin, daß es darauf ankommt, Superiorität über Kinder auf eine Weise zu behaupten, die eine bildende Kraft fühlbar mache, die also selbst da, wo sie drückt, noch belebe, aber ihrer natürlichen Richtung da folge, wo sie unmittelbar ermuntert und anreizt« (Herbart 1806, A II, S. 130).
168 Vgl. Herbart 1806, A II, S. 130f. und 140.
169 Ebd., S. 136.
170 »Es gibt auch eine traurige Kunst, dem Gemüt sichre Wunden beizubringen. Wir dürfen diese Kunst nicht verschmähen. Sie ist oft unentbehrlich, wenn die einfache Ansprache ein stumpfes Ohr trifft« (ebd., S. 131). Vgl. insbesondere auch Herbart 1841, § 162, A III, S. 224f.
171 Prange charakterisiert den Herbartschen Erzieher-Lehrer sehr treffend als einen »konstitutionellen Monarchen«: »Er entscheidet über wahr und falsch; er stellt die Fragen, die den Fortgang bestimmen, die auf das Ergebnis vorbereiten; er bietet das Material in der geeigneten Weise dar, aber nach einer Regel (der Konstitution), die durch den Formalaspekt des Themas selber vorgegeben ist. Insofern ist er nicht absoluter Herrscher, der nach Belieben und Temperament schaltet und waltet, wie es ihm gerade einfällt, sondern eben ein konstitutioneller, an die Verfaßtheit der Vorstellungen gebundener Monarch« (Prange 1983, S. 135).
172 Vgl. Herbart 1808, K II, S. 337.
173 Zu dem problematischen Verhältnis von Herbarts Pädagogik zu seiner Philosophie (und zu seiner Psychologie) siehe Buck 1974 und Buck 1985. Buck kennzeichnet dieses Verhältnis in einem Seitenhieb auf die Wiederbelebung der Herbart-Forschung durch Nohl mit der sarkastischen Bemerkung, Herbart hätte, als er »das pädagogisch Richtige traf, nicht zu begründen gewußt, weshalb es das Richtige sei, und als er die Begründung versuchte, nicht mehr das Richtige getroffen« (1974, S. 83). Zur Kritik der Herbartschen Ideenlehre siehe auch Seidenfaden 1967, S. 60–74.
174 Vgl. Herbart 1806, A II, S. 148f.
175 Herbart 1806, A II, S. 150.
176 Ebd. S. 155.
177 Roth 1971, S. 277.
178 Geißler 1970, S. 235.
179 Benner 1986, S. 191.
180 Ebd., S. 156.
181 Herbart 1806, A II, S. 117f.

182 Herbart 1808, K II, S. 387.
183 Herbart 1806, A II, S. 118.
184 Herbart 1806, A II, S. 118.
185 Vgl. Herbart 1810.
186 Herbart 1810, A I, S. 146.
187 Seidenfaden 1967, S. 332.
188 Vgl. Kapitel 2.4.6.
189 Vgl. Kapitel 2.4.4.
190 Vgl. Kapitel 2.5.4.
191 Vgl. die Kapitel 2.4.6 und 2.5.4.

Zu Kapitel 3 – Seite 83ff.:

1   Vgl. zum Beispiel die Wiederentdeckung von Kant und Herbart für den Bereich der ästhetischen Erziehung bei Schneider 1988.

2   Zum Streit zwischen den Richtungen siehe vor allem die Auseinandersetzung zwischen Prange (1987) und Rumpf (1987a) in der Zeitschrift für Pädagogik.

3   Messner 1985, S. 100.

4   Vgl. Rumpf 1981, 1985, 1986, 1987b; Heipcke 1985; Messner 1985; Rauschenberger 1985. – Die gleichfalls in dem von Rauschenberger (1985) herausgegebenen Buch veröffentlichten Beiträge von Diederich und Lingelbach rechne ich dagegen dem Spektrum einer hier als »eher instruktionsorientiert« bezeichneten Schulpädagogik zu.

5   So Messner und Rumpf, die in der Verwendung des Terminus »Einwurzelung« mit Wagenschein an Simone Weil anschließen. So treffend der Begriff auch veranschaulicht, worum es Messner, Rumpf und den anderen hier zitierten »subjektorientierten« Autoren geht, der Bezug auf Simone Weil erscheint aus immanent hermeneutischen Gründen gleichwohl nicht unproblematisch. Denn Simone Weil thematisiert in erster Linie die existenzielle Einwurzelung des Individuums in die sittliche Ordnung des Menschengeschlechts, während Messner (und ähnlich Rumpf) in erster Linie die »Einwurzelung von Wissenschaft in Lebenserfahrung« im Rahmen schulisch organisierter Lernprozesse meinen. Wo Messner auf ein Lernen abzielt, »das in die Geschichte und den Beziehungsreichtum einer Person eingebettet bleibt«, würde Simone Weil wohl eher auf ein Lernen abheben, das in die Geschichte und den Beziehungsreichtum der ganzen Menschheit eingebunden ist (vgl. Messner 1985, S. 102 und 115, Wagenschein 1970, Bd. II, S. 70, sowie Weil 1956).

6   Vgl. Messner a.a.O., S. 117 und 119. Rumpf deutet einen gesellschaftlichen Bedarf nach einem solchen Lernen an, indem er, ähnlich Neil Postman, an die schwindenden Wirklichkeitserfahrungen durch die sich rasch entwikkelnde Informationsmittelindustrie, die schwindenden Umwelterfahrungen der Jugend und den fortschreitenden Zerfall vitaler Beziehungen zwischen Heranwachsenden und Erwachsenen erinnert (Rumpf 1986, S. 40f.).

7   Siehe hierzu vor allem den Beitrag »Über die didaktische Mentalität in unserer Zeit« von Hans Rauschenberger (1985).

8   Rumpf 1986, S. 9.

9   Rauschenberger a.a.O., S. 195.

10   Ebd., S. 216.
11   Vgl. Rumpf 1986, S. 29–41.
12   Ebd., S. 9f., S. 60 u.a.m.
13   Vgl. hierzu ausführlicher Rumpf 1987b.
14   Vgl. Rumpf 1986, S. 25ff., und 1987b, S. 186ff.; ebenso Messner 1985, S. 102ff., und Heipcke 1985, S. 148ff.
15   Vgl. Wagenschein/Banholzer/Thiel 1973.
16   Siehe Kapitel 4.2.
17   Herbart 1810, A I, S. 147. Vgl. Rumpf 1986, S.29f.
18   Rumpf 1986, S. 30.
19   Ebd.
20   Ebd., S. 31.
21   Ebd.
22   Herbart 1806, A II, S. 60f.; hier zitiert von Rumpf 1986, S. 32f.
23   Herbart 1806, A II, S. 61.
24   Rumpf 1985, S. 64.
25   Messner 1985, S. 101.
26   Zur pädagogischen Begründung der Glockseepädagogik siehe Negt 1975 und Krovoza/Negt 1975; eine kritische Fallstudie aus der Glockseeschule findet sich bei Ramseger 1977, S. 150–214.
27   Messner 1985, S. 114.
28   Ebd., S. 112f.
29   Vgl. Kemper 1981, S. 547f.
30   Messner a.a.O., S. 113.
31   Ebd., S. 107f.
32   Ebd., S. 110.
33   Ebd.
34   Messner beansprucht auch nicht, Beispiele erziehenden Unterrichts zu geben. Indem er »von Situationen ausgeht, von da zu Phänomenen kommt und schließlich Begriffe herausarbeitet« (Rauschenberger, a.a.O., S. 18), will er lediglich auf »vergessene und bedrohte Dimensionen schulischen Lernens« aufmerksam machen (Messner, a.a.O., S. 111).
35   »Also: der eigentliche Kern unseres geistigen Daseins kann durch Erfahrung und Umgang nicht mit sicherm Erfolge gebildet werden. Tiefer in die Werkstätte der Gesinnungen dringt gewiß der Unterricht« (Herbart 1806, A II, S. 63).
36   Vgl. als Beispiel aus jüngerer Zeit z.B. Meiers 1988. Zur Kritik solcher Positionen siehe Oelkers 1989b. – Auch Messner geht in seinen weiteren Ausführungen zur Wiederbelebung des eigenständigen Lernens ausführlich auf die gesellschaftliche Seite der von ihm untersuchten Phänomene ein und kommt dabei gleichfalls kritisch zu dem Resultat: »Eine Beschränkung des Prinzips des eigenständigen Lernens liegt ... darin, daß es sich isoliert – etwa im Sinne einer abgehobenen Spontaneitäts-, Kreativitäts- oder Unabhängigkeitsforderung – nicht als sinnvolles Lernprinzip bestimmen läßt, sondern daß sich im individuellen Lernprozeß – auf dessen Ausgestaltung das Prinzip abhebt – zugleich ein Bezug zum Ganzen einer sinnvollen gesellschaftlichen Praxis finden lassen muß« (Messner a.a.O., S. 120).
37   Rumpf 1986, S. 40.
38   Ebd., S. 33.
39   Diederich 1985b, S. 27ff.
40   Ebd.

41 Vgl. ebd., S. 49.
42 Rumpf in Diederich/Rumpf 1984, S. 35.
43 Diederich in Diederich/Rumpf 1984, S. 34. Siehe im gleichen Sinne auch
    Prange 1983, S. 248 oben.
44 Vgl. zur »didaktische Differenz« vor allem Prange 1978, S. 126–136.
45 Prange 1977, S.1044f.
46 Prange 1983, S. 239.
47 Diederich 1985a, S. 27.
48 Prange 1983, S. 26–48.
49 Ebd., S. 91.
50 Ebd., S. 98.
51 Ebd.
52 Ebd.
53 Vgl. ebd.
54 Ebd., S. 99f.
55 Ebd., S. 101.
56 Ebd., S. 106.
57 Ebd., S. 107.
58 Ebd., S. 101.
59 Diederich 1988, S.163f.
60 Prange 1983, S. 131.
61 Ebd., S. 159.
62 Ebd., S. 107f.
63 Ebd., S. 160.
64 Diederich 1988, S. 167.
65 Karikatur von M. Marcks entnommen aus Diederich 1988, S. 64.
66 Lorenz 1974, S. 186; zitiert nach Diederich 1988, S. 64.
67 Diederich 1988, S. 64f.
68 Alle Zitate nach Prange 1983, S. 135.
69 Alle Zitate nach Rumpf 1986, S. 32ff.
70 Prange 1983, S. 238ff.
71 Prange 1983, S. 136; vgl. ebenso Lingelbach/Diederich 1979, S. 86ff, und
    Lingelbach 1985 S. 95ff.
72 Herbart 1802b, WF III, S. 516f.
73 Diederich 1988, S. 203. Vgl. ebenso Diederich 1985a.
74 Ebd., S. 64.
75 Prange 1983, S. 25.
76 Ebd., S. 159.
77 Siehe hierzu aus instruktionsorientierter Sicht Diederich 1988, S. 67ff., und
    Prange 1983, S. 183–211; aus subjektorientierter Sicht Heipcke 1985.
78 Diese Gefahr wurde oben mit Messner am Beispiel der Glockseepädagogik
    näher ausgeführt.
79 Insofern verändert der Unterricht selbst nicht die außerunterrichtliche Wirk-
    lichkeit; er stellt sie vielmehr in Frage und differenziert die bei den Schü-
    lern schon vorhandenen Interpretationen dieser Wirklichkeit.
80 Dies ist im Extremfall die Position des lernzielorientierten Unterrichts.
81 Vgl. Kap. 2.4.6 und 2.5.4.

Zu Kapitel 4 – Seite 110ff.:

1 Die Freinet-Pädagogik breitet sich somit als Zunftwissen aus. Wie jede Zunft konserviert sie neben einem bestimmten Berufsethos bewährte Handlungsstrategien und ist zugleich offen für neue Anforderungen an den Berufsstand. Allerdings, und das unterscheidet die Freinet-Pädagogik von anderen reformpädagogischen Richtungen, die bis in unsere Tage nachwirken: Eine Zunft macht sich nicht abhängig von einer einzelnen Persönlichkeit, sondern vervollkommnet sich über die Vervollkommnung ihrer Bräuche und Techniken, wobei regionale Besonderheiten und persönliche Bedürfnisse ihrer Mitglieder zum Tragen kommen können. Man kann daher nicht »nach Freinet« unterrichten, so wie z.B. »nach Montessori«, »man kann nur die von ihm herausgestellten Techniken dem eigenen Sinne nach verwenden. Also ist die Freinet-Pädagogik offen für Widersprüche« (Wünsche 1978, S.119).
Zur Bedeutung und Arbeitsweise der Freinet-Gruppen siehe einleitend Vasquez/Oury 1976, S. 30–36; ferner Laun 1983, S. 467ff., und Hänsel 1985, S. 56ff. Zur Situation in der Bundesrepublik siehe Kaspar 1983.

2 Zur Entwicklung der Freinet-Pädagogik (insbesondere auch nach dem Tode Freinets) siehe Vasquez/Oury 1976, Zehrfeld 1977 sowie Wünsche 1978.

3 Vgl. beispielhaft »Lehrer und Schüler verändern die Schule« 1981.

4 Wünsche 1978, S. 111.

5 Ebd.

6 Vgl. Freinet 1975, S. 12.

7 Freinet 1980, S. 57.

8 Ebd., S. 61.

9 Ebd.

10 Ebd.

11 Ebd., S. 30.

12 Ebd.

13 Freinet 1949, S. 112, zit. nach Piaton 1974, S. 151.

14 Piaton 1974, S. 152.

15 Freinet 1978, S. 96.

16 Vgl. hierzu Freinet 1979, S. 17, Nr. 6.

17 Freinet 1979, S. 16. In diesem Zitat ist eine deutliche Distanzierung Freinets sowohl von einer naiv das Handwerk verklärenden berufsvorbereitenden Arbeitspädagogik Kerschensteinerscher Provenienz als auch von einer bloßen Pädagogik der Anschauung als auch von Blonskijs »industrieller Bildungsschule« zu erkennen (vgl. zu allen drei Positionen Blonskij 1921, S. 67–69).

18 Freinet 1979, S. 17. Während Kerschensteiner in der Absicht, »brauchbare Staatsbürger« zu produzieren, die Arbeit gezielt für Prozesse einer normativen sittlichen Bildung instrumentalisiert (vgl. Kerschensteiner 1957, S. 10ff.) und Blonskij das »natürliche Spiel« des Kindes »ausnutzen« will, um das Kind »in die Beherrschung der modernen industriellen Kultur einzuführen« (Blonskij a.a.O., S. 74f.), geht es Freinet darum, den Kindern ihre gewohnten Formen der Selbstverwirklichung auch in der Schule zuzugestehen. Er bestimmt also nicht – wie jene – den pädagogischen Wert der Arbeit primär von ihrer gesellschaftlichen, sondern vorrangig von ihrer individuellen, persönlichkeitsbildenden Seite her.

19 Freinet 1980, S. 43.
20 Ebd., S. 44.
21 Der Filmtitel der mehrteiligen Dokumentation lautet »Lehrer verändern die Schule«. Video-Aufzeichnung ausleihbar im Audiovisuellen Zentrum des Fachbereichs Erziehungswissenschaft der Universität Hamburg. Eine kommentierte Bilddokumentation liegt auch in dem Buch »Lehrer und Schüler verändern die Schule« (1981) vor.
22 Vgl. die Abbildungen ebd., S. 50f.
23 Sprachlich geringfügig bereinigte Transkription des Originalfilmtons, ergänzt um Erweiterungen aus der Schriftfassung der Dokumentation des Unterrichts von Anne-Marie Mislin (»Lehrer und Schüler verändern die Schule« 1981, S. 50).
24 Freinet 1927, S. 294ff. (Hervorhebung J.R.).
25 Freinet 1967, S. 16.
26 »Die auszudrückende Idee muß unbedingt frei sein. Aber der Ausdruck kann und soll schon so weit wie möglich bearbeitet sein.« (Freinet 1967, S. 24).
27 Ebd., S. 30f.
28 Freinet vernachlässigt insbesondere die Marxsche Erkenntnis von dem ganz unterschiedlichen Charakter freier »Selbst-Tätigkeit« und weitgehend »entfremdeter«, d.h. dem menschlichen Wesen gerade abträglicher Arbeit an einem ihm durch entsprechende Produktionsverhältnisse entäußerten Produkt. Vgl. hierzu im einzelnen Klages 1964, insbes. S. 11–53.
29 Vgl. Freinet 1980, S. 96.
30 Freinet 1979, S. 171. Vgl. auch Freinet 1980, S. 84f.: »Die Befriedigung, die aus der Arbeit kommt, ist schwer zu definieren. Am ehesten handelt es sich um eine Gesamtheit von Gefühlen, eine anregende Atmosphäre, die in Ihnen Ihre lebendigsten, kühnsten und großherzigsten Seiten aktiviert... Es ist die Befriedigung, seine Rolle als Mensch würdig ausgefüllt und eine Arbeit gemacht zu haben, die eingebettet ist in die Handlungen der Erwachsenen und die sich als großer Sieg über sich selbst und die Natur äußert.«
31 Vgl. u.a. Freinet 1980, S. 83ff., insbesondere S. 85 unten.
32 Unter dem Anspruch der geforderten Vielseitigkeit wäre es notwendig, die Kinder auf die Abstraktionsleistung der Buchstabenschrift hinzuweisen. Die Leistung des Setzkastens und der beweglichen Lettern in der Schuldruckerei besteht darin, den Kindern die Unabhängigkeit der Buchstaben vom Inhalt erfahrbar zu machen. Haben die Kinder aber einmal die Erfahrung gemacht, daß sie mit 26 Buchstaben jeden beliebigen Text setzen können, wäre es angebracht, sie frühzeitig mit neueren Satz- und Drucktechniken umgehen zu lassen. Freinet selber ist solchen modernen Medien und Techniken gegenüber stets sehr aufgeschlossen gewesen (vgl. Freinet 1979, S. 111ff.). Demgegenüber halten sich manche Freinet-Pädagogen heute mit dem Einsatz moderner Schreibgeräte, insbesondere elektronischer Textverarbeitungssysteme überraschend zurück.
33 Vgl. die Abschnitte 2.4.6 und 2.6.
34 Wegen französischer Einsprengsel in den deutsch gesprochenen Kommentar sprachlich geringfügig bereinigte Transkription des Originalfilmtons, ergänzt um Erweiterungen aus der oben gen. Schriftfassung (a.a.O., S. 56).
35 Herbart 1806, A II, S. 52.
36 Herbart 1806, A II, S. 55.
37 »Lehrer und Schüler verändern die Schule« 1981, S. 19. (Aioli ist eine französische Knoblauchsauce.)

38 Freinet 1980, S. 28.

39 Vgl. Herbart 1806, A II, S. 54.

40 Vgl. den Schmalfilm von Martin und Jochen Zülch mit dem Titel »Lehrer verändern die Schule – der Unterricht von Maurice Mess«. Eine Fotodokumentation hiervon findet sich ebenfalls in dem schon öfter zitierten Buch »Lehrer und Schüler verändern die Schule«, S. 84–119.

41 Sprachlich geringfügig bereinigte Transkription des Originalfilmtons, ergänzt um (eingerückt dargestellte) Erweiterungen aus der Schriftfassung der Dokumentation des Unterrichts von Maurice Mess (a.a.O., S. 103).

42 Vgl. Abschnitt 3.3.

43 Herbart 1806, A II, S. 42.

44 Herbart 1806, A II, S. 44.

45 Oelkers 1989c, S. 21. Zur Kritik an der reformpädagogischen Bewegung siehe ferner Oelkers 1989b. Zur Kritik und zur aktuellen Bedeutung siehe Hänsel 1989.

46 Vgl. Schulz 1989a, S. 37.

47 Vgl. Abschnitt 2.4.3.

48 Vgl. hierzu neben Herbarts Königsberger Vortrag (Herbart 1810) auch Hegels »Gymnasialreden«.

49 Vgl. Freinet 1980, S. 26–29, insbes. S. 27.

50 Freinet 1927, S. 294ff.

51 Freinet 1927, S. 290.

52 Freinet 1927, S. 292. Vgl. ebenso Freinet 1980, S. 30–32.

53 Ebd., S. 293.

54 Angesichts der Perfektion, mit der die modernen Bild- und Printmedien schon kleine Kinder über die empirische Welt in Kenntnis setzen, kommen der Förderung des sympathetischen Interesses durch die Schule und der Verdeutlichung des Zusammenhangs der empirischen Welt mit ihrer historisch-gesellschaftlichen Genese heute besondere Priorität zu. So gesehen dienen die kommunikativen Techniken der Freinet-Pädagogik heutzutage vielleicht gar nicht mehr primär dazu, das Sachwissen der Kinder zu erweitern; sie eignen sich vielmehr besonders gut dafür, Hintergründe deutlich zu machen, Zusammenhänge aufzuzeigen und, als Gegengewicht zur normativen Kraft der fertigen Bilder, die eigenständige Erschließung der Wirklichkeit durch die Kinder selbst einzuüben.

55 So haben die Schüler von Maurice Mess die Abhängigkeit der Arbeiter von ihrem Arbeitgeber nicht anhand eines eigenen Arbeitsverhältnisses, sondern in einem unterrichtlichen Erfahrungsaustausch über die Kurzarbeit ihrer Väter erfahren. Maurice Mess beschreibt in einem Kommentar diese Differenz zwischen dem Lernen in der Lebenswirklichkeit und deren unterrichtlicher Verarbeitung selber wie folgt: »Wenn man will, daß sich das Kind ausdrückt, dann muß man ihm Stoff geben, z.B. (dadurch), daß man aus der Schule hinausgeht, (und) dann wieder in die Schule zurück(kehrt). Das ist eine Möglichkeit, wo sich das Kind ausdrücken kann. Die Arbeit, die dann kommt, da drückt sich das Kind aus. Es drückt sich schon aus bei dem Arbeiter: Man sieht es, sie stellen Fragen, sie wollen dieses und jenes wissen, da drückt es sich schon aus. Aber die große Arbeit, die kommt dann nachher in der Schule, in der Klasse, wo es dann spontan schreibt, was es gesehen hat...« (»Lehrer und Schüler verändern die Schule«, S. 105).

56 Freinet 1980, S. 127. (Das Zitat stammt ursprünglich aus dem »Essai de psychologie sensible«; vgl. Freinet 1971, S. 126.)

57 Vgl. Freinet 1971, S. 126.
58 Freinet 1980, S. 127.
59 Freinet 1980, S. 131.
60 Vgl. auch Damerow 1977.
61 Freinet litt als Folge einer Kriegsverletzung an Atembeschwerden, die ihm längere Vorträge in einem darbietend-erarbeitenden Unterricht unmöglich machten.
62 Oelkers 1989b, S. 134.
63 Dies ist auch der Grund, warum die Freinet-Pädagogik immer eine typische Grundschulpädagogik blieb und keine bedeutende Verbreitung auf der Sekundarstufe gefunden hat. Zu einzelnen Versuchen der Übertragung der Freinet-Techniken auf die Sekundarstufe siehe Baillet 1983, S. 112–189.
64 Sprachlich geringfügig bereinigte Transkription des Originalfilmtons, ergänzt um Erweiterungen aus der Schriftfassung der Dokumentation des Unterrichts von Anne-Marie Mislin (a.a.O., S. 58).
65 Siehe Abschnitt 2.5.2.
66 Herbart 1806, A II, S. 144.
67 M. Berteloot et al.: Vence et Summerhill, in: 44. Supplement à l'Educateur, Sept. 1974, ohne Ort und ohne Seite zit. bei Wünsche 1978, S. 111.
68 Heinrich Hertz: Einleitung zur »Mechanik«; zitiert nach Wagenschein 1988, S. 39.
69 Vgl. exemplarisch die Beschreibung der Erfahrung der Unendlichkeit des Sternenhimmels durch Antoine de Saint-Exupéry, zitiert bei Wagenschein 1970, Bd. II, S. 40.
70 Wagenschein 1953, S. 30.
71 Ebd., S. 7.
72 Ebd.
73 Ebd., S. 7 und 9.
74 J.H. Pestalozzi: Brief an den Hauslehrer Peter Petersen in Basel, Frühjahr 1782. Zitiert nach Wagenschein 1988, S. 91.
75 Wagenschein verdammt deduktive Verfahren nicht vollständig aus dem Unterricht, vertritt aber die Auffassung, daß sie dort nur als Anwendung der vom Schüler zuvor induktiv erschlossenen Regeln und Gesetze auf neue Fälle ihren Platz haben, wenn beispielsweise »aus einem schon vorliegenden Material induktiv ein Ordnungsprinzip sich dem Schüler aufdrängt, das dann Deduktionen nahelegt« (Wagenschein 1970, Bd. II, S. 82).
76 Siegfried Thiel: Grundschulkinder zwischen Umgangserfahrung und Naturwissenschaft, in: Wagenschein/Banholzer/Thiel 1973, S. 90–179.
77 Wagenschein 1988, S. 97.
78 Ebd., S. 96f.
79 Wagenschein 1970, Bd. II, S. 86.
80 Wagenschein 1959, S. 395.
81 Wagenschein 1970, Bd. II, S. 43
82 Andere Autoren haben auch andere Bedeutungsebenen unterschieden. So versteht z.B. Diederich unter »genetisch«: a) ein »Fortsetzen der ursprünglichen Naturerfahrung« im Unterricht; b) die Geschichte eines Faches; und c) den Aneignungsweg im sokratischen Gespräch (vgl. Diederich 1988, S. 24).
83 Vgl. Stoy 1861, S.73f., und Willmann 1904. Zur genetischen Methode bei Willmann und Wagenschein siehe auch Berg 1990.
84 Vgl. Wagenschein 1974, S. 157.

85   Wagenschein 1970, Bd. II, S. 73.
86   Wagenschein 1970, Bd. II, S. 68.
87   Ebd., S. 83.
88   H. Freudenthal: Was ist Axiomatik und welchen Bildungswert kann sie haben? In: Der Mathematikunterricht, 9(1963)4, S.14; zitiert nach Wagenschein 1974, S. 149.
89   Wagenschein 1970, Bd. II, S. 43.
90   Wittenberg 1968, S. 105 (Hervorhebungen J.R.).
91   Wagenschein 1970, Bd. II, S. 27
92   Ebd., S. 72.
93   Ebd., S. 91.
94   Ebd., S. 26.
95   Ebd., S. 35f.
96   Vgl. Wagenschein 1953, S. 16ff., das Zitat S. 17.
97   Vgl. ebd., S. 25 ff.
98   Vgl. Wagenschein 1971 (= 3. Auflage der 1962 erstmalig erschienenen Schrift), S. 233ff.
99   Zu den »Tübinger Gesprächen« vgl. Gerner 1963 und Wagenschein 1983, S. 66ff.
100 Vgl. Wagenschein 1964, S. 16f.
101 Beispiele für solche Funktionsziele sind etwa: »Erfahren, wie man ein Experiment ausdenkt, ausführt, auswertet, und wie man aus dem Experiment die mathematische Funktion gewinnt« oder: »Erfahren, wie ein ganzes Teilgebiet der Physik sich mit einem anderen in Beziehung setzen und gleichsam darin auflösen läßt« oder: »Erfahren, wie schließlich – aufbauend auf allem Vorangegangenen – der physikalische Forschungsweg selber zum Gegenstand der Betrachtung wird, einer wissenschaftstheoretischen Betrachtung«. Wagenschein nennt insgesamt acht solcher Funktionsziele. Vgl. Wagenschein 1964, insbes. S. 17ff; die Zitate S. 19f.
102 Wagenschein 1964, S. 10.
103 Ebd., S. 15.
104 Zur Bildungstheorie Martin Wagenscheins siehe Köhnlein 1973, insbes. S. 517–573.
105 Georg Christoph Lichtenberg (1799), ohne weitere Angaben zitiert bei Wagenschein 1964, S. 8.
106 Wagenschein 1964, S. 13.
107 Wagenschein 1964, S. 15.
108 Copei 1950, S. 19.
109 Es ist schwer vorstellbar, daß der Sklave im gleichen Tonfall mit Sokrates reden könnte, in dem dieser ihn anspricht, selbst wenn er auf irgendeinem Gebiet einen Wissensvorsprung vor dem Philosophen haben sollte. Zur Kritik der sokratischen Methode siehe Henningsen 1974, S. 31–42.
110 Köhnlein 1973, S. 495.
111 Vgl. Wagenschein 1988, S. 268–270.
112 Weggefährten Wagenscheins berichten, daß sich seine Seminare an der Hochschule häufig bis auf eine kleine Restgruppe leerten, weil viele Studenten die Spannung nicht aushielten, die von der radikalen Zurückhaltung des Seminarleiters ausging. Nach 13 Jahren Schule waren sie unfähig geworden, eigene Problemlösungen zu suchen, und wandten sich enttäuscht ab, wenn der Hochschullehrer Wagenschein sich weigerte, fertige Lösungen vorzustellen.

113 Wagenschein 1970, Bd. II, S. 72.
114 Wagenschein 1970, Bd. II, S. 68.
115 Wagenschein 1974, S. 149.
116 Vgl. Abschnitt 2.6.
117 Wagenschein 1964, S. 13.
118 Wilhelm Flitner hat darauf aufmerksam gemacht, daß das exemplarische Lernen vor allem dort möglich sei, »wo der bildende Wert einer Schuldisziplin oder eines Studiengebietes in der Methode bzw. in der Struktur liegt, nach der es aufgebaut ist« (W. Flitner 1963, S. 20). Diese Voraussetzung trifft nicht für alle Schulfächer zu.
119 Wagenschein 1983, S. 38.
120 Vgl. beispielsweise Wagenschein 1983, S. 117.
121 Siehe exemplarisch für diese Darstellungsform Wagenschein 1983, S. 145; als Gegenbeispiel vgl. sein mehrfach veröffentlichtes Unterrichtsgespräch zu dem Satz des Euklids über das Nicht-Abbrechen der Primzahlfolge, u.a. in Wagenschein 1988, S. 228–236.
122 Vgl. Wagenschein/Banholzer/Thiel 1973, S. 90–180. Thiel hat Ende der sechziger Jahre an einer Versuchsschule der Universität Tübingen im Rahmen einer freiwilligen Arbeitsgemeinschaft außerhalb des regulären Unterrichts Kurse zu »Naturwissenschaftlichen Beobachtungen« geleitet, an denen verschiedene Gruppen von 9 bis 30 Kindern des zweiten bis vierten Schuljahres teilnahmen. In diesen Kursen wurde gezielt versucht, Grundschüler »mit Naturphänomenen Wege zur Physik gehen zu lassen, wie sie Martin Wagenschein vorgeschlagen hat« (Ebd., S. 91).
123 Wagenschein/Banholzer/Thiel 1973, S. 103–121 und 130–153.
124 Wagenschein/Banholzer/Thiel 1973, S. 134.
125 Ebd., S. 136f.
126 Messner 1985, S. 105.
127 Herbart 1806, A II, S. 70.
128 Wagenschein/Banholzer/Thiel 1973, S. 178.
129 Zum Begriff des »respektvollen Dialogs« und seinen pädagogischen Implikationen vgl. Wolfgang Schulz 1989b. Zu den kommunikationstheoretischen Aspekten eines respektvollen Dialogs siehe Schulz von Thun 1981.
130 Wagenschein 1983, S. 38.
131 Wagenschein/Banholzer/Thiel 1973, S. 118f.
132 Es lohnt sich, diesen Gedanken anhand der Entwicklung der Äußerungen einzelner Schüler durch die protokollierten Stunden hindurch zu verfolgen.
133 Man vergleiche Michaels Äußerung mit dem oben mit Fußnote 68 belegten Zitat von Heinrich Hertz.
134 Vgl. analog das Beispiel »Guter Mond« in Wagenschein/Banholzer/Thiel 1973, S. 16.
135 Herbart 1806, A II, S. 55.
136 Diese Vorgehensweise ist übrigens ganz rousseauisch, wie ein Vergleich mit dem »Emile« zeigt: »Emile hat wenig Kenntnise, aber diejenigen, die er hat, sind ihm wirklich eigen; er weiß nichts nur halb... Er besitzt einen universellen Geist, nicht durch seine Kenntnisse, sondern durch die Fähigkeit, sie zu erlangen... Denn noch einmal, mein Ziel ist nicht, ihm Wissen zu vermitteln, sondern ihn zu lehren, wie er es bei Bedarf erwerben kann... Bei dieser Methode kommt man nur langsam voran, aber man tut nie einen unnötigen Schritt und ist nie gezwungen, wieder zurückzugehen« (Rousseau 1963, S. 435f.).

137 Prange 1983, S. 82.
138 Ebd., S. 83.
139 Herbart 1806, A II, S. 53. Vgl. hierzu paralell auch Wagenschein/Banholzer/Thiel 1973, S. 154ff!
140 Herbart 1806, A II, S. 63.
141 Vgl. Kapitel 2.4.3.
142 Herbart 1806, A II, S. 52. Könnte man sich einen Gegenstand unabhängig von der gegebenen individuellen Erkenntnisstruktur aneignen, so könnte eine Veränderung des Gedankenkreises schon allein über Prozesse der Vertiefung erfolgen. Der Verzicht auf die Besinnung würde jedoch den Verzicht auf eine dauerhafte Erweiterung des Gedankenkreises bedeuten. Der Gedankenkreis würde allenfalls vorübergehend erweitert. Die neu wahrgenommenen Gegenstände blieben dem Subjekt der Sache nach äußerlich, sie würden zu – im Rumpfschen Sinne – »subjektneutralen« Gegenständen.
143 Wagenschein 1988, S. 197.
144 Ebd., S. 197f (Hervorhebungen im Original).
145 Ebd., S. 199.
146 Wagenschein 1974, S. 148.
147 Der positive Unterschied zu einem ausschließlich dozierenden Unterricht liegt darin, daß die Lenkhilfen, die Wagenschein im Unterricht einsetzt, immer reaktiv auf vorgängige selbsttätige Spekulation der Schüler erfolgen und nicht schon in der Unterrichtsvorbereitung vorgeplant sind. Vgl. analog auch das Beispiel von Siegfried Thiel, in dem *der Lehrer* den Kindern bei der Bearbeitung der Frage »Wie springt ein Ball?« den entscheidenden Tip gibt, eine Glasscheibe mit Ruß anzuschwärzen, um den Abdruck des sich eindellenden Balles beim Aufprall auf den Boden zu konservieren, nachdem die Kinder dieses Eindellen mit bloßem Auge nicht wahrnehmen können (Wagenschein/Banholzer/Thiel 1973, S. 128f.).
148 Siegfried Thiel konzediert selber, daß die von ihm protokollierten Unterrichtsszenen unter besonders günstigen Bedingungen zustandekamen: in einer den Regelunterricht ergänzenden freiwilligen Arbeitsgemeinschaft an einer Versuchsschule der Universität Tübingen, die auch noch in einem bevorzugten Wohngebiet angesiedelt ist. Frei vom Zeit- und Notendruck des lehrplanbezogenen Unterrichts, bietet eine solche Arbeitsgemeinschaft zweifellos besondere Bedingungen (vgl. im einzelnen Wagenschein/Banholzer/Thiel 1973, S. 90ff.). Von diesen bedeutsamen Faktoren – Arbeit auf freiwilliger Basis, kein Zeit- und kein Notendruck, hoch motivierte und sprachlich stark geförderte Kinder – einmal abgesehen, fügen sich jedoch das Unterrichtsarrangement und die in dieser Arbeitsgemeinschaft wirksamen Rituale durchaus unkompliziert in den äußeren Rahmen jeder Regelschule ein. Nur: Es gibt in der Realität leider selten so gute Bedingungen.
149 Vgl. u.a. Wagenschein 1988, S. 228–236. Wagenschein selbst vertritt übrigens die Auffassung, daß es hinsichtlich der Didaktik des naturwissenschaftlichen Unterrichts bis zum 7. Schuljahr keinen prinzipiellen Unterschied zwischen Volksschule und Gymnasium geben müßte. Vgl. hierzu Wagenschein 1971, S. 153f.
150 Münzinger 1987, S. 148.
151 Ebd., S. 153.
152 So trifft Köhnlein m.E. nicht den Kern der Sache, wenn er die These aufstellt, das gemeinschaftliche Forschen der Kinder vollziehe sich bei Wagenschein in »weitgehend offenen Unterrichtssituationen« (Köhnlein 1987, S.

16). Dieses Forschen findet vielmehr in einem streng reduzierten äußeren Arrangement statt.

153 Beide Pädagogen unterscheiden sich also fundamental hinsichtlich ihres Unterrichtsgegenstandes: Freinet will kommunikative Kompetenz anbahnen, Wagenschein physikalische Fachkompetenz.
154 Herbart 1806, A II, S. 42.
155 Herbart 1814, A II, S. 264.
156 Wagenschein 1983, S. 17f.
157 Wagenschein 1983, S. 26.
158 Wagenschein 1964, S. 13.
159 Berg 1989, S. 177,
160 Ebd.
161 Vgl. Wagenschein 1953, S. 14f.
162 Wagenschein 1989, S. 110.
163 Vgl. Dewey/Kilpatrick 1935, S. 162.
164 Vgl. u.a. Wagenschein 1970, Bd. I, S. 192–203 und 385–399.
165 Wagenschein 1983, S. 9.
166 Herbart 1806, A II, S. 102.
167 Wagenschein 1971, S. 16.
168 Herbart 1806, A II, S. 113.
169 Herbart 1806, A II, S. 118.
170 Wagenschein 1983, S. 37.
171 Wagenschein 1983, S. 38.
172 Prange 1983, S. 83.
173 Für Beispiele praktischen Lernens vgl. vor allem Fauser/Fintelmann/Flitner 1983 sowie Lernen – »Ereignis und Routine« (1986).
174 Vgl. Kapitel 2.5.3.
175 Vgl. Dewey/Kilpatrick 1935.
176 Ebd., S. 162.
177 Vgl. Flitner/Gidion/Scheufele/Schweitzer 1987, S. 208f. und Heller/Scheufele 1989, S. 2f.
178 Fauser 1989, S. 2.
179 Ebd.
180 Zur »Wirklichkeit aus zweiter Hand« siehe Bauer/Hengst 1980 sowie Hentig 1985.
181 Projektgruppe praktisches Lernen 1986a, S. 122.
182 Zur psychologischen und lerntheoretischen Grundlegung des Projektunterrichts siehe auch GUDJONS 1989.
183 Fauser/Fintelmann/Flitner 1983, S. 144.
184 Vgl. Heller/Scheufele 1989, S. 5.
185 Fauser/Flitner et al. 1988, S. 731f.
186 Fauser/Fintelmann/Flitner 1983, S.139.
187 Gudjons 1989, S. 52.
188 Liebau 1986, S. 120.
189 Vgl. Fauser/Flitner et al. 1988, S. 739.
190 Vgl. Herbart 1806, A II, S. 117f.
191 Vgl. Rumpf 1983, S. 52–56.
192 In Hessen enden die Bildungsgänge der Hauptschule mit dem 9. Schuljahr; es gibt aber eine »Vollzeitschulpflicht« bis zum Ende der 10. Klasse. Die Schüler an Gesamtschulen müssen sich nach der 9. Klasse entscheiden, ob sie weiter eine allgemeinbildende Schule besuchen wollen oder zur Vollen-

dung ihrer Schulpflicht in einen gewerblichen Ausbildungsgang oder in eine »berufsvorbereitende Maßnahme« (z.B. Berufsgrundbildungsjahr) überwechseln wollen.

193 Alle Zitate nach Rumpf 1983, S. 52–56.
194 Vgl. hierzu systematisch Coleman 1986 sowie Hurrelmann 1988.
195 Projektgruppe praktisches Lernen 1986b, S. 432f. – Zum Wandel der kindlichen Lebenswelt und den schwindenden Aufstiegschancen der Heranwachsenden vgl. auch Tillmann 1987, S. 104f., sowie Gudjons 1986a, S. 11–17.
196 Projektgruppe praktisches Lernen 1986b, S. 433.
197 Ebd. – Vgl. auch hierzu Gudjons 1986a sowie »Neue Bedürfnisse« 1983 und »Veränderung der Kindheit« 1986. Zu den allgemeinen Sozialisationsbedingungen heute siehe Tillmann 1989.
198 Ebd., S. 434.
199 Vgl. Projektgruppe praktisches Lernen 1988.
200 Vgl. Fauser/Konrad/Wöppel 1989.
201 Vgl. Rosenthal/Liebau 1983, Fauser 1983 u.v.a.m.
202 Rosenthal/Liebau 1983, S. 76f.
203 Vgl. Wiemann 1989, S. 252.
204 Vgl. Gräf 1986.
205 Ebd., S. 90.
206 Herbart 1802b, WF III, S. 516f.
207 So Benner im Anschluß an Schleiermachers Vorlesung von 1826. Vgl. Benner 1987, S. 279–291.
208 Vgl. Kapitel 2.5.4.
209 Vgl. hierzu Furck 1988.
210 Fauser/Flitner et al. 1988, S. 731.
211 Ebd.
212 Ebd.
213 Schulz 1989c, S. 61.
214 Vgl. Kapitel 2.4.5.
215 Herbart 1806, A II, S. 49.
216 Ebd., S. 50.
217 Ebd., S. 68.
218 Vgl. hierzu auch Nipkow 1983 und Fauser/Muszynski 1988.
219 Müssener 1986, S. 218.
220 Prange 1983, S. 106.
221 Vgl. paradigmatisch für solche Kreisbewegungen den Bericht von Elke Kämmerer und die Interpretation von Jörg Voigt über ein Projekt zur »Energieverschwendung beim Kochen« in Münzinger/Liebau 1987, S. 154–180.
222 Lersch 1988, S. 788.
223 Schulz 1989c, S. 61f.
224 Herbart 1806, A II, S. 56; vgl. auch Kapitel 2.4.4.
225 Vgl. z.B. Strobel/Böhringer 1986.
226 Prange 1983, S. 25.
227 Vgl. Seidenfaden 1967, S. 332.
228 Vgl. Schulz 1989c.
229 Steinhilber 1988, S. 44.
230 Fauser 1989, S. 3.
231 A. Flitner 1986, S. 10. Zur gesellschaftlichen Praxisrelevanz des Projektunterrichts vgl. im übrigen Gudjons 1986b, S. 20.
232 Herbart 1806, A II, S. 49.

Zu Kapitel 5 – Seite 221ff.:

1 Vgl. Kapitel 3.
2 Vgl. Kapitel 2.4.3.
3 Vgl. Prange 1983, S. 101–107.
4 Ebd., S. 101.
5 Vgl. die Kapitel 4.1.3, 4.2.3 und 4.3.5.
6 Vgl. Schulz 1989b.
7 Vgl. E. Geißler 1970, S. 235.
8 Die Tatsache, daß diese Projekte, von einzelnen Ausnahmen abgesehen, in der Regel nicht über den lokalen Bereich hinausreichen, tut der prinzipiellen Möglichkeit eines eigenverantwortlichen Handelns keinen Abbruch. Lokalpolitik ist auch Politik.

REIHE PÄDAGOGIK

In der Reihe »Studien zur Schulpädagogik und Didaktik« sind bisher erschienen:

Band 1
Günter Kutscha (Hrsg.)
Bildung unter dem Anspruch von Aufklärung
Zur Pädagogik von Herwig Blankertz.
256 S. Br. DM 46,–
ISBN 3-407-34028-1
Schüler und Freunde von Herwig Blankertz setzen sich mit zentralen Aspekten seines Werkes auseinander.

Band 2
Karlheinz Scherler
Elementare Didaktik
Vorgestellt an Beispielen aus dem Sportunterricht.
236 S. Br. DM 46,–
ISBN 3-407-34027-3
Eine »einfache« Didaktik, eine Anfängern verständliche didaktische Propädeutik mit Beispielen aus dem Sportunterricht und -didaktik, die über das Fach hinausweisen.

Band 3
Karin Kleinespel
Schule als biographische Erfahrung
Die Laborschule im Urteil ihrer Absolventen. Mit einem Vorwort von Wolfgang Klafki.
319 S. Br. DM 46,–
ISBN 3-407-34037
Ein pädagogisches Plädoyer für das Konzept der »Schule als Erfahrungsraum«, die die Verschiedenartigkeit von Menschen zur Geltung kommen läßt.

Band 4
Wenzel/Wesemann/Bohnsack (Hrsg.)
Schulinterne Lehrerfortbildung
Ihr Beitrag zu schulischer Selbstentwicklung.
252 S. Br. DM 48,–
ISBN 3-407-34051-6
Beispiele für die gemeinsame Fortbildung eines ganzen Kollegiums, Diskussion der Schwierigkeiten und Möglichkeiten dieser Fortbildungsform, systematische Perspektiven.

Preisänderungen vorbehalten

Beltz Verlag · Postfach 10 01 54 · 6940 Weinheim   B_38

REIHE PÄDAGOGIK

Eine Auswahl aus unserem Programm

Rainer Winkel
Gespräche mit Pädagogen
Bildung – Erziehung – Schule.
240 S. Br. DM 32,–
ISBN 3-407-34021-4
Leben und Werk von Pädagogen, einbezogen in pädagogische Leitfragen.

Lempp/Schiefele (Hrsg.)
Ärzte sehen die Schule
Untersuchungen und Befunde aus psychiatrischer und pädagogisch-psychologischer Sicht.
261 S. Br. DM 32,–
ISBN 3-407-34008-7
Ärzte zeigen den Pädagogen, wo sich die Schule falsch entwickelt hat.

Rolff/Zimmermann
Kindheit im Wandel
Veränderungen im Kinderalltag.
176 S. Br. DM 29,80
ISBN 3-407-34049-4
Kindheit ist heute anders als zuvor. Der Band beschreibt die wesentlichen Veränderungen im Kinderalltag und bietet Erklärungsmodelle an.

Engfer/Minsel/Walper (Hrsg.)
Zeit für Kinder!
Kinder in Familie und Gesellschaft.
276 S. Br. DM 36,–
ISBN 3-407-34058-3
Der Band geht den Auswirkungen des gesellschaftlichen Wandels auf die Lebensbedingungen von Kindern und Familien nach.

Wolfgang Klafki
Neue Studien zur Bildungstheorie und Didaktik
Zeitgemäße Allgemeinbildung und kritisch-konstruktive Didaktik (Neuausgabe).
327 S. Br. DM 39,80
ISBN 3-407-34056-7
In einer zweiten, wesentlich erweiterten und überarbeiteten Auflage wird der Band als Neuausgabe vorgelegt: die Fundierung der Didaktik in einer Bildungstheorie.

David Gribble
Auf der Seite der Kinder
Welche Reform braucht die Schule?
Mit einer Einleitung von Hartmut von Hentig. Aus dem Englischen übersetzt von Jutta Schust.
232 S. Br. DM 36,–
ISBN 3-407-34052-4
Ein ermutigendes Buch für alle Lehrerinnen und Lehrer, die die Schule humaner machen wollen.

Bohnsack/Kranich (Hrsg.)
Erziehungswissenschaft und Waldorfpädagogik
Der Beginn eines notwendigen Dialogs
424 S. Br. DM 38,–
ISBN 3-407-34050-8
Der Band ist ein Brückenschlag für mehr Verständnis zwischen den unterschiedlichen Positionen von Erziehungswissenschaft und Waldorfpädagogik.

Preisänderungen vorbehalten

Beltz Verlag · Postfach 10 01 54 · 6940 Weinheim

B_39